早於 20 世紀 50 至 60 年代，粵語流行曲已具廣泛的跨地域多向流行性。有香港電影的相關粵語歌曲因作品的受歡迎而在南洋地區出現翻唱版本，也有南洋的歌星灌製粵語歌曲風行一時，形成一個獨特的泛亞洲粵語流行文化紐帶。這現象的高峰是 60 年代末至 70 年代初，分別來自馬來西亞和新加坡的鄭錦昌及麗莎（其時香港慣稱新加坡為星加坡，「星州歌后」因而得名）有了他們於香港同樣引起轟動的作品如〈鴛鴦江〉、〈唐山大兄〉和〈相思淚〉之後，香港的粵語流行音樂發展，也正式由「粵語時代曲」轉入「粵語流行曲」的紀元。此時，粵語流行音樂正衝擊著過往以國語和英語主導的品味系統，並等待一把全本地原創又更合潮流的聲音去進一步提升粵語流行曲的地位。許冠傑是這時候香港最有力的回應，作為歌影視三棲的新青春偶像，他的出現同時見證著香港影視歌產業崛起的過程。無綫電視的劇集主題曲此後成了家家戶戶的晚飯伴唱，《楚留香》等武俠作品輸出到台灣同樣映動，一句「千山我獨行不必相送」唱出了幾代記憶。等到 70 年代末，陳百強首張專輯《眼淚為你流》和徐小鳳的《風雨同路》是這波國語英語以粵語迭代，最終由後者取得流行文化「正統」地位的過渡期最後見證。偏西化的陳百強，《眼淚為你流》專輯中仍有一半是英語歌曲，《風雨同路》則有一半是國語。其後，兩位天皇巨星都將全情投進粵語流行音樂的演繹中。（圖片：相關唱片專輯藏品）

GAMES
GAMBLERS PLAY

Starring: SAMUEL HUI and MICHAEL HUI
BETTY TING PEI   LISA LUI
Produced by: RAYMOND CHOW   Directed by: MICHAEL HUI

就此模樣

檀島灣岸

〈鐵塔凌雲〉於 1972 年首先以〈就此模樣〉的名字在《雙星報喜》這無綫電視喜劇節目中播出，四月份的無綫電視刊物《香港電視》及《華僑日報》均有報導，前者附印了歌詞和曲譜，後者文章中形容此曲為「新派粵語歌曲」。此曲名字改為〈鐵塔凌雲〉於 1974 年伴隨許氏兄弟大受歡迎的作品《鬼馬雙星》正式推出。70 年代的香港人，還未用上「本土」來形容這種意識。可幾十年後回頭再看，歌詞中描述的心情，那尋遍巴黎、紐約、富士山他方，回首家鄉漁燈的「此時此處此模樣」情懷，正正是香港流行歷史上，第一次有人準確捕捉了那對自己所來自的地方的愛，開始寫下自己城市的音樂。（圖片：電影《鬼馬雙星》宣傳海報、〈就此模樣〉歌曲截屏、《華僑日報》新聞報導剪報）

雙星報喜

八時卅分在無線電視翡翠台播映，這番捲土重來，全新全作，耳目一新。

今天電影紅星薛家燕、茅瑛、馮淬帆，周吉及電視童星招鏡斌參加今晚「雙星報喜」第一輯演出，該兩項節目內容，請屆時留意收看。

節目奇特之處，尚有古今名人發表對香港現狀的宣論，精彩萬分，此外並有短篇幽默「一雞鴨」、「唔到你唔服」及由許冠文作詞，許冠傑作曲的新派粵語歌曲「就此模樣」，要享受上述的豐富的節目演出，「雙星報喜」是「雙星報喜」節目迷的大日子？由

許冠文許冠傑主持的彩色節目「雙星報喜」，將由今（廿四日）天開始，以後逢星期五、晚上

節目「男女之別」及「武俠新戀星」。

香港的兩所商營電視台，70年代一度每屆大除夕夜都會分別轉播日本紅白歌唱大賽和日本唱片大賞，伴隨其時冒起的新一代日本偶像歌星如山口百惠、澤田研二、西城秀樹等，又不乏對實力派如五輪真弓或中島美雪的關注，開啟了香港與日本新一輪的流行文化互動，特別是改編日本曲潮。日本文化深而廣的影響了香港的音樂、時尚、演唱事業以至雜誌出版界。（圖片：相關專輯及剪報藏品）

1983年，由《結他雜誌》郭達年（也是香港重要獨立組合「黑鳥」樂隊主力）主催的「Guitar Players Festival 結他大賽」讓早年的劉以達及 BEYOND 樂隊得以曝光並灌錄集錦專輯《香港》。這時正值香港前途問題會談之際，專輯英文名字故意用上 XIANG GANG 而非 HONG KONG，可說是自覺地提出香港與中國大陸關係之思考。及後劉以達短暫組成過 OEO（東方電子樂團，帶 YMO 的影子）和 DLLM，一切，都是前達明一派時代的香港獨特電子之音。（圖片：相關專輯及雜誌剪報藏品）

3

《號外》雜誌報導了 1979 年春節《歡樂今宵》破天荒的「羊城賀歲萬家歡」盛況之餘，另一關注點正好就是真實的廣州風情。那是改革開放的前夕，首次有「境外」電視製作隊大規模進入文革之後的中國大陸進行採拍及演出播放，上一輩廣州市民對此印象深刻，香港那時候給他們一個「外來世界」的想像。到了 1983 年，香港樂迷則沉醉在 David Bowie 在該年剛落成的紅磡體育館「Serious Moonlight Tour '83」現場演出，香港的年青音樂愛好者，還是以國際音樂口味的擁抱者自居。（圖片：《號外》雜誌報導及廣告藏品）

80 年代影視歌市場的興旺，連帶影響至文化界與其時的文藝青年。此時市面上有超過十多種文化周刊及偶像雜誌定期出版，當中以低成本周報形式運作的出版物，如 70 年代已創刊的《年青人周報》、《音樂一周》，到追趕日本偶像潮的《新時代》、《好時代》等，都得益於同樣篷勃的唱片、影視、演唱會廣告投放。而最特別是這些周報的內容取向極度開放前衛包納，既有艱深的國際文化哲學理論，復有每周新出產品和時裝推介；有大紅大紫的偶像訪問，又不乏地下獨立音樂評介，並給到一代香港文青的發表空間。（圖片：雜誌剪報及藏品）

1976年梁普智執導的《跳灰》預告了三年後香港新浪潮的到來，並引來廣泛討論。此作以革新的電影語言，更流利的剪接、鏡頭運用，總體上是一種新的電影節奏，宣告了香港一個新電影時代的到臨。受60年代以來國際各種電影思潮與運動影響，縱使背景不一，相同的是，這一代香港年青人都決心在香港電影界大展拳腳，而且是銳意開創一些跟過往截然不同的風格。其後，三部重要首作都出現於1979年，徐克的《蝶變》、許鞍華的《瘋劫》、章國明的《點指兵兵》，這才使1979年發生的一切更像一篇宣言。（圖片：《號外》雜誌評論剪報）

中國民間傳統所珍重的俠義精神，武德濟世，以至人倫義氣，諷刺地，是以香港的黑幫電影來傳承。80年代的香港黑道電影，仍滲著濃濃古典悲劇英雄的史詩感。及至90年代的《古惑仔》系列才有了較大的轉變。此系列成功把黑幫故事變得偶像年青化，並塑造了90年代香港以外華人地區對香港街頭庶民生活的想像和審美。古惑仔真正特別之處，是反轉了對警匪兩方「非黑即白」的面譜式處理，那怕是混黑幫的古惑仔都被寫成有情有義，展示的其實是中國的演義小說傳統價值。年青偶像演繹美化，以至對「江湖」的重新解讀，反映了香港作品的極大自由度及對類型套路的快速反思。（圖片：《97古惑仔》電影特刊）

1972 年的十年後，1982 年，隨《烈火青春》的爭議淡出，香港電影新浪潮已接近尾聲，但留下的遺產和創意源源不絕，滋潤了往後數十年的香港電影及流行文化。1992 年，《92 黑玫瑰對黑玫瑰》通過後現代的時空壓縮、精神分裂與失憶情狀，百分百反映了那份隨 97 越近的焦恐。周星馳版《西遊記》，以《大話西遊》之名在中國掀起了至今不衰的「悟空與西遊」風，其在香港與中國大陸的解讀截然不同但毋損它作為 90 年代其一最具跨域影響力的香港電影。而到了 2002 年，《無間道》系列以雙重臥底的橋段訴說的已是當中的身分矛盾。2003 年沙士之後，拓大中國陸客來港的自由行和 CEPA 的出現將徹底改變香港，港片北上成為了新的大趨勢。（圖片：電影劇照及宣傳海報）

2012 年本土風格與北上港片已顯得涇渭分明，一就像《低俗喜劇》或《一路向西》般講徹底地道的本土意結和大陸不適應症，再以更寬鬆的創作尺度去突顯香港電影的優勢。一就像《寒戰》、《毒戰》這種香港電影駕輕就熟的類型去測試中國市場。再過十年，基於製作條件和市場的限制，香港電影出現了重大轉向，新導演們的新作品，重拾本土議題，謝票場的流行並引發廣泛討論。《窄路微塵》在 2022 年末推出別具意義，一方面承繼其時後浪潮新導演們的志業，拍出質素和票房俱佳的時代作品，回應被架空了的三年疫情生活記憶之餘，也明確了過往幾年來香港電影那重視社會現實題材的新取向，同時揭示出疫後及踏進新時期後，香港電影和香港人身分的新篇章。（圖片：電影劇照及宣傳海報）

麗的映聲作為香港最早的收費有線電視台，1973年改為免費播放的麗的電視，一直以來在香港僅作為「二奶台」（小老婆）的存在，收視率偏低，未能挑戰無綫電視的「大台」地位。但自70年代中開始，隨佳藝電視成立，三個電視台競爭升級，直接引起製作質素也大幅提高。猛將如麥當雄、李兆熊、屠用雄、蕭若元等坐鎮，創意澎湃，創作出有別於無綫的多個社會寫實和新派武俠劇種。這波大反撲的高峰出現於1979年至80年代初，乘著講述大時代家族崛起的懷舊劇《人在江湖》和《浮生六劫》的大受歡迎，一個通過劇集來追溯香港身世的電視風潮冒起（後者也令演唱主題曲的葉振棠重新走紅，繼《鱷魚淚》後開創麗的自己以黎小田主導的電視金曲時代），《天蠶變》也大獲好評，正是千帆並舉，並以《大地恩情》迫得無綫腰斬正播出的重頭劇《輪流傳》為高潮，氣勢一時無兩。（圖片：麗的電視時代著名劇集宣傳及相關唱片專輯）

無綫電視（TVB）歷來的出品可說是全球華人的共同流行文化記憶，雖說後期已成為流水作業的節目工廠，可早期因著其還被視為「新媒體」而能容納極大創作空間。作為邵氏電影的緊密伙伴，除承繼了大批如王天林等的資深電影製作人，也通過訓練班培養出香港第一代電視精英。當中具鮮明風格的有甘國亮，往往能找著普及性和藝術性的平衡，代表作《山水有相逢》、《輪流傳》等都通過懷舊故事去檢視流動的香港人身分組成，獨具罕有的作者風格。發展至 80 年代中期，《射鵰英雄傳》等改編金庸作品更是向外輸出，確立了由小說到電視作品的香港流行文化外溢黃金時代。《大時代》是這高峰期於 90 年代最後的延續。（圖片：無綫電視劇集宣傳設計）

仲夏夜/羅文

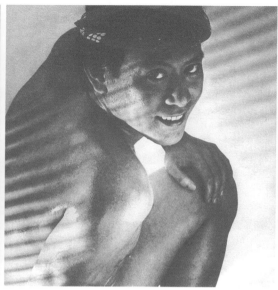

無敵 **女殺手**

陳寶珠 主演

EPH 3021

興發粵語電影原聲帶

香港的 CAMP 研究，可歸納用「異色」來形容。「異色」中的「色」，即可理解為它外在的，表面上的呈現，也就是那非一般的色彩、畸怪、難以歸類、想像那不可能想像的異物色相世界。而「異色」中的「異」，則是它內在意識上反叛性的所在。異物傳統裡的「色」：武俠粵語長片中的特效、機關道具、女黑俠木蘭花或女殺手的面罩、巨大無比的天殘腳、任劍輝白雪仙或戲曲電影內的反串等等。後來，男性裸露也同時要作為一種 CAMP 來研討，過往流行文化教養中，男人露出的裸體，只能用作打鬥，不涉性聯想。主流歌星中，只有羅文才擔當得起 CAMP，那時當然不叫 CAMP，而是叫「妖」。那份妖先是〈心裡有個謎〉MV 中的白色背心黃色地盤工頭盔和後袋裡的黃手帕，也是〈激光中〉的獨特妖魅唱腔。去到《仲夏夜》專輯，封面正面是戴水手帽和一身 Claude Montana 的裝束，背面和內贈拍攝，是站在百葉簾後的半裸身軀，嘩得更熱鬧的，是同一輯拍攝中，還有更大膽的露股照被刊登在雜誌上。本來是自然的裸露，在傳統觀念逆轉下，忽然就變成一種人工化，帶奇觀性質的，必須是不自然的 CAMP。（圖片：相關專輯藏品）

風行一時的周報雜誌類刊物提供了文藝與物質的消費指南與品味教育，同時塑造了一整代香港青年人的時尚觸覺。《年青人周報》的逛街式時尚介紹，標榜體驗感和與別不同的個人趣味，後來影響至 90 年代創刊的多本潮流雜誌的書寫風格。80 年代也沒有今天貨源的便利流通，最早的英倫街頭時尚，無論是資訊抑或實體貨品，譬如 Dr. Martens 鞋和各種樂隊搖滾 T 恤，都靠《音樂一周》特設的 London Calling 來填補。（圖片：相關剪報及藏品）

英王室及其香港代理（歷任港督），一直灌輸一種「紳士價值」，再結合騎士精神，導致一種認受性極廣的香港成長價值觀：一種做人的品格與格調。在最基礎的層面，是身心健全發展，為人正直，酷愛大自然。在我們就學青少年期，香港學生對愛丁堡獎勵計劃（由王夫愛丁堡公爵設立，現稱香港青年獎勵計劃）都耳熟能詳，那是通過參與社會、戶外活動、學習技能及運動等考取不同獎章。理念是從真實外界社會及大自然中學習成人。那就不奇怪，要數英國在今天香港的遺產，麥理浩徑仍是構成香港地理體驗的最重要一環。而香港人對英王室的情感，卻肯定不屬於國家認同，而更多是實利主義精神，是講求在公平的原則下達到眾人的最大化利益和快樂，體現於生活上的公平、公正、可信、便利、效率的細節中。當我們都讚賞英女王肖像和硬幣的設計時，要加深解說的是：我們可能忽略了那硬幣盛載的重量，這亦是一般旁觀者單憑聽歌或看圖不能領會的！那硬幣所代表的重量非比一般，那是英帝國及其屬土那穩重建設、文明與信心的實證。（圖片：香港青年獎勵計劃及藏品）

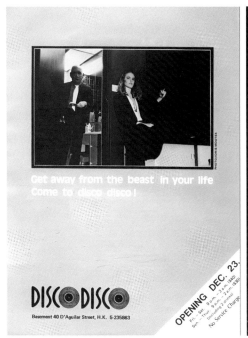

DISCO DISCO，後人都習慣把它稱作 DD，有多個方面是其時突破。作為知名的士高，它離開了高級酒店的體系，並且轉而去到一個其時絕不起眼也和時尚潮流印象差天共地的地方開店。那是 1978 年中環德己立街，後來，人們把這片區域統稱為蘭桂坊。此前，香港島的晚間娛樂業雲集在灣仔和北角，且不是播放的士高節奏，同時期金融、商貿在中環發展迅速，在中環上班的族群，開始尋找一個下班後的落腳點，有了新的對酒吧、演出、舞池等消費需求，這才開展了這區發展成一個以夜生活揚名的香港名牌之命運。踏入 80 年代，的士高已開遍港九，CANTON、Hot Gossip、Apollo 18、Another World、The Manhattan 到 JJ 成了舞舞舞勝地。這紙醉金迷也是其時對未來那最具體承諾的展現：馬照跑，舞照跳。（圖片：DD 廣告和相關新聞剪報）

被指為有同性戀活動

中區一著名的士高

被酒牌局拒發酒牌

總經理否認 聲言要上訴

【本報訊】中區一間頗為著名的「的士高」，因涉嫌有同性戀活動，被酒牌局拒絕發牌，「的士高」東主不服表示要上訴。

遺間「的士高」位於中環德己笠街，面積約六千呎，為全港最具規模打架事件不算多，但今次打架事件不算多，但他又說：「的士高」經營有男女來玩，但五宗打架案件不算多，但大致在過去兩年間發生五宗打架事件，但如外傳的士高內是男女混和的地方，經常作穢褻的接觸，身體互相接觸及跳舞，此外並有互相

昨日「的士高」的總經理哥頓表示：警方本次調其所經營的「的士高」內有同性戀活動，直至今年五月八日，警方指出有一種誹謗，「的士高」曾發生五宗打架事件，兩年內發生五宗打架事件，他認為，營業者不會有太大影響，因為他會改變形式經營，而且他的「的士高」是全港最有名的，所以一定有會員。

日前向酒牌局申訴：前月酒牌局拒絕發牌的理由，反對發列上五點理由，中區警署高級警務人員供給上訴，遺間「的士高」的所之所，根據警察的報告，他指出，他經常有男性戀的聚會場所之內，每個星期四就聚集數十名同性戀供給，而每

徵求油脂仔女

邵氏兄弟影業有限公司為開拍熱潮寫實歌舞片，公開徵求男女主角。凡年齡十五至二十三歲，擅長舞蹈，相貌端正者，均歡迎參加面試。有意者請於本月十八日（星期日）上午九時正，以油脂裝打扮，並攜相片兩張，親臨九龍尖沙咀聲士道香港童軍總會即席面試。有志從事電影工作者，切勿錯過。倘有疑問，請電 K 二九一五五一內綫二三〇製片部丁小姐治。

邵氏兄弟（香港）有限公司啟

13

一上一下裝修風格與配色都雷同的茶餐廳，卻一間在上海，一間在香港。開業近五十年的百好，代表一種典型的港式地道設計，為了在異地移植這種「港式」，風格被複製。但茶餐廳作為香港風格代表，除了所提供的食物類型與裝修之外，更重要的其實是一種經營的方法。
（圖片：作者現場拍攝）

詩歌舞街像一個畫面,香港很多譯名,都有個畫面。都不是單純翻譯,但這種命名方式,就十足香港。那時候,香港的街道名稱,又或者是一個洋官員,上至港督,下至警官,以至外國電影的中文名字,都有一種可以說是香港獨有的譯法。那不是一種英文意思或其發音直接翻過來的意義或音調的直譯,而是往往把發音經轉化成相關的「音譯」中文字選擇之後,再從中提煉出雕花般的別有中文含義的字詞,試圖在一個簡單的外語名字上添進一些傳統中文取命習慣的筆觸,又或者地道香港世俗講究的良好意頭。這樣的一種命名方式,很香港。(圖片:作者現場拍攝)

香港的流行文化盛世，建基於一種極度開放的文化視野與生產土壤，前提是作為一個文化、意念與商業交匯點，一種恆常的流動性培養出香港人有一種「沒有甚麼是不可以」的做派。拳頭枕頭之餘，國際電影節的藝術類節目令觀眾眼界大開，同一時間，中國老電影又毫不違和地在這裡策展公映。香港往後的流行文化是否仍能保有優勢，很大程度上取決於這種開放性與流動性能否持續。1977年《號外》雜誌以許冠文作封面人物，返到最初，他就是填寫了〈鐵塔凌雲〉的那位先行者，經歷接近五十年，他主演的《破·地獄》再一次引起全香港轟動。那是一個有關超渡、打破執念、期以新生的故事。不止於生人也需破地獄，現實是：城市也需要破地獄。（圖片：各電影節及《破·地獄》宣傳海報、《號外》雜誌封面）

等到下一代

下一代

香港流行文化
與身分認同史備忘

1970s-2000s

李照興

很高興現仍有人肯花如此時間、心機，research 寫香港流行史，回報肯定不成正比，十分欽佩和感動，希望出版後得到文化界正面的迴響和肯定。

——鄧小宇（文化人，《號外》創辦人之一）

李照興總在逍遙獨遊間吸盡世間的日月精華，再以兼收並蓄的筆觸將觀察紀錄和分析。能寫出一本探索橫跨三十年的香港流行文化好書，非他莫屬！由黃金盛世的香港電視、電影、電台、出版，講到港式時尚和商場空間，以及香港身分的建構、消失和傳承，Bono 跨領域的足跡，猶如香港流行文化從在地、跨越以至再植於全球華人世界般，獨一無二。

——卓男（影評人）

甚麼是香港？那就是餘年偶爾夜半想起，那些這輩子不知甚麼時候還能再會的友伴，那些不知道甚麼時候還能再度召開的集體儀式；那些我們曾經以為像呼吸喝水一樣自然，但現在猶如毒藥猛獸的言語和行動。當然，還有李照興如此深情而又細緻的替我們這代人所召喚回來的流行文化記憶。是的，那種生猛放肆無所顧忌，就是香港，至少是李照興和我的香港。如今，因為失去，所以我們想要記起；又因為我們記得，或許猶有餘燼。

——梁文道（文化人）

李照興的文章，有視野，有人氣，我一直愛讀。寫文化評論，他有邊緣人的優勢：比戰後嬰兒年輕，比數碼世代老成，實時見過丁蟹，體驗過政權交接，並提早用腳行遍大地，直擊潮爆中國。香港流行文化生於邊陲，數歷出奇的轉折。這段歷史，由李照興來寫，我想不到更好的人選。

——**吳俊雄**（香港流行文化學者）

作為 80 後，成長於九十年代，到了千禧過後，開始想參與其中，共同創造香港文化。於是，既對二十世紀末香港文化從現代走向後現代的發展軌跡極其著迷，也對千禧後現在進行式、百花齊放的當代演化，也充滿期待，急著想將一切放回應有的脈絡裡思索。要審視 1970s–2020s 這半世紀的香港文化，評論人李照興的文字，一直是我這代人最重要的座標之一。從《香港101 ——愛恨香港的 101 個理由》到《香港後摩登：後現代時期的城市筆記》，從他的專欄文字與影評到「B 鏡：流行世界自由 connect」，這位前輩持續啟蒙大家，以宏觀的視野評價身分與潮流。尤其喜歡此書中「蒲點考古學」一章，那是香港一直有待書寫的城市空間文化史，非常精采。

——**黃宇軒**（城市研究者）

特別鳴謝

《號外》雜誌、甘國亮、黃耀明、Roy Lee、Rensis Ho。
金成、卓男、卓韻芝、吳俊雄、馬欣、馬世芳、陳慧、陳冠中、梁文道、
鍾雪瑩、黃宇軒、曾志豪、鄧小宇。

CONTENTS

目次

0
大流行論述：品味政權與身分主體性

1
CANTOPOP：始於語言又不止於語言

2
影視神采：「咁都得？！」精神

3
風格認同：時裝到精神審美的建立

4
蒲點考古學：幾多個失散伴侶

5
流行備忘：過去備份與未來連結

跋：等到還是等不到？

大流行論述

品味政權與身分主體性

0.1

當香港流行變成一種身分

0

　　當身分出現之時，它卻首先是以正陷於消失的形式呈現。這是主體性的矛盾所在，用最顯淺的言語形容，那正就是「因為害怕失去，才會更要記得」，越是理所當然擁有的東西，越顯得不自覺。如空氣。主體身分是這樣的一種無意識，非刻意的產物，當你是自信地擁有著某個身分之時，你是不需多講這個身分的，身分就如呼吸般自然散發。似乎只有在身分模糊之際，何謂主體變得模稜兩可之時，內心對身分的呼喚才變得越發明顯。香港，正是這個曾說出口又收回去的身分。從而展現的香港主體性，同樣一度是不用掛於口邊，但風格突出界線分明。一看就知，像我們常掛在口邊的：「這個，好香港」。曾經的一段日子中，香港身分，正是這種「不必說出，始終說著」的情狀。這是一種無意識、不自覺的擁有。等到要高調把身分拿出來談論，去申明，卻是因為意識到這身分的不同，以及身分的重要性。

　　由此，追溯這身分的發現和建構，大可從這「不必說出」

作頭緒。每當作品表面上出現了「香港的缺席」，但語意中其實又處處溢滿香港的指涉之時，那獨特的主體性才算巧妙地成立。從歷史、文化、地理、社會進程綜述而言，過往香港一直避談或至少是不熱衷討論身分，而只以一種「非我」來界定，它既非英國，亦非中國，看來是亞洲，也很歐美，但很難準確說出這就是香港。誰都不能定義這是否一種身分。但這無阻香港社會及曾經歷過這段經驗的人，一步步確立出自我的看世界角度與情感懷抱，一種後來被歸結為香港價值的立場，以及那獨一無二的處事和創作風格。香港人在開始時甚至不會以「港式」去形容自身，所謂「港式」，反而是外界在試圖區分出甚麼是香港特色時才出現的外來定義。也是由此，香港身分那往往使人迷惑（因此也時而迷人）的述說方式才得以確立：它的構成非關國籍、種族、語言、階級、地理，它甚至沒有一種強烈的擁有普遍共識的自我界定。換句話說，這個主體的獨到之處，正正是它無視主體（正如我們這代人經常碰到，被問得極為厭煩的問題：「你是甚麼人？」）。

直到有那麼一刻，香港再不通過「非我」來間接界定自我，而是理直氣壯地以香港作為主體去表述自己。在香港文化歷史中，這體現於風格及價值觀當中的主體性，是通過同樣獨到的香港流行文化賴以構成，而且最先集中出現的年份，是在1970年代。在此之前，只能說是具有不自覺的香港意識，但大張旗鼓的香港身分及其主體性的確立，是通過香港豐富的流行文化去界定、呈現及傳播。

1

由此，才顯得需要重新研讀這階段香港流行文化發展史的要義所在：就是在擁有香港自己的流行文化主體性的這一刻開始，香港的身分就正式誕生了。這最先發生於1972年，在這裡的論述框架中，這刻會被視為一切的開端。這一年，李小龍有兩部電影轟動影壇，分別是《猛龍過江》和《精武門》，故事發生在羅馬和上海，前者講李小龍飾的唐龍由香港到羅馬協助唐餐館的事務，但其實香港的根源並未突出，反而為世人所認定的，是一種含糊的中國功夫精髓和東方猛龍的意象。但作為李小龍電影出品，它流露出與別不同的風格形象，並塑造出日後世界對香港電影的某種先見界定。

同一年，許冠文、許冠傑兄弟的歌曲〈鐵塔凌雲〉，前身〈就此模樣〉於此年創作，歌詞所指的游子遊遍四方，最後只覺「豈能及漁燈在彼邦」，寫的滿滿都是香港之情，唯獨詞中始終不見「香港」二字。它一方面繼承了過往「香港的缺席」

這傳統，但也是從這歌詞開始，香港人用了一種「香港本位」去看世界。到日後的〈獅子山下〉，同是有關對香港之深情，詞中「不朽香江名句」既成俗套也變得言溢於外，說出的反而是一個相反的境況。特別是當了解到〈獅子山下〉後來被援引為香港團結和拼搏精神的宣傳曲，並作為香港全城話題再度流行，是到 2002 年之時，背景為其時香港政府財政司司長梁錦松在財政預算方案中重提「獅子山精神」才引發，那是香港面向身分與經濟危機之時，毫無疑問反證了這裡的論說：每當消失才再重現。而在剛剛開始時，香港的身分漸露，卻正正在於其仍隱名之一刻。

正如前述，李小龍作品當中，沒有透露更多香港文化根源，但弔詭的是，李小龍及後卻成為了「香港」這名字於全球層面最知名的推動者和功夫傳承者。他那開創的，主要取於詠春拳法精髓，同時集各家所長的截拳道，直線進擊，實用、直接、爆發力，差不多成為了另一個通俗的香港隱喻。由拳打華埠亞洲黑幫、凌空粉碎「華人與狗」牌扁，到羅馬後巷腳踢惡勢力，李小龍表面上承襲的是華人在外求存的淺白民族主義自強，實質卻是通過這種靈活的功夫象徵，向世界樹立了「香港」之名號。

2

直到被認為是比香港電影新浪潮更早的新浪潮電影《跳灰》（1976 年）的出現（1990 年《阿飛正傳》則可說是比新浪潮晚十年的新浪潮），由片名開始，一種新氣象已阻擋不住。不僅戲名直接用上黑道中形容「走粉」即「運送白粉」的俗語，盡顯香港語言的生猛，其報紙廣告宣傳也表明了那種和傳統割裂的決心。它的廣告文案標榜：「揚棄舊嘢　徹底創新」、「粵語對白　份外親切」，這表述除指出了過往香港主流電影多為國語製作或以國語版本流通這事實之外，同時強調作品的電影技法運用和新創作手段突破（如鏡頭與剪接上的更「廣告短片」式處理），也可被視為在電影創作上邁向「港式」的先驅。也是從《跳灰》開始，新一代的香港電影創作人，已明顯有機地在無意識中，將時代的氣氛與作品融為一體，而後才有了三年後真正寫進香港影史的新浪潮運動。

由此引伸，日後的《邊緣人》（1981 年）雖說開闢了香港電影超過四十年的臥底作品潮，但在開始時，它其實不是主動隱喻香港身分論述的作品（用香港身分角度切入討論反倒是當香港身分後來成為了重要文化議題之時），而只不過是一種其時香港創作人自然而發又自信爆棚的創新題材。它重視的，是人物的立體悲情，

故事的曲折傳奇，主角心態的兩難，多於要講身分隱喻的無奈。但這故事的確能完美嫁接到香港流行文化中恆常出現的曖昧處境當中，那即為「身分的模糊」：無論臥底還是反串，可說都是香港流行的角色設置，既來自傳統，如反串即來自粵劇，而正正就是種種這樣的特有設置，從結構與手法上成為了一種港式標籤。

　　1976 年前後也是香港電視界的黃金日子。此時香港三個商營電視台鼎立，無綫電視甘國亮出品了清新的《少年十五二十時》和《甜姐兒》；另方面創新以菲林（膠卷）攝製的寫實題材劇有《龍虎豹》、《北斗星》、《CID》；還不忘改編自金庸的長篇劇《書劍恩仇錄》，以及長篇時裝劇《狂潮》。麗的電視的麥當雄、李兆熊以《十大奇案》、《十大刺客》迎戰；佳藝電視的《射鵰英雄傳》才是真正開始電視劇改編金庸作品的先驅。這時的香港電視劇，已自信至以任何形式說任何故事皆可。從流行音樂、電影到電視，香港流行文化的出色作品，代表了香港向世界說話。香港，首先以一種生猛活潑的流行風格呈現於世人面前。

3

　　後來，流行文化何以成就了身分？貫穿其中，說到底正是這種主體性發展的討論。這裡說的香港主體性，是一種有自主決斷力及執行意志，是自我身分的醒覺（有時表現為「我不是誰」），也是對未來之願景（要成為誰）。香港主體性不是固定的，甚至它這浮動的特色也就形成了香港特色本身，它流動演變，不會主動建立，並沒有一早意識到自己的主體性。在國族領域中，與其說往日香港偏離中國傳統，不如說成它既非選擇英國，也不見得特別留戀中式傳統，而只是處在一種沒有需要作出選擇的意識領域。只要是能者，毋問東西，在此顯出本領，依自由開放經濟法則取得市場，這就是香港。這樣才能對一切新來的刺激更為包納，豐富自身。這種沒有明顯主體性，即為香港主體性之本質。這亦成為理解香港身分和流行文化系統的一個核心切入點：香港由流動組成，流動的人口、流動的資本、流動的崗位、流動的邊界、流動的意念。這些流動性確保這片土地產生出最具活力最不受規範的創意與形式。故此，也可反過來理解，最為限制創意的，並非條例、制度、資本，而是那種多元多向自由流動性的終止。

　　要重組或說是重新肯定流行文化過往在建構香港身分過程中所擔當的重要角色，也就是一次香港流行文化如何崛起，為何崛起及本質為何的連串提問。過去出現的香港流行文化黃金盛世，可說同時也是討論香港身分意識之高峰期，一股香港

特性，作為濫調形容的香港精神，又或思索香港是甚麼的風潮，甚至輸出遍及全球華人社會。香港在其中展現出的多種特質，那別樹一幟的自由風格和跨域強大的影響力，歷史上沒有任何由華人文化主導的社會能企及，並一度影響幾代活於不同地域的華人（後期影響更包括了西方的流行文化產業）。這絕無僅有的貢獻不僅應被記錄，更需重新思辯：是甚麼條件促成了這種香港特質？它又如何在刻下香港文化危機中存活？這也是香港以後的存活提問。

這段始於 70 年代的香港流行文化高光世代：香港大流行，到 90 年代達至頂峰，我們愛惜的這個香港，難道它就只僅存了三十年？這「香港大流行」又如何一步步蛻變為「香港身分」的載體？

要回應這些疑問，我們也必須回答這裡連串問題：

是甚麼條件激發出香港黃金時期的強勢流行文化輸出？

這裡不斷重複說著的香港流行文化，其特質到底是甚麼？

我們從香港流行文化中又能獲取甚麼？

此刻香港正值文化危機、身分存亡之際，面對香港主體性的日漸消殆，香港流行還重要嗎？它將要往哪裡去？

種種答案紛陳，有待梳理一套有關香港流行文化的知識體系。那是在一個特定歷史、地緣、文化交換與經濟進出條件下，一種跨界別其時各新興及成熟媒體熱下的協同：是一趟電視、電台、電影、出版、雜誌、漫畫、商場空間的潮流大匯流。

一種無序中自生成序的獨有香港流行美學。

一個與全球華人文化圈息息相關的狂飆時代。

重塑香港流行文化這段歷史，就同時變成一種求生。香港文化香港身分，既要保存，同時講求再植與跨域長期連結。它屬於一個城市的大歷史，也是無數觀賞者的共同記憶。當香港不再似香港，追溯記錄這段歷史這段過程，就更成了一種情感使命。以香港流行文化曾賦予大家的自信、瘋狂、勇氣、創念去面對未來，猶如一份執念。

個人的文化經驗是微小的，但把這看似無關痛癢的小事放回大歷史中，又看到了新角度。就如聽著某首熟悉的流行曲，多年來可能皆不清楚其意義，事隔三十年才懂其真意。無須一定清楚所有文化走向的來龍去脈，但共同有過的香港記憶卻早已化為你我個人成長中不被遺忘的一部分。就在這一刻，才真正讀懂那句「不再擁有」與「不要忘記」的辯證。

4

　　三個概念有助拆解了那個香港流行文化盛世的由來。適逢其會、神仙過海、天馬行空。

　　首先是香港擁有那時代與地理上一種不可取代性使然，時機、地緣、市場都剛好出現了，一批又一批創作人因緣際會，投進新興的文化工業生產線。從工業角度去理解，那是個社會生產轉型的歷史時刻，地緣優勢與人才流動上的適逢其會。

　　這時代的喚召也有它一定的社會文化發展使然，自 50 年代開始，基於新政權的封閉性，再加上繼後 60 年代的文化大革命亂象及其導致的全面文藝管控，中國大陸其時再難以作為華人文化的中心主體來輸出流行文化成品，但環顧其他華人聚居的亞洲地區，由台灣至馬來西亞，尚處於另一種極權後階段的僵固期，文化市場活力有限，社會自由度更不能跟香港相提並論。這是 20 世紀香港的又一次適逢其會，代表了全球華人文化社會中最開放及匯聚人才的地方，基於語言文化的近似，生產出能透過各種不同方式輸出到各個華人社會的大眾流行文化，這裡加上「大眾」，是因為同時期，此刻也是大眾媒體開始真正普及之時（特別是電視的興起和西方流行音樂的普及），最熱門的思潮分析流行作品是麥克魯漢的《理解媒體》，流行文化通過大眾媒體輕易擴散各地，形成個別新興文化市場之同時，也是全球化的雛形浮現。其時作為經濟、貨運、資訊、資本與交通樞紐的香港，論文化創作及輸出，環顧四周，可說沒其他城市匹敵。

　　事實上，不僅和香港關係最密切的中國大陸和台灣依賴香港的產出，甚至是東南亞華埠（故有賣埠市場一說），遠至歐美唐人街，在華語流行文化真空（或至少是不發達）的地方，香港文化產品適時填補所需，並通過種種集體觀賞經驗而形成深厚的情感認同。

　　這是更多從市場需求角度來洞悉，要進一步深入了解，則應從旺盛的生產力是如何得來談起。70 年代開始，香港傳媒及文化工業突飛猛進，電視台和唱片產業是其時的新興傳播平台，新的產業催生出各種新崗位、新機會、新職業，而這一代年輕的香港人，他們剛好遇上了。電視台作為極速為市場接受的大眾媒體，伴隨而來是同樣繁盛的廣告業、音樂界、唱片業、演唱和幕後製作人才庫。過往，電影圈還沒有對幕後製作的日復日每天需求，但電視台作為每天需填滿播放時間的「新媒體」，對此的需求馬不停蹄。編劇、導演、收音到場務，演員、司儀、報幕、主持到音樂總監，每個崗位都需要新血加入。過往主要由西方專業人士壟斷的廣告

界，也開始加入華人創作團隊生產更貼地的創意，收視調查機構和出版物發行量的點算系統也日趨成熟，令客戶更有信心和理據支持在媒體上登發廣告，及大量投放廣告費用，從而進一步鞏固傳媒的收入並激發起媒體事業的蓬勃。媒體有穩定收入，才更願意花更多成本投放在製作之上。這才形成一個生產與收入的良性循環，促成更多人才的需求和機會。

在風口之上，這是流行文化產業人才最佳時光。一方面基於這是從 0 變 1 的過程，大部分工種都是新設的，意味著有無比大的需求和試驗空間。沒有人能指出你的錯誤，因為還沒有人真的試過。所以，無論是新人新劇種新歌曲新觀點，皆被容許。這時代的創作人，只要稍有才能，找著人脈，就不可能被埋沒。至於才華特別出眾的，就更多機會跨界工作，一人身兼多種界別創作，可說是神仙過海，各有絕招，各施各法，各出其謀，這在其時是普遍現狀。「神仙過海」保證了人才的流動性和發揮機會。所以，黃霑雖然既任主持又寫曲填詞吹口琴，但都不影響他籌拍自己的電影同時又創立廣告公司。顧嘉煇除了為包括李小龍的電影創作出較迷幻的配樂，也是無綫電視的音樂創作總監和樂隊領班。許冠傑以蓮花樂隊成名，但在70 年代初，就轉換跑道在電視台出演喜劇節目為更廣泛階層觀眾熟悉，以後更是歌影雙棲的巨星。甘國亮原本是進入無綫的藝員訓練班，但日後的發展，幕前演出只佔一小部分，反而是又編劇又監製了多齣香港最有代表性的電視劇集，並於後來的電影生涯中擔當起多個劃時代項目的策劃角色。陳冠中創辦《號外》雜誌之餘，首先也是一位作家，出版的著作是《馬克思主義與文學批評》，而後來他還涉獵電影和舞台編劇、電視與小說。

在香港文化產品的相對成熟期，香港再次適逢其會，看到遠方的招手。80 年代開始，中國大陸的重新開放為香港提供了一個更大的市場與可能性（雖然早年這個市場因沒版權的規範而實利難以統計，但它塑造的新可能在日後將轉換成香港流行產品最重要的輸出地），從而令香港流行文化展開了逆向的文化北伐。這個邊緣的南方城市，它的口音、語言，甚至衣著風格，不僅反過來帶領著中國大陸，其時香港文化除遍及中國大江南北，更征服東南亞以至歐美華埠。歷史上首次，全球華人的通俗口味被香港流行文化統一起來。

這裡存在的客觀因素，是其時香港確實是全球華人社會中，享有最高自由度的地方。那意味著創作界所強調的創作無邊，天馬行空的意境，完全能在香港產出中體會。於歷史條件而言，那是70 年代開始，香港政府經歷過1967 年的暴動過後，

希望以一種更懷柔的方式去疏解香港的社會氣氛和年輕人情緒，於是更重視文化康樂活動，反映於文化策略上，是整個對創作尺度的制度化寬鬆。這就是其時所講的「拳頭和枕頭」年代，不僅暴力作品抬頭，連帶軟性色情片也廣為傳播與被接受。社會一片開放之風，自然也有世界範圍上，解放思潮的流行。沒有設限之下，無論是視覺感官刺激到作品訊息，都比其他華人社會開放、直接，拍別人之不能拍，難怪惹來極強觀眾忠誠度。

　　天馬行空除了用作解釋創作的無設限，也用來形容其時香港文化人才的機會無限，以及只要能想得出就能做得到的態度。在香港，有另一句更精采地道的用語去形容這處境，是所謂「無掩雞籠」，意思是一個沒有被蓋子蓋掩的雞籠，人才可自出自入，自由奔跑過界。譬如當「無掩雞籠」的跨界例子陳欣健回憶他的入行經過時，這位喜愛音樂的人兄，由警察部隊轉行投身電影界成為演員、導演、編劇、電台主持的跨界人才，竟舉出一個今天來說實在匪夷所思的例子，話說當年他主持商業電台節目《時空穿梭三小時》，同一時段打對台是香港電台由何守信主持的節目，由於彼此相熟，有一次，他們二人竟然忽發奇想，當開咪的鐘點來到，他們竟是各自跑到對方的節目中作主持廣播！

　　這種由其他界別變身為文化生產者的跨界例子，在其時更是多不勝數，除警界以外，還有諸色人等，無論是來自黑社會，抑或是藝術圈、電台、體育專業的人才，只要有才華，均可全不違和地成為流行文化生產力的一員。

5

　　這種天馬行空和無掩雞籠構成了叫人難忘的複雜香港流行文化特質：一方面為最廣泛被認可的混搭、生猛、顛狂、過火；另一面是情深、懷舊、義氣、倫理。開始時雖然主要以粵語創作（早期作為區別於其他方言或語種的身分標式），但到已屆強勢時期，又倒過來不受語種限制，為開拓更大華語市場，轉而以國語創作同樣得心應手。但在語言運用上，是離不開香港文化思維中的自由奔放與貼切傳神，從而成就了全球華人集體記憶。

　　能夠產生出如此生猛的文化的背景脈絡，則有香港長期作為文化交流匯點的原生態使然，不僅指今天幾成濫調的「東方遇上西方」比喻，香港更是整個中華文化體系中，天南地北各種地域文化的共濟點。在前者的東西方視野中，香港特殊的

殖民地歷史早早定下了它作為吸收甚至是師從西方文化的橋頭堡地位，在亞洲地區普遍仍處於滯後的現代文明開發期，香港最先擁抱國際視野和追隨西方品味，反映於文化潮流上，是承襲西方的啟蒙思潮和日後的文化產業構成，並往往是西方流行文化名家在亞洲演出的第一線。但過程中，始終作為華人文化一部分的香港，也不能完全拋棄中國傳統，這便形成了它於外在系統上依從西方，但美學或倫理手段上仍透著中國或東方智慧的混搭結晶，因而也更能適應各地華人口味。

如果混搭是建基於東西方跨界，那生猛顛狂就屬於香港同時是中華文化南北相遇點的結果。當南方潮濕的生猛旺盛精力，遇上北方的派頭大氣剛愎，一種新的二元融匯，像陰陽的調和，既濟又未濟，盡顯本身的自有氣流。一方面是極度陽剛色彩（如特別重視江湖義氣傳統），另一面則柔性似水。一方面依仗來自北方的資本與技術，另一方面又透現嶺南乃至南洋文明的勞動氣慨，還時而帶幾分魔幻與非邏輯。

基於這樣一種無窮的能量匯合，造成一個香港作為總體力場的後果。而這一切皆剛好發生在其他華人社會的嚴管時期，人才都願意往香港跑。再一次，香港作為無掩雞籠又發揮了它的特長，只是今次不僅是輸出，還有輸入。有進有出，才形成氣流，才可活起來。香港的文化身分，通過這種因自由流動性而造就的氣流，將把自己置身一種更為彈性的文化母體中，雖說脫胎自中國傳統文化，但同時有極大的泛亞洲屬性，以及跟歐美當代文化的互動。

同樣，沒有一個城市，是這樣依賴通過流行文化來建立並強化自己的身分，甚至可以說，直至到世界都認識香港之前（通過香港大流行），香港的身分反而曖昧不清。是因著流行文化的產出，才讓香港身分忽然被看見，甚至一度成為全球華人共同身分建構的一部分。香港就如九龍城寨，它自有歷史，但城寨中人不講這歷史，甚或想逃離。只有在不斷僭建的過程中，把一切空間、創作上的可能推向極致，慢慢從無序之中自我生成秩序和連自己都不察覺的獨有美學。直至為世界發掘及認可，這被分析下來的美學風格，才一個反彈翻身成為描述香港的字眼。

這當中最明顯例子即為美國電影學者用「盡皆過火　盡是癲狂」來形容香港電影，一個本來帶有貶意的形容，在新的文化品味之爭中，它被賦與新意，反過來變成全球無可複製的獨尊文化特色。

6

　　由被外界否定（如那長期用以抨擊香港的名句：香港是文化沙漠），遭國際看不上的俗套，香港及其文化的轉型有成，在在說明了「品味政權」的運作模式。回溯香港文化身分建立過程，也是不同世代品味政權交接的結果。

　　品味政權中，需多加強調的是「政權」。不像相對不變的固定文化基因，它是一個據不同時代權力主體個別建立出來的文化口味，建基於所屬階層或代際的短暫文化構成。隨客觀情狀變遷，前一個品味政權會被下一個推翻，周而復始。它的局限是具極深刻的時代性與時間性，每代人有每代人的生命週期局限，而當上一代的品味政權（決定哪些文化是好或具普及共鳴的）隨年月或同代人的淡出，另一個品味政權會隨之而起，漸次把上一代取締，建立新的品味政權，並重新建立評價甚麼是「優良文化」或「主流審美」的新準則，由此，新的品味政權隨之形成。

　　香港身分與香港流行文化關係千絲萬縷，正因為它誕生於一次又一次品味政權的交替，正好和「香港四代人」的觀點合併討論時，可得出一幅更全面的圖像。

　　貫穿其中，是「品味政權」交替與「主體意識」興起的過程。適逢其會，這些事就曾在這重點時段發生：1970 年代。

　　呂大樂提出的香港四代人論點，嘗試以出生年份來區分四個香港世代的特徵。當中，第一代泛指 1949 年前出生，意味著很多是因各種原因遷移到香港居住的南來人士，本質出生論最大分別是當中大多數人並非出生於香港，因而擁有來自五湖四海的文化成長經驗。他們極大可能童年時在其他地方度過，來港以前已建立起成熟的價值觀和主體性，當中一部份，終其一生，都可能不會把自己稱作香港人。他們是金庸、倪匡、王天林、曾江、許冠文、顧嘉煇、徐小鳳那一代。第二代出生年份由 1950 年至 1965 年，可歸類為香港二次大戰後嬰兒潮一代，多針對 50 年代出生而言，當中在香港出生的也佔了主導性。他們的原生父母多為南來人士，成長背景夾雜了不同地域文化和語言，他們同時成為了 70 年代香港大眾媒體初始繁榮期的骨幹。他們是甘國亮、王家衛、杜琪峯、周星馳、張國榮、梅艷芳、黃子華、黃耀明、林夕那一代。第三代在 1966 年至 80 年代中期出生，是今天理應處於核心權力階層和社會霸權位置的一代。他們絕大部分土生土長，部分甚至有留學背景，於未解世情複雜自以為風光獨好實則充滿暗湧的 80 年代成長。他們是鄭保瑞、葉偉信、陳奕迅、鄭伊健、黃偉文、衛詩雅那一代。第四代是 80 年代中到 90 年代末出生，最末一批是正值香港回歸中國前後至世紀末前出生，可能也是最後一代見

證過香港那流行文化黃金歲月的一代。是袁澧林、劉俊謙、林家謙、張天賦、呂爵安、卓亦謙那一代。

以這個四代人的框架作補充修訂,大概可得出香港大流行世紀中,同樣是以代際區分的香港文化四代人,而最重要的 70 年代香港身分透過流行文化的萌芽得以確立,正好發生於第一代和第二代人的交接中。在此,可更具體描繪四代香港文化品味政權的特質,每一代均由一個重大歷史事件,和一次文化集體記憶組成。也就是說,區分開四個品味政權的並非單以年齡來劃分,而是應憑文化記憶,是所屬的文化記憶造就了各代人的品味與身分認同。

7

第一代香港人(主要為 30-40 年代生)的大歷史,自然是二次世界大戰,當中無可避免要經歷戰亂與家族散失,輾轉逃難到香港。他們的童年各自經歷,從語言到習慣和文化愛好可說沒有一點共通。一個因二次大戰逃難或因中華人民共和國的成立而要由上海南來香港的十歲小孩,跟一個在廣東省農村長大,因跟父母走到香港與家族成員會合的十歲小孩,其文化習慣和愛好不可同日而語。唯一肯定的是,他們都分別來到了香港,生命中有了新發展。像顧嘉煇(來自廣州,文化基因來自粵劇與粵式文化,同時受上海流行的西樂薰陶)、倪匡(來自寧波,足跡遍中國,文化基因來自靈活的勞動階層)、李小龍(出生於三藩市,故本名李振藩,文化基因涵蓋東西方),他們組成了香港第一代人。他們在香港建參與了一個以國語為主,形態上以上海為假借參照目標的品味政權。一個大可稱為中國文化遺民的社會,試圖在香港重建或至少保存一點中華文化遺風,以至一度被視為優於香港的 1949 年以前的上海文化風情。這就是南來一代,不限於上海和北方,也包括嶺南。是他們合力建立起日後由蘭心攝影樓、紅寶石餐廳、香港中文大學以至北角的夜總會。

第二代香港人(主要為 50-60 年代中出生)的大歷史,是中國大陸發生的大躍進和文化大革命引致的中國和香港的隔閡,在國際層面則是美蘇冷戰、韓戰和越戰,回到香港層面,則是 60 年代發生的多次社會動盪。但有些文化事件依然在當年的年輕人心目中深深烙下印記:像 1964 年披頭四來港演出,1969 年登陸月球,搖滾樂和荷李活電影橫掃國際,那也是英美流行文化席捲全球的高光時刻。也不排除當中部分青年的文化洗禮是其時同樣火紅的左派運動,一切要革命要前進。但總

體而言，那代香港青年受西方文化的衝擊與影響遠大於其他。他們當中許多也視「上一代」的李小龍為偶像。

第三代香港人（60年代中至80年代中期出生）的大歷史是1980年西方國家杯葛莫斯科奧運會和1989年六四事件，可說是全面傾向西化。文化事件是1985年舉行的 LIVE AID 音樂會，夢想通過流行音樂可拯救世界，而他們其時的樂觀和自信確有理由，因為不久之後，世界真的看來像朝他們想像的方向發展：曼德拉獲釋（歐美流行音樂界曾多次聲援及呼籲釋放曼德拉），柏林圍牆倒下，從《地球村》、《大趨勢》讀到《歷史的終結》，他們自覺站在人類歷史最進步的一刻。這代香港人也在戲院中見證了《阿飛正傳》的魔力，或於午夜場中沉醉在周星馳的笑語之中。

第四代香港人（80年代中到90年代末出生），是最後一批在英治時期下有成長經驗的香港人。大歷史是1997年主權移交、2000千禧年倒數和北京奧運。文化洗禮是互聯網的興起，過往大眾媒體的共鳴力量，在這一代人之間開始式微。在香港近代最重要的關鍵年份2020年，他們正好踏入二十歲上下，或至少是以學生身分，經歷這城市最深刻的變化作為成人禮。

可以看出，在此香港文化四代人的體系中，催生出香港主體意識的，是第一代和第二代在70年代的交接，香港本土出生為主的第二代取締並建立起新的品味政權後，以勇猛神速的姿態，聲勢浩大穩佔香港各個媒體和文化產業崗位，生產出符合他們那新的以粵語主導、更為在地生猛、強調創新，總體帶極強香港本地色彩的流行文化。而第三代作為後來者，既是第二代所產出文化的最積極消費者，也在80年代延續了這種志業和市場。由於第二代掌權的時間特別長（因為是始創者），所以他們塑造出來的，也被認可為暫時最能代表香港的流行文化。第三代略為豐富了第二代的品味政權但並沒有全然把它推翻（不像第二代把第一代完全推翻），只是由過往注重原創革命的近於現代主義的精神，演變成後現代的風味，催生出他們這代人的偶像周星馳和無厘頭文化現象。這幾波品味政權的迭代，品味喜好雖有變，卻沒有阻礙香港身分的建構成形，由李小龍到周星馳，許冠傑到黃子華，香港身分的流變，是個過程中更為鞏固的過程。

主因是外在環境的改變，更準確地說，是香港身分在90年代往後的此消彼長，一片香港正在消失的呼聲之下，香港身分因這種擔心失去或弱化的過程中，反而更為顯眼，由是突出了之前從未去到的主體性高度。這主體性呈現為更明確的知道身為香港人的視野、品味所在。或反過來，不願成為甚麼。人們開始思考：是甚麼構

成香港（及香港人）的身分？不是來源地，更非戶籍，而更多是一種價值觀和行為標準。又或是一種做事的法則，以及審美。這香港身分的定義，前所未有被提出和重視，正因為這些從來不需多問的東西——那種「不需多講但處處皆是」，在過往曾經是那麼順理成章，簡直變成了香港人的某種禮儀和默契，體面與智慧，也是黃子華所述的「面斥不雅」意識——到了今天，這一切一切，都不再理所當然。

8

香港人 70 年代剛建構起來的身分，花了十多年時光於 80 至 90 年代壯大，如流星劃破，這一切又在千禧年後逐漸暗淡。這也是文化歷史上為數不多的案例。當然，它並非全然消失了，而是甚麼也不像。既非過往親近國際及西方的流向，也非回到傳統理論中是解殖之後重回母體即中國文化的懷抱，亦非原本花了三十年光陰建立起來的原創香港身分和流行文化品味政權的延續。香港這一刻看來三方也不像。過往，這種三不像正好是吸收了三方精華的象徵，如今，它卻成為了三方都難以適應的怪體。

抑或，三不像這怪體反而又能提供一種新可能？它不似是返到沙漠的境地，反而更像個黑洞，暫時只吸收而不明顯產出，等待足夠能量，在當中產生內爆，然後才有新星體的誕生。

9

當唐君毅在香港建立中文大學（他背景和南來的經歷使他擁有第一代香港人的特徵），立意是以香港自由之地延續中國文化之傳承，並拋出中華文化花果飄零的說法，這種帶浪漫又悲情想像的比喻，去到杜維明再引伸出「文化中國」的概念，打破地域與政治界線，不以政治而以文化作歸屬認同，期望最大程度上爭取一種華人文化的向心力。相信此說法當年仍能獲取大部分第一代和第二代香港人的認同。但經歷了 80 年代至今各種挑戰和社會變遷後，卻很難讓成長於 80 至 90 年代香港光輝歲月，自視為國際文明人，更認同普世文明價值的第三代或第四代無條件相信。

為防變成虛無或犬儒主義，香港文明和身分的守護，便涉及更具意識的重組香港身分及其價值，以及探討它將來的傳承之道。這無可避免得把它歸到全球離散

身分的討論中，香港身分在香港本土以至異地能否保存和延續，很大程度上取決於那種文化活力能否持續。這是個無比大的挑戰，因為一路分析下來，香港流行文化曾賴以崛起的條件，在當前香港新常態下，部分已不復存在，特別是界定它成因的自由流動性，一個足夠可持續，具資本、創意和人才自由流通的文化產業和市場。

但換一個角度，試圖重新定義「甚麼是香港流行」，也可作為一種方法：不一定在原地本土的才算是最正宗，甚至從「花果飄零」那看似悲情的情懷中釋放開來。這就是步向新的階段，去研究如何看待文化的主客關係之時。史書美提出的「反離散」理論，否定華語文化在中國大陸以外地區作為文化飄零的比喻，因為那意味著仍帶有主場原鄉和寄居他鄉的二元幻象，後果就只能是重現了中華文化向來重視的「落葉歸根」，一切以中國本土才是正溯的說法。

但可不可以珍視「落地生根」？每個飄出去的個體，創出更多枝葉，在新的土壤上結出新果實。套到香港身分的延續分析，香港文化的未來，也許出現新的方向，它可以在香港本土出現，也可以在離散於世界各地生根，重點是它有多少是傳承了香港價值，香港創意？抑或它基於時代和條件之不同，會蛻變成另一物種？

新的品味政權會再一次迭代，無論是在香港還是遠在他方，形成新的香港身分和文化產出。過去時代的人，除了迎接新的迭代，還要盡力保留記憶。那最後的香港憑藉。

CANTO-POP †

始於語言
又不止於語言

† 編註：始於 80 年代對其時香港廣東話流行音樂之泛稱，以
　示跟之前的粵語時代曲及粵語流行曲有所區別。

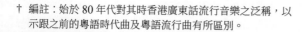

電視撈飯

電視與香港
初代流行曲盛世

0

　　1967 年 11 月無綫電視廣播有限公司（TVB）開台啟播，
香港劃時代的免費電視廣播時代開始，為其時香港家庭提供了
便宜的家中消閒娛樂方式（過往提供有線電視廣播的麗的呼
聲，也就是日後亞洲電視的前身需要付費收看），及後並徹底
改變香港人於 70 年代的生活節奏。那一個時候成長的小孩，
多少總會有一些跟電視有關的兒時經歷，因為電視的影響實在
深入民心，以致坊間創造出不少相關的流行用語，都成了香港
童年印記，譬如「電視撈飯」（邊收看電視節目邊吃飯）用以
表示晚飯時間大多數家庭的生活習慣；「電視汁都撈埋」（哪
怕是一些不重要的電視節目也不放過）意指小孩過分沉迷電視
花費大量時間；還有若遇有小孩站在電視前面阻擋了觀者視線
的話，後邊的家人就會大聲對小孩喊：「你食玻璃大㗎？」（你
是吃玻璃長大的嗎？），意指他的身軀不是透明的，請快快讓
開。在那個前互聯網，傍晚後外出娛樂還未普及的年代，看電
視就是最大眾化的娛樂，無遠弗屆，出現於電視節目上的人和

事，翌日就能成為全城話題；每個晚上重複播放的劇集主題曲，等同洗腦曲樂，亦順理成章，變成其時最流行的城市之音。

1

在剛開播不久即踏進 70 年的二月份，無綫電視就推出自己攝製的電視劇《君子好逑》，開展了它漫長兼具影響力的自製劇集娛樂方式。單在這一年，就推出了起碼十六部大小劇集，有些是改編自外國名著，包括把王爾德和莫里哀的劇作化為本地製劇集版。特別留意是日後廣受歡迎的古裝宮闈劇在這時早已有發展，同年出現了改編自姚克作品的《清宮怨》。幕前演員不少皆從電影行業轉過來，包括張瑛、胡楓、馮淬帆、鄧碧雲、黃曼梨等等。但這初創時期的電視媒體顯然還未流露出像日後一樣橫行的影響力。

一切要等待多個條件：電視機本身還未全面普及，需要更多更便宜的流通選擇。需要一些有關電視的話題。需要觀眾的主動期待。又或者，更重要是一部能更真實地看到世界的彩色電視機，而非黑白電視。

不用等很久，到 1971 年，無綫綜合娛樂節目《歡樂今宵》就率先改為彩色製作，以配合彩色電視機年代的到來（這節目曾是無綫最早也是持續播放最久的自製節目，在開台翌日便播出，而且為現場即時轉播。它的黑白時期，最為人津津樂道是 1970 年李小龍被邀在節目演出，那短距離「寸勁」擊倒目標的表演，經典影像流傳之今，也為其後掀起的李小龍功夫熱揭開序幕）。沒太多人會記得這是香港彩色電視節目的開端，但不少人仍會對節目的收場主題音，或者說，只是那短短數秒的 jingle 留有印象。由顧嘉煇作曲及填詞，只得兩句：「歡樂今宵再會，各位觀眾晚安」。音樂形式是簡單的，但由此，電視擔起了一個重要的家庭角色，成為人們安排自家家居作息和吃喝時間的一道尺。下午放學，及早完成功課的話，孩童的獎勵是可以看一小會電視。大約到傍晚六點，夠鐘開飯時，也是時候把電視機開啟。直至《歡樂今宵》結束，又提醒大家好安睡休息。後來由林燕妮填上口語化歌詞的主題曲，完全貼切地道出了這種新引進的作息習慣：「日頭猛做，到依家輕鬆吓。食過晚飯，要休息返一陣。大家暢聚，無綫有好節目。歡歡樂樂，笑笑談談，我哋齊齊陪伴你！」林燕妮被視為 70 年代重要的香港才女，填詞並非她最能把握的創作，但出來作品出色。往後，她身邊的兩個親密男士，將成為香港填詞界的中流砥柱。一位是她伴侶黃霑，另一位是她弟弟林振強。

在北方的習俗裡，這時候新引入家中的電視機，儼然取代了舊日客廳壁爐的位置，變成客廳的新焦點，但在香港傳統家居中沒有壁爐，只可以說，電視機以全新家庭必備配置品的方式，宣告一種現代化家居的形成，也是其時新一代香港的形成。

早期的電視機造型，有一階段還是充滿儀式感，電視機身深藏於一個密封木製的四方箱之中，要看電視時，需把正面的摺門慢慢左右拉開，像老式戲院中絲絨布幕的徐徐而上。可知早期在家中看電視也算一種極珍貴的娛樂體驗。

彩色電視節目的震撼觀賞經驗，激發了全城購入電視機熱潮，並開始把它視為家庭必須品而非奢侈品。隨著電視機「入屋率」的提升，一切準備就緒，等待引發共鳴的電視熱播作品。

2

劇作確實不少，劇集方面除有古裝宮闈劇，還有改編《雷雨》的民初劇，甚至長達超過三十集的長劇《冷暖親情》，但遠遠未做成全城轟動追劇的效應。這時期除無綫自製作品之外，為保證全天播放時段有足夠多元化節目，還會有來自外國的外購劇，當中自然包括可算為香港第一代輸入的日劇，如《佳偶天成》、《二人世界》以至更受歡迎的《柔道龍虎榜》（那是 1973 年，接近同一時段，有一名叫杜琪峯的年輕人尤其為此劇著迷，並加入了舉辦不久的無綫藝員訓練班，多年後已是成名大導演的他，念念不忘，在 2004 年拍出一部自己最喜歡的同名作品）。演唱《柔道龍虎榜》主題曲的是徐小鳳，以原日本主題曲譜上歌詞，唱詞卻是由國語和日語組成，沒有使用粵語。

其他新的嘗試也不少，包括找來在電影界和音樂圈已稍有名氣的許冠文和許冠傑，在 71 年推出喜劇節目《雙星報喜》，幕後班底鄧偉雄、劉天賜等將成為電視時代初期的重要推手。許氏兄弟之後也會跟鄧偉雄合作，創作出一首後來視為粵語流行曲新階段開山作的〈鐵塔凌雲〉。

1973 年看到了改變。另一位香港電視界重量級人物周梁淑怡開始重建遊戲規則、新的劇種、新的製作方法連隨出現。她也是早前受歡迎的《雙星報喜》的編導，看來對當代口味掌握精準，劇種上多了反映現實，與當時觀眾更同聲同步的處境喜劇《七十三》，突破了一直以改編文學作品為古裝或民初劇的保守劇種，令電視節目更貼近時代。這種當代氣息，再過兩年，將全面反映在破天荒以菲林（膠卷）拍攝的一系列寫實電視劇集之中，並吸引新一批影視製作新秀入伍，而這批其時的新

秀，往後也將成為香港電影新浪潮的中堅。當中最突出的是譚家明，拍製的《七女性》、取得高收視率的《CID》、社工主題的《北斗星》和《小人物》，以至開山之作《群星譜》盡皆電視製作早期經典。新浪潮名導如雲，現在熟悉的名字，譚家明之外，許鞍華、嚴浩、章國明、徐克、方育平、劉國昌、麥當雄等等，都是在70年代香港這充滿機會的電視系統中出頭，開創了香港影視盛世。

香港電視劇歷史上，第一首粵語主題曲〈煙雨濛濛〉正是在這背景脈絡下出現。鄭少秋主演及演唱了同名主題曲，雖然歌與劇都沒有大紅大紫，但起碼確立了一個新的劇集與歌曲傳播模式。每天準時播放，劇前劇尾都出現，劇集主題曲隨著越來越壯大的電視入屋率，得到最大的播出機會，反過來，主題曲的音樂響起，就像提醒大家完結手上的工作，定時定刻乖乖地在電視機前坐下。追劇的時代要來了，主題曲是這樣的一個鈴鐺。

現在很難想像一部粵語劇集不用粵語作為主題曲語言，但同樣，原來當時高層和唱片製作界都難以想像主題曲是唱粵語的。所以依顧嘉煇的說法，他是力排眾議，才說服決策者，〈煙雨濛濛〉這樣一部改編自瓊瑤作品的劇集，得破天荒用上一首粵語主題曲。

〈煙雨濛濛〉沒有得到想要的流行話題效果，以致一年後顧嘉煇仍堅持用粵語來演繹〈啼笑因緣〉時不無壓力。但從結果看來，他這決定贏得徹底，更貼切地說，是贏回了一整個時代。也不知是好劇造就了主題曲的流行（此劇由重量級電影界前輩王天林編導），還是反過來因主題曲受歡迎叫人想追劇。反正結果正是：〈啼笑因緣〉不是第一首粵語電視劇集主題曲，但它開創了以後最重要的電視製作配搭，從此大部分劇集都會配上原創的粵語主題曲，並由此開始了電視與主題曲這搭檔橫行整個娛樂市場，作為影視音文化商品最廣泛流傳的配置。通過無綫的劇集和主題曲（日後麗的或亞視間或有佳作，如《天蠶變》和《大俠霍元甲》等劇集的相關歌曲，但論數量遠不能及），香港的流行文化產出將跨過幾代電視迷與樂迷，遠涉各大洲，在全世界華人的心目中，成為香港的一座又一座標記。

3

〈啼笑因緣〉在 1974 年定下的這成功法則，往後兩年仍沒有同樣巨大成功的繼承作，較受歡迎是《巫山盟》的插曲〈田園春夢〉和〈心有千千結〉，只能算是小範圍流行的小品抒情曲。

直到 1976 年，也是香港電視行業真正踏入黃金期的第一個轉捩點。那是香港電視界三台鼎立的興盛時代，無綫和麗的（已轉為免費廣播）之外，1975 年佳藝電視以龐大聲勢及旋風式姿態出現及消失。它於 1975 年開播，1978 年就倒閉。開台時曾掀起業內挖角風潮，周梁淑怡就曾率眾由無綫蟬過別枝，企圖另創電視史另一頁。

佳視的生命短促，但遺產不少。集中在兩方面，其一是率先把金庸小說改編為電視劇《射鵰英雄傳》和《神鵰俠侶》，開創電視改編金庸作品先河；此外給予《金刀情俠》編導極大發揮空間，使香港觀眾留意到一個新名字：徐克。

受佳視改編金庸作品啟發，無綫也立即應變，由王天林監製，於 1976 年推出《書劍恩仇錄》，並從中找到了主題曲的流行密碼：大陣容、力捧大明星、長篇話題作。配合其時同樣蓬勃的電台播放，報紙媒體的持續報導，長達數月的對劇情的期待，加上受歡迎電視明星的崛起，成功的長篇電視劇將成為收視的利器和廣告的寵兒。追劇的文化正式成形，以致其時個別受歡迎劇集播放至大結局時，該段時間上至公司老闆，下至打工仔和的士司機，為趕返家追看結局，令坊間的消費場所生意大幅減少。大家以「空城」見證的，正就是超級劇集崛起之影響力，主題曲伴隨這個大勢而深入民心。

正式宣告這超級劇集世代來臨的，正是《書劍恩仇錄》，一部六十集的長劇。當然也不能排除音樂本身的魔力，鄭少秋主唱的主題曲，開場幾聲雄壯吶喊「啊啊啊——啊啊啊啊啊」完全有種召喚能力。今次他一人分飾三角，分別是故事重心人物紅花會總陀主陳家洛、乾隆王和福康安，完全是電視台刻意力捧，他不負所託，和汪明荃作為熒幕情侶，成就了無綫電視早年最受歡迎的 CP。主題曲同樣風行全港。

電視台運作是個講求可重複性的行業，每次都創新的話，風險太大了，也不好預測。下一個火爆劇目，就算不一定要改編自武俠小說，至少也應該是長篇故事，有新冒起明星出場。這結論直接啟發出變本加厲，史上最長篇的無綫劇集《狂潮》，主題曲由關菊英唱出（「是他也是你和我」），並再捧出另一位電視偶像周潤發。以主題曲創作而言，顧嘉煇和黃霑這曲詞組合已極具默契，但今次兩人再來一次突破，是同一個旋律的主題曲，可分別通過編曲和歌詞變化，演變出一個緩慢深情版，另一個歡樂輕快版，氣氛和感覺截然不同，結合故事不同情緒情節之餘，也完全是創作功力的賣弄。譬如兩版本中，同一段副歌音符，慢版歌詞是「幾許歡與笑　多少愛和恨」而到快版則變成「應該共歡與笑　不需存怨和恨」顯示瀟灑的駕馭能力。兩年之後，乘電視劇的餘威，還能拍攝電影版《鬼馬狂潮》，可算是港式跟風潮流

的佼佼者，而電影版主題曲也由關菊英主唱，但變成鬼馬口語歌詞：「做工最弊受人氣　成身冤冤痛最堪悲；總之係撈到化　好心就惹閒話　嘆狂潮鬼馬　不必怨見識差」。

　　1976 年推出的《狂潮》長達 129 集！群星盡出，簡直是豪華金裝劇。周潤發之外，女主角之一是知名度尚欠的狄波拉，但她在此劇的「壞女人」形象令無數觀眾留下印象，當中也包括影星謝賢，以至 1979 年，他倆宣布結婚，並於婚後育有一子一女，男的在 1980 年出生，叫謝霆鋒。同一年，遠在北京，一位十一歲叫王菲的女孩在東直門中學就讀，四年後還是高中生即出了首個卡式帶專輯，唱的是鄧麗君的歌曲，再過三年，她將移居香港，並改了一個更為港式的名字王靖雯在樂壇發展。到 1993 年她主演並主唱無綫電視劇主題曲〈千歲情人〉時，電視和主題曲的黃金時代已然過去。

4.

　　可在 70 年代中期，電視劇主題曲的熱潮方興未艾。《書劍恩仇錄》和《狂潮》以後，更多代表作等著要來。乘著香港唱片業的興旺，演唱主題曲的歌手，也外延至香港其時的一線著名歌星。那是歌星們不得不作出的轉變，過往單純以演唱作事業的歌星，收入和演出機會主要在登台演唱，包括到台灣東南亞巡迴「走埠」，在香港的話，主要的場合，是各種附演出舞台的酒樓，其時也稱作夜總會酒樓，那顯然跟日後理解的陪酒式夜總會不是同一回事。隨電視的普及，晚上娛樂變成看電視，減少了外出吃飯看歌手演出的機會。70 年代還未有大型演出場地作演唱會，最重要的演出只能在其時的利舞台舉行，著名歌星也得重尋新的表演舞台，電視台，就是他們的出路。

　　77 年已在演唱界有盛名的羅文（之前跟沈殿霞以歌唱組合出現過），加入主題曲行列唱出〈家變〉，是這潮流的先鋒，之後他還會陸續擁有唱遍全球粵語區的名作，如〈小李飛刀〉、〈強人〉、〈親情〉以及 80 年代和另一位由傳統歌星成功轉型的甄妮合唱多首武俠劇主題曲。之後徐小鳳也參加了這場盛宴，唱出了《大亨》主題曲（之前只唱過國語主題曲）。過往主要演唱國語歌的歌星，都紛紛投進粵語世界。

　　鄭少秋乘著電視台一線小生地位，以大俠形象站穩他歌視雙棲的寶座。他飾演葉孤城並唱出陸小鳳系列的主題曲，其後於《倚天屠龍記》和《楚留香》中獲得

跨域的流行力，香港劇集輸出到台灣和東南亞（其時還未能進中國大陸），香港藝人也開始了走出香港的大征途。特別是《楚留香》，此劇令鄭少秋紅遍台灣，風流倜儻大俠成為他的代名詞，連他唱出的主題曲，最末一句「千山我獨行不必相送」也成為幾代台灣人送葬告別的禮儀曲。那是電視影響力最廣泛的日子，電視明星享受著最炙熱的光芒，就連剛冒起的電影新浪潮闖將們都樂意用他。80 年代，譚家明和徐克先後進軍電影圈，試圖創新古裝武俠片類型，在《名劍》和《新蜀山劍俠》，鄭少秋都適逢其會，成為新浪潮導演的古裝愛將。

5

發展至 1979 年，電視台用十二年時間，建立起劇集與主題曲這互為因果的流行方程式，電視劇主題曲風潮已勢不可擋。無綫和麗的電視這期間都交出了風靡一時的劃時代之作。反映在當年的年終頒獎名單上，香港電台首屆十大金曲中，竟然有六首得獎曲是電視相關歌曲：

鱷魚淚 —— 袁麗嫦（電視劇《鱷魚淚》主題曲）

風雨同路 —— 徐小鳳

賣身契 —— 許冠傑（電影《賣身契》主題曲）

每當變幻時 —— 薰妮

明日話今天 —— 甄妮（電視劇《奮鬥》插曲）

誓要入刀山 —— 鄭少秋（電視劇《陸小鳳之武當之戰》主題曲）

小村之戀 —— 鄧麗君

小李飛刀 —— 羅文（電視劇《小李飛刀》主題曲）

倚天屠龍記 —— 鄭少秋（電視劇《倚天屠龍記》主題曲）

願君心記取 —— 張德蘭（電視劇《陸小鳳之決戰前夕》插曲）

直至 1980 年前後這股風潮可謂達至頂峰名作如雲：〈風雲〉、〈上海灘〉、〈親情〉、〈京華春夢〉、〈輪流傳〉、〈千王之王〉之後，再開闢 80 年代上半期的古裝主題曲盛世。麗的電視也不甘示弱，同期間有《天蠶變》、《天龍訣》、《大地恩情》、《大俠霍元甲》推出，無論是劇集或主題曲插曲等論流行度足以匹

敵。競爭之下，無綫有顧嘉煇、黃霑，麗的有黎小田、盧國沾，結果是更多彩多姿又旺盛的流行曲與電視生態市場。

往後，82 年有《天龍八部之六脈神劍》〈兩忘煙水裡〉、《天龍八部之虛竹傳奇》〈萬水千山縱橫〉、《蘇乞兒》〈忘盡心中情〉、《萬水千山總是情》〈勇敢的中國人〉；83 年《射鵰英雄傳》三部曲和《神鵰俠侶》等。主題曲的大勢至這時期達至最頂峰，直至 83-84 年，香港新一代歌星偶像的出現，歌星包裝的轉化，不需再過分依賴電視台的劇集傳播力，才使香港流行進入另一階段。

6

那不盡是電視製作或影響力的開始沒落，但必定是社會的娛樂生態發生大變。

1979 年地鐵已開通了部分觀塘綫，82 年荃灣綫全面通車，之後到 85 年港島綫也陸續加入。1982 年，九龍到新界的火車電氣化也完成，自此香港人的城中流動性大大提高，方便大家跨區出行及計劃更彈性的晚上外出消費日程，配合著同樣更多元化的消費娛樂方式出現。到現代化商場購物、青春場所消閒、卡拉 OK、的士高，過往趕回家「電視撈飯」的場景再沒有在家家戶戶發生。

電台、唱片、電影發展成熟，歌手和新作可跨媒界曝光，新一批的流行音樂再不需要過多以電視主題曲的方式協同傳播了。新的偶像歌手也不以電視作為最主要的發展空間。陳百強的〈幾分鐘的約會〉寫地下鐵車廂邂逅，宣示了這種新興交通藍圖下香港的城市新肌理，他雖也有參演無綫劇集《突破》（之前在《輪流傳》也有小角色），但令他大紅的卻是後來和劇集無關的名曲〈今宵多珍重〉。同樣，1984 年是張國榮奠定他地位的一年，令他踏上巨星之位的是〈Monica〉，而非為無綫拍《儂本多情》並唱主題曲。1985 年如日方中的譚詠麟，他當時的受歡迎作品更跟劇集沒有關係。

比起過往電視劇、流行音樂緊密的結合，這時期的香港影視樂圈開始分道揚鑣，各自發展出成熟的模式。但電視台在流行史上的地位功不可沒，除生產出一代又一代，既是劇集也是城市的主題曲，它同時是流行文化參與者、創作者的搖籃。香港人對於本土明星的情感認同，更多是出於一種共同成長的投入。只有極少數例外，實際上大部分日後成名的巨星，香港人在電視上都曾看過他們的艱苦奮鬥，從不起眼小角色一步步成為巨星的過程。這是香港人樂於投射於己身的故事與身分。

83 年底，呂方唱了一個小小的只在兒童節目中出現的短劇的主題曲，劇目叫《黑白殭屍》，那是周星馳真正顯示出他無可比擬演出風格的本色之作，六年後才有機會在《他來自江湖》中盡情發揮。

84 年，新人梁朝偉以《新紮師兄》杰佬的角色成為最新偶像。同劇還捧紅了一整個卡士，包括劉青雲、劉嘉玲。

然後是更新一輩的電視幕後人出場，拯救開始模式化的電視劇集，生產出 80 年代下半期開始，以極端劇情、深刻人物描寫，並帶濃烈命運質疑感的人性倫理代表作：86 年《流氓大亨》、88 年《誓不低頭》、89 年《義不容情》及《還我本色》，當然還有 92 年《大時代》。這時候距離無綫電視啟播已經超過二十年，電視的初創階段早就結束，觀眾的口味出現轉變，需要韋家輝這樣的激烈衝擊來帶給電視以新的可觀性及命運。

1.2

1972 與 香港粵語流行曲 主體性的誕生

0

　　1972 年。街頭巷尾空氣中飄盪著「情人別去後人消瘦」的歌聲，那是星洲歌后麗莎的〈相思淚〉，其時香港還習慣稱新加坡為星洲。孫燕姿要再晚六年後才出生，唱的也不再是粵語；上環大笪地，放工後的勞動階層圍觀著正在賣藝的功夫小子，背景播的是〈唐山大兄〉。鄭錦昌，這一位來自馬來西亞的創作人，寫了這首歌，並用粵語唱著「唐山一吓一有個大一啊一兄」，因而也有個外號叫「粵曲王子」，這也是此前一年紅遍全港創票房記錄的電影餘威——儘管歌曲跟電影其實沒任何關係，若是有的話，只反映全個海外華語地區的人是如何為李小龍瘋狂著迷。九龍廟街的路邊歌手在唱到「為愛為情恨似病，對花對月懷前程」這句時，開始急促轉 beat 唱得越來越快，引來群眾熱烈和應。這座廟，據傳就是寫〈禪院鐘聲〉的作者崔蔚林當年避居於旁，看著廟宇有感而發。徐小鳳在海城夜總會唱著白光的老歌。新蒲崗的工廠女工，邊聽電台點播〈一水隔天涯〉一邊落力動手。

Live 酒吧中，除了菲律賓 band 友外，漸多了本地年青樂手加入。五年前無綫電視開播，人們已開始習慣趕放工回家扭開電視。去年有一個熱播的節目《雙星報喜》，今年新一季要來了，《華僑日報》上有報導，說今晚開始，逢星期五晚上 8:30 播出，「節目奇特之處，尚有古今名人發表對香港現狀的言論，精彩萬分」，同時首集會播出由許冠文作詞，許冠傑作曲的新派粵語歌曲〈就此模樣〉。

1

　　如果說明確帶有香港身分意識，真正意義上的香港粵語流行音樂，就在此年創世，那這把聲音，就已有超過五十年歷史。這把聲音這些歌詞這闋音樂，代表了香港主體性的誕生。半個世紀過去，那個已逝的時代，今天回看，它所包含的自由、開揚、好奇、單純的世界同樣已不復返，要重尋這段歷史，除為了懷舊，也是因為透過回溯，或者我們也能獲得一點點未來的啟示。

　　都在想那「存在式」的問題：我們是怎樣經歷而來，又往哪方去？

　　套到香港流行音樂的範疇，它曾有過不同名稱，時代曲、廣東歌、CANTOPOP，在這裡可能要把它收窄為特指的「香港粵語流行音樂」，它除了是流行商品，還反映了其時香港社會進程和文化色彩，很大程度上在後來也跟更多香港流行作品一起，共同建立出一套香港新身分。當香港文化步向離散，我們更需清楚這故事的來龍去脈。它是如何有機地，同樣在這數十年之間，結連了整個華語文化／消費圈。

　　這是香港流行文化史重要一章節，更準確地說，是探索香港身分是如何透過流行文化去建立並傳播。

　　這裡也非要考掘或爭論更廣泛意義上的香港粵語歌曲的起源，或考證。不如說，在這裡，我們要追蹤、重構及理解，香港流行（HONG KONG POP：泛指香港流行文化產物及其影響力）是如何一步步，通過香港式廣東話語言、第一代土生土長香港明星歌手的發聲、跨地域文化交融，挾其時香港作為最自由的華語社會創作力源頭的特色，放飛亂撞，竟然又建構出與別不同又外銷全球的香港流行產出，並把香港身分、記憶藏於其中。特別是在它萌芽的 70 年代初，它如何跟其時的兩種截然不同的文化傳統互動，既融於其時領先的英國流行當中，另一方面又從中國傳統，特別是南方文化中，獲取大量靈感，最後通過本土的明星以至香港娛樂工業的消化吐納去發揚光大。

這精神後來常常被引伸為已成濫調的香港神話（譬如那漁村變大都會的敘事），但最不能忽略的，理應是那份努力用自己的語言去發聲，去展現價值的過程。它是香港現在那正經歷著的文化與身分危機的另一面，一個過去真實出現過的時空倒影。它告訴大家，在一個自由開放的時代環境，創作可以如何在啟發自時代精神又盤算商業之餘，同時築構出一種身分與價值認同，團結所有價值與信念相許的人，共享一種獨到的，稱之為「香港文化身分」的東西。

2

一切從這首歌開始：〈鐵塔凌雲〉。

籠統的香港流行紀事中，不乏有稱〈鐵塔凌雲〉為香港粵語流行曲的始祖，但它為何香港？如何港式？怎樣才算始祖？還是可以追求一種更嚴謹的定義。

有關〈鐵塔凌雲〉創作過程的細節，歌詞文化評論人黃志華以他歸納，參考劉天賜以及香港報章史料梳理，已有一篇綜合且較全面的交代（注：〈鐵塔凌雲〉在七十年代的「流行指數」），重點大致是：〈鐵塔凌雲〉實為許冠文先有英文詩詞原稿，據此詩中意義，找電視台時期的拍檔鄧偉雄（也是填詞人）轉為中文歌詞，並最後加上歌唱者許冠傑的校訂落實。其實是先詞後曲，所以一般 credit 上稱「填詞：許冠文」值得商榷。當然，多人合作式的創作過程，誰是「作者」向來難分，這裡要重提重視這過程，是說明這歌原創上的文學性、視野和英文原文本性質。

它也並非先曲後詞，所以嚴格上，不是「填詞」，反而該是許冠傑按此詞譜曲。

黃志華文中並提出另一重要考證：〈鐵塔凌雲〉在 1974 年推出，但最早於 1972 年 4 月 14 日以〈就此模樣〉的歌名先出現於無綫電視《雙星報喜》電視節目中。其實直至 1974 年乘許氏兄弟《鬼馬雙星》電影大賣同時真正推出此歌之前，這曲從未流行起來，就算是電影熱賣之後不久也不是大熱流行曲。結合在吳俊雄所著《此時此處——許冠傑》一書的引證，〈鐵塔凌雲〉反而是經過年月洗禮，特別是到了 80 年代，才一步步被挪用作為賴以表現香港身分的歌曲。

在官在私，香港長期沒有一首主題歌，特別是在全球見識機會日增，香港人在世界大家庭中要尋找一把代表的聲音或音樂之時，比如說留學生聚會，各種與外國人社交中得要找一首歌去代表自己來源地的一刻，當世界其他地方人民或學生可能會選擇自身國歌或其地方特色歌曲之時，香港人才發現，自己是無歌可唱。所以那些香港留學生在國外，選擇代表香港的歌曲獻唱，由早年的〈鐵塔凌雲〉到後期

的〈海闊天空〉的說法是有根據的。在這境遇中,此曲才顯出了它超越單單一首流行曲或粵語流行始祖的意義。

而它的意義,從歌詞文本出發,原來又是那麼跟其時剛崛起的香港本土意識共生。當然,70 年代的香港人,還未用上「本土」來形容這種意識。可幾十年後回頭再看,歌詞中描述的心情,那尋遍他方,回首家鄉漁燈的「此時此處此模樣」情懷,正正是香港流行歷史上,第一次有人準確捕捉了那對自己所來自的地方的愛。70 年代以前,就算是由香港出發走遍世界的人,也未必認為自己是來自香港(因為他們許多根本也是從其他地方移居香港)。如今,這批在穩定時期於香港長大的一代,終於開始寫下自己城市的音樂,吸引著同年代和更年青新一代的耳目。特別是 50 年代出生一代,到 1970 年前後正值 20 歲上下,成為新青年的骨幹,開始捨棄父母一輩的音樂口味,或是有點高高在上卻不太親近的英文歌,轉而追求既有西方曲式,但又屬於自己語言表達的新聲音。

70 年代初,香港也踏上自己的「大旅程」,無論是經濟上,還是個體與文化流動上。歌詞開篇的四個遠遊地方,今天看來,更像是其時流行的外遊明信片式賣弄。由巴黎鐵塔、日本富士山、紐約自由神像到檀島灘岸(夏威夷),總體的情感是典型的奧德賽式回望:見盡千山萬水,倒不如心中的故鄉。而那故鄉,已再非許氏兄弟再上一代的香港人習慣的理解——即基於各種原因南下香港的家庭所懷念的鄉土或城市中國,而是第一次,有人稱香港為自己的原鄉。

於是,「豈能及漁燈在彼邦」當中那「彼邦」兩字反而呈現了重點:「香港」兩字從始至終沒有在文本出現(後來在不同的版本中,特別是現場演出時,許冠傑才時而把「彼邦」改為香港;可是當一切變得那麼有意識,反而那神髓就減弱了),可它的不在才真正令它處處顯現,跨過時代達至不朽。不需大鑼大鼓宣諸於口,但卻永遠默唸在心頭。不需問何時何方,只有此時此處。曾擁有過那個香港的,無論日後他們去往哪裡,香港都存在於「此時此處」。

3

在 60、70 年代的香港渡過童年的一代,大抵都有過這疑問:當填寫不同表格時,碰到「籍貫」這一欄,不知要怎麼填。當然,後來問詢父母後,會得到一個字面答案。讓你可以鼓起勇氣往表格上填,那可能是廣東順德、福建廈門、浙江杭州。但這些名字,所以停留於「字面」,正正是因為,我們其實連這些地方在哪裡也不清楚。

那就像一套宏大的族譜，到了香港之後，得再翻出新一章。不止於家族血脈，也包含了社會上選用的語言。我們活用了語言，而語言進一步又塑造了這一代。

今天視廣東話／粵語作香港語是理所當然的，但我們似乎難以想像，在〈鐵塔凌雲〉出現前的時代裡，香港的流行文化，從電影到音樂，以至日常交流，還是大江南北中西語言交雜。在較「上流」的文化產品中，例如流行曲和電影，更是以國語作品為主導及市場標準，粵語演唱並不入流（40年代開始大批上海演藝工作及創作人南下香港，同時帶來了他們那被認可為較高級的品味）。粵語電影和粵語歌曲在香港固然早早存在並流通，但如果重聽當時的流行時代曲（「粵語時代曲」是更早對香港粵語流行曲的稱號）和粵語長片（「粵語長片」更多是後來電視台大量重播40至60年代主要以黑白拍攝的粵語電影的命名），會發現其時的粵語發音和唱腔都跟今天有差異。粵語長片製作，明星藝人，部分來自粵劇傳統，保留濃烈的廣府音或粵曲腔調，早年粵語時代曲許多也跟電影共同生產，甚或由電台廣播劇延伸，被視為寄存於電影或廣播劇的一部分，未有明顯獨立自覺地位。

至於60至70年代初瘋靡一時的粵語時代曲，地位稍遜於國語流行作品，且意外地當中許多均出自星馬歌手，譬如鄭錦昌和麗莎等。

70年代初，唱至街知巷聞的，是星洲歌后麗莎的〈相思淚〉，是鄭錦昌的〈鴛鴦江〉。我孩童時第一個聽聞的本地歌星名字，可能是陳浩德而非許冠傑，前者現在的地位，可能只能被記載為一位唱粵語時代曲的香港早年男歌星。時代曲不被重視，往往是因為當比對日後許冠傑等人的原創及編曲的話，時代曲的旋律和結構，以至樂器的配合，仍走不出小調傳統和過分粗糙的編排和演奏。歌詞則不離男歡女愛，負心相思的婆媽，欠缺了日後香港粵語流行曲的新世界觀。

而根據家人的記述，在我更早現已沒印象的孩提時代，我最先學會唱或模仿的，是寶島歌王青山的歌曲，而我僅有的其時最深刻的流行音樂印象則是姚蘇蓉的〈今天不回家〉——那意味著，當時1970年前後的香港樂壇，更流行的確實是國語時代曲。

4

這種竟然是國語能在一個以粵語為主體的社會佔文化主導的經驗，今天說來不可思議。甚至晚到70年代中期，香港電影院內公映的電影，以邵氏出品為例，都多以國語製作。但只需要重組一下其時社會創作人的組成背景，就不難明白。大

多數從事者，皆非今天意義上的本土香港人，從電影界的上海南下資本與人材，到音樂界的台灣風潮，可以說，直到 70 年代中之前，起碼在娛樂產業上，國語就算不能說是當時的社會主流語言，但至少也跟粵語作品分庭抗禮。而在更深層次的「品味政權」的控制上，國語幫更是佔有領導地位。

在未有香港電台十大金曲之前（那要到 1979 年才舉辦第一屆，另一較有影響力及指標性質的是金唱片頒獎典禮），香港流行音樂的指標得在其時較具影響力的報章媒介中尋覓。譬如由 1970 年代開始，《華僑晚報》和《明報》便辦過十大歌星獎，在 1970 年《華僑晚報》第一屆得獎名單上，會發現只有詹小屏以粵語演唱〈恨你入骨〉，同屆其他名作如姚蘇蓉〈負心的人〉、崔萍〈今宵多珍重〉（許多年後有陳百強粵語版）、劉鳳屏〈水長流〉等均為國語歌曲；而此榜最初數年名單中，可發現多屆上榜的森森原來才是其時最紅最常得獎的本土歌手，還未轉唱粵語歌之前的徐小鳳要到第三屆才登榜。在這批名單中，男的如張帝，有「急智歌王」之稱，展示的是一種濃濃的跑江湖，夜總會登台味道。那是一個源自往日上海的舊世界舞廳文化在這南方小島上的最後延續，他們悉心把自己安放在一個同聲同氣的國語泡泡內，而在外面，用原創粵語及新音樂彈唱的電視歌唱綜合節目，創先河以粵語作為主題曲的電視劇集已在悄悄起步。

5

當中不能不提是 1974 年的同名電視劇主題曲〈啼笑因緣〉，由顧嘉煇作曲，葉紹德填詞，仙杜拉主唱。此前顧嘉煇已試著開創先河，在之前的劇集〈煙雨濛濛〉以粵語作主題曲，但沒有流行起來。可見還需時代轉變、演唱方式與劇集的天時地利配合，才能令後來者〈啼笑因緣〉以街知巷聞的盛況，爭奪起香港粵語流行曲潮流序幕曲的寶座。論其時此曲比〈鐵塔凌雲〉流行得多，影響力後者確是趕不上，但這裡還是把〈鐵塔凌雲〉界定為粵語流行曲時代的開山之作，當然自有標準。所選擇的原則是：這裡說的不單純是流行程度或流行的時間先後，而是作品需強烈呈現出所代表的香港意識或主體性。

據音樂製作人的解讀，〈啼笑因緣〉自有其中西合璧的開創性，譬如用上中國傳統小調和樂器，配合西方的編曲入樂。作曲者顧嘉煇也提及，當時公司對以粵語演唱並沒信心，認為市場未必接受，這論調也證明了先前所提及的當時香港整個品味環境，還是以國語為流行指標。起用「鬼鬼地」即慣於唱英文歌兼形象西化的

仙杜拉（事實上，仙杜拉並不懂中文字），實在是一個折衷策略，添加一些門面的西化，希望能讓「以外界認為較低級的粵語唱出」這效果不致那麼低級及老土。但結果證明，時代開始選擇粵語了。

6

返到〈鐵塔凌雲〉，於「許冠傑此時此處演唱會2023」中，許冠文客串出場，合唱〈鐵塔凌雲〉之時，作為詞作者，他難得補充了對這首當代粵語流行歌元祖的創作過程細節，包括這首詞的具體創作時間和處境，第一手資料極為珍貴。

過往資料一般簡要記述，創作背景是兩兄弟共遊世界之後，許冠文有感而發，也是對此段遊歷的情感記錄，因而詞中溢滿世界各地名勝風光，以至中段「豈能及漁燈在彼邦」的嘆謂。

現演唱會中許冠文親自憶述的相關記敘是：「今晚想正經唱一隻歌仔畀大家聽，一世人只寫過一隻歌〈鐵塔凌雲〉，點解歌詞咁悲傷？其實後面有個大秘密，我媽死後先夠膽講，佢話細佬去美國要娶鬼妹，當時佢22歲，我去到美國同Sam講數，用長途電話同阿媽講數，我媽話扑暈佢都要帶佢返嚟，坐氣球都要返嚟，我話啲美國人會用火箭打氣球。參加完佢婚禮，我就即刻寫咗呢首歌，然後我都即刻去結婚。」

這近乎棟篤笑的版本，說美國人會用火箭打氣球下來這個gag當是後加的笑料，但起碼就此可知的事實是：

一、這重要的詩詞，文本是寫於1971年，即許冠傑新婚後（也可能晚至1972年初，看許冠文說的「即刻」是隔多久）。再提示：〈鐵塔凌雲〉是先有詞再譜曲，最早為許冠文寫的英文詩，1972年許冠傑配上音樂後，在1972年4月14日於《雙星報喜》中以歌名〈就此模樣〉首播。

二、但據許冠文這最新補充顯示，更肯定的是，這是兩人在美國有上述途上經歷後許冠文的感悟。那意味著詞中更主要的原意，是指向一種年青時的漂泊不定性，一種對自我命運立足點的思考和抉擇，多於「香港人漂泊在外」的體會。這一年，許冠傑終於大學畢業，前途未卜，是要當全職歌手、藝人？而他不管，便立即跑到美國要成婚。但他其實已出過唱片以及出show無數。他來找的對象，是1966年在香港Regent演出時邂逅，來自美國的遊客Rebecca Fleming。Rebecca Fleming離港後他們得保持書信及每週一次的長途電話交往。

三、我們會發現，到了結婚前的「勸返」之旅，處境即為：兩個來自香港的年青人，哥哥 28 歲，弟弟 22 歲，不僅是共同遊歷，而更多是在異國要面對及決定人生的一大議題。人在他鄉，於成家的抉擇上受傳統家庭觀反對，在情感上是面對跨語言、種族的障阻和更多未知。

女方 Rebecca Fleming 為美國菲律賓混血女孩，今天說的 Asian-American，也有自己一部離散移民家族史。面對兩個家族，兩套觀念，兩個地域，兩種語言，夾在中間的異鄉人，難怪看著風景依然，但主觀意識，卻是「看不到歡欣人面」、「聽不到遊人歡笑」。

四、由此，歌詞最早版本以英文寫出就不奇怪。許冠文似乎得用了「對方」的語言來克服古老的傳統。當見識四方後，其上文下理當結連到此經歷之時，就能理解近半世紀前的漂泊心境，此時此處此模樣，其意於當時而言，可以為找到一著落，可能是婚姻，也可以是更大的故鄉，短暫逃離那不確定的漂泊。可以說，以許冠文自言他回港後隔不久也決定結婚（1972 年），其時指的更多該是個人情感的此模樣。而在同年，〈鐵塔凌雲〉也以〈就此模樣〉的模樣面世，兩兄弟也定下來更積極的投進剛興盛的香港影視歌圈之中，創出自己的傳奇。

7

〈鐵塔凌雲〉和〈啼笑因緣〉等歌的流行，以至一種香港粵語文化意識的萌芽，還有更大的時代和語言轉變背景。經歷 1967 年的暴動，港英政府意識到需爭取一種普羅市民的認同和締造在香港可穩定安居樂業的社會氣氛，除了房屋政策等硬性設施的改進提升，還有軟銷初起步階段的「香港精神」，在 1969、1971 及 1973 年分別由政府舉辦過別開生面的「香港節」，提供多樣文娛康樂甚至花車遊行盛典給香港居民「享用」及參與。這在到其時為止，港英治下不曾有過的單純為普通市民辦的大型慶典活動。過往的官方慶典和全民娛樂，例如花車遊行，通常是殖民地作為和英國皇室成員有關的活動來辦，例如極為盛大的慶祝英女王登基巡遊（曾被詳細記錄於 1953 年的粵語電影《火樹銀花相映紅》中），宣傳以至炫耀殖民統治的成分極濃。「香港節」直接以香港作為主題及命名，可說是首次讓普通市民有了一種「我是香港一份子」的情感投射，也第一次令香港人體驗了一種香港主體性。

此外，不能不提是香港 60 年代後期開展的爭取中文作為法定語言運動（即在

官方文件中承認合法性及使用），至 1974 年正式落實。一方面，社會思潮面對的是英文那唯一優越性被挑戰；另一方面，是社會對中文，尤其是粵語在社會運用越趨重視的傾向。新一代再非過往以英文為品味和階級優先的香港人，亦非留戀於老派傳統老倌式廣府粵語的世代，更不再認同一直主導著文化產出的國語環境，他們急切需要尋找屬於自己一代的語言和作品。

許冠傑早年參加蓮花樂隊，一直以英文演繹。這就難怪在創作過程中，也保留了那種英式時代神髓：歌詞主題往往由英文概念演變而來的罕有創作條件。

〈鐵塔凌雲〉詞中寫地方漫遊結構並不複雜，但經淺白的場景鋪排交代後，最後再落入個人情懷，由外在到內心，道出心之所繫乃漁燈彼邦所在，論視野和結構，比之其時流行的其他粵語流行曲創作的言情濫調，確形成強烈對比。

由是，可想而知，在 1972 年無綫電視節目《雙星報喜》中突然出現，一首以簡單結他為主，淡靜平白的〈就此模樣〉，它的成功不是即時的，但卻是前瞻性的。它預告新一代的香港流行曲的語言和創作風格，以及核心受眾要求的改變。直至兩年之後，再重新主打推出，改名為〈鐵塔凌雲〉，那就是真正的新一章。乘著〈啼笑因緣〉的粵語歌風潮，下啟今天我們所知道的 70 年代本土原創風，新的用字、新的曲式、新的聲音，配合電視黃金時代的波瀾，拉開香港粵語流行音樂普及風行的序幕。

8

但毫無疑問，〈鐵塔凌雲〉後來被普遍閱讀成香港情懷反映，或香港主體性的流露，當被視為一種聆聽者即香港人的閱解角度，一種流行文化使用者據為己有，自行活化文本，並從中再創作及強化屬於自己意義的一次舉動。當然，個人的經歷思緒，又和身處的地方和時代不可全然劃割。那是激盪的 60 年代過後的 70 年代初，青春躁動餘溫未熄的香港需要一首歌來抒發心聲，去確立粵語入曲、西化學院明星唱粵語歌的正確性。再過數年，更需要一首大家都懂唱的歌去道出大家對這片土地的愛。〈鐵塔凌雲〉就是這樣一首歌，它讓香港人首次在流行作品中看到了自己。

注

黃志華，〈鐵塔凌雲〉在七十年代的「流行指數」

延伸聆聽

〈一水隔天涯〉，1966 同名電影插曲，韋秀嫻幕後代唱。笛金鳳幕前演出。

　　《一水隔天涯》的導演左几是此曲填詞人，早年粵語歌每多結合電影或廣播劇同時推出，帶明顯的男歡女愛特質。許冠傑一方面在他的電影作品中承傳了這傳統，但突破了曲式、演唱的方式和題材。有趣是同曲〈一水隔天涯〉後來許冠傑也改編成鬼馬版本「妹愛哥情重，呢句話係發嗡風，冇銀點情重，唔通成世褲穿窿」。

〈鴛鴦江〉，1969 粵曲王子鄭錦昌

　　改編自日本歌〈大川のなかし〉（1959 年），美空雲雀主唱，也有台灣版〈水長流〉。來自馬來西亞的鄭錦昌以粵語版紅遍香港至南洋粵語圈，實是印證該時期一體的娛樂文化市場。可看到另一個粵語流行曲改編自日本曲的潮流隱現，並在 70 至 80 年代的香港樂壇中成為主流。

〈相思淚〉，1972 星洲歌后麗莎

　　「情人別去後人消瘦」，70 年代初街知巷聞粵語時代曲，其時香港仍稱新加坡為星加坡，星馬泰甚至印尼廣義南洋，香港流行文化特別是電影不單輸出當地，各地交流密切，香港明星到南洋走埠，文人往辦報（記得《花樣年華》及原型作家），南來香港的作家再往南於當地尋得靈感創作，星馬歌星也到香港走紅，組合形成一個跨地域的流行文化圈。

〈禪院鐘聲〉，金童子陳浩德

　　本是 30、40 年代粵曲舊調，時代曲版本最留有印象是後段「為愛為情恨似病」急促加快，有敲經唸誦的意會，節奏同時注入一種時代的動力，每次現場演繹都能引來高潮和應（片段即選現場演出情況）。陳浩德大埔林村出身，出身論而言也真屬「第一代本土紅歌星」。

〈唐山大兄〉，1972 粵曲王子鄭錦昌

　　和 1971 年電影版本無任何關係的粉絲創作，更非該片主題曲或插曲，但它用語的生猛直白，敢比李小龍截拳道的直接了當，帶濃厚的街頭風，一改其時盛行的「妹愛哥情，情情塔塔」戀曲風，完全預告了之後更多以拳頭稱霸伸張正義的小流氓式文化興起。

〈分飛燕〉（「囑咐話兒莫厭煩」），1972 甄秀儀、陳浩德

　　早年合唱經典，實不離粵曲小調的對唱傳統。「只怨　歡情何太暫」，「怨」字拖長轉聲，日後的香港流行歌再難這樣唱出。選段為陳浩德、舒雅頌版本。

〈鐵塔凌雲〉，1972 最初版本「就此模樣」許冠傑

　　在最早播出的《雙星報喜》電視版中，開始時還有現場觀眾拍手的效果（該節目有唱歌環節），初版本名是「就此模樣」，編曲和錄音效果跟日後版本有分別之外，最大差異是近結尾歌詞，初版中是「何須多見，或多求」，現流傳版本為「何須多見，復多求」。不過作為早期有印象電視畫面，最經典記憶是許冠傑那咖啡色毛領 jacket，疊印在全球不同風光記錄片之上。那個時候開始，我們眼光放在全世界。

歌詞流變

哲理與象徵由「此時此處此模樣」到「請放下手裡那鎖匙好嗎」

0

查香港流行歌詞的流變,可嘗試做一個極為精簡的概括分期,每一階段的更替,皆代表了所屬年代的不同價值及呈現方式,這些歌詞年代劃分,根據不同標準自有分歧,這裡的劃分準則,主要講究各時代代表作品所突顯的香港身分及社會變化。第一個分水嶺是 70 年代初的「許冠傑與庶民哲理時期」,在此之前,大可稱為香港本土流行音樂史前期。香港流行音樂第一階段由〈鐵塔凌雲〉啟動,結合 70 年代唱遍全港的電視劇主題曲風潮,灌輸一種庶民皆懂的淺白生活哲學,以歌詞轉型帶領者林振強作結。及至 1986 年前後,第二及第三代香港人成長起來積極投入音樂創作,牽起影響廣泛又深遠的樂隊組合風潮,歌詞也開始往更富都市感覺、象徵意味和社會意識的方向開拓,可稱為第二階段「新一代唱作時期」。到 90 年代末 2000 年代始,是林夕和黃偉文創作高峰期,二人極度風

格化也流露個人才華的歌詞可說包辦香港流行樂壇的歌詞殿堂世界，進入「林夕Wyman 時期」。

1

黃霑曾提及香港歌詞初創史前期，當時對粵語流行曲的稱呼，是「粵語時代曲」，以區別於其時（50 年代至 70 年代初）在香港更為流行的傳統「大戲」粵曲。「時代」一詞，加添了現代化非傳統意味。雖說是時代曲，但不少音樂實來自傳統嶺南小調或戲曲變奏，有些語帶文雅「分飛萬里隔千山」、「只怨歡情何太暫」，有些則鬼馬市井俗語並用（上海灘有個馬永貞；「唐山丫有個大兄，俠骨丹心仲有型」）。

若論廣義粵語流行曲的出現，據歌詞文化研究專家黃志華的考究，他定論是「傾向於認為 1952 年是粵語流行曲的歷史開端，因為自這一年開始，香港的和聲唱片公司史無前例地推出首批標榜為『粵語時代曲』的唱片，是唱片業有意識地推出粵語流行曲產品之始。」這劃分以歌曲語種本質和行業界定而言，確有根據。這和在此把香港（粵語）流行音樂（Cantopop）的誕生定義為自〈鐵塔凌雲〉（或〈就此模樣〉）而始並不衝突，因為這裡的焦點課題是香港意識或主體性在流行曲中的冒起，相對於「粵語」，更看中的是「香港」，兩者在時序上可不一致。

許冠文先有詞的〈鐵塔凌雲〉，許冠傑再譜成歌，再加上之後的〈雙星情歌〉，電視劇集歌曲等，置於剛冒起，需求極大的香港電視電影唱片夜總會文化消費產業中，其成功實在是伴隨新一波粵語流行曲大市場的興起，從而開展了 70 年代中期始，香港本土粵語流行音樂正史，並宣告了書寫都市感覺與庶民精神面貌的中文流行曲的正式來臨。

在 80 年代之前，香港粵語流行音樂在歌詞上的主導訊息，是一種糅合小民情懷和淺白江湖智慧的意識，包含一種勞動階層或至少是新興「打工仔」對忙碌生活的感懷和安慰。要肯捱，懂拼搏，不怨天尤人，只要努力便會有收獲是其時的主流價值。

因著 70 年代普及的電視劇，這種做人價值合流建立起一整套視自己為劇中人般的庶民世界觀，以至人生的成功學座右銘。就如一個情感價值觀還停留於小鎮人情的初發城市，在迎來大都會改造之前的最後一刻。電視劇主題曲及插曲，重情、小民、義氣、順天，配合香港電影中強調的小市民智慧強化了這點，並塑造了這種

70 年代的主流歌詞特色。踏入 80 年代，隨新一代偶像歌手冒起，改編歌的普及，加上 80 年代中崛起的樂隊原創風潮，70 年代那過於「說理」或「講故事」的風氣才逐步淡化。

2

　　許冠傑 70 年代的寫實作品（主要和黎彼得共同填詞），常用「諷刺時弊」或「鬼馬詼諧」來形容，當中我們聽到其實是升斗小民的平白生涯或生活憂慮。如《加價熱潮》、《搵嘢做》、《打雀英雄傳》都大量以俗語入詞，設定在常見的生活處境。

　　配合電視電影主題曲全盛時期，則得出一種帶通俗哲理性的歌詞，呈現一種坊間生存智慧，一種傳統的處世態度，以至一種求存勵志學。這背景是 70 年代香港社會高速發展下，大量市民投進各行業，更多移民定居於此，人浮於事，都經歷著更大的競爭環境，身處其中，人們得通過歌曲和電視紓解壓力有之，同時也作為一種娛樂與信念指引，這造就了對流行音樂的極大需求。其中的歌詞頓成為這個新成長中大都市的當代民謠。

　　這些歌曲飾演舊日民謠的角色，成為民間的娛樂，並迅速成了香港人的共同心聲與口頭禪，一種掛諸於口隨時能吐出來的做人座右銘，至今依然廣被傳頌：

> 命裡有時終須有　命裡毋時莫強求〈浪子心聲〉
> 出咗半斤力　邊有半斤八兩咁理想〈半斤八兩〉
> 天造之才　皆有其用　振翅高飛　無須在夢中〈天才白痴夢〉
> 知否世事常變　變幻原是永恆〈家變〉
> 無敵是最寂寞最是痛苦〈無敵是最寂寞〉
> 我仍然能夠講一聲　我係我〈問我〉
> 快樂時要快樂　等到落幕人盡寥落〈戲劇人生〉
> 石頭他朝成翡翠〈每當變幻時〉
> 萬里長城永不倒　千里黃河水滔滔〈大俠霍元甲〉

　　通俗哲理之外，基於這一輩填詞人對中文古文詩詞的較多認識，令其時用詞有時較為古雅，又或是比喻的運用與敘事的方向也較為傳統，常常可以看到今天已不多見的古語和文言痕跡。譬如被視為香港粵語流行曲和電視劇主題曲先驅，顧嘉

輝作曲、葉紹德填詞的〈啼笑因緣〉，當中就用上如「赤絲千里早已繫足裡」的傳統意象。

哪怕是被視為書院派較「西化」如許冠傑，他的歌詞亦遍佈這些「舊時代」用語：

> 怨別離　惜分飛　緣份一朝忍心拋棄　往日情未泯〈天才白痴往日情〉
> 恩怨愛恨　世事如棋　每局都充滿傳奇　若聾若笑難辨心中意　似比幕前做戲〈世事如棋〉
> 梨渦淺笑　似把君邀　綺夢輕泛浪潮　春宵猶未覺曉／
> 夢已消　花依舊　玉人杳〈梨渦淺笑〉
> 南柯長夢　夢裡不知所蹤　醉翁他朝醒覺　是否跨鳳成龍〈天才白痴夢〉

事實上，這種古文風和古詩詞意境，跟另一方面用口頭粵語入詞，形成強烈但又並存的對比。即如〈獅子山下〉「我哋大家在獅子山下相遇上」當中「我哋」的口語用法。

除了許冠傑黎彼得以外，橫跨整個70年代至80年代初，這種文藝腔通過最經典也是較為傳統的敘事方式，也常常表現出一種以歌曲來傳達的教誨。聽眾感動於歌詞中所表達的意境及其背後教訓，可以說仍處於一種老式的「以詞載道」期。

> 今天且相親　那知他朝不相分　地老天荒轉眼恩義泯
> 不必怕多變幻　風雨同路見真心　月缺一樣星星襯
> 〈風雨同路〉（鄭國江詞）

> 韶華去　四季暗中追隨
> 逝去了的都已逝去　啊啊常見明月掛天邊
> 每當變幻時　便知時光去
> 〈每當變幻時〉（盧國沾詞）

鄭國江填〈為甚麼〉，簡直是比林夕早二十年，主題以生老病死四段演進，把佛家講的四大皆空觀念用顯淺語言道出：

為甚麼生世間上	此間許多哀與傷
為甚麼爭鬥不絕	歡欣不永享
問為何人存隔膜	顏面無真相
問哪天可找得到	理想中的烏托邦
為甚麼雙鬢斑白	光彩消失面容上
為甚麼齒髮俱落	一張怪模樣
問為何年年春歸	無術攔春去
問哪天可再一見	我當初的舊模樣
為甚麼竟會生病	輾轉反側在床上
病榻中許我一問	怎可永無恙
問為何常存空想	愁病誰可免
是眾生必須經過	四苦根本是平常
為甚麼淒冷孤寂	輕飄飄像無力
為甚麼不見光亮	飄渺沒形象
在目前如何風光	仍是泥中葬
沒法牽走一根線	那許依戀臭皮囊

3

　　80 年代確是新時代的來臨，1981 年林振強的出現，很大程度上打破了先前說的那種傳統敘事風。甚至如果把歌詞討論的時代範圍收窄，只從 80 年代香港身分這角度切入，即從一種「香港獨有」，或者說是最大程度上呈顯這裡一直強調的以香港創作特色來界定的話，從文字耍弄、意境創造和都市感性而言，既代表了一種 80 年代張揚精神，又包含香港黃金時代的自信和妙想天開的歌詞創作人，也必屬林振強無疑。

　　他的出道作，為杜麗莎填的〈眉頭不再猛皺〉除了「猛皺」這詞極盡粵式口語風範，口語化也體現於有如「我記得呢個地球　最初得塊石頭」這樣的描述。這

場景既具象易懂，但又生鬼有趣。林振強基本上並不像後來的林夕般完全打破傳統敘事，但就往往通過千奇百怪的形容，特別設置的處境，把歌詞的題旨道出，過程中有比喻，有引用，有象徵，但仍不離應有的故事性或歌詞中的情緒。這和他作為廣告人的經驗有莫大關係，80年代也是香港廣告業發展蓬勃時期（黃霑也為廣告業精英，香港流行曲和廣告人關係密切，後來更有一整個產品宣傳策劃，均圍繞一整條拍攝優良的MTV作重點去創作的風潮，是廣告歌還是流行曲已難分辨，例子有黎明的〈情深說話未曾講〉和〈我這樣愛你〉等；不能不提的還有，林夕在填詞之餘，也曾於商業電台任職創作總監，負責廣告創意）。香港廣告文案講求「食字」（諧音梗）、「度橋」（設計突出橋段）、gimmick（噱頭），那時因為商業繁盛，廣告業務澎湃，當時的文案總監皆泛一種「信手拈來」就可成文的豪氣自信，往往天花亂墜，這作風大大影響到林振強作為填詞人的風格。所以，林振強往後的著名作品常帶有這種非一般精心構思的「嚇人」處境，也令他跟過往有如「老師」般的傳統填詞人區分開來：

頭暈去看醫生　醫生在食蕉〈愛到發燒〉

童年時逢開窗　便會望見會飛大象〈三人行〉

來日縱使千千晚星　亮過今晚月亮〈千千闋歌〉

穿起你的毛衣　從此飾演你〈傻女〉

一個風雪晚上　我失方向　夜靜裡　傳來竹笛聲〈笛子姑娘〉

零時十分　倚窗看門外暗燈〈零時十分〉

今天回看，「頭暈去看醫生　醫生在食蕉」這樣的歌詞可說是破天荒，已超越了一般的敘事說理架構，轉而從調子、想像、意境與非邏輯文字的耍弄出發。從林振強的多元，我們也看出了填詞人的轉變，一方面熟悉傳統的敘事運作，精用比喻（〈空凳〉可說是他傳統敘事及比喻的代表）；另方面已經在突破規範嘗試更多語出驚人的詞句。這可說同時是一種香港粵語運用的自信典範，在傳統的教條、古典、文言、敘事方式中釋放出來，用更切合香港那新時代氣象的用詞，不怕以口頭語入詞，也不介意非粵語世界的人聽不懂，同時刷新意象，通過流行歌詞彰顯了一種香港語言的新獨立性。

如果他的〈空凳〉今天看來那比喻過於傳統，而講父愛的主題略嫌討好的話，林振強最能反映其香港都市感的，必屬他為多位女歌星，特別是為林憶蓮寫的歌詞

（她的〈都市觸覺〉仍可算作最具都市新感性的香港唱片代表作）。那完全可以作為揭開新一頁城市歌詞篇章的立此存照式作品。以林憶蓮的多首歌唱作品為例，〈一分鐘都市一分鐘戀愛〉、〈激情〉、〈灰色〉、〈滴汗〉、〈野花〉、〈傾斜〉等，林振強的用詞和處境設定，都極具妙想特色：「尋一分鐘的戀愛　而一分鐘可找到甚麼」、「我會穿起冷灰衣　行離舊地免你隔著我辦事　你我之間由昨天終止」、「風　它跟我奔向每一方像決心穿梭所有都市　風　它跟我飲遍天邊美酒　共高歌一次一次」、「在滴汗是我思想」等等。

　　林振強另一類突破華語創作框框的即為更大膽的有關女性情慾的內容，更可說是環顧當代所有華語地區的華文創作也是無人能及。當中最明顯是為劉美君填的〈事後〉：

回味　亦覺精彩
千個浪　又像喝彩撞來
曾全部　受你主宰
死去活來　回味亦覺可愛
想起你　在我之內
曾全部　為你張開死去活來

　　其場景設定的鮮明，情緒或身體感覺的精闢（還是代入女兒身），比喻的巧妙也直率，可稱前無詞人，兼且以現今反而更趨保守的尺度下，也是短期內後無來者。這風格和無邊的想像力，就最香港。

4

　　林振強出現之前，實在是一個過渡期，傳統歌詞世界觀還未全然退去，新的當代都市感性歌詞還未成形。粵語歌雖已非常流行，然而粵語唱片銷量仍遠非最熱賣。不要忘記，在這本地唱片業也是剛冒起的新市場，雖然有許冠傑這樣受歡迎的歌星在出粵語唱片，但直至到 1977 年香港第一屆金唱片頒獎，把唱片業銷量數字透明化，當時能奪金唱片資格的十六張唱片中，只有六張為中文專輯（該屆是點算75-77 年銷量）。得獎名單中唱中文者有鄧麗君、徐小鳳（皆唱國語）。粵語唱片是來自許冠傑、鄭少秋和汪明荃的作品。仍唱英文歌的杜麗莎和溫拿樂隊才是大贏

家（儘管溫拿樂隊在 1975 年已嘗試轉型出了《大家樂》電影和專輯，但其主打歌〈L-O-V-E Love〉仍是英文歌）。

但粵語流行曲的發展在這數年間突飛猛進，去到 1979 年，香港電台也不得不認真回應這股趨勢，終於開始舉辦香港較有代表性的「中文十大金曲頒獎」。那是一個重要的認可，歌唱者之外，同時帶出幕後填詞及作曲人的重視，填詞人和粵語歌詞的地位大幅提升，香港流行音樂世界中，再不需特別突出「粵語流行曲」這類別，因為從這刻開始，大家都懂得香港流行音樂所指，就是粵語唱出，香港流行音樂由此演進，開始了工業化高峰期，作品增多，新星湧現，塑造出新一代的樂壇盛世。

5

在此之前可稱「前許冠傑時代」的史前期，粵語流行曲所以遠未受大眾關注，實在自有歷史和文化差異之因。如要為香港的流行曲究本尋源，未有後來所指的大熱的本土粵語流行曲之前，香港 60-70 年代初實在是受國語時代曲、粵語片歌曲乃至新加坡及馬來西亞粵語歌手的影響更多（香港過往稱新加坡為星加坡，故有「星洲歌后」等稱號）。新馬粵語歌曲倒過來影響香港，帶起早年的粵語時代曲潮流，實有其地理及華僑異鄉人心態因素。但這些歌風和明星形象一般屬市井，對比香港其時較接受台灣和上海南來的品味養成，可說一整個「品味政權」仍握在這兩種較偏愛聽國語歌或英文歌的「高級口味」消費群體中。

早期粵語時代曲實在是從戲曲、電台天空小說、粵語長片插曲（影片中每多穿插歌曲唱做，如〈一水隔天涯〉、〈女殺手〉等）中蛻變開來，早年的功臣如周聰、呂文成、胡文森、呂紅等，實在值得重新肯定尊重，但從歷史地位而言，確實有很長一段日子，這批早期粵語作品仍被視為低俗市井不能登大雅之堂。正因為幕後粵語創作班底，乃至幕前演唱的歌星（來自新馬或粵語片時代，如譚炳文等），明顯還沒有取得「品味政權」的認同。

在這論點之上，我們便可延續這種以重心代表人物的劃分，為香港的流行音樂分期（而非單只上述歌詞分期），譬如說，72 年後至 83 年，除了前述的庶民智慧期，更明白地說也就是「許冠傑時期」與「輝黃時期」（電影電視劇主題曲時期）；而 84 年打後至 90 年代初，就分別開展了「偶像時期」（譚詠麟、張國榮、梅艷芳）、「組合潮時期」（多個組合原創單位出現），以至整個 80 年代群星閃耀期的多元

風格發展（從性格歌手林子祥、原創歌手盧冠廷、公主型陳慧嫻、浪子型王傑不一而足）。繼後來到 90 年代初「四大天王時期」，及延續「後四大天王時期」的主力玩家如陳奕迅、謝霆鋒、黃耀明人山人海等。這一批又一批後來者的成功，印證的正是新一代的「品味政權」已經改朝換代。

6

歌詞發展脈絡上，80 年代另一重要變化和新產出，是除了原唱片工業熟悉的創作人外，樂隊風潮和城市民歌的推廣，催生出大批由業餘性質轉移到專業創作領域的新動力。展現在歌詞上，也大大拓開了視野和題材廣度，當中更包含了一種可說是今天講「我城」概念的創作體現。

由 84 年至 90 年代初，香港掀起了樂隊潮，有受歡迎的流行音樂節比賽，電台又積極推動，在題材的多樣性上，顯示出一種眾聲喧嘩的特色，在香港身分開始成為城市的憂患之時，這批由新一代年青人寫的流行曲就更是一面城市與時代的鏡子。不要忘記，香港前途的命運討論，也正在 80 年代初提出，並以 1984 年中英簽署聯合聲明而塵埃落定。

在題目的設定上，這取向可說順理成章。因為由 84 年中英聯合聲明簽署後，香港在過渡期的文化現象，恰切地反映於這時候興起的組合音樂，而非偶像音樂之上。

當中，不能繞過的自然是幾個今天被視為極具代表性的組合。樂隊潮中不同組合帶出的不同聲音，最明顯有如獨立樂隊黑鳥的政治抗衡之聲（其 84 年出版的《東方紅／給九七代》仍是香港反映 1997 前途議題的其中一個先驅作）、小島及 Beyond 等對土地的懷緬情結、達明一派的城市空間感及殖民身分的反思等，都貼切地道出社會的集體焦慮，如何藉流行文化創作去呈現，觀眾又如何在消費歌曲的過程中去提取自己的意義？這些樂隊組合，更大的意義顯然是提出問題和唱出情緒。故此，今天重聽〈今夜星光燦爛〉，還是能驚訝於它對我城「恐怕這個都市光輝到此」的預見。又或者「今天只有殘留的軀殼迎接光輝歲月　風雨中抱緊自由」的悲情。

這時期，主流的組合不少，達明一派、Beyond、Raidas、太極、小島、浮世繪、風雲、夢劇院，一個組合就有一個世界觀，極盡百花齊放之能事；而主流以外，無法想像同一時間其實有更多冷門獨立組合都陸續發表作品，當中還有很大一部分保留以英文創作（Beyond 早期的歌曲同樣以英文為主），均留下了自己的聲音和時

代的印記，當中有蟬、皇妃、齊成、Alien、Martyr 等等，在一片粵語歌主導的香港樂壇，反而又以粵語以外的語言維持一定程度的語種多元化。

林夕的歌詞，其象徵意境為這個時代的眾聲喧嘩劃上感嘆號與問號，從而也引領香港詞壇進入「林夕時代」。他歌詞中談論的何止已非前輩慣用的哲理和民間智慧，也非集中要傳達甚麼教誨或講故事（雖然他早期受歡迎作品〈別人的歌〉正屬於傳統講故事和教誨一類的經典），反而是去到思考歌詞文本的意義和生產過程，又或者一種不現實的神秘色彩，滿佈意義不定、含意模糊的都市象徵符號。「可以變化的街永沒路牌」究竟在講甚麼？像在說，當先輩還在遵照托爾斯泰、雨果之路時，我已率先進入了卡爾維諾或馬奎斯的世界。

由「命裡有時終需有」的通俗易懂，到「可以變化的街永沒路牌」的隱晦，香港與香港歌詞，又走了一大段路。

7

另一個至今還沒有得到充分認可，只屬一種潮流先驅，掀起過一陣小風潮的，是 80 年代初出現的本地民歌原創潮，特別體現於香港電台主辦的香港民歌創作比賽，以及曾出版的《香港城市組曲》專輯。這專輯以香港多個地域（包括島嶼、街區等）作題材，可算是今天香港流行的「走遍自己的土地才更熱愛自己土地」這論說及 citywalk 實踐的音樂化先驅。

城市民歌創作比賽共舉辦過兩屆，分別在 81 年和 82 年，當中個別能流行起來的歌曲，在資深樂迷心目中都佔重要份量，如被認為是香港海港抒情代表作的歌曲〈昨夜的渡輪上〉即為這比賽參賽作品。至於參賽者日後成樂壇創作主力的還有詞人潘源良、小美和歌手林志美、李麗蕊等。這個比賽及其作品所以值得重視，是因為若聯繫到香港身分討論時，除了過往重視的語言（粵語），另一個該納入的討論範疇必屬地域無疑。此所謂「自己的地方，用自己的語言」，也是後來本土意識抬頭後，人們關注的「我城」特徵。我們親遊歷，見證生於斯長於斯的土地人文，夜風中在天星小輪上吹拂，到離島漁村重尋舊跡，每個區都留下自己的足印與故事。換言之，是一種「看見香港」、「聽見香港」的意識成形。時間縱使留不住，但空間土地永存。

這種濃烈的土地情懷，一種其時暫仍未用上的「鄉愁」形容，反映在歌詞上，是城市民歌集當中的〈昨夜的渡輪上〉、〈漁村風光〉、〈問〉、〈城市之歌〉、

〈吾鄉吾土〉唱出的人文面貌，未必一定具體談到土地，可那份對自己成長經驗及面對世情變化之感慨呼之欲出。也就在此刻，香港人開始了自己的鄉愁，展開了對自己土地的思念。

城市民歌風氣所及，直接帶動於 82 年由永聲唱片公司推出的《香港城市組曲》。永聲的老板黃懷欽是香港被忽略了的重要音樂推手，除了早著先機推動香港城市民歌，後來也開創先河在香港出版崔健作品。雖是較小型唱片公司，他也不惜工本引進先進錄音器材，又另推廣兒歌創作。他最不為人知的對香港樂壇的貢獻，據劉以達的回憶，是在劉以達未組成達明一派出道之前，為了生計，有一段日子他每週有數天會到佛山的錄音室灌錄兒歌，此錄音室的老板便是黃懷欽。而《香港城市組曲》這張破天荒的概念專輯，十二首歌差不多全部以某一香港地區作主題，包括：〈麥理浩徑〉、〈南丫島的故事〉、〈彌敦道的塵埃〉、〈鯉魚門的歸帆〉、〈淺水灣的早晨〉、〈夢到沙田〉、〈新娘潭畔一她〉、〈黃大仙有個菩薩仔〉、〈守望橋〉、〈獅子山問答〉，而兩首非單一地區作品〈一九九七〉和〈迷失的烏托邦〉則可視為總體談論香港的樂曲。整個專輯聽起來，簡直就是當年香港的音樂地理誌。

而更特別是，時為 1982 年，香港前途仍陷於迷霧中，當中鄭子固（後來他個人唱片封面上爆炸頭舉著煙的形象令人想起羅大佑）演唱一首由韋然填詞的〈一九九七〉，考慮到創作時間肯定比灌錄出版更早，而據韋然憶述那是他因政府推廣香港週而引發的思索，果真如是的話，可以說這歌曲應是香港流行樂壇目前所知最早直視 1997 前途問題和以流行曲來回應香港未來和身分疑慮的作品了。

歌詞中提及：

嘆命運沒法知　東方小島　今天光更亮
當天的誕生　艱辛的種植　東方的花已開　美麗靠日夜雙手去栽
飄香的海港　今天新寄望　東方的小島　你是我第二個故鄉

最後以「你是我第二個故鄉」結尾，放諸香港身分溯源的分析尤有意思，那意味著一方面，當 80 年代初香港的一股樂觀自豪享樂情緒已通過主流蔓延，開始視香港作理所當然的「故鄉」之際，原來這種想法沒那麼理所當然，歌詞中實在是包含了一種過往自其他地方（主要為中國大陸）到香港的人，現在才真的把香港視作故鄉的感受（所以是「第二故鄉」），而更反諷是，有可能這新近成為自己故鄉

的地方，在未知的將來又或會再丟失。而在 80 年代初就有這種醒覺，於香港的音樂創作群體而言，原創者可說是一種先於群眾認知，通過音樂去表達了這份惘惘心境，要知道，港督麥理浩是晚到 1979 年赴北京後，才得悉中國要收回香港這訊息。

　　同樣由韋然填的〈迷失的烏托邦〉（作曲黃守發、編曲黃耀光；前者後來組成小島樂隊，後者組成 Raidas）則用了長期作為香港歷史與地景比喻的「借來」意象（接近同期有由鄭國江填的〈借來的美夢〉也可說是前途問題流行曲表達的先驅；「借來的地方，借來的時間」名句則來自駐香港澳洲籍記者 Richard Hughes 於 60 年代對香港的形容，一直被廣泛引用為描述殖民時代香港處境的精準概括），來表現這種迷失感：

　　　凌亂裡誕生　繁華未有根　沒有根怎去找
　　　這一剎借來片段　不必多去問

　　這兩曲在出版後都沒有成大熱歌，而《香港城市組曲》專輯中電台播放率較高及流傳較廣的，應是〈南丫島的故事〉和〈夢到沙田〉，後者於今天聽來，歌是同一首歌，可處境已大變，更有另一番唏噓嘆喟。原曲當年是寫游子負笈重洋，回味舊日成長地沙田的懷緬之作，以倫敦寄回來給沙田舊友的書信體寫成，最有趣是極盡口語生活化，夾雜其時香港普遍流行的中英文口頭詞彙，穿插其中的旁白：

　　　Susan 呀，你好嗎？
　　　我係 Debbie 呀，唔經唔覺
　　　我嚟咗英國已經有五年啦
　　　上個禮拜我啱啱先至考完 GCE　A-Level
　　　若果係合格嘅話，我就可以入 U 啦
　　　沙田而家變成點呢吓
　　　聽講話有沙田馬場、同埋鐵路電氣化
　　　我真係好想返嚟沙田行吓

　　正歌開唱後，歌詞中不斷出現沙田的著名景點：紅梅谷、望夫石、大圍、馬鞍山等等，簡直是一趟沙田地理回訪。隨後中段再旁白：

Susan 呀，你仲記唔記得呢

細個嗰陣，我哋好鍾意去紅梅谷到玩㗎

有一次你仲爬上望夫石上面

一個唔小心差啲跌咗落嚟

嗰陣真係嚇死我

其實英國嘅生活都幾好嘅

但係我始終都係鍾意沙田多過喺 London

　　一個懷鄉的敘述，非常淺白和閒話家常，往前追溯可說和〈鐵塔凌雲〉遙相呼應，一種遠隔重洋看過萬水千山還是惦念香港作為家的心境。放諸今天，可能正是當前離散世界各地的香港一代寫照。不同的只是，對不少新一代的 Debbie 而言，家已是回不去。

8

　　歌詞中具香港意識的流行曲，亦有各自的「歌曲命運」。正如這裡常強調的流行文化本質：作品總是在大街上找到它的意義，而這意義可以跟作品原本的創作意圖沒大關連。有些歌，可能會像〈獅子山下〉一樣，最初只是作為打動民心的普通劇集主題曲來流行，而想不到在它發表二十多年之後（始作俑者是 2002 年其時香港財政司司長梁錦松在財政預算案引用），像收到香港政府的一個急 call，此曲重新翻熱，並在再往後的二十多年作為香港精神的民間主題曲來傳播。

　　每個年代相信都有各自顯示對自己城市熱愛的歌，流行背景不一，但相似的條件是，都是民間自發而來，非被灌輸教導而來。據發展看來，香港歷來能被拿來作更官方化場合演唱的「代表香港精神」的流行作品（這裡指被用於官方場合，但又非由官方委約創作），更多情況是一種事後的意義灌注，而非原創動機。若論這種「後來」的命運是變成了香港宣傳歌的作品流變，繼〈獅子山下〉之後，另一首更唱遍全中國乃至全球華人地區，更大程度「代表」了香港的歌，則是羅大佑創作的〈東方之珠〉。一個台灣音樂人在香港創作了一首有關對香港深情的作品而在中國大陸廣泛流傳——這本身就相當值得討論。這曲後來不僅成了全中國流行，有關香港的最家傳戶曉的歌，後來嫦娥一號上太空帶備的歌單中，亦包括了它。試想像

一下，如果有一天它真被外星人接觸到，外星人第一個有關於地球上這個叫香港的城市之幻想，就是來自〈東方之珠〉的情景。

現在看來，〈東方之珠〉最初的動機當然不是出於一種宣傳香港精神的自覺，而更多是創作人某個夜深眼看城市萬家燈火的感悟，才有了「月兒彎彎的海港　夜色深深燈火閃亮　東方之珠整夜未眠守著滄海桑田變幻的諾言」這個意象。這後來得到羅大佑在被訪中的確認：「看到整個夜景，雖然大家都睡了，但好像有個力量支持著香港。如果中國是條龍，香港就像龍口一顆珠，要進入龍的身體，一定要經過珠的位置。」而後邊這龍珠的意味（引伸為東方之珠），才令此曲跟過往講述香港故事的創作劃出最大區分：以往的香港意識作品，從來沒有把香港放進中國的脈絡來講。正是這思路下，才會出現「海風吹拂了五千年」、「永遠不變黃色的臉」這種過往香港填詞人較少會提及的描繪。這些歷史與國族的字句，加上其國語版本的演繹，使這曲日後毫無難度地嫁接到中國國族人敘事的語境，差不多成了中國大陸社會最熟知的香港主題曲，特別是在一應涉及香港參與的官方慶典場合，又或是回歸演出，甚至是近年《聲生不息》這種主旋律音樂節目中都不會缺席。

羅大佑國語版中這歌詞中的「大格局」（現在要改為說「百年未有之大變局」），同時比對出香港填詞人在刻意寫香港情懷時著眼點的不同，這需留意的特點，也可透過「東方之珠」這概念在不同填詞版本的呈現中看出。羅大佑演唱的〈東方之珠〉國語版在 91 年才推出（在知名的《皇后大道東》專輯，另有群星版，但在 88 年已完成國語歌詞並公開演唱過），並非此歌最先的版本，最早應是 1986 年關正傑推出的《啟示》大碟內，原曲一樣，粵語版填詞則為鄭國江。較特別是，鄭國江其實填過兩首同樣叫〈東方之珠〉的歌，先有 81 年無綫電視劇集《前路》由顧嘉煇作曲甄妮主唱的主題曲〈東方之珠〉：

> 極目望困惑而傍徨　可喜的是眼前繁盛現狀
> 新的生活新的奮鬥　鬥志化為強勁力量
> 此小島外表多風光　可哀的是有人仍住陋巷

特色是創作重點沒有完全「唱好」，突出的意象是風光小島，比對後段歌詞的「仍住陋巷」與「仍是絕望」。其實是更全面反映社會的多層複雜性，不是一廂情願的誇讚。

86 年鄭國江為關正傑譜寫羅大佑作曲的粵語版〈東方之珠〉則苦大仇深得多：

回望過去　滄桑百年　有過幾多　淒風苦雨天
東方之珠　熬過鍛煉　熬過苦困遍歷多少變遷

但作為大宣傳而言，在更重要的官方場合，又怎容許那麼苦呢。所以出現了1997 年香港回歸文藝匯演中更為明顯的改動，也可歸納為慣見的主旋律的風格所在，就是一定要正面積極，一應「問號」都不存在，必定要「肯定式」句子。就像說：語言中沒有問號句，世界就不存在問題。

於是，出現當晚「香港組曲」內自然包括〈東方之珠〉，但幾句改動突顯了這種對「問號」的否定，不只不要疑問句，不能問「是否」，光芒更一定要「永發」，就連整夜未眠都太過負面了，可說完全反映了官方主旋律的創作邏輯（括號內為原詞）：

小河彎彎向南流
流到香江　世界嚮往（去看一看）
東方之珠　永發光芒（我的愛人）
你的風采　永遠燦爛不變（是否浪漫依然）
月兒彎彎的海港
夜色深深　燈火閃亮
東方之珠　照亮著我（整夜未眠）
守著滄海桑田變幻的諾言

這種邏輯非常貫徹，直到多年以後，王菲在防疫線上演唱會唱〈人間〉時，都不忘要改動一番，在那個世界，不會有「不一定」那麼模糊。

原詞：

風雨過後不一定有美好的天空
不是天晴就會有彩虹

改為特別正能量：

風雨過後一定會有美好的天空
天晴之後總會有彩虹

9

　　但其實香港政府港英時代也有過自己的主旋律，特別是開始鼓勵社區及公民參與的 80 年代。那背景卻是跟現在旨在宣唱「我們這一個家和諧共處　同一屋簷下」的狀態大相逕庭。那是香港政制改革期間，引入代議制大潮之下，首先是重組全港選區，82 年設立區議會，提出全港十八區的劃分，提倡加強公民參與，倡導公民責任。及後積極舉辦公民意識宣傳活動，及各種社會公益傳播。當中，紅遍香港的關正傑由於形象健康，曾參與最多這些公益歌曲，包括〈一點燭光〉（1981年香港國際傷殘人仕年特選歌曲）、〈一把聲音〉（1985 年香港區議會選舉主題曲）、〈燃點的火光〉（1985 年國際青年年主題曲）等，而重點是 1986 年由公民教育委員會舉辦的「資訊博覽」，因而有了同代人極有印象，由正氣歌星關正傑、區瑞強、盧冠廷合唱，林振強填詞的〈蚌的啟示〉作主題曲（比喻為不要再像縮頭烏龜一樣或蚌精一樣對外不聞不問，要關心社會）。

　　其時香港關心社會意識不算高，但市民起碼被提醒，對區議會的設立留有印象。類似由政府帶頭的通過流行歌去作社會正能量宣傳，更早也流行的其實是鍾鎮濤唱的〈讓我坦蕩蕩〉（廉政公署「邁向豐盛人生青年大會」主題曲），和陳百強 84 年的〈摘星〉（在封面一流陽光氣息的《百強 84》大碟），同為林振強填詞，是作為禁毒宣傳運動的歌曲。林振強擅用了他那生動的比喻手法，一次以蚌，另一次以年青人旅途中闖進「快樂店」但拒絕店主引誘堅持「要摘星不做俘虜」為譬喻說出主題，可說是寫下港式主旋律風範。90 年，應對移民潮，香港電台舉辦「香港心連心」活動，當然是呼籲大家留港建港，鄭國江命題作文〈凝聚每分光〉，基於歌曲前設目的及時勢的差異，已出不了林振強那時代的活靈活現與奇想。

　　論 80 年代這陣關社風的遺產，最重要的還有 1984 年舉辦的全港十八區業餘歌唱大賽，我們作為學生年代才首次了解到原來香港其時被分作十八區管理，而且有一個收集我們區民意見叫區議會的組織，之後再啟發更廣公民參與社會事務意識，嘗試爭取 88 年立法局直選（但失敗），再到 91 年終於實現。那是一代香港人議政及公民啟蒙的開始時期，以後盡是歷史。這比賽留給香港最大的流行文化發現，則是第一位冠軍在這比賽誕生，許多年之後，他有了歌神的稱號，叫張學友。

10

直至 90 年代末，香港的流行音樂產業還算健康增長，若以銷售數據而言，1998 年更達至高峰，之後因盜版、收聽渠道及方式轉型、互聯網聽歌等各種新形勢出現後，香港流行音樂市場的問題才急轉直下。

由是，90 年代初至中還是處於空前盛景，這時期的香港流行音樂輸出各地，包括過往未能正式引進及得益的中國大陸市場，有一種壓倒全球華人區的強勢。張學友〈吻別〉，劉德華〈忘情水〉更不用把持粵語本位，「香港流行音樂」以一種「作為風格、包裝與創作方法」的方式（大可稱之為「港式」），跨過語言界線，像港產片一樣，征服整個跨域華語世界。

天王與天后也一浪接一浪，王靖雯轉身變回王菲開展了她自己的天后之路，同時隱隱點出了未來流行音樂界的巨星定位，最終必得返到中國大陸及唱國語的本位。

但同時期仍有本土氣象十足，充滿都市現代感，形象出眾的關淑怡、林憶蓮之餘，也毋礙容納又同化了非本地的葉蒨文（事實上，全球華人影視樂圈的人材，還有林青霞、張艾嘉、羅大佑等其時都濟濟一堂匯聚香港）。同一時間也是香港、台灣，甚至和中國大陸音樂市場交流和結合的黃金期，香港有效成為華人流行文化的中心點。岩魔三傑到紅磡開演唱會。羅大佑在香港開設音樂工廠，滾石的出品在中港台都大受歡迎，連同捧紅了一大批為全球華人所熟悉的黃金一代歌手，其作品被唱頌至今成為幾代人回憶。

香港「作為風格、包裝與創作方法」，另一突出例子是莫文蔚，她以香港歌手出道，甚至可紅遍台灣及大陸（比她在香港更紅），一首由周耀輝、李焯雄填詞，林健華作曲的〈忽然之間〉，超越香港地域，靈感始發是台灣大地震。不需用粵語唱出，但這「港式」組合卻一樣能引發跨域流行。因著香港音樂實力的強勢，反而又有足夠信心和實力，拋開粵語的框框，生產大量由香港詞人所填的國語作品，輸出整個華語圈，此時香港流行音樂跨域影響力可說達至巔峰。

回到香港本土，填詞界也可在創作意念上盡情廝殺，同樣是講情，但書寫的變化卻蔚為奇觀。尤其是林夕以外，黃偉文（Wyman）也是全力出擊，與更多的新一代詞人建構了 90 年代以後的香港新詞界。情感上往往雖「捨不得你」，只是「明知故犯」下，就算被遺棄亦相信「你沒有好結果」。縱有「情深說話未曾講」「頭髮亂了」也不要緊，因慶幸早已「好心分手」「非走不可」。明年不再有今日，愛不會太遲。最後，留下「給自己的情書」，以「少女的祈禱」經歷「痛愛」方可

「終身美麗」。這些聽起來像是濫調的歌詞，在無數 K 場中被唱響，塑造了幾代人思索感情時的共通詞彙。

11

此時，特別是林夕和黃偉文的獨大與自覺，更啟發出極富個人精神的作品。這裡包括了林夕的佛理創作，以及黃偉文那近乎任性的「男人玩物四部曲」，包括以酒〈葡萄成熟時〉、車〈人車誌〉、照相〈沙龍〉和手錶〈陀飛輪〉為主題書寫男人在成長不同階段中，不同愛好跟自己的情感關聯和啟迪。以等待酒的成熟期比喻愛情，跑車的速度感表達青春的刺激與壓力。舊照片簿中珍藏的照像，記錄的不單是過去，更是人生中某個重要時刻的回望，以示人生的並非虛擲。喻意最深長的〈陀飛輪〉更是表現出與時間之間的存在反差，但用上最物質化的物件呈現，最難得是最終的覺悟。這系列大可視作一整首歌，有關於男人的成長價值轉移，有意思是同時作為香港潮流時尚的領先者（他舉辦過的「作品演唱會」同時也是一個全面有時裝品牌贊助猶如時裝秀的盛會），黃偉文這系列的選材，又跟潮流雜誌中慣以報導的男性物質消費角度不謀而合，透視出一種消費時代的洞見，同時大程度上反映香港人過往的物質追求與富裕狀態。

林夕左手粵語右手國語一樣精品不絕，同一首歌，往往國語版本和粵語版本皆能流行（如〈十年〉及〈明年今日〉）完全可以轉往更大的華語市場探索。而面向粵語區的作品，兩人都流露出一種活在當下珍惜目前的及時行樂感，以及不時有從香港出發踏足全球的大旅行野界。但又和〈鐵塔凌雲〉那一代的苦思不同，旅遊在歌詞中，更多是吃喝和自我治癒的過程。〈自由行〉、〈再見二丁目〉、〈如果東京不快樂〉、〈這麼近那麼遠〉都顯示了這種香港人出遊性質。可說回應了在現實環境中，90 年代中開始，香港人即積極投進海外旅遊的時代特色，特別是日本開放給香港特區護照免簽證入境後，漸漸出現了香港人視到日本為「返鄉下」的說法。甚至後來出現了如何界定香港身分？除了飲食習慣愛到茶餐廳之外，另一指標就是看他是否喜歡到日本旅遊的說法。

12

2000 年代以後，因著中國大陸已開展自己的「內娛」市場，積極建立中國自己的文化產業，加上香港影響力和粵語文化式微，很難可再有如當年般唱至全華語區都街知巷聞的香港粵語作品。陳奕迅也被認為是最後一位仍佔有全球華語區普及度、一線地位和名氣的香港歌星。

這股熱潮正式退卻前的最後一首普羅香港粵語流行歌會是哪首？

謝安琪主唱黃偉文填詞的〈囍帖街〉，至少是在廣東省粵語區範圍擁有跨域的共鳴和點唱率。特別是一些廣州朋友，眼見其投入演唱的程度，簡直唱得像囍帖街是位於廣州的一條街一樣。這和中國大陸的城市化進程大有關連，每個人都可在自己的城市中找著一條自己的囍帖街。那藏著個人記憶但躲不過清拆命運的街道。那可能已是香港流行音樂離開本土大範圍流行的最後一擊。

那是 2008 年，〈囍帖街〉的全港轟動有著一段跟香港新世紀初保育運動發展的淵源，和 2007 年爭取保留中環皇后碼頭的保育運動不可分割。這運動拉開了新一輪全面的香港保育思潮，以至抗爭行動。表面上是針對幾個為人熟悉的地標免被清拆而引發，例如中環天星碼頭和皇后碼頭。但更大的社會背景是，面對各區都有不同程度的各種拆遷，以至 2003 年後跟中國大陸更緊密而來的新社會衝擊，老區和舊建築的不能保存，被借用為「原本香港生活方式」的不保象徵。社會上擔心一種集體記憶的消失，伴隨的實在是基於香港正不斷被改變的外在事實。保育老建築和老區，變成捍衛身分與我城的憑藉。

在此大環境下，因應市區重建局的重建計劃，位於港島灣仔的利東街，被政府宣告要在 2005 年清拆收復重建，致使這街道上聞名的多間大小印刷店絕跡。香港市民開始懷念並渴望保存這條小街，起因是對大部分人而言，這不叫利東街，而叫囍帖街。經歷幾十年，這裡開遍了印刷小店，特別是幫籌備婚禮的男女印製囍帖的生意。大量香港家庭結婚時都曾經歷過到這條街去印囍帖的集體記憶，由是，它的拆遷即引伸為一種愛情、人倫、鄰里以至一切舊記憶的消亡。適時，民間發起了反對重建的保育運動，種種爭議，直接啟發出歌詞所述：

就似這一區
曾經稱得上美滿甲天下
但霎眼全街的單位

快要住滿烏鴉

好景不會每日常在　天梯不可只往上爬

愛的人沒有一生一世嗎

大概不需要害怕

（忘掉愛過的他）

當初的囍帖金箔印著那位他

裱起婚紗照那道牆及一切美麗舊年華

明日同步拆下

　　舊物清拆、此情此景不再、美好舊年華，是全曲主題上的著眼點，從香港人個人的嫁娶經驗出發，引伸為群眾對熟悉人時地變遷的感嘆，得到全城共鳴。歌詞唱的是囍帖街，但實則上這已無可避免作為一個同樣正在消失的香港的比喻。結果利東街還是於 2010 年開始拆改，之後作為高檔樓盤和露天式商場徒步區的形式復現灣仔。樓盤叫「囍匯」。但和當年的小店人情當然是兩個世界。

　　繼 2003 年七一大遊行之後，2007 皇后碼頭保育運動，以至後來 2008 年菜園村保育分別是新世代香港本土保育運動抗爭史重要一環，也是本土運動的新一頁，開啟日後更多更浩大的社會運動。由那刻開始，如何保存香港的地方歷史文化人情，變成一個眾人話題，同時建構出守護一種集體記憶的必要性。「我城」的新時代論述由此展開。〈囍帖街〉在這時候推出，意義已跨過流行曲文本，而成為一種集體情緒投射。這條位於灣仔舊區，正要改寫命運的小街，瞬即變成一個新的隱喻，象徵香港總體也正在進入這新時代拆建的新里程。於 1997 年主權移交前後，直至 2003 年也沒有大幅改變的香港地貌人情，自這時開始將進一步被規劃被蠶食。囍帖街的消失，譜上代表香港命運的詞與曲，毫無意外能變成一首能廣泛傳播的時代之歌。

　　2008 年以後，種種其來有自的加速變化遍地開花，由舊建築拆除到自由行和水貨客爆買香港引發排外爭論和光復行動，最終導向四年之後 2012 年香港其時最大規模的抗爭事件：反國教行動（抗議引入教科書中有關「國民教育」的傳播內容），開出往後連串大型運動先河。林夕填的 "Shall We Talk"，其時還可由黃耀明在台上坦誠唱出，意指該有一種政府和社會之間坦誠公開的善意開放對談。

　　結果這「國民教育」的改革壓後，2012 年是香港民間自發之音能發揮影響力

的最後日子。再過兩年，無論留守金鐘夏慤道上多少熱血青年共同唱著「原諒我一生不羈放縱愛自由」，那歌聲到底跨不進不遠處決策者內心。強權之下，沒有歌聲，此後，盡成歷史。「請放下手裡那鎖匙好嘛」。

　　高度反映香港身分與情懷的大流行作品，由 1974 年〈鐵塔凌雲〉開始，到 2008 年〈囍帖街〉，一首是周遊列國後，嘗試以新的目光對準自己的地方，從而開始生出對自己地方的愛，和一種自我意識的抬頭。後一首是環顧身邊熟悉的街角後，才發現這份熟悉已一分一秒流走，從而生出對舊物人情的依戀，一種自我身分的守護。也算是香港這首時代曲的恰切配詞。一首是序曲，一首是終章。

1.4

日曲改編

一段亞洲文化
商品交流史

0

在那段香港粵語流行曲的正史還未出現之前的 60 年代，固然一早就有粵語時代曲流行於華語世界，特別是於香港和東南亞。跟後來粵語歌由香港始發往外傳播不一樣，其時，粵語歌往往也可以是由東南亞「倒流」回香港，才變得街知巷聞。1969 年大熱的粵語歌〈鴛鴦江〉便是其中代表。

查〈鴛鴦江〉的身世，其創念構成的地理跨域性，涉及日本、東南亞、台灣、香港不同的文化處境，實在可以用一個全新的角度來審視，也為未來將要發生的香港流行新紀元添上新閱解角度。香港作為其時華人的文化市場一員，是作為一個東亞及東南亞跨地域的口岸，與之親近的是多個其他亞洲近鄰，彼此再組成一個包含經濟、文化、進出口（文化商品）、音樂、人才、流行風潮的商業兼文化網絡互動。這時候的香港，更多是外向型的亞洲文化版圖的一部分，而非向內的中國大陸文化構成。這種外向的開放性、跨國視野及操作方式，跟同時期中國大陸文化大革命期間的封閉完全

是兩個世界。在這個交錯的亞洲流行文化版圖中，處處是香港和日本、台灣與東南亞的互動。

1

〈鴛鴦江〉由鄭錦昌主唱，曾紅遍東南亞及香港。鄭錦昌是馬來西亞人，但馬來西亞、新加坡和泰國一直被香港稱為南洋（還可包括菲律賓和印尼），傳統上是沿岸華人漂洋過海發展的主要目的地，有根深蒂固的華僑社會和文化市場。早年華僑由中國南岸出發，主要包括福建，廣東特別是潮汕地區和香港，形成當地華語方言眾多，但主流以講閩南語和粵語為主（另有客家等）。時至今日，我們仍能在南洋聽到不少祖輩為華人的家族遺下來的鄉音與故事。在一些專門販賣老唱片的店鋪（例如曼谷或吉隆坡多見）還可搜羅到不少當年南洋地區出版的中文唱片，當中不少為閩南、潮語，而更多的是粵語。都是早年南洋當地的製作，可能製作生產上本來跟香港無關（當然亦有受香港電影影響的相關作品），但因為是粵語演唱，基於其時南洋和香港的緊密關係，這批作品又回流到香港銷賣，形成一個微妙的文化商品市場。香港同時是文化輸出和接收地。

令這生產環境更形複雜的，是〈鴛鴦江〉的誕生，又因為先有在台灣廣為流行的國語歌〈水長流〉。這首國語時代曲，一度在台灣熱播，其時每首這樣的歌，都會衍生出更多不同版本。而無論粵語還是國語，兩首歌的原曲，其實都取自日本歌〈大川のなかし〉（1959 年）。

於是，有趣的現象發生了：一首日本歌先被改編為台灣流行曲，再被馬來西亞唱粵語的歌手演繹為粵語版後，最終在香港及全球粵語區大熱。

此曲也令鄭錦昌紅遍東南亞和香港，甚至吸引他到香港發展。他也真的曾赴香港發展，除了因為他往後創作的〈唐山大兄〉（粉絲致敬之作，跟電影沒正式關係）同樣大熱，也因為馬來西亞在 1969 年發生五一三事件（也成為近年馬來西亞導演張吉安作品《五月雪》的故事背景），大選爭議引致馬拉人和華人衝突，華僑社區多人傷亡人人自危，當地華人一度被排擠，或至少陷於不安狀態，演出及唱片製作不穩定的情況下，鄭錦昌於是到香港發展，可知這決定也有著社會因素使然。而香港在政治和社會環境方面，特別是經歷了 1967 年暴動後，社會已稍為復元，政府更是鼓勵文化康樂發展，整個社會轉趨穩定，並可說處於文化上升期。

更重要是，那時期正好是粵語歌曲的市場風口，而香港本地卻沒有太多唱粵

語的歌手和作品來競爭。那是前許冠傑時代，粵語歌還未形成自己的主體及得到相應的尊重。唱粵語歌的人不是沒有，但地位及格調而言，還是被認為比國語時代曲和西方流行音樂低。

可這現象不會持續很久，香港粵語歌時代很快就將會用極為勤奮的方式，通過原創，又或是通過改編日本和台灣的旋律，創造屬於自己的時代。

2

後來所知的香港流行音樂黃金時期，除了跟電視潮流的推波大有關係，還有另一個賴以成功的基本因素，就是能在短時期內推出那麼多流行曲，借助的是大量的外來改編歌。顯然，在整個工業中，炮製動人或易上口的旋律可能比單單填詞難得多，這意味著，吸納改編歌是一道更快速有效的途徑，從而確立了這稱之為黃金時代的日子，同時也可以說是改編曲目佔了極大比重的日子。

香港流行音樂改編日本作品填上中文詞演出，自有其歷史。譬如香港 50-60 年代，雖然電影製作中國粵語兩語種皆當道，但這期間粵語相關電影歌曲從質素到地位都偏低，反觀國語歌除得到著名影星或歌星演唱之餘，幕後製作班底更是名家輩出。這時期也出現了一波與日本音樂人的合作，最著名如服部良一，他曾被邀專門為香港電影創作音樂，〈野玫瑰之戀〉、〈香港之夜〉、〈說不出的快活〉、〈香江花月夜〉等等名曲如雲。他與姚敏亦師亦友的關係，也可說有助培養出後者日後作為一代華語音樂創作大師的地位。

但真正沿用日本原曲譜上粵語歌詞而在香港獲得大流行，確實是 70 年代才開始之事。〈鴛鴦江〉不算是香港作品，但反映那時期「可以流行在香港的粵語歌曲」的跨域特性。

自此之後才出現流行度極廣的改編日曲，70 年代初的例子，是由譚炳文唱出的〈雨夜的回憶〉，以及稍後和李香琴合唱的〈快回來吧〉（也就是出現在《92 黑玫瑰對黑玫瑰》那首）。但要指出，〈雨夜的回憶〉的改編為粵語，可能不算是有意識的看中日本歌來改編，而是跟〈鴛鴦江〉的例子近似，先是有台灣版的流行（有〈淚的小雨〉、〈台北今日又是雨〉多個版本），這香港版改編，更多應理解為是對「在台灣流行起來的歌」的改編引進。由此亦可察覺，當時香港樂壇之風，也以台灣為重要參考對象，甚至可以說反而是台灣站在潮流之先。事實上，這時期

台灣歌手及作品在香港亦大行其道，青山、姚蘇蓉、張帝等都活躍台港兩地，夜總會、電台、電視和唱片店都在熱播他們的作品。

但音樂工業界當時遠未察覺到日本歌往後的價值。在伴隨電視入屋成為主導媒體的 70 年代中期，流行的粵語曲由日曲改編的仍寥寥可數，較著名作品是鄭少秋 75 年推出的〈天涯孤客〉（和其妹妹珍珍、佩佩合唱），能有這流行度，遠非日本原曲的功勞，而更多是仗著鄭少秋其時作為電視台一線小生的人氣。真正為日本旋律揭開新一頁，並得到全城唱和人盡皆知的，是伴隨日劇《前程錦繡》推出由羅文主唱的同名主題曲，此作沿用由主角中村雅俊演唱的曲調，但譜上粵語歌詞，也是許多香港觀眾第一首熟悉且真正大行其道的日劇主題曲。

這日曲粵詞的主題曲組合是新鮮的，因為正值日劇在香港傳播的初始第一代時期，過往受歡迎的日劇主題曲，均以日語搭國語的形式唱出，包括徐小鳳之前推出過的〈二人世界〉和〈柔道龍虎榜〉。粵語遠未得到應有的肯定。〈前程錦繡〉為日劇主題曲和羅文創造了第一個成功里程（大約同期還有另一首著名的日劇主題曲以粵語唱出，那是填得更為口語化的〈猛龍特警隊〉，由石修主唱）。兩年之後，也有另一首改自日本原曲的電視劇插曲〈明日話今天〉熱播，由已到香港發展的甄妮主唱，來自電視劇《奮鬥》。

但這階段而言，改編日曲的成功仍是有限的，因為歌曲的流行，很大程度上還是因為借助了電視傳播威力，它並非一次日本曲調改編為粵語歌的單獨勝利。

3

真正體現旋律與歌詞完美結合而絕對大熱的日曲改編粵語歌，要等到 1977 人推出由新人薰妮主唱〈每當變幻時〉（古賀政男曲，盧國沾詞），這曲的流行程度可屬空前現象級，也令新歌手薰妮一炮而紅。事隔多年，仍是香港粵語流行曲經典之作。這歌的開創地位，在於可說完全是在電視系統以外而走紅，此曲非關劇集，歌曲也由此前名不見經傳的歌手唱出，而一出來就歌者和歌曲雙雙大紅，此前從未發生。有這種突如其來廣泛的知名度及大紅大紫的新歌手作品，下一首要等到雷安娜的〈舊夢不須記〉，後者雖非日曲改編，但從此可看出社會對粵語歌越來越大的期待及認可。

現象級的〈每當變幻時〉即獲香港電台第一屆十大中文金曲獎，在一片已成

名歌星之中（其他得獎歌星有徐小鳳、羅文、鄭少秋等），新人薰妮憑這曲獲獎，也是見證了音樂和歌詞本身的勝利，而非靠既有的歌星知名度。隨後的 1978 年，薰妮唱出同樣改編自日本老歌〈北國之春〉的〈故鄉的雨〉依樣大受歡迎，香港樂壇已清楚以後發掘樂曲寶藏的方向所在。

4

　　1978 年開始是日本改編歌曲進入香港樂壇和市場的全面上升期。徐小鳳這年推出的《風雨同路》說明了幾個發展走勢。70 年代這最後數年，將見證粵語歌的興起，品味政權之愛好改朝換代，正式要由國語和英文歌轉移到粵語歌的陣營中。體現於徐小鳳這張《風雨同路》，是當中十二首歌，仍有一半是國語演唱，像試金石一樣，粵語顯然還未被賦予足夠信心，叫製作人和唱片公司「膽敢」去出一張全粵語的唱片。原本的「國語歌星」徐小鳳可能也未準備好。同樣事情也發生在陳百強首張大碟《眼淚為你流》，這 1979 年的專輯，以一半英文一半粵語形式出現。這兩張專輯這種特殊的選唱語言設定，都可說是粵語歌正在轉型成主流地位的過渡期印證。

　　徐小鳳這張專輯，結果大熱出來有兩首歌，一首是〈風雨同路〉，另一首是〈人生滿希望〉，皆由日本原曲改編。起碼在徐小鳳身上，唱片公司製作人像找到了成功密碼，開啟了之後多首徐小鳳唱至大紅的日本改編歌，包括〈漫漫前路〉、〈夜風中〉、〈無奈〉等等。

　　而這種改編也可能是全香港唱片業察覺到的共通密碼。至於將來作品要用粵語還是國語來唱，大家更是已有肯定答案。

　　1979 前後可以說是引爆日曲風潮之年。那不獨是香港的事，也是中國的事。這不是一個巧合。中國和日本雖然在 1972 年已建交，但其時仍處文革時期，日本流行文化影響無從輸入中國。1979 年，鄧小平訪問美國，中美建交，中國將要更開放的訊息確切無誤，而日本也向來對美國的政策馬首是瞻。從此，日本流行文化，從電視劇到音樂，被賦予親善大使的任務，成為重啟國門後中國人能看到的第一個戰後日本印象。往後數年，知名日本藝人成了中日友好大使般到中國參觀交流，谷村新司 1980 年的名作〈昴〉（即香港關正傑版〈星〉原曲）即於這歷史節點寫下它的地位，成為改革開放後自日本傳入最聞名的歌曲。可以說，基於這樣一重看來是新時代氣象的關係，香港以至中國當時對日本流行文化都加大了接收度。

　　然後 80 年代來了，通過 70 年代已走紅的山口百惠、三浦友和的各式日劇，

西城秀樹、澤田研二的歌藝和前衛形象，再加上稍後的近藤真彥、中森明菜，日本流行文化已是全盤進佔香港。

香港也出現了新的偶像歌星譚詠麟和張國榮，兩人同時橫掃樂壇，都帶一份日本偶像的包裝方式。值得留意是，他們都非全新歌手。譚詠麟早在溫拿樂隊時代已率先走紅，及後到台灣發展，82 年才回流香港以單飛歌手身分再出道。張國榮之前也曾出過英文專輯 *I Like Dream*，和不太成功的粵語唱片《情人箭》，他們二人事業的轉捩新征程，不謀而合都是憑改編日本歌曲，通過再包裝而成就。譚詠麟作為單飛歌手開始露曙光是演唱改編自五輪真弓歌曲的〈忘不了你〉，之後奠定頂尖地位的則是〈愛情陷阱〉（同為日曲改編）。張國榮眾人皆知，真正揚名作當然是〈風繼續吹〉和奠定一線地位的〈Monica〉。這些全都為改編自日本流行曲的作品。

此後，眾多新人或已成名歌手，新唱片中可能都會出現改編自日本的歌。不完全統計，這些年來可能數量超過二千首。單譚詠麟和張國榮每人都有二十多首。被改編較多的日本創作人，早年有五輪真弓（徐小鳳較多演繹），純數量而言，中島美雪也屬現象級。80 年代中期開始，玉置浩二或安全地帶作品則為另一改編重點，特別反映在張學友的名曲當中。

5

大量改編日本歌背後實在有香港音樂工業及市場的原因使然。首先是發展過快的偶像及粵語歌市場，急需新作品推出。這是娛樂圈跟紅頂白的風氣使然，如日方中的譚詠麟、張國榮，如何把他們的走紅程度利益最大快，當然就是加密推出唱片的速度。所以很難想像，在高峰期兩人要一年推出兩張唱片。多產量背後需要穩健高質的曲式支持，等不了香港本地音樂人的原創了，日本歌就是最現成的選擇。

而這個選擇從音樂構成上也成立，相比起西方流行音樂，日本當代流行歌風更接近香港或者說是華人文化。客觀上，日本流行曲旋律多同為五聲音階，尤其是中或慢板的歌曲，可供填上中文詞的兼容性強大得多。日本的流行工業已極為成熟，作品類型風格早已得到市場驗證，一般日本流行曲也是在短短五分鐘之內，並往往有原歌詞的故事或象徵可參照（雖然這一點香港詞人似乎更喜歡另行創新），但對理解一首歌之意境，投入感情都起了良好作用。這時英美雖然同為音樂盛世，可是美國天王如米高積遜、麥當娜，英國則流行新浪漫電子，都難以想像能方便地將這類作品改成粵語。具體舉例，米高積遜經典大碟 *Thriller* 內的作品，根本無從

改編，只能傾向改較慢板的歌曲。麥當娜的"Material Girl"是個例外，曾被改為粵語歌〈200度〉，若非葉蒨文這種形象可說難以駕馭。

但日本歌卻聽起來已相當親和，單音發音節奏也和粵語相通，加上情感表達上的東方色彩，可理解為文化上的共通，但又不乏現代樂理的合潮編曲和樂器創作方式。結果，總總內在外在原因結合一塊，形成一個易於借鏡挪移的選擇。只要聽到適合的旋律（而這時候也是日本樂壇黃金期，選擇極多），稍作編曲調校，找來香港填詞人花一兩天譜上歌詞便行，比從零開始寫曲再填詞快捷得多。

還有一個不能不提的業內因素，就是其時香港主要唱片業由英美唱片大品牌管理擁有者不少，如 EMI 和寶麗金，都是跨國唱片龍頭。他們在日本自然也有分公司，於是形成同一集團下，香港公司和日本公司有密切業務和創作聯繫，掌舵人對兄弟公司旗下歌手的作品瞭如指掌，譬如香港寶麗金和日本寶麗金就可有暢順的渠道，方便版權的洽談及引進。這種行業便利性也大大催化了選用日本歌的偏好和動機。

去到 1985 年，以無綫十大勁歌金曲和香港電台十大金曲兩個具高代表性獎項為例，兩個名單上的十首得獎歌之中，改編自日本歌的都佔六首之多。而這種紅星盡快出新碟的工業和市場需求，在譚詠麟身上得到最佳詮釋，因著〈愛情陷阱〉的大受歡迎，不僅短時間內瞬即推出另一張大碟〈暴風女神 Lorelei〉，新碟中為求能重複〈愛情陷阱〉的成功，竟然找來此曲作曲者芹澤廣明寫了新碟內超過一半的歌。

1985 年無綫電視十大勁歌金曲

〈愛情陷阱〉（主唱：譚詠麟，作曲：芹澤廣明，填詞：潘源良）

〈情已逝〉（主唱：張學友，作曲：來生孝夫，填詞：潘源良）

〈不羈的風〉（主唱：張國榮，作曲：大澤譽志幸，填詞：林振強）

〈聽不到的說話〉（主唱：呂方，作曲：杉真理，填詞：向雪懷）

〈誰可相依〉（主唱：蘇芮，作曲：林敏怡，填詞：潘源良）

〈日本娃娃〉（主唱、作曲、填詞：許冠傑）

〈壞女孩〉（主唱：梅艷芳，作曲：Charlie Dore, Julian Littman，填詞：林振強）

〈暴風女神 Lorelei〉（主唱：譚詠麟，作曲：芹澤廣明，填詞：林振強）

〈雨夜的浪漫〉（主唱：譚詠麟，作曲：鈴木喜三郎，填詞：向雪懷）

〈十分十二吋〉（主唱：林子祥，串燒歌）

1985 年香港電台十大金曲

〈雨夜的浪漫〉（主唱：譚詠麟，作曲：鈴木喜三郎，填詞：向雪懷）

〈誰可相依〉（主唱：蘇芮，作曲：林敏怡，填詞：潘源良）

〈不羈的風〉（主唱：張國榮，作曲：大澤譽志幸，填詞：林振強）

〈聽不到的說話〉（主唱：呂方，作曲：杉真理，填詞：向雪懷）

〈最緊要好玩〉（主唱：許冠傑，作曲：許冠傑，填詞：林振強）

〈蔓珠莎華〉（主唱：梅艷芳，作曲：宇崎龍童，填詞：潘偉源）

〈情已逝〉（主唱：張學友，作曲：來生孝夫，填詞：潘源良）

〈每一個晚上〉（主唱：林子祥，作曲：Andrew Lloyd-Webber ／黃自，填詞：林振強）

〈順流、逆流〉（主唱：徐小鳳，作曲：蔡國權，填詞：蔡國權）

〈愛情陷阱〉（主唱：譚詠麟，作曲：芹澤廣明，填詞：潘源良）

6

　　香港、台灣和日本的文化互動從 50 年代開始就相當頻密，而且操作的形式絕非某一方的單向強勢輸出，對方被動的接收輸入，而是人才、風格乃至產出都三地互為輸送，結連成一個自由貿易下的泛東亞文化共同體與市場，過去半世紀以來，香港對這個跨域的共同體更表認同，而且高度參與其中。三地組成了東亞流行文化區的第一圈層和創意源頭，然後當中的流行產出再輸入包括東南亞和更遠海外華人的第二圈層，中國大陸開放時間上有滯後，所以直至到 80 年代，當地的流行觸覺比起港台日而言還存有時差，加上版權問題還沒有處理好，以至這些流行曲被輸入中國的方式極不一樣，大部分是以盜版和私域內傳閱的方式，形成不了健康產業鏈，這大大打退三地其時對開發中國市場的念頭，連隨在文化生產和交流上，也存在長時間的割裂。中國雖作為亞洲的重要構成，其時可說竟不屬於上述的東亞流行文化共同體。

　　對其時夾在亞洲（及世界）與中國之間的香港而言（中國官方敘事中，經常提出「衝出亞洲」的概念），卻不難作出選擇，或者說，香港早就做了選擇，一定是信奉自由市場，一個向外型的模式，最大程度上和世界接軌。拒絕封閉、單一、內望、官式、謊言、非理性、自上而下的價值，而是保持高度清醒、理性、文明、

開放地去對待世界以開拓市場。這種社會的基本判斷與共識，直接或間接經歷過中國文革災難的香港人特別自覺（大面積的批鬥運動雖沒有在香港發生，但基於香港跟廣東省關係之密切，香港人極多有關文革亂象的一手訊息及逃亡者的親身證言，讓大家能清楚判斷；此外文革也引發了香港 1967 年的大規模暴動，更有實際死傷，故香港人過後對此記憶尤新特別警惕），於是在文化認同上，在亞洲和中國之間，當時香港偏向泛亞洲就更不足為奇。

香港在 70 年代開始大幅引進日本曲樂只不過是這傳統的新時代呈顯。事實上，這傳統首先體現在繁盛的香港電影業中，除有上述 50-60 年代的服部良一，此前的 50 年代初期，已到香港發展的女明星兼歌星白光，已曾遠赴日本與服部良一合作電影《戀の蘭燈》，這重日本關係當然是自 40 年代上海時期早已建立，白光當時和李香蘭一同拜日本聲學家為師，可說跟日本早有淵源。1949 年後她跟無數上海南來客一樣，把經驗、資源都帶到香港，並建立起一個新的創作網絡，構成並豐富了其時香港的文化及影音產業。這段歷史傳承巧妙傳奇，白光以妖魅形象與磁性低音歌聲揚名，到香港之後知名度遍及南洋（後來長居馬來西亞）。1965 年參加「香港之鶯歌唱比賽」進入香港歌壇的徐小鳳，正是選唱白光的〈戀之火〉獲冠軍出道。然後到 1982 年，同樣以低音見稱的梅艷芳又以徐小鳳〈風的季節〉參加新秀歌唱大賽得冠軍正式踏入歌壇，後來有一段日子也曾到日本發展演藝市場。紅伶歷程，代代相傳。也是一頁連繫了上海、香港、南洋和日本的音樂流徙誌。

而在這種透過天王巨星而結連三地的流行文化人才交流中，最成功的當然是台灣的鄧麗君。她所以能成為跨代際全球華人的共同記憶，正好就因為她本身的這份跨域本質，實在已超越了單純作為台灣女兒的身分，很好地演繹了這裡述說的泛東亞文化共同體身分。

鄧麗君 60 年代就在台灣走紅，70 年代初頻赴香港發展，並跟其時崛起的重要新媒體無綫電視有密切合作，無論演唱會到電視都曝光十足。當時雖說是到香港發展，但其實那時候這級別的超級巨星都是多地市場往還，她常以演出和慈善為名走訪台灣、香港和東南亞地區，深受華僑愛戴，這構成她日後那跨域認可的基礎條件。香港作為華人流行文化中心的角色也不容忽視，正是在香港，她被日本寶麗多唱片公司（即日後也在香港和日本擁有極多音樂資源的寶麗金）發掘，1974 年以日本再出道的方式開始了鄧麗君的日本奮進歷程，可說是至今為止外來華人歌手在日本樂壇地位最崇高者（翁倩玉已可算是在日華裔，而在日本更早成名的陳美齡後來因嫁了日本人所以也可歸類為在日港人，雖然她的社會知名度因

她積極參與社會事務，並曾因帶孩子上班哄動日本職場從而引發過「美齡論爭」而一直被受日本關注）。

鄧麗君出道當年就以《空港》奪得日本唱片大獎新人獎，名氣以外，銷量也高企。〈償還〉、〈我只在乎你〉（日版〈任時光從身邊流逝〉）流行作輩出，知名度可說橫跨整個 70 和 80 年代，不僅在自由世界的日本、香港、台灣，更是以各種私下流通的方式，在其時仍封閉的中國大陸地區悄悄流行起來，以至文革結束，改革開放初年流傳於中國有這樣一種說法：白天聽老鄧，晚上聽小鄧。意思是全中國白天需聽從鄧小平的講話指示，但一到晚上就家家戶戶聽鄧麗君的「靡靡之音」。從流行文化文本互涉的角度來談論，這背景大歷史，也巧妙地融進兩部跟鄧麗君歌曲有關的著名香港電影《甜蜜蜜》和《半支煙》當中，構成那打動人心的以歌敘事與回望大時代的一環。這個鄧麗君已沒有地域區分，而是成為了一個超脫了地緣文化和意識形態的符號，也是這個泛亞洲文化概念的具體承載體。

日本階段過後，鄧麗君其後有頗長一段時間長居香港，並推出改編自中島美雪作品的粵語歌曲〈漫步人生路〉等，儼然有如香港娛樂圈一份子。1989 年五月在香港舉行的「民主歌聲獻中華」大會上，鄧麗君唱出了〈家在山那邊〉，毫無疑問，鄧麗君其時已和香港站在一線。香港的特殊地位，正在於這種包納性，它歡迎四方流徙而來，擁抱理想又能發揮才華的人，並成為這些人給世界看見的閃亮舞台。

7

對香港藝人而言，日本這個舞台，是真正的世界舞台。那裡有最高質素的製作，最具創意的演出概念，每每令人目瞪口呆拍案叫絕。有這個印象，興許是因為香港很早便有觀賞每年除夕夜日本紅白歌唱大賽的習慣。現在可能很難想像，70年代早期，香港觀眾就喜歡看紅白，去到一種以為自己也是這除夕直播派對一份子的地步。後來香港人流行視日本作「鄉下」，跟這種歌影視養分不無關係。

那是有電視轉播紅白比賽開始，起碼在地域意識上，是跟「外面世界」同步了。但其實，早年香港電視台並非同步在除夕夜即時轉播紅白，而只不過是延後播出，譬如以能查察的 1983 年香港大除夕夜的電視節目時間表而言，無綫翡翠台是晚上 9:05 分開播，節目名稱為「全日本紅歌星大賽」，中間播放夜間新聞後於 11:30 續播，時間長度就剛好跨過香港時間倒數新年一刻。比日本直播時間延後一些，當然也包括電視台可作一定程度上的翻譯，讓轉播的主持有足夠解畫預備和製

做倒數氣氛。時間延後似乎沒有阻擋香港人自覺參與到這場國際娛樂盛事的想像中。香港人也不只是單向接收日本偶像歌星，而是自豪於香港人及台灣人都有份參與進這世界舞台，因為自 70 年代開始，香港陳美齡、台灣鄧麗君和歐陽菲菲，到 80 年代譚詠麟都曾登上這舞台。

那東京表演現場的可觀娛樂性當然是核心原因，相信其時對香港觀眾最大的衝擊，一類是那些天花亂墜誇張極致的表演服飾，一個晚上總會有這樣的演出高潮：猶如參加傳統祭典的抬神輿者推著巨大神獸出場，眾人把歌手從舞台上徐徐升起，女歌星在最高處把裙擺放下，輻射性地展示了三層樓那樣高且金光閃閃的誇張裝扮（就如翁倩玉唱〈愛的迷戀〉時那展翅式長裙的升級版）。當然又不缺少西城秀樹 1974 年初登場唱〈傷痕纍纍的羅娜〉那黑俠梭羅的造型，以及數年後澤田研二穿一身白色船長服啖著真的在燃點的香煙唱〈Oh Gal〉的妖魅（後來有鄭少秋版本）。

但在這些極端的「瘋」味過後，往往又有老派藝人簡樸地唱出如泣如訴的傳統演歌，並且得到極高的尊重。那是《菊與劍》那矛盾美學在舞台上的恰切反映。紅白風潮所及，不僅每年紅白的演出歌曲，都會結集成精選大碟在香港發售，更激發出初期的專門介紹外國流行音樂的雜誌，一步步演變成日後 80 年代偶像周刊和青年周報的大市場。

除了娛樂和追偶像，作為觀念教化，紅白為甚麼也可同時作為教材，是因為紅白雖名義上是比賽，但電視機前觀眾又經常看到原本是互相激鬥的兩隊人，其實又可以在演出過程中為對方伴舞打氣拍掌唱和！這種精神上的文明比鬥，令人印象深刻。

以及到最後不無重要的一幕：香港孩子第一次看到投票的激烈過程及其被認受的公平結果。紅白是具象的，單單以視覺就令人震撼，並留下難忘時刻，絕對的視聽之娛。意想不到的是，除了聲色之外，它竟然讓我們看到通常隱藏起來的制度與文明。

國際視野

1.5

〈世運在莫斯科〉
到〈光輝歲月〉
我們自視為
地球村一份子

0

1980 年前後。

影視歌曲已成為香港家傳戶曉的送飯（伴飯）背景之音。以當時香港電台的「十大中文金曲」（其時主要權威頒獎禮）作標準，臨近 1980 年幾年內，相關主題曲或插曲獲獎歌多達十六首，名曲由〈小李飛刀〉、〈倚天屠龍記〉、〈楚留香〉、〈殘夢〉、〈京華春夢〉、〈輪流傳〉、〈人在旅途洒淚時〉、〈上海灘〉到〈戲劇人生〉傳頌至今。電視劇集歌曲已取代了曾經憑喜劇伴隨貼地鬼馬流行曲走紅的許冠傑，市井白描路線的諷刺現實歌曲已開始淡退。完結 70 年代那殘留的前摩登氣息，正式踏入 80 年代，香港將遇到自身城市命運中最決定性的大問題——儘管在 1980 年之時，香港人普遍對此早已懸於頭上的陰影仍知之甚少。帶著亞洲四小龍的光環，香港開始更加習慣向外的比較而忽略了內望的自省。它立下決心要成為那國際化的大都會，一個永遠開放，屬於普世的城市。一種同樣是對國際動向的特別關注由

93

然而生，無論是政局逆轉到世界思潮，都對等地以香港的目光來察看。其時，香港是如此自豪於自己是地球村的積極一份子，就連創作出來的音樂，都彷彿是回應世界的樂章。

1

　　1979 年，越戰已結束，投奔怒海的人卻未及停止。成千上萬的難民爭出東南亞公海，經貨運船帶到香港海域。那年，香港被定為「第一收容港」，今天看來，這當然也是英國政府甩包袱的招數。蓋建難民營，請求西方國家收容，一切都成了切實的負擔。可對於那一代香港人而言，這船民事件也可有另一番理解：香港首次直接捲入非戰爭色彩的國際事務，擔當起救人於危的角色。這是一次公義啟蒙，堪稱對人權理解的基礎教育。那是面對動盪時刻，對弱勢的關愛接納。也許就是在 80 年代開始的某一刻，我們意識到，世界之大，問題繁多，也急需音樂來訴說這心情。眼界和表達，不再只限於 70 年代當道的情愛或劇場世界。於是，「大主題」出現了，那些今天可綜合為公義、大愛、反戰、平權、環保、世界視野等的「大主題」，開始在香港的流行音樂中發出迴響。而香港人也就是在同一段時間，感受到和地球其他角落的，除了全球化商務以外的更多結連，並開始自視為地球村的一份子。

　　那也是全球而言進入新時代的轉型階段。已過去的越戰不僅是首次通過電視機傳播的戰爭，也是其時新一代香港人第一次感受到的戰爭，後遺蔓延至香港。此戰的影響不僅體現在音樂，同時也反映在多個香港影視作品之中。越南船民問題，成了當時新一代的關社思潮成人禮。伴隨香港人外遊越多，種種國際見聞與視野大大豐富了流行音樂的內容，進入一個今天回顧起來，可稱得上是「香港關懷普世價值」的創作期。這一切在 80 年代初醞釀的思潮躍進，預先張揚了香港音樂將滲入的國際化話題，與此同時，各個華語區也將發生轟天變化。台灣劉文正的民謠〈鄉間的小路〉、〈外婆的澎湖灣〉正響遍，不久將唱遍對岸，而一位本來從醫的音樂人默默準備著他兩年後震驚華語圈的唱片《之乎者也》。

　　離香港不遠一河之隔的北方，就在一年前，鄧小平宣告了一個消息，深圳要作為改革開放最前線的要塞。幾個月之後，港督麥理浩首次以這土地殖民地首長的身分訪問北京。和鄧小平見面期間，得知一個消息：中國將要收回香港，但他仍為此保持短暫的秘密。正如香港史總不止於談論香港，香港流行史也不限於敘述香港本土故事，它得顯示香港流行文化的複雜豐富，是如何跟英美、中國、台灣、東南

亞以至日本作出多樣的交雜。自然，香港流行音樂也不只是音樂史，而是貫串了電影、電視、漫畫、文學、藝術等的複合體系。

2

70 年代末，香港粵語流行音樂已因為相關影視作品的普及而走在另一個黃金時代。有兩位歌手在這潮流中的位置卻非常獨特，一位是徐小鳳，另一位，是林子祥。兩人跟影視音樂都有關，但他們日後走紅卻非因影視作品。徐小鳳是最早演唱引進劇集主題曲的本土歌星，TVB 播放的第一代日劇《柔道龍虎榜》、《二人世界》和《猛龍特警隊》的主題曲，前兩者是日語國語兼用，〈猛龍特警隊〉則遠沒有比她之後的名曲般紅。她出生於湖北，走的路線就如上海南下的舞廳演出文化，帶著最後一代中國式歌女的印記。

海外歸來先組成玉石樂隊唱英文歌的林子祥則站在彩虹的另一端。如果許冠傑只是「番書仔」（讀英文學校長大），林子祥給香港人的最初印象，就是「鬼鬼地」（像「鬼佬」即洋人）。鬼鬼地，這平衡很重要，意味著他不是全然鬼佬，但可帶進更多非傳統的西方文化元素。

事實上，林子祥的音樂視野和所帶來的對 80 年代香港樂壇的衝擊，比起許冠傑現時所得到的認可，多年來肯定是被低估了。同樣是玩西方樂隊音樂出身，如果許冠傑是把西方音樂本土化，甚至後來跟黎彼得合作的歌詞，完全是向市井寫實靠攏的話，那麼林子祥就是把更多彩的世界音樂風格注入香港流行之中。

這期間，在粵語流行曲世界中還尚算新人的林子祥（1978 年才推出中文碟），作品由主題到曲風（原創或改編）卻早顯示出香港其時在華語區獨有的視野，不再局限於情愛或電視劇集關聯度，也非香港日常生活的寫實經歷，而是開始放眼世界，曲風取自更多元化的地域文化，歌詞中的世界開始講到世界大同的理想、戰火難民離亂等大主題。

3

姜濤 2022 年的作品〈作品的說話〉（小克填詞）可作為這股香港流行音樂「大主題」的最晚近輸出，正是作為前述的那個對普世價值議題的延續，很大程度上也反映出當中的香港流行音樂國際視野演化。

雖然這裡主要針對歌詞及 MV（姜濤執導）所透現的世界觀來討論，不過也可順帶說明，要把這曲式和過往流行曲的瑯瑯上口度作比較極不合宜，因為要知道，當今的流行曲感染力，再非簡單源於望文生義或故事性，而可以是通過節拍與視覺（講求的是「演出」成分，畫面觀感，整合而言是一種 feel，而非傳統認知的「美妙旋律」），加上歌星的形象（MV 輔助）去達成。以舊日評價流行曲的標準去討論今天的流行音樂美學，無異於刻舟求劍。

再回到〈作品的說話〉的視覺化主題表達，雖然只是簡化了的廢墟與戰火災民落難場面，但在刻下俄羅斯入侵烏克蘭的戰火中，加上過去幾年香港經歷過的圍城創傷、躲避奔走與暴力折磨，很難不將之理解為一種最廣泛意義上的對此大時代的反暴力回應。它的意義有比一般推揚和平或廣義上的反戰來得更上一層，這由它的名字可見，那是有關「作品」多於戰爭本身。訴說的是，從來我們是如何通過其他創作去理解社會或歷史事件，並符合主題般出現了歌詞和 MV 最後畫面中各種符號，由廣島原爆廢墟、John Lennon 在紐約中央公園的 Imagine 圖案、Anne Frank 日記、無國界醫生記者到柏林圍牆等等。

於香港音樂視野的討論脈絡中，這音樂作品的成就，不在於旋律或演繹，而在於面臨一個陷於崩潰的外部世界，我們的眼光仍舊要放得遠大，去關切地球上每個苦難的角落，去關聯、去團結、去呼喚。

不要忘記，這其實原本就是香港流行音樂一直擁有的血脈與創作力。

4

這傳統曾有過的高峰作，是 1990 年 Beyond 推出的〈光輝歲月〉。

1990 年經過了 27 年漫長的囚禁，南非民權領袖，後來終結種族隔離政策並當上總統的曼德拉出獄。此前在國際音樂圈，已有多次支持曼德拉的呼聲，搖滾樂發揮著期望警醒甚至拯救世界的影響力。也是在這一年，Beyond 從「鐘聲響起歸家的訊號」這場景出發，到後段直呼「風雨中抱緊自由」，沒想到多年後也成為香港人的寫照，從維園到金鐘，幾代學子響起了同樣的歌聲。

這首歌的重要之處，不僅在它對時代公義轉型的敏感度，對自由價值的毫無保留堅持，更在於它確是一首跨越時代與地域都極其流行的香港原創，把一個民權英雄化為深入民心的信念符號，發揮了無比的音樂感染力量。特別是在 Beyond 擁有極大樂迷基礎的中國大陸，更可算是屈指可數的民權基礎啟蒙教育。

多少次，在中國一些聚會場合中，友儕間點唱時都會被要求唱這首歌。一位於內地曾因故入冤獄的自由派朋友，和我合唱起來深有同感，彷彿見到他有如曼德拉歸家的感受。

另外一次，一位關心香港文化的內地傳媒朋友聽著這歌，不無感嘆地說，當年香港的音樂啊，真充滿國際視野。那一刻，我不以為然，倒覺得這種「大主題」世界觀是那麼理所當然。後來才想到，在這位差不多同年紀的朋友那成長的日子，在內地的流行音樂圈，當是接觸不到這些聲音，以及歌星傳來的那另一個世界。

那種對世界公義的關注，用今天的詞語，就是對普世價值的認可，題材涉及不同的國際事件、世界名人，在其時的華語圈確實展現了香港進步特色。

這種「大主題」，進一步引伸為更具體的反戰、關懷弱勢、進步平權意識、愛與和平、環保等題旨演變，我們也大可在香港流行音樂創作中重溯這發展。

5

回到上世紀 70 年代，1974 年〈鐵塔凌雲〉雖作為本土意識及國際遊歷體驗的初生代代表作，但論流行度，在 70 年代中期開始，流行曲很快就和其時始發蓬勃的香港影視產業，形成有機的影視作品流行結合，並且通過電視電台廣為流傳。許冠傑之外，第一代唱粵語歌的樂隊組合溫拿，乘著電視節目《溫拿狂想曲》和電影《大家樂》之勢，也成為其時的青春偶像。

這是 70 年代中後期香港流行樂壇最大的轉向特色，就是電視文化與流行歌曲的並生。參看 70 年代中後期的流行作品和得獎歌手（如較受重視的《華僑日報》年度十大歌星和前述的十大金曲頒獎），由仙杜拉、鄭少秋、家燕與小田到羅文、關正傑，當然會發現電視節目相關主題曲插曲毫無疑問是作為一個新的主流。

但在影視音樂之外，揭開香港人放眼好好看世界的序幕，卻是徐小鳳演唱，卡龍（葉漢良）填詞的〈黃沙萬里〉（1980）：

長江萬里也沒有盡頭
黃海無岸風吹不透
湖水常綠青山似舊
屹立永不休
長江萬里滾滾不休

何需尋覓天邊星宿
湖水常綠花似舊艷麗亦繁茂

　　放眼無垠的沙漠，遠行無盡的邊界，現在看來，那開脫的廣角視野，確是發出了一個重要的上路邀請。開始時，這作品像作為一種矢志遊歷四方，衝出小島邊界的想像力與浪漫化呈現。歌詞乘著作家三毛的文字和經歷主題，帶大家進入一個撒哈拉沙漠冒險世界，但實質是回應著香港人其時開始向世界啟航的衝動。這種以情歌主題貫串，但當中又涉及國際背景或著名地標的作品，為傳統情愛故事搭建一個國際舞台的創作歌詞方式，可說一直延續相傳，之後的承接作品有如〈薩拉熱窩的羅密歐與茱麗葉〉（林振強詞）、〈我在切爾諾貝爾等你〉（黃偉文詞）、〈漢城沉沒了〉（黃偉文詞）等等。

　　〈黃沙萬里〉後，更能顯示 70 至 80 年代之交，香港創作人對世界事務關注的，必定包括林子祥在 1980 年推出的〈世運在莫斯科〉（早年香港仍流行把奧運會稱作世運會）。有關這歌的討論不少，譬如沈旭輝就指出它只是名字上顯示國際化，但本質上則完全忽略了當年莫斯科奧運被西方陣營杯葛的現實，使歌詞中所敘述的：

它竟充滿了鳥語花香
它竟激發了友愛之光
如換上自由的新裝

　　變得脫離現實。歌曲原本配合《摩登土佬》大碟推出，連唱片封面都以奧運作主題，因杯葛事件才不得不抽起，這當就成為了另一段幕後傳奇。

　　但這些旁枝其實不影響這裡要討論的香港流行音樂的國際視野及大主題題旨。林子祥這首改編自西德組合 Dschinghis Khan（成吉思汗）的歌 "Moskau"，原曲主題先行配合創作的音樂旋律與角色，實在有別於其時的改編日本曲風或顧嘉輝式電視主題曲，展現香港放眼世界盛事、城市及音樂的視野，至今仍可視為一次漂亮耀眼的創舉。此曲得跟其時林子祥鍾情的俄羅斯風一同聆聽，由〈美麗小姑娘〉（改編自著名蘇聯時期歌曲〈莫斯科郊外的晚上〉，簡直是日後跟俄羅斯人交談的破冰曲）到後來的〈狂歡〉，都可說是為香港流行音樂早早注入世界音樂元素。這也是林子祥同時作為創作人的優勢所在，無論是自己創作還是挑選改編，林子祥的

世界音樂品味領先了其時樂壇。不要忘記,除俄羅斯風,他陸續還帶來了〈活色生香〉的 tango 風,〈海市蜃樓〉的南美嘉年華風、〈夜來香〉開創的舊上海時代老歌新編,以至如〈在水中央〉的新中式流行。

今時今日回看歌詞,〈世運在莫斯科〉抽離現實空談的這種奧運精神當然是另一種濫調,放諸當年冷戰時期東西方陣營的敵對不下,就更是極大諷刺。但也不能完全避開歷史局限用今天眼光空談,我們得了解到,若放於四十年前,大膽用歐陸 disco 曲風,撇開男歡女愛,聚焦音樂與遠方,追求一個奧運大同,還是有極大的勇氣與創想力。

事實上,除了〈世運在莫斯科〉之外,林子祥之後亦出版過另一首同是改編自 Dschinghis Khan 的歌〈古都羅馬〉,一樣是遠離情愛的框架,把題材著眼於對古代歷史文明,特別是對羅馬城作為宏偉城市的頌揚。這種意識也是跨越地域文化時空,很大程度上擴展了香港流行的視野。

6

當然,在對世界文化與歷史的關懷之外,所謂國際視野「大主題」,也包含了對進步價值的認可。

同是 1980 年前後,其時的電視作品中,此價值伴隨流行歌出現沒有缺席。1979 年,還是越南船民來港的高峰期,香港被動地成為國際關係較勁的其中一個核心。過往感覺遙遠的政治和戰爭,變成日復日的包袱。TVB 在 79 年推出涉及越南來港船民的電視劇《抉擇》,主題曲也是由林子祥主唱:

幾多往事夢　幾許心惆悵
別了昔日家　萬里而去
心潮千百丈

「再起我新門牆　更勝舊家鄉」等句,當年寫的是戰爭下的流離失所,異鄉飄零,越南船民抵港被困於難民營等待西方自由世界接收,今天離散全球的香港一代聽來當然別有滋味在心頭。

值得記的是,差不多同時期,越戰後遺和船民成了豐富的創作題材,電視劇之外,電影圈也整裝待發。同樣是林子祥,三年之後,又演出了一位到越南採訪的

日本記者,那是另一部香港經典《投奔怒海》的故事。類似的由越南到港的飄零人物,在日後《英雄本色 III 夕陽之歌》到電視劇《誓不低頭》都不缺少。

7

如果 1984 年中英聯合聲明宣告香港前途的塵埃落定,有一怪現象是,香港主流流行音樂反而並沒有立即反映這個發展或焦慮(獨立樂隊黑鳥有 1984 年的〈東方紅/給九七代〉)。反之,在不談面向中國的未來之同時,香港音樂是更朝國際思潮邁進(唯一較正面面對回歸焦慮的是夏韶聲的〈說不出的未來〉)。

80 年代中期,香港樂隊潮流興起,這種更為個性化,更強的樂隊形象與個人創作力走在一起,自然激發出更多進步或過往沒多被重視的邊緣聲音與空間。在這方面,緊貼國際進步思潮的,除了反戰或人權主題之外,更有更富爭議的同志平權議題,當中無可否認,最前衛的經典,自然是達明一派的〈禁色〉,也開啟日後更多涉及同性戀題材的作品,如〈再見露絲瑪莉〉、〈勞斯·萊斯〉、〈男孩像你〉等。

在 Beyond 的創作道路上,除〈光輝歲月〉外,饑荒戰爭等大愛主題,也啟發了 Beyond 親身到非洲體驗之後創作的歌曲〈Amani〉。可以說,通過〈光輝歲月〉,香港流行音樂的國際視野與普世關懷去到頂峰,再啟發影響更多類似的作品,歌詞意境更為面向世界,並以世界舞台來承托。

之後 90 年代,鄭秀文的兩首作品延續這方向,樂壇天后都認同了這發聲。兩曲分別回應了其時的世界戰爭災害與表達了向偉人的致敬。〈薩拉熱窩的羅密歐與茱麗葉〉通過宗教、種族在這場戰爭中引發的愛情矛盾,間接道出反戰訊息。〈加爾各答的天使─德蘭修女〉的訊息更是清晰無誤。

80 年代中期另一股思潮力量,綠色運動的理念也開始在香港傳揚。「環保」等新詞進入普羅群眾,周兆祥開始成為 icon 式的環保先鋒,連帶綠色和平、宣明會、無國界醫生等 NGO 組織,都成為香港人參與世界事務的具體平台。

由此,香港流行音樂也出現了環保概念作品,直接表達對都市化破壞的不滿,又或以曲筆表達,以對田園自然生活的響往來作出對發展主義的反省。

如果探索源頭,甚至可追溯至可作為第一代關注香港鄉村本土情懷的電視劇《風雲》主題曲(1980,黃霑詞),此曲近年被重新發現般,成為本土情結和鄉土運動的時代強音。

是誰令青山也變　變了俗氣的咀臉
又是誰令碧海也變　變作濁流滔天

再跟威震樂隊流行一時的〈陽光空氣〉（1980 年《城市之歌》大碟）放在一起聆聽，簡直就是一種開始萌芽的時代之聲。都在 1980 年出現。

後來，要到 1990 年，才一步步出現主觀刻意標榜環保的創作，如夏韶聲〈珍惜這地球〉，以及 Beyond 的〈送給不知怎樣去保護環境的人（包括我）〉。至於 2011 年 C AllStar 警告地球暖化海水升高帶來島國沉沒危機的〈馬爾代夫〉（梁柏堅詞）已是更後來的延續：

沿海　水淹浸大地　諾曼第登陸
小丑魚　湧～進車亂碰
龍蝦也安居警署　是另類歸宿
這一個偏僻的島　終於蘇醒過來

不過要說明的是，這些環保題材歌曲，在香港流行史上都沒有大熱起來。

8

回到反戰的大主題，這題材難處理，在於一不小心，即落入泛泛而談的「我願望是：希望世界和平」老生常談。梅艷芳的〈愛將〉寫用愛去對抗戰爭，只能是表現大愛的典型示範，自有如 John Lennon 的浪漫主義本質。追溯這題旨發展，更具鮮明創意的初代作品，應該是麥潔文唱的〈螳螂與我〉（1983，盧國沾詞）：

毀了村莊　我只有遠走它方
燒了田園　我最終只有流亡
萬里飢荒　不足養一隻螳螂
千里烽煙　它只有跟我逃亡

歌詞除直面戰火摧毀家園的慘況，同時加進螳螂的比喻描寫，帶出寧作亂世狗，不作戰火中人的老生常談，並也可視作越南船民問題留給香港的衝擊。盧國沾

其時也別出心裁，一度推廣香港流行曲的非情歌運動，拓展了歌詞創作的可能性。

近四十年後，姜濤的〈作品的說話〉是通過 MV 的視覺（無可能不聯想到當下戰火中的烏克蘭）、多個反戰符號去表現，但同時也顯示了香港那應盡力保護的創作傳統與自由。在今天中國大陸地區，我們更是無法想像這樣主題的歌曲能出現（連支持烏克蘭都被視為政治不正確）。現中國社會極力守衛的，就是音樂（乃至娛樂文化）的去社會議題化，培養出一班像與世無涉，不越雷池，不能表態的軟綿偶像歌手。香港流行音樂，它的 edge 卻正好在此。

其實更有明顯態度取向，批判戰爭入侵者的，有如周國賢曲梁柏堅詞的〈人在做〉（今次反過來是批判美國出兵）：

飛機飛過一秒那村莊　炸彈摧毀了天堂
死不了的他不顧一切去抵抗　要撞向雙子塔殉葬
總統決定反擊了　千艘母艦要啟航
幾多血流不歸漢　誰願看　文明與自由盡喪

或更有甚者，是用詞更大膽，MC 仁那直斥美國總統布殊和軍事入侵別國的歌曲：

當全世界冇到
乜撚嘢叫做揸住雙重標準嚟做
乜嘢係大恰細　乜撚嘢叫做霸道
人類文明究竟去撚到邊撚度

這是一條漫長的路程，一種價值的緩緩建立。它塑造了香港曾經堅持過的，經多少代人傳頌、發揚，並某程度上失去的信念。由 1980 年近乎天真的奧運精神，延續到 2022 年新偶像的聲音。在此，香港流行音樂呈現了他國際視野之餘，也反映了香港文化的血脈傳承，以至它的挑戰所在。

1.6

起初要有 sound 之前達明時代

0

　　好像一直講達明一派都焦點在黃耀明，以及對應不同時代的歌詞，破格的形象以至整個音樂組合的社會性，少談音樂，以及劉以達。現在重組起來，如果真要整理，那把源自 80 年代城市新風氣的香港電子原音，那種 sound，才真是和形象、歌詞合體，承載一個急促轉型時代的符號。

1

　　說到底，音樂首先打動人心，是那種 sound，聲音——當然，在時代與社會發展背景之下，這聲音又不單純以外在所能聽見的音樂來形容，而應該被理解成一套語言，一種時代的發聲。如果 70 年代許冠傑確實定義了某種香港本土創作的原生性質，使粵語流行曲由以往傳統小調曲風或模仿外國樂隊潮的他者釋放開來，確立了香港流行音樂上（乃至後來香港身分那短暫的）主體性，那麼這股自 80 年代初開始，由音樂器材革命帶動，英倫新浪漫影響，從實驗走到主流的

香港電子流行曲的風潮，正是在達明一派的音樂中得到高峰的聚焦，造就了繼粵語流行曲正名後的另一階段的城市之音。電子音樂元素融進（特別由 80 年代中期樂隊組合潮創作的）流行曲中，再拉闊來看其實是一整個香港都市生活空間及意識的轉型記錄，伴隨 1984 年中英聯合聲明公佈後的城市氣息，化成香港那段浮躁與再尋找時代的準確配樂。

於是，要記香港的流行，還得記下電子音樂這一章。

2

達明一派重組演唱會 REPLAY 由〈意難平〉和〈神經〉play 起，自然有它時代必要的道理，那是經過多張大碟作品洗禮，達明這組合無論從音樂到概念而言，都是高峰的代表。若放回時間軸中，則同樣期待更早期包括了〈迷惘夜車〉、〈今夜星光燦爛〉、〈美好新世界〉、〈迷戀〉、〈後窗〉等曲的《達明一派 II》、《我等著你回來》和《石頭記》，以至第一張 EP《達明一派》的 REPLAY。那是宣告這城市一種新 sound 的誕生。

音樂編曲較歌詞難評論，因為聲音的感應及意義，可能遠非文字描述所能包容。正如你可以 quote 一段歌詞來分析，可一般情況下，難以在文筆上形容並討論某段音樂或編曲。用有限的手段，我們只能得出這樣不足的描寫：達明的 sound，重要的標指性其實體現在由電子音樂而來的那種急迫、冷峻、層層遞進，以至跌碰迴旋（對電子音樂的定義當然可拉得更廣，甚至涉到近年流行的 EDM，但這裡稍為收窄，特指早期電子合成器、鼓機、取樣特效等融進流行音樂創作）。如果去到演奏力本身，你會發現，電子音樂最大的不同，可是那種突破音樂作為時間藝術的本質。即是，理論上，你可以把電子音樂不斷重複，不斷延長（只要夠電），它跨過人聲或傳統樂器對彈奏或發音的先天限制，達至永恒。但同時，它又可做到人手有所不及的短速，規律。達明的聲音無疑很大程度上體現了這種急迫冷峻。

（關於這窄化定義的電子音樂特色，可用 Ultravox 那我個人認為的電子流行樂曲真經典〈Vienna〉去詮釋，除了旋律的多種突變，它蔓妙的延長著的空靈音符，結合硬朗的敲擊和清脆的琴鍵，構成自為一體的音樂宇宙。）

鼓機是這個電子之音時代的一個重要代表，推向極端，沒有鼓機，就沒有電子音樂了。合成器當然也相比電子琴更進一步擴充了音色及效果的可能性，再結合電結他，塑造出一種跟過往人手擊鼓、全人手樂隊演奏完全不同的音樂質感。通過

鼓機和合成器，無可阻擋地塑造了時代的聲音及節奏。而這種急迫，正是那個時代
需要的。

3

最先完全征服我的達明作品，其實是〈迷惘夜車〉。它有一個亂步調子的開
頭，然後多下沉重的敲鐵，襯以背後快速像機關槍掃寫的敲擊，後轉進鮮明的主樂
曲旋律，長長的 intro 後才入到歌詞，第一句「喧聲中孤身再穿過沉醉的都市」後，
即折斷切入三下重型敲擊。唱到最後「我亂碰亂碰亂碰亂碰亂碰腳一空」之後傳來
無敵的五下重音連擊，再開始另一章，而中段那密集繁複展示出多種電音特色的過
場，就可稱得上是一場電子風的交響樂。它的節奏和突如其來的敲擊，像走過街頭
路邊踢到硬物飛起，迷於新興都市商場與十字路口，襯合歌詞形容的景像，仿佛是
回應了一個時代的焦慮以至空間變形。

當然，這 sound 其實始自〈繼續追尋〉，只不過〈繼續追尋〉這中版速度的
創作沒把那種激烈推向極端，可是通過醒目的旋律，調校的鼓聲 delay 及 effect，
形成了雙重擊鼓節拍，又或者最後唱到「哪怕累、哪怕累」的交疊，已肯定是一種
新聲的到來。

在達明早期作品中，電子音效的嘗試非常多樣，不要忘記還有更慢版的〈迷
戀〉，那鼓聲在完結又留彌之間迴響。至於黃耀明也是在這曲中完全有效建立了他
那肉緊的尾音唱腔（「沉思千百遍」）。此外，〈石頭記〉由「離」到「棄」的
flow，中間穿插每首歌的順序編排，那種超然甚至帶空靈的疏離感，也使它成為一
張罕見的概念碟（〈後窗〉同樣是另一首從編曲到歌詞都超然創新的作品。）

那時代的 sound：城市空間中遊走、追尋、無根、疏離，「全忘懷一切失落」，
更不用說到了〈今夜星光燦爛〉的開場，低音與高音的交替，繁華和蕭條的對比，
城市命運的反諷。

後來的作品其實沒有那麼硬派，像沉澱後的昇華，〈天花亂墜〉那費林明高
結他已顯得順手拈來，到〈天問〉的嗩吶就更是完美的傳統與電子技術結合。

4

電子音樂元素顯然是箇中的核心，放進世界電子音樂的流行普及潮去看達明，也讓他們成了這風潮的香港例子。那是一種全球範圍上的新音樂語言和美學，音樂源頭或許在德國，但英倫新浪漫風格卻是使之普及的原因，這也道出了那個年代，香港樂迷對英倫音樂的響往。不單止音樂，也包括了形象。經過英國經典老式搖滾的洗禮，80 年代那一代似乎脫離了 punk 或單純 rock 的熱情，帶著自創新時代的熱忱，轉而向新技術與新造型投奔。如果在美學上有甚麼共同偶像，那可能是一個東西音樂交雜而來的美學體系：那是一種迂迴的輸入，有著對英國樂隊 Japan 和日本組合 YMO 的迷戀，外圍環境，置身於 Brian Eno 以至 Robert Fripp 到 David Bowie 與 New Order 的實驗到普及洪流之中。

我們從劉以達當年最早期的參與作品和造型中，即可看到這種種影響。劉以達參與的 1984 年《香港 Xiang Gang》雜錦碟（當時玩國語拼音及紅色中國元素都仍被視為新奇），是他首次有作品灌錄並正式發行的唱片，雖是結他比賽得獎選，但當中的〈紅衛兵〉和〈中國女孩〉是大量運用電子器材的作品。曲目介紹中，甚至標注出他當時用的音樂器材，包括 Roland TR808，Fuzz Box+Delay+Phase Tone。並注明：「約在八二年間，作者發現了這種類似管樂的結他聲響，於是激發其創作意念，希望用一種新的彈奏格調去表達。」

然而這像經西方看東方的美學（兩首歌分別令人想到 Japan 的 Tin Drum 大碟和 David Bowie），到他參與的獨立組合 OEO（東方音樂樂團）的造型（聯想到 YMO），可以想像那種英國日本香港的電子軌跡。從世界領域上的電子流行風潮而言，81 年 Japan 推出的 Tin Drum 算是實驗前衛的結束，過不久，則已經由 New Order 的 Blue Monday 宣告電子音樂的流行勝利。

總體而言，像一種技術革命才帶出的創作與美學革命，也是國際音樂風以至社會精神的迭代。伴隨著蘋果電腦及個人電腦興起，電子器材普及，是時候告別舊時代經典，轉而開發新的聲音。

5

再放進香港流行脈絡，這新聲音的出現，比起電影新浪潮晚來，但總會來。

電子曲風創造了香港流行音樂另一個平行時空，可說從 80 年代初期的日本偶

像風，改編熱潮和已老化的俗套電視劇曲風中，把香港原創拯救過來，直引入更多創作可能。此前，本地原創起碼自 1978 年起，就被電視劇相關歌曲和後來的改編日本歌佔據。那個時代最為原創的歌手，是出自樂隊背景的林子祥。現在回顧，那時應是香港樂壇中，歌詞最被關注也較百花齊放的時候，音樂創作上卻略嫌失收，剛剛冒起來的粵語流行曲，開始有了模式化的大路趨向。

譚詠麟和張國榮的偶像風實在沒有為港壇帶來質的變化。直到現在綜合起來，甚至可誇張地說成是被遺忘了的「香港音樂新浪潮」在 80 年代中的出現。大部分體現在其時樂隊潮的新聲音之中（包含電子音樂但不限於電子音樂），定義了一個短時期的原創高峰期：多個組合及樂隊發佈原創，大部分都有自己組合的風格甚至可說成世界觀，像電影界的作者派導演，他們有相對固定的創作班底（尤顯示於和詞人的合作），有特定的音樂風格到關注議題。達明的社會性，Raidas 的都市感性，小島到凡風的小清新先驅，浮世繪的冷酷俗艷，風雲的 Eurobeat，太極的厚重豐富實淨。猶如 60 年代的 band 友後來成了香港唱片工業的主力（主理唱片公司或幕後製作），樂隊風潮同樣造就一整代音樂工業者。

很快，新的聲音，新的樂手投入並豐富了那個同樣正值發展的音樂市場。如日方中的譚詠麟有了至今而言也是前衛的由劉以達作的〈刺客〉，太極的結他精英豐富了整個演出市場，編曲及監製成了另一門同樣重要的工種。〈浮世繪〉的梁翹柏成功豐富了王菲的專輯，到今天成為全中國知名的音樂總監。

6

但電子音樂在香港的故事應該有前傳。那當然不是爆出來，而是一直有工業內或民間獨立的實驗。有沒有香港粵語流行曲未成 Cantopop 之前的電子流行音樂雛形？如果我們把標準稍放鬆，作為電子音樂元素的實驗，個別音效揉進流行曲當中，較早的作品大約可追溯至 1979 年〈蝶變〉中的特別聲效，風格令人想到 Giorgio Moroder 的配樂，如果這說法成立，它同時見證了前述的香港新浪潮的滯後，當電影已成為一派風潮，新的音樂形態卻沒能得到同樣的重視。

但那 1979 年還是值得一記，許多新的流行文化成形，除電影新浪潮，其時的麗的電視也拍出了《天蠶變》作為新派武俠的電視代表，由黎小田作曲的主題曲，也適時地用了極簡單的（但其時略顯大膽）的如激光放射的元素入樂（當然不是說它為電子音樂歌曲）。

而真正從工業體制內嘗試市場化的電子之音，往往卻非我們想像，似乎現在樂壇還未認可的是，極有可能，首張明顯運用電子音樂而又獲得主流關注的粵語唱片，並非出自最前衛的地下實驗，而是出自一個本是乖乖女形象改成反叛及帶女性主體觀點的歌手：陳秀雯。

　　當劉以達的早期組合 DLLM 在 1981 至 1982 年私下錄音並演出（但沒出專集），又或者 OEO 在 1983 年留下消失的傳奇，由林慕德主導的 1983 年的〈甜蜜如軟糖〉已唱至街知巷聞，這唱片的進步性除在於其時較爭議的女性主義說法（歌詞中女性爭取主動及情欲自主等），還在於她連隨的作品如〈YAYA 笑壞人〉、〈不得了〉、〈愛是無悔〉、〈孤獨舞會〉（可是歌名不酷也使它們像脫離了新浪漫傳統），多首歌都率先採用了電子節拍編曲及電子器材入樂。現在再聽，這批歌的同質化太嚴重，只能說處於技術的試驗階段，使創作本身欠特色。聽一首就像聽了全張。

7

　　與城市的命運一樣，1984 年是個關鍵年份，地下獨立創作方面，劉以達參與了前述《香港 Xiang Gang》的雜錦碟，同專輯中還會有日後多個知名組合如 Beyond 及太極的成員。獨立樂隊蟬在郭達年的支持下自資出版了《大路上》，郭自己的樂隊黑鳥亦推出了《東方紅／給九七代》，他也是《結他》雜誌和比賽的推手，《香港 Xiang Gang》也是由他主催，可說是香港獨立音樂的最重要發起人。

　　創作人開始自資出版，更反證出社會迫切需要新聲音。

　　同年，在已面臨規範化甚至沉悶的樂壇，則出現了一首〈電光霹靂舞士〉的電子跳舞樂曲（徐日勤作曲），和早前的陳秀雯一樣，今次的代表歌手，同樣不是我們想像中的前衛形象，而是麥潔文。這種巧合有點令人意外，但也相當有意思。

　　不過更意想不到的是，在這許多電子音樂的引入當中，其實貫串一個名字：Joseph Koo。他是麥潔文這張碟的監製，也是〈蝶變〉作曲者，在更遠的十年前，他一時用黑人 B 級片式配樂，一時用 King Crimson，通過李小龍的電影配樂給世界留下名字，而他在香港，卻一直以另一個大家聯想不到和電子或實驗有關的音樂人名字為人記得：顧嘉煇。實在太難把寫〈上海灘〉、〈啼笑因緣〉和眾多大路電視劇主題歌的作曲人，跟電子音樂實驗扯上關係。

　　故事到這，才來到香港電子音樂創作早期的流行曲化，與周啟生的關係。

1985 年，周啟生推出的《23》有多首以電子音樂編奏的作品，當中較突出的是〈愛情擂台〉，還有〈愛到出烟〉（好吧！又來這種名字）。許多年後的 2018 年，當他宣傳演唱會 Electric Dreams，他透露了那個技術革命年頭把握器材的重要性：

「當時師父花了 8 萬元給我購買 Minimoog、Arp Odyssey、ARP Solina Strings 重難金 ARP analogue Sequencer，都是當時最頂尖的電子音樂器材，師父把所有說明書都給我研究。」周啟生口中的師父，正是顧嘉輝。周啟生電子樂曲中，最高峰該是後來在編曲上極為突出的〈淺草妖姬〉。

而在袁智聰和達明後來的採訪片段中，劉以達提及當年錄《香港 Xiang Gang》的配件，還只是台借回來的 Roland 808。不過再過一年，劉以達就以更整全的電子音樂世界迎頭趕上。

8

80 年代香港的音樂傳播、演出、交流及評論氣氛也帶時代特色，許多時是音樂雜誌主催了演出及作品出現，年青一代作者對新聲音的好奇到喜愛都推動了整個音樂文化及消費進程，我們一方面到荷李活中心粗碟 dup 帶吸收新作，一方面趕忙看其他樂評人有甚麼好介紹。《結他》雜誌除出版之外，亦主辦結他比賽，出版唱片。《搖擺雙周刊》及《音樂一周》會引入外國樂手香港演出，在上面常登廣告的 British Colony 更是帶起 Dr Martens 英式鞋靴風潮。《青年周報》和《年青人周報》都容許長篇冷門的外國及香港本土另類最新音樂情報。MUSIC BUS 的黃嘉豪也就是劉以達 OEO 的推手。記得當時電台特別是 CR2 即現在的 903，有各種新鮮音樂推介。通過尚算非主流的這許多鋪排，才又進一步激發大型贊助商去支持樂隊比賽，形成主流風潮。

那個音樂創作、出版、演出聚眾的 80 年代日子，有時在堅道明愛，時而在藝術中心，後陸續轉移到高山劇場，由 Dark Entry 到以電傳心，電子音樂也延至Minimal、Multiplex、Juno's Infant 一代代的傳下去。

千千闕歌

1.7

香港曾有過的流行北伐

0

1986 年當我在山腳碰上幾位同為香港來的年青人，決定一同跟一名當地小伙導遊共爬黃山之時，兩個畫面在差不多四十年後的今天依然活現。

一個是在黃山半山腰的晚上過夜，晚飯時間過後，路過寨中普通人家，可能三十平方米不到以竹搭建的小小一間暗房，內裡聚了幾十號人。昏黃燈火掩映下，他們圍著一座小小的黑白電視，聚精會神在看香港的電視劇集《大俠霍元甲》。

新一天開始，繼續往山頂進發，導遊小伙子為盤活氣氛，邊走山路就邊唱起歌來。以為是當地民謠？不是，是我們幾個香港青年人熟悉的〈萬水千山總是情〉，他不準確的粵語沒有破壞氣氛，反而是引發好奇，那算是第一次在離開香港遠方所經歷的反向文化震撼：原來香港粵語歌是那麼流行嗎？由於先幾年已經有跟著父母返廣東省「鄉下」的經驗，約略知道香港歌曲在那邊的普及性，所以如果這事情是在廣州的街頭發生，我不會那麼奇怪。然而，這裡是不通車

道幾百米峭壁上的黃山小徑！一定有些甚麼，才令這裡的人皆唱著和看著一個陌生南方城市的流行作，但當時還未知曉。

1

回頭細看，那真是「一首歌代表一個時代」的日子。

許多年後，有香港製作公司以「寶麗金群星」的名義，在中國大陸搞巡演，其中一個廣東省演出站，不在廣州而選在佛山，其時曾惹來一些已遠飛各地的廣東朋友的懷舊之情，甚至紛紛說要團購到佛山去重溫金曲。

一位從佛山出來，已到廣州發展多年的前輩這樣記：今天似乎難以想像，當年佛山還未大發展，就如千千萬萬個沒有特色的廣東省粵語小鎮，彼時一首〈千千闕歌〉卻在全城唱遍大街小巷。從簡陋的收音機，或者香港親戚帶來的卡式帶傳來，男女老幼，個個哼得出來。那是 90 年代初的一個普通午後，說不出有甚麼原因。但就是因為這首歌，大家都記起那時候的自己。

陳慧嫻聽到這記憶應會相當興奮。以自己親身觀察，〈千千闕歌〉在中國大陸可說跨越幾代依然流行。有多流行？當你去到卡拉 OK 看點播器上最熱門點唱名單時必定有它。如果你隨便搜一下中國各個音樂網站點播排名，這首歌也長期霸佔高位。我說的不是粵語歌點播一欄，而是全中國所有用家之選，不論國粵語老中青。但那確已是三十多年前的老歌啊！

我從來不解的是，陳慧嫻可說是沒有任何唱國語歌的嘗試，卻單以粵語歌曲就能紅遍中國，而且延續至今，真屬奇蹟。憑的是甚麼？

後來我有了隱約的答案。除了因為 80 年代至 90 年代高峰期，當時粵語歌和港式文化還相對強勢之外，還有時代情景使然。他們對我說，日後在中國漂泊時代成長起來的人，都懷念此歌。說到底，那是首關於在最單純的日子向身邊人說告別的歌曲，也是向單純日子告別，對未知前路的憂心，而來日縱使千千闕歌，都總比不上昨天美麗。

那真是個大流動時代的開始。1992 年鄧小平在包括深圳的南方多個城市，發表了大批不同角度的呼籲繼續加強開放和經濟改革的言論，後來總結為「南巡講話」，重申只有繼續改革開放才能救中國，鼓吹一個更具經濟發展動力的開放市場，追求及容許個體經商的解放，給予民間一個更適合私企或個人營商的環境。於是一夜之間，「下海」、「個體戶」、「生產效率」成為新的座右銘，離開農村或小鎮

出城打工，或者脫離體制自行創業，皆變成其時中國人民每天碰到的日常。最鄰近香港的深圳受最大衝擊，「時間就是金錢」被寫成標語貼在街頭。滿大街都像是機會，邀請體制單位內的人出來創業，也鼓動小鎮的青年闖進大城市投入各種新興生產線，開展了新一輪的全國人民大流動。

這發生於 90 年代初，自有其歷史脈絡。八九六四事件後，中國被西方杯葛，80 年代較寬鬆的市場自由化政策及相關資本運作，迫得短暫冷卻，這些民間商業發展和體制的鬆綁，在南巡講話之後才得以重新提速，直接吸引更多香港資金及人才北上尋求機會，跟中國情況一樣，香港也同時走進了一個人才和資本皆大幅流動的大時代。

香港廠商，還有台商，其實早在 80 年代已開始到珠三角設廠，90 年代新加入的則更多是香港地產商、廣告界、餐飲業等專業界別的北上，足跡跨過港人最熟悉的廣東省並遍及上海和北京。這次開放和新一波港人北上潮，也就是後來《繁花》那個與香港相連的 90 年代初時代背景。伴隨北上的還有更多香港人的生活方式，包括工作方法、餐飲口味到影視音樂娛樂，可形容為一次香港文化的「流行北伐」。香港其時的生活質素和流行產品領先形象，隨這種港式北伐也無可避免變成一種被追捧的生活風格和消費指引。

這時代在全中國最能引起共鳴的香港歌曲，再非 80 年代我們在黃山聽到的〈萬水千山總是情〉，但又未開始 Beyond 真正的普及性，而正是陳慧嫻演唱林振強填詞的〈千千闋歌〉。這首於 1989 年推出的歌，本身也是為記念陳慧嫻當年赴美留學暫別歌壇的話別之作，一首有關離別珍重的歌。〈千千闋歌〉改編自日本歌手近藤真彥的歌曲〈夕燒けの歌〉，1989 年香港有兩個粵語改編版，另一個是陳少琪填詞梅艷芳演唱的〈夕陽之歌〉，論歌手在中國大陸的知名度，梅艷芳可能比陳慧嫻略勝一籌，但明顯卻是〈千千闋歌〉得到更大的流行度，當中或許說明了歌詞主題的切入點差異所致。

而因著香港流行曲其時在中國大陸的流行還有一定時差，需要再過一兩年，伴隨著廣東省城市的電台、卡式帶、卡拉 OK 的流通，全國人民尋找新機會時的漂泊心境，〈千千闋歌〉在大江南北開始唱至街知巷聞，哪怕是非粵語區的北方民眾都琅琅上口，也正因為這是一首關於離開、道別、漂散，「不知哪天再共你唱」的歌，極大程度代表了一個流動大時代的普遍心聲。那是中國城鄉與商業改革的重要新篇章，以億計的中國人離開自己的家鄉或原本崗位尋找新機會，提醒他們跟過去家鄉關連的東西，就只有當時唱著的歌曲。

2

但其實早於 80 年代，香港來的粵語歌就已唱遍南北。甚至乎，可以整理出一個中國大江南北最普及的粵語歌曲清單，教大家闖蕩江湖，唱卡拉 OK 時，跟中國朋友都有所共鳴，因為大部分情況下，不同年代出生的人，都有屬於自己那輩的粵語「飲歌」（最擅長歌曲）。

不同年紀的人有不同的飲歌，同時象徵了香港流行文化在其身上留有過的軌跡。綜合經驗而言，現在 80 後到 90 後主流一代好大機會都懂得唱的，應該是周星馳版電影《西遊記》的主題曲，由盧冠廷作曲主唱的〈一生所愛〉。我甚至見過，90 後的年青人會為此曲特別編排舞蹈去伴唱，發音也極準確。

如果有一點年紀的，當然就是唱舊日的香港電視劇主題曲，有兩首是現象級必然有效果的，一首是〈大俠霍元甲〉即〈萬里長城永不倒〉（昏睡百年　國人漸已醒），另一首自然是〈上海灘〉（浪奔浪流　萬里滔滔江水永不休）。這些來自香港的電視劇，都是 80 年代初中國內地批准引進香港節目後，那個飯後街頭巷尾圍坐追劇時代的重點節目。〈大俠霍元甲〉當唱至「萬里長城永不倒」這歌詞的時候，見過還真的會有山東老頭變霍元甲上身的情況，能似模似樣地以七分準繩的粵語唱得雷霆萬鈞。當然，那個「永」字的普通話發音，由於跟粵語差別較大，通常最後還是唱成普通話發音的「永」，但無損那種打破年紀或語言隔閡的愉快氣氛。

流行之生命，與時代之緊貼關連，可想而知。那是改革開放之初，社會稍回復鬆動，但經歷十年的停滯，中國的流行文化仍然一片空白，就算有也是一些對台港或西方音樂的粗劣模仿，通過卡式磁帶和早期的錄影帶流傳，許多是在民間私下傳閱過程中，經多次翻錄再翻錄。

官方揭開對香港文化表示歡迎的序幕，是 1979 年新春在廣州烈士陵園等多個地標舉辦的《羊城賀歲萬家歡》春晚大會，無綫皇牌節目《歡樂今宵》首次移師廣州，和廣東電視台合作，作出轟動的現場直播。那是許多老一輩廣州人的深刻記憶，之前只能零碎地看到或聽到的香港文化，今次以「真人現場」的形式活現眼前。香港明星的風采，演唱的新潮作風與裝扮，與其時中國百姓形成強烈對比。也令人民起碼在生活方式和品味時尚追求上，像看到了新方向。至於香港市民以至通過無綫向世界轉播而在各地看到節目的觀眾，就更是第一次透過廣州的這次現場轉播和實拍當地生活，初次有機會一看經歷文革過後正要重開國門的那個中國。

儘管再不需要勉強接受政治的噪音與樣板的歌式，可其時中國大陸，符合普通民眾口味的本土新時代音樂尚未出現（要到 80 年代末崔健那時代）。適時，台灣、香港流行文化通過不同方式被引進，經常伴隨著當中同樣富活力的流行音樂。例如引為一代經典的無綫劇集《上海灘》，香港於 80 年播出後不久，往後數年隨即風靡中國（改革開放後，個別港劇獲准在中國各省電視台「落地」），風氣所及，劇中主角每位至今都仍享有持久的極高知名度，以至女主角趙雅芝在此劇播出二十多三十年後，仍能穩妥地擔當上海金飾品牌的代言人。男主角周潤發的許文強角色仍被視為代表上海的經典形象。《上海灘》這冒險家樂園的比喻，那民初的情懷，在很長的一段日子，仍然象徵著上海的文化形象。情況持續了四十年，直至《繁花》電視劇的出現，才交棒給到後者。

3

若論老一輩熟悉的香港女歌手的歌，當然就數汪明荃的〈萬水千山總是情〉，劇集 82 年在香港推出，同名主題曲和插曲〈勇敢的中國人〉很快也在全國流行起來。這裡出現的身分認同極具時代要義，是一種從雙方角度出發的互換甚至顛倒：內地民眾聽著香港這片「先進」之地傳來的更合潮流意味的歌曲，認同此種香港文化；而換個角度，起碼是在 1989 年之前，我們也看到香港人普遍的民族國家認同依然高漲，〈勇敢的中國人〉被認可作為一首愛國歌曲在香港也廣泛流傳，坊間沒有甚麼異議，這波愛國歌曲潮之後還繼續被〈我是中國人〉、〈我的中國心〉、〈長城謠〉等歌曲延續下去——當然，現在想來，香港人其時所愛所唱誦的，更多是一個抽象的文化中國。

就在這一刻，畫面怎不就回到 1986 年黃山的那趟旅途。近四十年前，那些今天回味著汪明荃歌曲的老頭，其時也真仍是年青人啊。〈萬水千山總是情〉，顧嘉煇的曲，今次是鄧偉雄的詞，不要忘記，他就是在更早之前，拿起許冠文那遊歷四方的英文詩，譜寫出〈就此模樣〉亦即後來的〈鐵塔凌雲〉的填詞人，難得是歌詞意境一脈相承，當年自由神像遠方迷霧寫到今朝青山綠水白雲過山峰傳情，離不開的是一種同是漂泊的經驗，情懷如一，只是遊歷的地方和態度已變。由全球各大洲回到神州大地，雖是漂泊但帶著隨遇而安的飄逸。「聚散也有天注定　不怨天不怨命　但求有山水共作證」。

後來黃偉文高度評價，說佩服顧家煇不斷突破，竟然用美國民謠 folk song 的

格式，寫了這首故事背景為中國民初時代的粵語歌。而事實上，這歌流行的中國大陸 80 年代，整個社會才剛從極端的封閉與恐懼中甦醒，從深淵的政治廣播走出來的年青人，已經十多年沒聽過有這種清新、輕鬆、簡單、純真的民謠了。而且是由同樣煥然一新，像從另外一個星球而來的女明星唱出。當時如日方中的汪明荃滿足了其時一切對香港的想像：時尚、先進、現代，又同時源自中國傳統，且足夠愛國。

文革的噩夢開始遠去，改革的步幅漸次加快，高考恢復，全國人民開始投身全新的崗位，一度上山下鄉的年青人開始回城展望人生新階段。可以想像，〈萬水千山總是情〉是那首在火車上、公路中，懷著夢想的人都樂於聽見並喃喃自唱的歌曲。對非粵語系統的人而言，粵語的異質感正好帶他們暫時遠離現實。

4

汪明荃是這陣旋風的絕對贏家，令她在全中國產生了極高知名度，後來也成為她不可多得的政治本錢，更正確而言，是中國政府也得到一個極具統戰價值的明星。連續主演過多部口碑大好的劇集後（《家變》、《天虹》、《萬水千山總是情》、《千王之王》等），汪明荃的幕前強勢形象尤其鮮明，配合其現實中，專業、認真、拼命、勤奮、權威的人設，她成為香港娛樂圈的正氣形象及身分代表。這種「女強人」之風，在香港電視圈其來有自。其時電視行業作為一個「新媒體」，提供大量新工種和新可能性。就算是幕後人，也常被當作幕前明星般來談論，這也是史無前例的。說的是被這「女強人」稱號讚賞的第一人周梁淑怡。事實上，早期電視台幕後，由策劃、編劇、監製到經理，都女將輩出。電視草創時代，除了周梁淑怡，還有葉潔馨、岸西、陳韻文、張敏儀等等。這女強人現象打破了過往呆板的女性職場身分定見，一時間，獨立、能幹、拼搏、精明且不無漂亮與風采的女性形象成為電視潮流引伸出來的新性別文化認可，結連成社會的新氣象，以及香港女性的身分認同。

潮流所至，也造就了初生代的香港電視界大女主一代。汪明荃、李司棋、黃淑儀，稍後的鄭裕玲、趙雅芝等打破了劇集的男角主導地位及角色設定，成為了電視劇的敘事重心焦點。故事也可專門圍繞女性身處的情景和專業去研發，許多時由女歌星或女明星演繹主題曲，同樣大受歡迎。這些大女主的劇集，對女主角的描寫也是緊貼時代職場發展，當中最重要是《家變》、《強人》和《天虹》。《家變》中飾演女強人洛琳的汪明荃，劇中開創《清秀雜誌》，把形象光鮮但具神秘性的時

尚出版行業引入家庭觀眾視野。《強人》中李司祺短髮精悍的形象也令人耳目一新。汪明荃主演並主唱了《天虹》，由鄭裕玲合演，故事的專業領域則改到另一個新興時尚產業時裝設計。這是汪明荃最高光的演藝代表作時代，以至開始被外界冠以「汪阿姐」的稱號。

乘著中國改革的風潮和電視劇及歌曲的氣勢，汪明荃不單在香港有穩定的阿姐地位，在其時的中國大陸特別是粵語區也大受歡迎，以至84年她率先在廣州開了三場演唱會，也算香港藝人到內地開個唱的先鋒。由事業頂峰到被權力階層認可的地位巔峰在1988年發生，汪明荃「當選」中國「全國人大代表」（這種選舉其實質當然是委派），以職業領域和資歷而言，都可說是香港代表的大突破。

當年香港健筆林行止對此有詳細分析，發表在〈汪明荃為何走入人大？〉一文，認為汪明荃「當選為『人大代表』，除了顯示她並無追隨同行友好移民海外的打算外，更藉參與政治反映她對中共管治下的未來香港充滿信心；對於移民這股『逆流』，多少可起一點抗衡甚至振奮人心的作用。」

與其說香港藝人需要中國市場，中國民間也需要被視為更新潮的香港文化，至於官方的算盤就更細密，要證明國家的開放性之餘，當然預計到「吸納」香港明星的額外價值。林行止後續的分析事隔多年依然準確，因為自汪明荃之後，這些年來香港明星們也陸續成為了這些官方「天選之人」的一份子：

「受群眾歡迎的藝人被邀作政壇配角，在中國大陸並不鮮見，倒是港人態度較為保守，因此有點不習慣；加上汪明荃雖然十分『識做』，但她的一向表現是政治意識不強，娛樂版上有關她的離婚、戀愛和形象新聞不絕，至於知道她有甚麼政治理想或抱負卻極少提及。因此，今次『榮登政壇』，一般港人、甚至她自己都不免有點無端轉入此中來的味況。」

5

遠離政治返到單純，如果論香港風當年在中國校園之影響，會意外地發現，原來黃凱芹也曾有不少粉絲（他屬於另一位沒國語作品流行的純粵語歌手），特別是他的〈傷感的戀人〉，據說是當年90年代校園男生吸引女生的絕招。至於同代女歌手可只憑粵語歌就唱至傳遍全國，當然還是要回到陳慧嫻了。至於後來居上，成為全中國一代流行搖滾啟蒙的Beyond（一般被區分為流行搖滾，是因為對更硬

核認真的搖滾樂迷而言，他們的作品過於商業化），就因為巧合也是進入了這剛重新開放的周期（經濟開放都伴隨著文化開放）而得到極大的肯定，至今仍是不滅神話。新一代樂迷除了沉迷偶像和通俗化音樂，在其時也正冒起的中國搖滾新運動中，也有追求淺易搖滾精神的一群。那隊進入到中國市場的 Beyond，當然已遠非香港高山演唱會中那把粗糙而反叛的聲音，除了必然的首本曲〈海闊天空〉或〈光輝歲月〉外，他們在中國另一首可能是更廣傳的作品是更勵志的〈不再猶疑〉。黃家駒的意外離逝，加速了 Beyond 神話的傳播，結果 Beyond 進入神壇，被無數中國搖滾樂迷膜拜之餘，其作品也成為了各地街頭賣唱和酒廊歌手的基本入門歌。

6

　　如果說一直以來，中國大陸聽眾挪用香港流行曲之意義，隨己所好來收聽都是民間自發行為，那麼香港歌星上春晚而導致知名度大增，就是徹底國家行為了。此時，香港身分或台灣身分開始「被召喚」，並主動成為一個更大的家國大家庭故事的一分子。

　　就在數年前，就是當最近一次虎年到臨，溫拿五虎被邀在這中國電視綜藝表演最大盛事的央視春晚聯歡晚會演唱，除了因剛好配合「虎」這個梗之外，也有延續近年國策宣傳大灣區熱潮的基因，如果不是有這話題背景，以溫拿樂隊在中國大陸只屬一般的知名度而言（只有譚詠麟一直保持較高知名度），難怪當時更多網友的評價是：想看小虎隊多於溫拿五虎。

　　事實確是這樣，溫拿在香港最當紅的 70 年代（樂隊組成於 1974 年），內地正值文革根本無從引進。

　　大部分內地國民不單止不熟悉這樂隊，哪怕是 80 年代開始聽其時普遍流行的香港歌曲之際，那已是兩位主唱阿倫（譚詠麟）和阿 B（鍾鎮濤）單飛後的事了。更重要是，論流行方式，溫拿沒有一首國語歌算是全國經典普及的，有的只可能是再上一輩對香港音樂有興趣那一群的零星情懷。

　　比對起台灣的小虎隊，集體記憶全然不一樣。大部分主流觀眾（70 後到 90 後）對小虎隊都該有印象甚或少時迷戀。小虎隊一度佔據了近 30 年前中國其時未有過的偶像天團缺口，許多當年的青少年在電視機旁首次看到了潮流男孩應有的模樣。小虎隊在 1992 年和 2010 年上過央視春晚，以中國的規格而言，各地方台都有各自的春晚節目（事實上，溫拿也上過上海台的春晚），但論全國認受性，還是以央

視春晚作最高標準。只要上過一次央視春晚，就真能一夜成名，隔天早上幾億人就會記得你的名字。那幾分鐘演出也就可支持一個藝人的一世名聲。80 年代相對滯後的娛樂和媒體產業，往往就能產生這種爆發式的魔幻奇蹟。1987 年春晚，費翔的〈冬天裡的一把火〉最早印證了這一點，以至三十多年後，中國觀眾還是會在《封神第一部》和《繁花》中那麼懷念他。

7

　　無論是春晚，還是近年推廣的「港樂」（香港文化中一直不會用「港樂」來形容香港流行音樂），香港歌星陸續「被召喚」出現於中國主流電視節目，往往都帶有一種時局使然的意味。80 年代，當開始了回歸話題，張明敏以香港歌手身分在 1984 年適時登上央視春晚唱出〈我的中國心〉一曲（也是香港歌手第一次出現央視春晚），完全就是為國民塑造了一個香港同胞渴望回歸的意象。黃霑填的詞似是為這種心態設計了度身訂造的畫面：「洋裝雖然穿在身　我心依然是中國心　我的祖先早已把我的一切烙上中國印」，一種視覺上過於簡化的比喻，但經過春晚的輸送，這嫁接的情懷輕易就得到放大，並成為了全中國廣受歡迎的新時代愛國歌曲，一首竟然是來自殖民地時期香港（儘管中國政府一直不承認英治時期香港為殖民地）的原創作品（著名音樂人王福齡作曲），張明敏自然也成為了代表香港的愛國歌手。這看來是多麼一個「身在曹營心在漢」的熟悉故事。故此，當談論「北伐」之時，它其實也是個雙面概念。中國聽迷接收到的，不盡是香港的「例外性」，反而可以是一種「向心力」，流行文化給接收訊息者的豐厚意義和變數可見一斑。

　　另一次較特別是 89 年的春晚，徐小鳳以預先錄拍的方式，在全國播放中唱出了〈心戀〉和〈明月千里寄相思〉兩曲。那襲華麗的長裙和波浪型長髮，還是驚艷了那個時代的中國。譚詠麟其後在 91 年上春晚，也是採錄播方式，唱的是粵語歌〈水中花〉，解釋了許多年之後，當和內地朋友談起，他們最深印象的阿倫之歌竟會是這一首在香港不算大紅的歌之謎團。

8

　　如果當年春晚中，被召喚的香港歌手，唱的還只是個人化的小民抒情，順道表現出一種潮流先覺，那近年中國官方和主流媒體合力推廣的「港樂」，就可說是

國家級任務了。那是一個有關香港，以至香港流行樂如何以歌聲民心「回歸」的大敘事。

每場「回歸」大秀，從節目編排，參演歌手，到演出名堂，發放出來的訊息，遠比簡單唱一首歌複雜得多。香港流行樂，作為「回歸統戰」的工具，從文化到商業機會，可說被消耗殆盡。但這風潮其實只是另一持續已久的「融入敘事」的小分支及小高潮，香港流行文化近年來在中國內地的被傳播、懷緬，實則是國家級的任務一環。它一方面試圖重啟埋藏在不少國民心中的有關香港流行文化的共同記憶與情感，同時又消解另一些不想被提及的發展方向，最終是要為香港演藝界及香港市民展示新的中國可能性和市場，最終達致中國身分的徹底認同。

正如在「香港回歸」廿五周年的話題中，當中極多傳播點，是從懷念香港黃金時期的流行文化開始，特別是以影視作品、明星與歌曲來寄語，而且也真的得到很大共鳴。因為說到底，那確是幾代人的共同記憶。

在整套可以說是配合主旋律的宣傳敘事中，一直佔主體訊息的，是香港流行樂及歌手，是如何跟中華文化息息相關，且又如何進一步延伸為那是構成現今中國文化一部分的述說。那比喻當然顯而易見：當香港音樂被納入為中國大陸總體流行文化的一部分，甚至是一個重要的構成之時，就表明香港也順理成章一直是和大陸同氣連枝不可割離。再簡化而言，即為近年積極推廣的「大灣仔」、「聲生不息」，被貼上「港樂」label 的香港 cantopop 在此關鍵時刻，是突然有國家任務被委派了。它試圖通過記憶情感的結連，配合當前更務實的歌手港星北上搵食潮，放大一個更想要說的故事或預示：香港的出路在中國內地，至少，也在大灣區。

在香港流行史上，不是第一次，流行音樂被引伸為政策的宣傳道具，「港風回歸」被小心翼翼，賦予兵行險著的統戰任務。特別是在 2019 年開始，在內地社交平台上，談論香港得要靠一種微妙的平衡：一方面，把關輿情的一方，不希望反送中引發的香港社會運動的討論或報導能接觸中國內地普羅群眾，甚至引發更普遍的內地對香港的不滿，前設當然是民眾得要站在中國官方的立場；另方面，又要把香港作為「親子」關係重新納入公眾議題，香港，介乎禁忌與關懷之間，並需通過再造一種有關香港的通俗流行記憶故事，才能消解其時的矛盾。

在香港新一章宣傳「由治及興」的後社會運動時代，「興」就得尋找機會，於是，「港樂也回歸」再被高調提起，就更是具有另一種功能：由內地歌手唱粵語歌，到香港音樂人進軍大陸市場的成功例子，這裡充滿了需播報給香港人的功利效益，是一個展示為何香港人未來需進一步「融入」的範例。

事實上，這「港樂也回歸」大敘事，早早發生。一個不起眼細節是，在中國重新吹得正盛的港風回歸潮（包括重提黃金年代港產片及流行曲，還有 TVB 式餐廳美學的冒起），不僅各位被標榜為灣區明星的中年藝人在多個綜藝節目重新走紅（香港形容叫：鹹魚翻生），就連中國其時最矚目的歌唱選秀節目《中國好聲音》，總決賽的冠軍，竟然是一位由李克勤作導師指導，全程唱著粵語歌的廣東台山姑娘伍珂玥。

這位被形容為灣區周慧敏的伍珂玥，參賽歌曲其中一首即為梅艷芳的〈蔓珠莎華〉，比賽進程中也唱了〈床前明月光〉，而香港拍攝的《梅艷芳》傳記電影，隔不久後也在中國內地公映。更多的其他選唱作品，都是伍珂玥出生之前，即 80、90 年代香港經典流行曲，如〈海闊天空〉、〈飄雪〉、〈假如〉等。

就連她那長長卷髮，公主裙以至唱腔和舉手投足，完全是三十年前港式玉女風範，而整個比賽過程，她最接近的競爭對手，則是另一位叫「王靖雯」的中性打扮小胖女生。當然，伍珂玥還是演繹得有如優秀酒廊歌手般的動聽，但總體而言，只能說是翻唱得頭頭是道，卻沒有很大的個人特色，亦沒有通過編曲把經典作全新演繹。大概是達到香港靚聲韋以珊翻唱經典的水平。

於是她的勝出格外惹來猜想。因為以過往經驗，這種全國性的選秀比賽，如果選唱粵語歌，大部分過兩關後就被淘汰了。事後，伍珂玥被誇讚為來自灣區的粵語流行曲新代表，這個稱號可圈可點。令人想到一種政治正確又合符香港粵語 talent 未來融入大灣區的大敘事。

當陳小春和一伙前古惑仔們在他們的節目中，已經再三撇掉自己的香港身分，而改稱自己為「大灣仔」之時，伍珂玥的成功故事有勵志以外的宣傳作用。像在說：粵語歌曲的傳承，也不需要一定來自香港，同樣，香港演藝人的未來，也不一定只繫於香港。來吧，年青人，只要有才能，中國市場還是極之歡迎你的。而之後在香港冒起，出生於中國大陸後移居香港的炎明熹，看來就是另一個完全符合這敘事的人選。

9

但說實話，新老歌手都得唱舊歌，因為香港的粵語歌近年確是闖不進中國內地。近年在香港紅透的男團組合 MIRROR，在中國知名度欠奉。它甚至打破了香港粵語紅歌星起碼能在廣東省粵語區吸引一定粉絲的傳統。

這可理解為內地看香港樂壇，一方面過去還是因伴隨電視普及而來，觀眾透過香港電視節目及音樂特輯而認識歌手，那也是電視台還能發揮它高度滲進中國家庭影響力的時代。可現在，新一代的香港樂手，基本上都不靠 TVB 入屋了。而近年間，內地平台對香港以至香港娛樂圈的報導又相當敏感，除了宣揚被標籤為大灣區仔女的上一代歌手之外，新歌手無平台提及，這就形成了內地群眾基本上無緣認識在香港憑 Viu TV 而冒起的 MIRROR 的基礎原因。

那 MIRROR 如果真要進軍大灣區粵語娛樂市場，今天還有機會成功嗎？

當我問一些較有留意香港娛樂節目的朋友是否認識姜濤之時（MIRROR 組合成員，現為香港頂流），得到的反應是，「那是個大陸去香港發展的歌手嗎？」

事實是，從發展趨勢而言，中國的男團市場已經太擠了，之前較成功的有：TF Boys 的師弟團，即七人組時代少年團。之後有 R1SE，十一人組，由綜藝節目《創造營 2019》選拔出道。但論最有印象，反而是 UNIQ 這中韓五人組合。因為近年爆紅的王一博，即是其成員之一。再來還有 X 玖少年團，九人當中，肖戰和谷嘉誠都脫穎而出。

說了一大堆名字，意思只是說，當我們作為「飯圈外人」可能連以上的名字誰是誰都認不出之時，為甚麼還要記得一隊香港組合？這是整個更大的中國「內娛」市場的文化工業策略使然，在建立文化強國的前提下（這些用語又常常包括「國潮回歸」、「中國夢」、「文化自信」等等），中國正努力減少外國文化引進及消費的比例，轉而鼓勵更多中國內地的文創和文化輸出。這反映在電影市場上，為減少排映美國電影，推動「國潮」作品。另外，偶像團體方面，也鼓勵塑造中國自製的明星偶像，導致各種偶像組合大批湧現，要擠身其中已非常困難。

姜濤曾說要做的是亞洲 No. 1，這「亞洲」確是可圈可點，在現在「中國 VS 全球」的新形勢下，那亞洲是否包括中國？也許他和 MIRROR 都應該保持這種模稜兩可。

中國飯圈，如果沒有像香港粉絲般看過其心儀組合的育成過程，早早就愛死跟他們共同成長，MIRROR 的競爭力就得靠演出和作品去迎戰（唱和跳），這看來難度較大。一來粵語已非當前中國內地娛圈主流，二來各男團的唱做功夫現在已沒太大差異。論俊俏外型，MIRROR 的勝算可能不在有多俊，而是各人都較有辨識度及獨特型格，相比內地男團全盤韓風，髮型身材統一到有北韓團隊風，在此準則看來，MIRROR 才還算有一定的競爭力。

10

　　這亦為香港曾帶領過的「流行北伐」中，除了影視歌作品以外的重要貢獻和影響所在：外表形象。在韓團的劉海髮型普遍流行之前的三十年，席捲全中國的男生時尚潮流形象，從衣著到髮型，是由香港帶領。那是四大天王的時代。

　　當然得再次強調：「四大天王」並不是像台灣 F4 那樣的一個固定的流行天團，劉德華、郭富城、張學友和黎明也從來沒合作出過專輯，這不過是 90 年代初，香港媒體忽發奇想，方便宣傳創造話題的一個對這四位炙手可熱藝人的總稱，以示他們各據一方，撐起了香港影視音樂娛樂的新面貌。（中國自媒體上常常都有這種香港人會覺得莫名的銜頭誤置，例如把四大王天視為一個組合，又或者把金庸、倪匡、蔡瀾、黃霑稱為四大才子——在香港從來沒有後者的說法。）

　　那是 1992 年前後，80 年代一度雄霸香港樂壇的巨星陸續淡出或轉型，張國榮曾宣布暫別歌壇專心拍電影，譚詠麟宣告不再領獎，梅艷芳也短暫離開香港，氣勢不似從前。再過一年，創作型巨星黃家駒和陳百強相繼離世，香港娛樂圈急需新氣象、新話題或說是新的支柱，以迎合傳媒和粉絲們貪新忘舊的需求，而這處在全球化的新階段，新一波的華人全球流動在展開，其他華人地區也需要來自香港這潮流帶領地的新血液新王者來作風向標。四大天王適時出現，他們的成長和走紅經過，除反映香港其時在華人流行文化中心點的地位，亦示範了一種更跨越文化背景的多層輸出。這次，他們再非單向的以粵語作品來影響香港以外地區，他們有不少極具份量的作品都用國語唱出。在此，香港流行不再僅限於粵語，而是總體作為一套跨過語文限制的風格和審美。

　　劉德華張學友雖在香港土生土長及走紅，後來劉德華又能在中國大陸「春晚」演出紅遍全國，張學友最經典的專輯《吻別》主打是國語歌，總體銷量超過四百萬張，至今仍是華語專輯銷量的歷史巨作。黎明則是北京出生移居香港後成長並走紅。郭富城到台灣發展憑機車廣告一炮而紅才回流香港更是眾人皆知。

　　四位當時得令的新巨星皆為歌影多棲，電影、音樂作品豐富，各有粉絲，縱然大家私底下仍是朋友，但展示於公眾之前還是有一定競爭性和話題性。他們的合作，不出現在專輯，而是在 TVB 的各種大型晚會，最大程度上吸引各式口味觀眾樂迷的關注。

今天看來，四大天王還可被追捧，除了懷舊的因素，還在於比對今天的流量明星，當年的這種全方位皆有成就及具實力的偶像，顯得難能可貴。從髮型到裝扮，形象到氣慨，從香港本位出發，他們定義了一個時代的華人偶像形象和男性審美觀，被視為帶領主流通俗品味的代言符號，影響力一度遍及全球華人地區，成為90年代其中一個最能喚起集體回憶的香港流行輸出。由歌聲、舞姿、打扮到髮型，於流行北代的征途上，全面以王者的姿態被流行歷史記住。

音樂私憶

香港文青
聽歌寫字簡史

0

1984 年的雨是迷惘的，但在 1982 年感覺卻無憂得多。

還不至出現日後各種有關城市前途的煩惱，當年大熱的電影是《投奔怒海》，無綫晚間綜藝節目《歡樂今宵》把它惡搞成《頭崩怒海》。往後，這節目還將惡搞「達明一派」作「撻成一派」，成為模仿類搞笑演出的經典片段。

看電影之時，不覺得淒慘，因為投入的是片中林子祥那日本攝影記者的角色，從沒想過香港人有一天可能才是要「投奔怒海」的那一個。一代人的青年時代，就由這一種懵懂開始。這段經歷卻很大程度上塑造了今天我們的價值與愛好取向。有關文字，有關音樂。而當時，我們還沒有「文青」這個詞。

1

也就是不知人間何世。剛上中學，還未至擔心高中會考，反而有空餘可以發掘各種愛好。男子組會模仿網球明星

波格（台譯：伯格），戴起 Head Band 勤練網球；女子組穿上顏色 Leg Warmers 學珍芳達跳健身舞。是時候開始學聽 Classic Rock 了，其他同學朋友聽 Hotel California 是為了研究曲中哪段結他最勁道，我則和愛好英文的同學埋頭熟讀歌詞，聽歌學英文？只對了一半，另一半是有感於歌詞撲朔迷離，總想著如何也得把當中謎題解破。

譬如說："You can checkout any time you like, but you can never leave." 究竟是甚麼意思；又或者 *Sound Of Silence* 那句經典："People talking without own speaking. People hearing without own listening." 順勢放到 composition 課堂交作業沒想定能加分；不明所以爭論最多的還有這一句，來自 "I've Never Been To Me" 這句少女心事："Sometimes I've been to crying for unborn children that might have made me complete." 嘩！幾名同學吵得面紅耳赤，歌詞所指究竟是說抱憾生為女人，沒有生過小孩所以不算圓滿，還是說她本來有個小孩但後來沒有出生呢？當然沒有結論，但那場面可說就如塔倫天奴《落水狗》開場畫面。我們就是這樣在影視音樂組成的世界中度過那年頭的春夏秋冬。

但相比起 1981-1982 年聽到的另一種新的音樂風格之後，之前那大批經典搖滾忽然就變得過分傳統。因為那種音樂從一開始，就是一種新鮮的 sound。

那就是電子流行音樂，Syn-Pop。又或者再擴闊邊界，不止於 Syn-Pop，而是一整個叫新浪漫的風潮，即為 New Romantics，一個主要來自英倫的節奏和風氣，當時感覺最震撼的有三首曲目：Human League 的 "Don't You Want Me"（1981），New Order 的 "Blue Monday"（1983），還有 Depeche Mode 的 "See You"（1982），當然加上 Yazoo 的 "Don't Go"（1982），以至更早的 Ultravox（至於 Kraftwerk 則是之後才找回來補聽）。所以說，1980 年代初，可算是流行電音第一高峰。香港當天的文青，自然是沐浴於這陣英倫吹來的電音新浪漫之中，從而找到了一生所好，一種屬於自己時代的聲音。相信還有些朋友受此啟發因此成為日後的音樂人。而我自己，就成為了日後寫樂評，和這些文化記憶的人。

2

但在 1982 年，樂迷的主流之選，到底還是粵語歌，正是為著這原因，電子新聲音才令人覺得與眾不同。

唯獨是燃點興趣以後，進一步想追查更多的話，坊間卻沒有太多資訊渠道，

方法之一，就只能聽電台廣播。香港學生時代，做英文聽力功課，往往要指定聽 BBC 英語新聞。這意外就發現了 BBC 有另一介紹音樂的節目，叫 Peel Session，他們竟然在推廣 Joy Division！由是，聽廣播學流行音樂史料，便成為沉迷電台的原因。當時香港的商業二台（CR2，後來才稱為 903），有幾位 DJ 皆有極廣的音樂知識，譬如更早期的樂仕，六啤半時代的 Angel Leung（Music Angel！），陳小寶則較多選播美式 adult contemporary。播放英倫音樂的 DJ 期明哥，許多時要到夜深的冷門時段才能收聽，至於黃志淙及梁兆輝等英倫音樂推手，則要再後期一點才出現。

印象中，第一次聽到 David Bowie 的歌，也是全憑 CR2 介紹，那是他主流大熱的兩首歌 "Let's Dance" 和 "China Girl" 的時代，伴隨是 MTV 的影像魅力。對一個自命樂迷而言，如若對人說：認識 David Bowie 是從 "Let's Dance" 開始，這樣的履歷當然不值得宣揚，但作為一個剛開始聽歌生涯的初中學生而言，也算無可厚非。

那是 1983 年前後，從電台和周報得知，有不少外國歌星組合來港演唱，都是在電台和周報中熟絡的頂級名字。當聽聞他們將要到臨香港，興奮之餘，也覺得香港真是 Part Of The Game。當時國際歌星一般是巡演中有亞洲行程，才會路過順道到香港演出。其時搞手可要用盡方法，才邀請到名氣響亮的演出名單，像《音樂一周》找來 Japan，還有 Culture Club、Bauhaus、Paul Young 等等。至於這陣現場演出的高峰，83 年 David Bowie 在新開沒多久的紅館演出，則是由 ESPRIT 贊助。當晚黃家駒和劉以達都在現場。

這次 David Bowie 香港之行別具時代意義，1983 年 12 月 8 號，紅館 Serious Moonlight Tour 香港站演出，David Bowie 唱出 "Imagine" 向 John Lennon 致敬，那天是 John Lennon 的忌日。他們曾經於 1977 年同遊香港。David Bowie 對香港也絕非把它看成簡單演出的一站，過後即跑，而是竟然關心到當時這個英屬殖民地的未來前途。現在於 Youtube 上查找 David Bowie-Ricochet（1984），還可以找到他在香港攝製的混雜了紀錄與劇情的短片。內裡有珍寶海鮮坊旁的香港仔夜海上，這位天王巨星在一艘舢舨上發表對香港未來的觀感。同場平行處理，則是另一條虛構故事線，講幾位香港 band 友如何籌錢去買他演唱會的故事。參演的還有現在已具相當知名度的音樂幕後製作人。

這一系列國際級組合能在香港看到，也算是香港的光榮，樂迷的福份。由

Japan 到 David Bowie 以至 85 年的 Wham，只是遺憾的是，尚作為學生的自己，完美錯過了這些盛事。

那時是 1982-1985 年之間的香港，亦正是這個地方的命運行將被決定的幾年。許多年以後，我們發現，英國人留給我們的，於青少年時代而言，有至為重要的兩樣東西：就是對英國足球和音樂的熱愛。

3

像開啟了另一道門一樣。電台，成為音樂文化的吸收源頭。除了主流歌曲和外國前衛，間或更有一些香港本地新鮮冷門，譬如會聽到空氣中傳來一隊風格相當獨特另類，叫「蟬」的獨立樂隊的介紹。當時，初代文青大概都抱有一種心態，就是以認識一些不為主流所知的名字和詞彙為榮。

清談節目《時空穿梭三小時》和後來的《嘉士伯星期日號外》就是這些不為人知的詞彙的另一個來源節目，實際是由當時《號外》雜誌的班底主持，骨幹有丘世文、岑建勳、劉天蘭、陳欣健等，由文字、電影跨界到電台。當丘世文講到一些離開自己知識範圍的事物與詞彙之時（例如 cliché），往往就有種好奇想知更多，要去查根問底的欲望。結果，由好奇翻一下那本同樣大得驚人的雜誌開始，預想不到，過了許多年之後，又會成為當中的一份子。

正因為 1984 年之後，電台傳來的音樂知識都開始有所不足了。要滿足對音樂對世界文化新潮超強的好奇求知，是時候尋找新方式。然後發現，原來還有一個文字出版世界！一個八掛雜誌和日常報紙以外的文化周報雜誌江湖。

80 年代，香港的報攤絕對是琳琅滿目，象徵同樣繁盛的香港出版業。日報晚報每天出刊不下二十份，政治立場南轅北轍，另跑馬日有馬經，夜深有色情刊物出爐，青年文化潮流周報周刊相信也達二十種之多，從《音樂一周》、《年青人周報》、《青年周報》、《100 分》、《新時代》、《好時代》到《Music Bus》，不計其數，大大滋潤了其時的文化知識。

1984 年，當時唸中學還要每週交週記作為功課，記得同期正值中英前途問題談判，會後的新聞發布形容，都愛用「有益有建設性」作結。可能正是這種千篇一律令人提不起寫作的興趣。

猜不到的是，數年之後，自己會變成一個每星期都跑去周報 office 樓下信箱

交稿的文字人（當時還沒開始用 fax，更未有電郵發明）。在無數次編輯室的閒聊途中，終於有一次出現一位當時已出版過數張成功作品的音樂紅人，並擬合作一起拍獨立電影。後來，小電影當然沒有拍出來，而這位音樂人許多年之後竟然也真的有了他深入民心的銀幕形象，就是後來外號「方丈」的劉以達。那是一個流行文化相關產業興盛多姿的時代，新的刊物，新的發表空間，針對不同目標讀者的書報層出不窮，同樣繁盛的文化工業以廣告的形式支撐著這些小型媒體。新的作者、新的音樂組合，在這些能把相同愛好者聚在一塊的地方獲得機會。

4

在還沒有 internet 的日子，如果想直接閱讀外國雜誌，如 *Rolling Stone*、*THE FACE*、*iD*、*Q* 等等，就得去旺角黑布街美國雜誌社（當時自然還沒有 HMV）又或者中環的捷刊。每個星期，買外國雜誌和本地周報已是習慣，可算是文青的消費指南。當然也沒有 Spotify，那當閱讀過程中，譬如看了 Nostalgia、Cello 或袁智聰對某位音樂人的冷門樂評介紹時，想立刻找來聽聽可怎辦？

那時代，音樂不是從手機刷出來的，不可能像現在般幾秒之內就立刻搜到來聽。方法只有一個：到旺角。

不是買碟，是租碟。一次租十張八張回家，dup 到卡式帶之上，炮製屬於自己的 playlist。所謂 dup 帶，就是 duplicate，可以是帶過帶，把原裝磁帶錄音過到另一盒自備的磁帶中（流行用 TDK）。但那個求音樂若渴的年代，更多是指把租回來黑膠唱碟的音樂直接 dup 到卡式帶。若零用錢有限，就只能每周去一趟，在每趟租回來的十張唱片中，精選一張來買。

相比現在看不到音樂的源頭，按一下手機就變換歌曲的做法，租唱片的日子，是一個今天極度懷緬的稱為「33 轉速度」的美好生命時光節奏，不光是說唱片的轉速。首先你從電台廣播或周報上得悉某個作品或組合名字，你不慌不忙把名字抄下，然後等到周末下午到旺角荷李活中心或信和中心的唱片店去瀏覽（油麻地的精美也多選擇但只賣不租），左手翻過一排又一排的黑膠唱片，右手挑出有興趣要看的。黑膠音樂是一整套包含欣賞封套設計，細閱背後簡介，儀式感地把黑膠從套中端出來，準備放上唱盤之後，調好唱針位置，以至音量，到開始播放前有它幾秒的靜默留白（間或有唱片劃動的沙沙作響），此時再邊回座位翻開唱片封套內頁，細味它的作品介紹、歌詞和製作名單。好的唱片封套，內裡可能還有另一組平面設計

圖案供細味。整個過程，是一次音樂和視覺知識的拾趣。所有能收集到的細節的詳細比較，記錄，是一次又一次研究和收集的工程。那就是 33 轉速度的聽歌歲月所帶來的樂趣。在一旦把黑膠放上唱盤就盡量不會再動它的習慣下，堅持由唱片原順序的第一首聽到最末一首，返回到音樂人設計這專輯的歌曲順序時的最原本設定。就如當聽 Pink Floyd 的 "Dark Side of the Moon" 時，定必是由 "Speak to Me" 心跳聲開始，接入機械聲笑聲，才出 "Breathe" 的結他，最後以 "Eclipse" 的和音及變慢的心跳作結淡出，才是聽歌之道。

33 轉，人類眼球可舒服地跟蹤到的合宜轉速，可清晰看到黑膠中心的圖案字體在轉轉轉，上面文字仍可辨認。然後 A 面放完，那聽黑膠最享受的時刻才浮現，無論正在做甚麼，你得要停下來，步向唱盤，緩緩把唱片拿起，輕輕翻到 B 面，之後再一次安穩地放上唱盤。這是那神奇的半分鐘。全因為有這連串的停頓，以至動作，它賦予這機械時代的聽歌方式以一種靈光，一種獨一無二的時間與空間，情緒與物理的體驗。

5

不錯，音樂從來都不是打開手機就有的。前人（差不多要說古人了）是千辛萬苦尋得唱片才能再把它 dup　成盒帶方便流通及翻聽。之後插進 walkman 隨身聽，再之後，才有 CD，MP3 再到今天 streaming。

而這一切，應源於 80 年代的家具／音響器材普及革命。不同現在用 SONOS，用電腦或連接藍牙來聽，80 年代這古代，有一樣大件電器開始進駐香港家庭。以往 60-70 年代是電視機（由黑白到彩色），到 80 年代是一座巨大的音響組合。它甚至大得會成為香港狹小家居環境中一個像傢俬一樣的存在！

其時各大廠牌層出不窮，不是真正音樂發燒友的高級音響，而是三數千元有一整套的座機組合，高者可達一米高，闊半米層層疊起。其時聞名有 SONY、Technics、AKAI、AWAI、山水、先鋒，現在都可加入古董行列。它打破過往玩音響者要線路左駁右駁的相對高門檻，轉而生產一種基本上駁好給你可立刻聽的組合，大大改變了聽音樂的習慣。

這「大家具」一般包括：最上方有黑膠唱盤（要學懂換內裡的黑色橡膠帶和唱針），下面有擴音機操作，以至調諧器，可調平衡音質等，更繁複的可能有 mixer，再下面就是盒式帶錄音及回放（有單 deck 或雙 deck）。而到最下格，就

是可擺放少量黑膠碟的空間。兩邊有喇叭，總體形成一個可播黑膠及卡式帶的音樂中心。而對於手頭不充裕的年青人，可把黑膠 dup 成卡帶這功能就最重要。因為就算不夠錢，也可通過租碟來 dup 歌去大大拓充音樂視野及喜愛作品的收藏量。

有音響自然就得有音樂，而慶幸，其時也是國際上音樂風格百花齊放的盛世。大約 1981 年，當我們家庭擁有第一座 DENON 音響套裝組合，當即趕緊進貨，那就會發現，第一批入手的唱片，種類有多廣，某程度也代表其時的多元口味：Beatles、Bee Gees、Stars on 45 串燒歌、日本紅白大賽作品選、帝女花……當然都算主流大路作品。到了另一階段，吸收到再另類一些的搖滾和電子音樂之後，就得再主動尋找各種樂手新作及舊作體系。

6

當年文青兵分兩路，一些加入文字評論大軍，另有一些手腳和音樂細胞更靈的，則索性投身音樂創作或表演一員。當年香港音樂愛好者，也是常聚在一起吸收養份並實踐交流。譬如其時有多間唱片店便是他們的大本營。在今天連唱片店都越開越少之時，回憶這光景都匪夷所思。

不需等太久，竟然又會有音樂唱片公司 PR 約我們這班初出道的年輕樂評人飯局，這一桌見到仰慕已久的名作家，另一次碰到某著名導演編劇，充分演繹了進入文化花花世界的前奏。

那是一個周報音樂資訊與流行消費文化緊扣的時代，特別是電子音樂或英國新浪漫，由《音樂一周》或者 GREENPEACE 引發的 Dr. Martens 和搖滾衣飾風，徹底改變了香港 80 年代文青的外貌。

周報有關這種消費文化的意見領袖體驗，可以說是日後被《蘋果日報》以及《壹本便利》發揚光大的逛街式寫作先驅，即身體力行以個人親身體驗，帶著濃濃的個性化評價，走遍全港年青人商場，瀏覽並消費一應流行文化商品，由穿著打扮、電影、音樂到文學思潮，再反哺輸出，成為作品。在往後更多生力軍投入到塑造香港流行文化各行業黃金期之前，一代人就是先從這些學習中，那個 33 轉的世界中提早準備好自己。

大流行

Hong Kong

影視神采

「咁都得?!†」精神

† 編註：意即「這樣都可以？！」

香港電影的「咁都得?!」精神

0

以美國電影學者大衛博維爾（David Bordwell，台譯：大衛波德維爾）對香港電影的精闢見解，及其具國際認受性的分析來揭示香港電影和香港身分那密不可分的關係，有著一種客觀定義下的異化感。不是那古老的讓西方權威來幫忙界定香港的東方主義批判，而是提醒自身，曾經有一段日子，我們自信得連自己也懶得分析自己。這當中存在著一種評論時差，好用來說明香港主體身分及其壯大過程，是往往滯後於流行文化的崛起，從而才引致後來那正要消失才更見顯現的辯證關聯。於 70 年代，當香港電影剛正式於世界不同範圍冒起，隨之而來的是主體意識正要成形之時，反而是香港人並不覺得那是一件了不起的事情。這時正值香港電影在新浪潮出現之前的首次世界聞名，掀起這陣風潮的是李小龍。可是，甚至連李小龍這

位名揚國際的超級巨星，在香港官方的敘事中，長期並沒有得到認可（例如一直未設立李小龍紀念館），香港（及香港電影）作為研究主體，還沒有得到相應重視。這卻不阻礙香港身分的日漸養成。

只有到了 90 年代國際電影學者紛紛議論香港電影之時（也基於 1997 臨近香港作為國際新聞和地緣熱點），才突顯了香港身分的論述，而不無諷刺，這轉向實是伴隨著一種身分的漸趨模糊，反映於作品之中，也是一種身分危機的焦慮曝光。越是高調談論，就顯越為褪色。這正好就是，有關香港身分，從來是「不用提起，處處皆是」的又一佐證。這語句反過來的意思可能是：「處處提起，意味消失」。90 年代以來氾濫的懷舊、身分題旨，處處浮現著通過流行文化來追認香港身分的情懷。

而在同一時期，更主動提起並梳理成一派之言的，即來自國際學界，長期研究亞洲電影的大衛博維爾。他於 2000 年出版了 *Planet Hong Kong, Popular Cinema and the Art of Entertainment* 一書，中文版是 2001 年版的《香港電影王國——娛樂的藝術》（何慧玲、李焯桃譯，香港電影評論學會出版）。他以外來者身分，梳理了香港電影的形式特性，可說是從客體的身分，反過來定義了這種以「咁都得？！」精神見稱的「香港風格」，香港主體的曖昧性質可見一斑。

1

在 2020 年港產片的新時期，《香港電影王國——娛樂的藝術》出了增訂版，給到的啟發和激起的思緒已跟二十年前不一樣。最早 2000 年的英文版，主要論及上世紀 70 年代至 90 年代的香港作品，像小結了短暫的也是作者博維爾關心的港產片黃金時代。新版電子版英文原版在 2011 年已出刊，加入了杜琪峯、王家衛等及專門寫《無間道》三部曲的篇章，以示對 2000 年後香港代表作的個別重點關注。為這 2020 中文版專門加添的後記，當中則有提及《亂世備忘》、《十年》等多部較近期作品，顯示了他持續對港片的關心（可惜作者已於 2024 年初逝世，無緣了解他對近年眾多後浪潮新導演的評價），不過這刻重讀，感覺作者過往的熱情，忽然轉而帶著告別的調子，引發的是更多當年觀影的記憶，並叫人聯想到那些風格與形式探討之外，更加根本的香港電影本質及其身分到底是甚麼的問題。又或，港產片迷、學者，該如何總結過往？而總結又對延展有甚麼啟迪？

2

　　首先可再回顧一下，《香港電影王國》幾個集中討論風格的重點：因為此書而被廣泛傳頌的對港產片的評價語句「盡皆過火，盡是癲狂」（All too extravagant, too gratuitously wild——實非原出於博維爾，而是 1973 年《紐約時報》影評作者 Roger Greenspun 評論正上映的邵氏出品鄭昌和導演羅烈主演的《天下第一拳》時的負面評語，在博維爾看來，當年的辱罵，變成了今天的榮譽），從全書脈絡而言，那不是負面的形容，反而作為電影理論家，博維爾更相信那像是一種向電影草創期本質的致敬，那是「電影動感直覺掌握」，更像一種「純電影」。特別是動作片，它們「視覺生動的講故事」，大部份情況通過畫面交代，達致官能刺激。題材上，又往往堅守著一種正義感、價值觀。從結構、表現力到情緒都散發一陣獨有的香港風格。哪怕是偶爾出現的雙重結局，看來簡單草率，但時而又帶童話的喜悅。

　　當然還有他對其時多產的香港電影工業流水作業狀態不無幽默的勸告：真正的藝術家會准時交貨。看到「盡皆過火，盡是癲狂」這些誇讚，我當時經常諗得更盡的是：這一堆形容，有沒有可能用廣東話來概括？

　　曾想過「生猛」、「過癮」，想來想去，為呈現更為貼切的香港用語神髓，下了定論，決心稱這種香港電影風味為「咁都得？！」

　　全盤語意是：有冇搞錯呀？咁都得？！（有沒有搞錯？這樣都可以？！）

　　但要說明的是，在港式粵語的語境中，「咁都得？！」的意思遠不止於質問、懷疑。也包含了一種震驚、感嘆、難以置信，它表面上是帶有質疑語氣，但其實質卻更多是認可與讚嘆。故此，這裡定義下的「咁都得？！」，必須同時帶上問號和感嘆號。

　　可以是以一敵百槍淋彈雨中安然無恙，幾十支槍射佢冇槍中（但英雄又可槍槍奪命），又或者幾層樓跳落來無事還轉身一腳擊退敵人，擂台上被打到死死下但突然翻身把結果大逆轉，拿起鋪牌二仔底最後又能同花筒 showhand 贏盡；在超窄街巷或電車路逆行追趕，再少不了巴黎鐵塔反轉再反轉。它其實不是一個跟著問號的提問句（但為了提升語氣，用上問號，但本質上更多是個感嘆號），而是一個情緒表述，一種其實是非常接受這種瘋瘋的認可。它表達了一種估不到的不信服感，也是一種意外驚喜。包含了過份、過多、過火的 hyper 精神，又有意料之外的瘋

癲與驚嘆。同時也是那個年頭，觀眾看到許多癲狂場面的最直接衝口而出的反應。「哖！有冇搞錯！咁都得？！」

3

這種「咁都得？！」精神其實還體現在博維爾如何這樣寫港產片。那也可算是這本書能激發的延伸意義。作為著名的電影學者，他給到一個時期的香港電影一種個人化的檢視並歸納（雖然他說寫此書初版時只看了三百多部）。這使此書的定位較特別，不是影史史料整理，不是艱深的學院理論，而是先從超級影迷的接受過程談起，綜合出一個「為何我會那麼愛港產片呢？」的帶分析的簡明論說和自述告解。這種「外人目光」對香港如何對待自己的流行產物甚有啟發，處於風眼的人，反而容易忽略了自我的整理。我們只是愛，但缺乏用詞去形容如何愛，為何愛？因為一切都理所當然，不用找理由去解釋。娛樂的藝術，排除所有，首先，確是一份熱愛。香港電影賴以長存，並沒他法，憑的，也只能是愛。

這帶到的，當然，就是書本副題所指：娛樂的藝術。要娛樂到人，必包含某些元素、規律，過往視為技法，但慮積提煉下來，又未嘗不是一門藝術。又或通俗點說法，此書把通俗港產片領到藝術創作討論層次。

他告訴你，在娛樂之下，有著創作人的秘密，一種可能不自覺，但一直不成文的法則，一套方法——這使後來常提出的，香港作為一種方法的說法再不陌生。

4

另外還有個側面，這書也是一個外國影痴的記述，記的是港產片在西方的影響和被接受過程，香港電影創作的外延性，如何一步步發展至今。他那些美國小眾影院的經歷，到後來朝聖心態到香港跟本地影人會面，到重慶大廈吃喝，其實也是香港電影邁向世界的外傳過程，如何由唐人街、小眾藝術影院，到學院界，再反過來哺餵荷李活（不僅於 90 年代大幅引進香港幕前幕後，更特別是晚近美國製作中出現的武打場面，因香港龍虎武師的高度參與，手腳並用和舞劍的姿勢形式已全盤港產片化）。

5

　　這裡，得分享這階段在美國的親身交匯經歷。博維爾記他 1973 年到威斯康辛大學麥迪遜校區開班，並在 Majestic 戲院第一次接觸《唐山大兄》（此戲院歷史悠久，1906 年開業，後來以放映藝術及小眾趣味電影為主，近年多作音樂演出場所）。大約二十年之後，同一座大學城，高朋滿座自己親歷其境是其時校內的香港電影週。那是港產片成為某一種美國亞文化潮流的高光時刻，在大學的放映廳，不同種族的學生興奮地擠著來看《龍爭虎鬥》、《龍虎風雲》、《胭脂扣》。在商營的 Majestic，則陸續公映了《落水狗》、《鐵男》、《鋼琴戀曲》、《霸王別姬》等作，那是 90 年代初，克林頓上台後，整個美國社會強調文化多元的大風氣。那段日子流行著的音樂是 Wu Tang Clan。不久之後，新一代的學生影迷將會熟悉起 John Wu、Jet Li、*City on Fire* 等名字，試圖在後者的故事中尋找塔倫天奴（台譯：塔倫提諾）的靈感所在。再過多幾年，主流觀眾將全盤接受由袁和平擔任武術指導，*Matrix* 那種非傳統荷李活式的打鬥方式。

6

　　近三十年又過去，閃回今天，再讀此書，香港電影的本質是甚麼？

　　博維爾借用的「盡皆過火，盡是癲狂」，這份癲狂，當今的港片還剩下多少？抑或它不再癲的原因為何？是城市的精神不復一樣了，電影不過準確反映了這轉變？

　　一直對此書的英文原名有過度詮釋的欲望：*Planet Hong Kong*，當然是 cue 了 Planet Hollywood 的意思，用來比喻香港作為東方荷李活（略顯老套）之外，也暗示像荷李活一樣，電影像是來自另一個星球的異想天地。

　　在許多溢美之詞選擇性閱讀過程中，讀者常忽略了書中同時存在恰當的批判，如提出其時港產片只知套用傳統手法，沒有積極面對和更新傳統，技法效果太濫，不知厭足，視覺也過份繁忙，令觀眾沒有思索空間。

　　現在看來，問題除卻上述慣性（「咁都得？！」其實帶著一種隨性到容易變成粗製濫造的危機），今天看到的後遺實在是工業化機制的無以傳承，也是說，空有外在風格和執行，而欠缺了深層成熟的從資本到拍攝到培訓到推廣（特別向外）的運作系統。當市場重組（主因為中國市場的興起），港產片稍漸被淘空。

博維爾在增訂版中，對香港片睇淡之言「黃金時代其實早已成歷史」不中聽但中肯。面對製作及市場的雙重挑戰，港產片未來不是一定要去重尋那股生猛。唯獨那熱愛與火焰不能止熄。事實上，我們也不需要固守一成不變的所謂某個時代的港產片，但我們必須知悉，我們是怎樣從那個時代走過來，形成今天的自己。

大衛博維爾推薦不同年代港產片代表：

《野玫瑰之戀》（1960）　　《梁山伯與祝英台》（1963）

《大醉俠》（1966）　　　　《金燕子》（1968）

《唐山大兄》（1971）　　　《七十二家房客》（1973）

《半斤八兩》（1976）　　　《少林三十六房》（1978）

《師弟出馬》（1980）　　　《最佳拍檔》（1982）

《投奔怒海》（1982）　　　《蜀山：新蜀山劍俠》（1983）

《警察故事》（1985）　　　《刀馬旦》（1986）

《英雄本色》（1986）　　　《胭脂扣》（1987）

《喋血雙雄》（1989）　　　《賭神》（1989）

《阿飛正傳》（1990）　　　《黃飛鴻》（1991）

《重慶森林》（1994）　　　《東邪西毒》（1994）

《鎗火》（1999）　　　　　《臥虎藏龍》（2000）

《花樣年華》（2000）　　　《無間道系列》（2002-2003）

《功夫》（2004）

身分危機

香港臥底
特別多

0

　　「香港臥底特別多」當然是用作對其中一類最典型也顯眼的香港電影的形容：臥底題材的警匪片。它甚至成為了代表了某種知名香港電影風格的呈現。臥底故事中有關角色身分的雙面性，並一直作為香港人過往那處於中英夾縫間的慣用比喻。隨著香港面對「回歸」越近，這比喻及引伸的討論越是壯大，思考討論臥底電影，已不能拋離這身分主題來談論了。

1

　　而這種對臥底電影極度符號化的切入，臥底在不同時代的象徵意味，也反映出多年來詮釋臥底電影之流變，實在也是說出一種香港人如何面對這身分焦慮之過程。可以說是由《邊緣人》開始的對臥底的塑造，經《龍虎風雲》成就首個高峰，再到《無間道》的巔峰為止，臥底的思考實在已去到盡頭。際其時 97 早已過去，再經歷沙士及更進一步的中港融合政策，

可以說《無間道》系列以後，臥底故事過往突出的身分焦慮主題已無法再說下去，它由過往一種遠距離的比喻，變成一種改變不了的現實。由此踏進「後臥底電影」階段，香港的臥底類型自此變成一種電影表現的手法多於身分思考，特別是當這手法被注入中國電影之中，大大拓展了後者的表現空間及可能性。這現象大可說成是香港身分（及作為一種方法）的溢出，儘管它在香港本土反而已變成一個重複套路，過後再出現的臥底潮流，看來不過是重複著當年的劇情結構，真正的衝擊和活力，卻是給到了後來的中國電影。由是，香港這個奇特地是以「臥底電影」作為在中國大陸的「電影臥底」的方式，完成了它的潛伏使命。

2

對香港臥底電影與香港身分關係的分析，歷年下來似乎已有定見，也是以流行文化產品切入去探討身分認同的正確及慣常劃分。

總括而言，大可有以下分期：章國明 1981 年的《邊緣人》一般被界定為香港臥底電影這長時間潮流的先驅之作。影片講述艾迪飾的警方主角被派潛入黑幫作臥底，收集犯罪集團內部消息，過程他對僅有的知悉他身分的上司流露出渴望調派回正規警隊的意願，不得要領到最後枉死於誤解之下，可說完全為往後的臥底故事定下了基本的架構，通常並以悲劇作結。

《邊緣人》當年口碑與論票房俱佳，並獲多個獎項，成為香港新浪潮早期代表作。潮流所及，引領另一高潮是 1986 年林嶺東執導的《龍虎風雲》，此片對塔倫天奴首作《落水狗》的影響眾所周知，這故事的開創性在於它給到臥底故事一個新的視野，即作為臥底正方，過程中可能也會和反方即黑幫份子產生情誼，導致極可觀的戲劇衝突：忠義兩難全。在這裡《龍虎風雲》和《邊緣人》可說是代表了兩種臥底故事最吸引的元素，前者是「義氣」，後者是「回不去」。而值得留意是，到這時為止，哪怕是面對不同的困惑，但他們從沒質疑過的是自己的身分。那怕是艾迪角色被形容為「近得人多似人，近得鬼多似鬼」、「黑的又怎可染回白色呢？」，但其實在角色心底，他從沒懷疑過自己是「白」的一方。《龍虎風雲》中周潤發高秋的角色也是，他介懷的，是出賣了過程中與他建立了手足情誼的李修賢角色，而非認同自己要成為黑幫一份子，身分沒渴望轉移（或至少質疑自己的差人身分）。

這階段的臥底角色處理，與香港前過渡期的身分思考基本一致，那並非說前

過渡期香港人就認同港英身分，而只是說，人們習慣上把原有的身分本位視為理所當然，沒有提出質疑。

《龍虎風雲》的成功開啟了新時代香港電影界的臥底風，其後臥底題材被安插到不同片種，特別是結合喜劇，呈現一種荒誕處境的變化，且於往後 90 年代的香港電影中一度極為受落，例如多次出現於周星馳電影中的不同形態的臥底：《逃學威龍》是臥底闖進校園；《喜劇之王》是臨時演員以臥底立功；甚至《鹿鼎記》中韋小寶被寫成一個天地會的臥底。當然，更傳統的處理，把角色描寫成槍淋彈雨下的悲劇英雄亦得到一定捧場，如這時期的另一臥底代表作吳宇森的《辣手神探》。

3

臥底故事所以能代表這時代的香港身分思考一脈，當然是一種認同文化投射使然。那是一種文本世界與現實情狀的相似性，當中的核心點是：臥底所處身的，正是兩個身分之間的曖昧處境，通常設定為來自警方的臥底，當他被派進黑幫這並非他「本土」的空間及人際網中，除了各種外在衝突之外，更看中的是他將要如何調整自己的心理和外形行狀，一套合適的新語言，以適應這新環境？向誰效忠的疑問在此階段還未出現，因為於此臥底發展初階，尚未涉及這問題。再說得明白一點，就是在這階段，當臥底者還沒充分意識到那種主體性，可說還未出現一種身分的自覺。如何求存，是這階段的首要問題。

這求存的意欲正是長期以來，香港人在前途問題出現前的生活態度，不需要過多考慮香港身分的問題，反而最關切的是求存和生計問題。這可算是一百多年來英式管治下香港人的思維與行為習性，不用考慮身分，沒有國族和道統包袱，不會想像自己是英國人，但另一方面，對傳統的認同，更多是面向家族（所來自的鄉鎮，即香港人強調的「鄉下」），而非國族。基於大部分都是外來人，在新環境中，大家只求極力適應香港社會的各種職場及生活需要，從而做好自己本位，就如這臥底了解到自己得盡力破案一樣。故此，這初階段的臥底故事，說得極端點，非關身分，而關專業。高秋的悲情，更多是關於他「不專業地」跟匪幫變成手足。直至對身分有疑問，身分才出現。那是 90 年代來臨，97 腳步漸近之時。

此時，香港電影的「借他喻己」習慣又發生了威力，真正有關身分焦慮的訊息，被隱藏為喜劇、古裝劇或是通過另一個城市的故事來帶出。臥底電影變成一個可用來端詳這身分危機的放大鏡。此時，這種暗示實則明顯，臥底由過往的置身警

匪兩個世界之間，轉而去到兩種文化之間，更具有社會制度的象徵性。《國產凌凌漆》赤裸地就是一個需要找周星馳這臥底去監察來自中國的另一女特工的故事。《鹿鼎記》中，韋小寶和康熙帝的關係，也可被借用成為天地會滲透進皇宮的臥底情節。而且在這個版本中，韋小寶作為臥底甚至是展現了往後所述的，臥底心態已去到另一階段的反思，過程中他反問陳近南：如果朝廷做得好好的，為甚麼我們要反它？在嬉笑之間，他消解了過往臥底設定對身分危機的嚴肅反思，但同時間，它提出了新的也更切合大時代總體情緒的問題。可以說，就是在這刻，臥底的身分認同思考才真正出現。那是 1992 年，大家都沒細問，並只把這段戲作為周星馳眾多經典笑語之中的其中一句。十年後，《無間道》的出現才令人認真琢磨這提問的真正意思。

4

　　2002 年，香港回歸中國已五年，但整體社會狀態和市民心理還沒有出現重大轉變。一年之後的沙士和隨之而來的各種和中國內地的加深加快關連（例如開放自由行）才真正打破這道牆。

　　這一年，《無間道》的出現可說精準的道出了香港身分其時那終需要面對的處境，那句「出來行，遲早要還」（出來混，早晚要還）在此有了它最深刻的喻意。「三年又三年」，不光是說梁朝偉那陳永仁角色的心境，那種（轉換身分）被無止境擱置延後的心情，也是香港人其時的寫照。但這故事偉大創新傑出之處，是它是一個兩個臥底的雙面故事，當中最令人關切的矛盾，除了是一個變黑的人能否洗回白之外，也在於一個已變白的人能否真的擺脫黑的過去？這發生於劉德華這劉建明角色身上：一個黑幫反向派過來警隊當臥底，現已步步進升為高層的「反派」。這才應該視為香港電影史上最為複雜及惹人同情的角色，因為擺在他面前的形勢極其複雜。一方面要兩全其美，雙重效忠。另方面實質是計劃「投明」、「做回好人」，以銷毀自己的暗黑過去來換取光明新生。而弔詭是，他這種「投明」卻可以被視為「變節」（黑道傳統中，不義可能是更大罪名）而遭否定。結果才出現真正身分焦慮的核心：到此刻，我們真是要拋棄過往的身分了嗎？這個決定是舊日臥底片沒有的設定。正是，既然有了此決定，就按步執行，之後卻發現此路不通，才激生出最後的瘋狂。

5

　　《無間道》餘韻之下，兩個角色的「雙重效忠」可如何自理，作為香港人的現實處境比喻，著實有莫大的探討空間，當觀眾過度集中在劉建明棄暗投明的逆反及其失敗之際，其實在平行宇宙裡，陳永仁如果沒有殉職，又如願被調回警隊的話，他的境遇將會如何？他的「黑歷史」會否同樣纏擾著他，叫他夜深難眠，從而質疑自己當回正常差人的決定？

　　邱禮濤 2006 年的《黑白道》似乎間接續寫並回應了這提問。故事大可想像為「如果陳永仁復職回到警署上班」，這次演這角色的換為張家輝，他發現自己調回警隊後，卻被各方同僚看不起及懷疑他的忠誠，嘲諷、不尊重層出不窮。嚷著要他回去當古惑仔。他重遇黑道中的兄弟，當然同樣定必遭到鄙視（當二五仔是黑道最大禁忌），繼續兩邊不是人。在他心底的一部分，他已是回不去了。曾經的身分對調及過度投入的身處異境的效忠，已早早改變了他。再放回社會進程，這才出現後過渡期的一種特有現象，放大而言，也是一種解殖後初期的不適應。既不是以往，又不是現在。肯定已非過往港英時期的香港人，但遠未遭到中國的認可，要經受兩方面同時的奚落和否定。自己以為對雙方盡忠，實則是兩方皆認為你不忠。真正的「人不似人，鬼不像鬼」。這才是真正的無間地獄寫照。

6

　　《無間道》系列的大成功，重新掀起一陣長時間的臥底片跟風潮，以至文本中原來應有的身分焦慮意識被消解淡化。由《黑白森林》、《大丈夫》、《精裝追女仔 2004》到《戲王之王》，不是模仿就是在開《無間道》的玩笑。

　　於是，又開始了香港臥底電影的新轉化，尤其是合拍片興起後（也是多得沙士過後推行的 CEPA），香港和中國內地的電影合作更趨成熟緊密，這在題材和表達手法上亦不同程度上影響到中國電影的尺度及內容。由此，臥底片在這裡的角色有了重大轉變，它不再作為簡單的警匪片來看，而是蛻變成一種既有所指的「港式電影風格」，包括臥底題材、更激烈的視覺場面、更豁出去的角色描寫，慢慢地，「臥底」已成為一種製作方法。

　　在尺度突破上，它表現在 2012 年杜琪峯的合拍片《毒戰》，孫紅雷演的臥底，展示了不少過往中國電影的禁忌，如警方作為臥底參與吸食毒品，暴烈血腥的場

面，以及結局作為主角警員的悲劇收場。不過《黑社會》的中國內地版則是個反教材，在這個為符合內地審批標準的版本中，古天樂角色作為臥底的設定，在最後結局才突兀地出現，只是用來「不合理地合理化」了他最後得逞沒有被抓的原結局。

香港臥底故事傳統這種對臥底主角的破格設定，大大伸延了故事世界和人物的可塑性和視覺呈現。基於臥底通常能被設定為一個「好的壞人」，所以壞事（如暴烈動作、不良行為等）在過往不能加諸「正面」警察角色的戲份，都可以在臥底身上作為「壞人」的巧妙身分去呈現。他打破了過往非黑即白的過於面譜化的警匪片設定，還原到現實中更為複雜且引入勝的劇情魅力。這些臥底展現出一種惡的魅力，或作為瀟灑的浪蕩英雄，打破過往中國電影中那必屬正氣凜然的框框，其後將大大豐富了中國警匪電影的角色塑造。及後，我們可以在《湄公河行動》中看到這種帶邪氣的瀟灑男情報員；又或者《風聲》中領略某種激烈的殘暴。

7

縱使已不需再通過臥底故事來處理身分意識，可近年臥底風依然持續，包括由無綫電視劇集《使徒行者》引發的新一代臥底潮，並拍成電影版，以及其他作品如《掃毒 3 人在天涯》和 2024 年近作《潛行》等。這時期的作品卻已脫離了身分這題旨，關注的重點變成猜測誰是臥底（過往一早就知誰是臥底從而進入角色世界），而且往往把事發處境拉遠到外地拍攝，脫離了香港或中國的地理語境，令思考身分的角度更難切入。由此，臥底電影可說已脫離了它的香港身分思索期。臥底看似依然多，但已是跟香港無關。

黑幫即演義

古典傳統
在古惑仔中傳承

0

　　香港的矛盾身分與價值，體現於一方面以國際化自居，但同時離不開傳統中國文化養分。以至表現於影視作品中，往往是通過不斷拿取傳統文化去作再創造。而過程中，不經意又流露了對傳統文化的留戀與保留。這令香港的地位極為神奇，一方面，傳統在這裡被嘗試拋棄，但另一方面有些卻反而被強化保留下來。其中一樣，是中國式的演義傳統及其價值觀。中國民間傳統所珍重的俠義精神，武德濟世，以至人倫義氣，諷刺地，是以香港的黑幫電影來傳承的。拋開儒家、道統的包袱，大膽把傳統遺下的精髓移形換影，是一種靈活的智慧光芒。

1

　　龍剛版 67 年的《英雄本色》，對黑幫的運作解釋甚少，或者可以說：60 年代現代黑幫片開始以來，無論經歷了多少變奏，後來叫做江湖片、英雄片也好，黑幫片都不是關於黑幫的。

這批電影，借黑幫江湖作背景，目的不過是建立一個自足的敘事空間：在那裡，任何誇張的劇情比如恩怨情天義氣肝雲人命攸關都得到容許，因為那是類型片的優點，令觀眾落入類型片的世界，跟現實分清，戲可以不拘，關鍵是追得精采。

那是來自中國武俠小說的傳統，小說中常說江湖，在江湖裡，劍客不用上廁，殺人不需填命，每個人恩情義重：義氣與爭霸，這兩個中國武俠小說的最主要主題，被香港黑幫片借來還魂，並且發揚光大。要理解黑幫片，要從江湖講起，要拆解黑幫片，自然亦同樣是對江湖的一次解構。

2

港產黑幫片公式的確立有一定的對武俠片的借鑑：忠肝義膽的兄弟、無甚重要的女角、正邪兩方的惺惺相惜、雄霸一方的奸角（爭做武林盟主天下第一或爭取黑幫控制權）。

外觀上，主角的浪人造型、獨行槍手或快刀的獨門武藝、大樓、黑鏡等，都是古代武林大俠的現代轉化。相對於古裝武俠片的江湖世界，現代黑道的世界，亦是排拒於官府或警方勢力以外的，江湖有江湖自己的規矩，鋪排出黑道世界的故事信服力。一條人命，在探案片中，可能是關鍵所在，但來到武俠片世界中，隨便在客棧武鬥中殺死十條八條命絕不當一回事，觀眾亦不會追究，可見觀眾對不同的類型片種，有不同的包容力與解讀習慣。

3

所以現代黑幫片中的廝殺場面，誇張得來卻得人接受（此所以槍淋彈雨不死之身或屍橫遍野皆可接受），因觀眾會有基於那是類型片種的諒解。不過黑幫片與武俠片對類型的建構，最重要的還落在對義氣的歌頌及對英雄的崇拜上。

直至到 80 年代的一連串英雄電影，包括 86 年吳宇森版的《英雄本色》等作品，黑幫主角仍會被神話化成身不由己的英雄好漢。他們雖身在黑幫，但依然有自己的做人原則，他們大都強調自己盜亦有道，不做傷天害理之壞事，他們是「黑社會之中的好人」，不走粉、不迫人落火坑，頂多印假美鈔收陀地。

黑道英雄的神話本質是：人在江湖，身不由己。

這種精神的本質是忠義兩存，最大光榮是為兄弟犧牲。身體的本質則是戰無

不勝刀槍不入,穿梭於槍林彈雨「有佢射人冇人射中佢」(只有他把別人擊倒,敵人則不可能擊倒他)。

4

80 年代的黑道電影,仍滲著濃濃古典悲劇英雄的史詩感。及至 90 年代的《古惑仔》系列才有了較大的轉變。

《古惑仔》系列成功把黑幫故事變得偶像年青化,並塑造了 90 年代香港以外華人地區對香港街頭庶民生活的想像和審美,以至後來到香港旅遊時,人們要專誠到油尖旺或銅鑼灣希望能目睹有如陳浩南的古惑仔,又或是另一個經典符號即香港軍裝警員。

對中國大陸觀眾而言,古惑仔真正特別之處,是反轉了大陸對警匪兩方「非黑即白」的面譜式處理,哪怕是混黑幫的古惑仔都被寫成有情有義,展示的其實是中國的演義小說傳統價值。年青偶像演繹美化,以至對「江湖」的重新解讀(後來也出現了反轉或解構古惑仔義氣神話的作品,如《江湖告急》、《旺角風雲》等,又或者女版古惑仔如《洪興十三妹》的出現),反映了香港作品的極大自由度及對類型套路的快速反思。

除古惑仔把「壞人」寫成正面,後來更有社團「選舉」議題,港產片中經常出現的臥底警匪片,同樣以「兵賊難分」的角度反映身分危機,由 80 年代的《邊緣人》、《龍虎風雲》到 90 年代更多元處理的《逃學威龍》、《辣手神探》、《喜劇之王》,及至 2002 年《無間道》成就高峰,皆為香港人身分思考的比喻轉化。

論源流,《古惑仔》由當時已大受歡迎的香港漫畫改編,如果《英雄本色》是關於兩男的義氣,主題是「冇咗嘅嘢要親手攞返」(失去的東西要親手取回),《古惑仔》就是近乎要告別這種神話,是注重新一代如何「上位」,老一輩如何察覺自己將被取代,加上新一代拼博出頭的故事。不過其本質其實已開始遠離過往黑道的寫實感描寫,轉而關心漫畫化的江湖世界,而較新的處理,更是對英雄的嘲弄意味,大壞蛋主角最終可以死在小小巡警的槍下,替故事增強了荒謬感之餘,同時有現實大賊葉繼歡落網的對照(這種現實與虛構的互動)。

在工業結構上,《古惑仔》是年青偶像劇多於江湖片,可說是以江湖黑幫片包裝的偶像片。不過對江湖的建構,《古惑仔》風潮中的主要電影,仍是藉著對黑道的江湖化、主角的英雄化去確立。而要至 90 年代中期,幾部解構江湖片的誕

生《旺角揸 fit 人》、《去吧！揸 fit 人兵團》及《旺角風雲》，才令江湖片真正踏入新的紀元。

5

《旺角揸 fit 人》是第一部肆意顛覆江湖片的後古惑仔電影，也就是後江湖片的典範。沿用了漫畫化的處理，指向一個不實在，而且荒謬誇張的江湖，凸顯了江湖的虛構性，最重要是該片的主要橋段，通過吳鎮宇嘅坤角色遇襲後的倒敘複述，真與假的混淆，對江湖道義、傳聞、敘事控制權，整體而言是江湖的虛構性，作出全面的檢討與戲弄。在主角的敘述中，關於江湖傳聞的真偽不分，才是精要所在。

吳鎮宇的角色，一開場就沉迷江湖漫畫，及後發展開來的追殺，以及道出他最初如何入行的經過（在波地被踢入會），觀眾亦分不清誰是誰非孰真孰假，牧師是大佬，亦顯出一種極大的荒謬諷刺。江湖在此，只變成一個供矛盾故事情節不斷鋪陳上演的舞台。

《去吧！揸 fit 人兵團》沿用第一集的神髓玩得更放更盡。兩部顛覆江湖片的成功，令創作人可更進一步推演江湖黑幫片往後的可能範圍，並且在傳統的故事真實以外，加入更多對類型片本身的思考或玩弄，因而再以《旺角風雲》和《江湖告急》為集大成。

6

《旺角風雲》通過顛覆、戲謔、自我指涉去令觀眾看出江湖片的虛構性，更後期的《江湖告急》，就更是明刀明槍地將江湖片幾個重要元素：義氣與男性情誼，作出正面的攻堅，宣告對江湖片解構過程的最後一步。

《江湖告急》的前設已是一個玩弄敘事技巧的笑話：有人要暗殺黑道頭目梁家輝的角色，他於是動用一招江湖告急令，偵查誰是黑手之餘，同時爭取地盤。由始至終，誰是幕後主謀並沒有揭示，因主線志不在此，通過對黑幫各職位人士的立體描寫，故事試圖建立一個完整的江湖世界後，隨即予以解構。團伙中軍師不是想像中的黑道人物、忠心保鑣其實另有所圖，從另一個家庭倫理的角度而言，我們見到黑社會家族的另一個故事，一個跟其他眾多黑幫片中截然不同的世界。

影片帶著兩個江湖片常出現的重複重點來開玩笑，一個是關公，另一是同性

戀意結，並且說得坦白乾脆。關公在故事中真的現身，卻看不過眼面前這班黑道人士的所作所為，雖然黑道中人都強調自己尊敬關二哥。保鑣張耀揚負傷示愛露心聲一段，是說得最明白的同志宣言，不過以玩笑的方式帶出，輕輕提出對「兩男義氣」的新見解。兩者將黑幫片中兩個長期出現的神話徹底打破，可說是總結黑幫片到古惑仔電影一路以來所建立的神話。

7

電影中的江湖，曾一度作為黑道片、英雄片、古惑仔片的統一虛擬背景，它包含了教誨、冒險、流通傳奇的責任，歌頌古典價值，擔當起過往武俠小說在傳統中的角色，黑幫片的江湖其實就是傳統武俠世界的後現代轉化。在其他華語文化地區的拍攝尺度仍有所限制之時，它竟然是用一種這樣的反向方式，傳承了最重要的一種傳統。

2.4

**記憶與身分的
灰燼**

王劉
家鎮
衛偉
與

0

　　劉鎮偉與王家衛，兩位份屬好拍檔，作為均具有極濃
烈個人風格的香港導演，作品各走極端，卻往往互有關連，
可謂呈現出特別是有關於記憶、期限與身分這些香港題旨的
一體兩面。《東邪西毒》和《東成西就》，近似的卡士與幕
後創作班底，相若的時間拍攝，出來卻是兩部風格迥異，也
同樣惹人談論甚至愛戴的電影，可算是 90 年代香港電影的
奇葩。這種包含了其時市場特色，明星賣片保證，機動隨性
製作節奏，以至創作人頑強彈性的運作特點，無疑也象徵著
那年頭香港電影工業的某種活力特色。這次近乎救亡的實驗
（以同一卡司先拍一部來確保另一部的繼續進行），日後沒
有被重複或模式化，而是最大程度上呈現了電影公司的極端
性格，現在回想起來反而更像一個傳說。傳說是關於澤東這
間電影公司，它可以一手抓中觀眾笑點，另一手又使人陷入
深情。這都和創始初期兩位主創王家衛和劉鎮偉的風格與分
工有莫大關係。

1

三十多年後，我們把劉鎮偉與王家衛作品的位置放進香港電影發展整體脈絡中，才看到一個年代的香港電影是如何塑造了今天兩種不同的港片走向。1990 年《阿飛正傳》的出現宣告了香港另一位重要電影作者的誕生。王家衛其後和劉鎮偉成立澤東，開展了具王家衛個人風格的香港電影時代，也成為 90 年代香港電影的代表作者。

劉鎮偉在這過程中反而顯得站於聚焦燈以外，他拍過不少市場上受歡迎的電影（大部份也並非澤東出品，兼且不少是認為被低估了的作品），但一直不為大眾甚或評論界的認可。但無論如何，如果王家衛是廣義上的文藝片類（或整體上調子惘然），那劉鎮偉表現出的是另一種方向：用表面的喜感注入悲情的世界，形成一種富特色的悲喜劇。或者這是兩位作者的個人性格使然，又或者只是作品反映出來的氣質，但這種兩雙結合互滲的無界創作，無疑成就了前述這種極端的電影氣象。一喜一悲，一回味年華的錯失，另一不斷嘗試期以無限復活。一個以精緻的造詣打動世界，一個以任性的狂傲嘲笑天下。再而是一個訴諸全球的藝術片市場，另一位後來以獨到的感染力攻堅中國內地。

這種難以究本尋源的靈感交雜，只有在香港發生。

許多年之後，當兩集《西遊記》紅遍大陸，颳起了大話西遊風，該片粉絲問得最多的，可能是「誰是技安？」這問題。其時我都可喜形於色自以為洞悉天機地告訴大家：技安就是劉鎮偉用於編劇之名，還附送一句：你知嗎？王家衛也有化名叫金麥基。那已經是一段早至 1987 年《猛鬼差館》的姻緣，其時劉鎮偉執導，王家衛編劇之餘也出鏡客串了角色。就是說，這合作始自 80 年代喜劇風潮，在漫長的過程中，也見證了當年香港電影的興旺。80 年代低成本制作還有出路，投資方多元機動，從業者交心投緣隨時又組新公司，小公司又特別設有創作組。據他自己透露，劉鎮偉其時更多是製片、財務等角色，間或執導筒，但像王家衛對此的評價，劉更像是「做電影」，而他自己就是「拍電影」。

2

當年的緊密溝通創作伙伴和今天不同的是，首先由熟落出發，趣味相投或甚麼，先交朋友，接到工作共同捱夜「度橋踢橋」。而今天更多可能是委約件頭式的

創作。這集體創作度橋的模式，在 80 年代有各家聞名的創作室。90 年代以王家衛為中心的澤東，雖非奉行團隊創作，可從不同訪談脈絡顯示，很多靈感啟發，確實是二人的碰撞花火。有時是突然出現某故事起初的意念，變變變，後來成了另一部作品。而早初想及的，後來沒有用上的，又放進二人其他作品中。因而影迷常有一好奇疑問，就是當說到頗有共通的《東邪西毒》到《西遊記》（劉鎮偉離開澤東後作品）到《天下無雙》（後來兩人再合作作品）之時，故事的原創究竟在哪？尤其是當默契無間，像《天下無雙》由監製、編劇、導演也近乎二人共享，這確實是一個非常特別的工作情況。

於是，我們到今天已不會去劃分，於幾部二人深入合作的作品中，到底某一段是誰的印記？反而它們做到的，是教人以一整套作品系列來欣賞這批電影。

這或者就是一個未完結的澤東作品故事原型（想像澤東就在不斷拍同一步未完成的大電影）：它始於澤東誕生之前，過程中分道揚鑣，在《天下無雙》中再作出高峰合體，尚未完場，故事待續。

對的，如果他倆一直拍的，是一整部更大的香港作品，這作品的主角就是那個分裂成兩邊的人。命運交叉，選左，有他的故事，選右，有另一個。電影互涉的文本及延伸，又觸及別的更多二人以外的劉鎮偉作品。《阿飛正傳》的沒腳雀仔，前世可以是在白駝山孤獨半生的西毒，但未嘗不是在《天長地久》中延續的長髮飛仔。

3

時間、期限、記憶，這些被認為是貫穿兩人較重要作品的主題，在 90 年代思考香港身分的討論中（因害怕失去），成了一種城市的集體焦慮，就不奇怪會激發出 1994 至 1995 年多部有關時間與記憶的作品。這可以追溯至《阿飛正傳》的時間觀，對時鐘的聚焦，對年月日下午三點前一分鐘的永誌不忘，反覆在《92 黑玫瑰對黑玫瑰》被調侃（演變成失憶和對時空的壓縮處理），而高峰在《重慶森林》和《東邪西毒》兩部作品中再現（分別明顯指向所有東西都會過期和有機會不再擁有）。

同一主角（或主創）的精神分裂，如果在之前的片中還未夠強烈，去到《東邪西毒》的慕容燕、慕容嫣，以及《西遊記》的紫霞、青霞就不能說得更白了。那同樣意味著作品的那種精神分裂。

要說這兩部大漠戲的關連當然很多,兩者都是在經典上再另創前傳。王家衛亦在訪談中透露,《西遊記》中至尊寶和春三十娘的一段,脫胎自《東邪西毒》的第一稿,可說讓至尊寶作為一個王家衛式角色有了創作人肯定。那同一位主角經歷抉擇,在《東邪西毒》和《西遊記》中,都是壓抑告終,帶著一生的遺憾上路(這個人可以是阿飛、西毒、周慕雲、至尊寶),而在《天下無雙》,他們(包括王菲演的公主和梁朝偉演的李一龍)決定要把握自己命運——那可能被視為喜劇或超越的收場,一切水月鏡花,不用再執著是你還是我。同樣是桃花樹下,在此,我們確是看到了那跨文本的關連。

4

劉鎮偉 90 年代中離開澤東,二人在澤東時期的靈感爆發卻在劉鎮偉不久後和周星馳合作的兩集《西遊記》傳承,但收穫期則比想像中晚得多(但收成始終都到來,在香港上映的幾年後,這片在大陸廣受歡迎,以至王家衛告知遠在加拿大的劉鎮偉時,他自己也不敢相信,結果是導致劉鎮偉在中國的電影第二生命)。

而獨自繼續說故事的王家衛,那未完的 60 年代篇章,通向《花樣年華》、《2046》。其後的《一代宗師》是反其道而行,另闢新章說了這個香港主角的前傳,也是那一代南來香港人的寫照。

兩人至今最後一次具名的合作是《天下無雙》,這部很難分清是劉鎮偉還是王家衛主創的電影。作為一個暫時的結尾,它意義非比尋常。在形式上有所不同(混合黃梅調、歌舞、喜劇)已不用多言,就是在故事人物處理上,也有一種二人歷來多部電影的跨文本解讀快感。它在選角上,當然是《重慶森林》那男女主角未完浪漫的續緣。在鏡頭和慢鏡運用上,也帶《東邪西毒》的印記,當然還有那富王家衛典型色彩的獨白。

而它最具簽名式的當屬對記憶之執迷。公主王菲等俠士梁朝偉,幾乎可看成是那夜在加洲酒吧的等待。這裡的解決是不如瘋掉,不是失憶,也非執念。達成你中有我,我中有你的境界。它迴響著《東邪西毒》的提問,也訴說桃花依舊的悵惘。春暖花開也可以是一個單人桃花島。由是,最初我們提出的「作為一部整體香港電影」的主角,自開始時的分裂成兩人,到最後又複合成一體。由分叉花園繞路而行,各看風景後又團聚一起。

這段頗耐人尋味的合作,引發對身分、時間、記憶的提問,它的重點建基於

一個更值討論的基礎，跟其時香港正在發生的情懷轉變有不可分割的關係。如果兩人的戲劇母題分別都和時間有關，兩人表達及取向卻大異其趣。相同的是，處於香港這敏感多變的三十年，它們記錄或展現了某種難以言喻的複雜情懷，或者就是那種通過消失才能顯現的文化感性，一個時代的香港情懷。就在同一段時間，香港經歷了它的告別與新生，歷史與記憶變得無比珍貴，那句：「當有一天不可以再擁有，唯一可做的，就是盡量令它不要忘記」成為香港人的心聲。當集體回憶，歷史保育也成了熱詞，香港人不奇怪會在這批有關時間的作品中感悟深情，縱然時間已燃成灰燼。

5

　　然而兩位創作人顯然有不同的對待時間與空間的方法。王家衛的，是一種享受遺憾，就如波特萊爾的《惡之花》，路上擦身而過那位失諸交臂的女子，可以做的，也不過是事後的唏噓，因為生命之中，也不知能否再遇上。但這也是美麗的，堪記的。它在時間長河中難以挽回的曾經擁有，同時渴望於空間中重聚，因而有了他另一作品中的恆常母題：家。

　　在他的電影中，重構的不僅是（也可能是虛構的）歷史，而是試圖完成一個不能完成的任務：嘗試尋找一個「家」，一個落腳點。而這個家的觀念，及這個家的不能獲得，建基於身處的不能停止的漂浮形態，一種流動的狀態，這也正是人在異鄉的流離境遇（diaspora）。主人翁漂流尋找，在夾雜喧聲或不同文化的地方進出（那種混雜無助以《重慶森林》中出現的尖沙咀森林為代表），與路人擦身而過，間或跟不同人物形成短暫的臨時家庭，就成為無家可歸者的短暫落腳點。無論是《阿飛正傳》的旭仔或蘇麗珍、《東邪西毒》的所有角色、《重慶森林》的警察、《墮落天使》的殺手、《春光乍洩》的黎耀輝何寶榮、《花樣年華》和《2046》的周慕雲，到《一代宗師》的葉問，在他們身上都體現了流離精神，一種對家的嚮往，而不可得。王家衛開啟他上海篇章《繁花》前的最後本土作《一代宗師》，則可視為擔起重要傳承角色的作品，它構成了今天我們耳熟能詳那香港故事的前傳（也是梁朝偉這「香港男人」原型的前傳），並作了一次歷史見證：1950 年，大陸的武林人士有些離開有些留守，香港成為傳承中國武術的最後一站。日後，大陸地區內的武術傳統被迫切斷，恢復之時已變成體育或觀賞項目，跟往日所說的武術精神近乎脫節。《一代宗師》講的是一個消逝的武林，慨嘆老規矩舊人情世故的失落，但

同時不無自豪的預示葉問那革新理解武術和授徒精神的新功夫時代的來臨。他拋棄師父授徒那永遠留一手過份玄妙的傳統，轉而用最親和直白的語言與教法去把武術發揚（可看到李小龍截拳道的確受這精神影響），打直線，化繁為簡，一橫一直，那可說跟香港向來擁抱的實用主義精神大有淵源。

　　每個人和地方都像有一個章節，宮二的和內地的那一章，在五十年代擱筆。葉問在香港的，1950年開始。那一年，李小龍十歲，剛拍了《細路祥》。1972年，葉問離逝，李小龍則晚師父一年過身。而後，才有今天我們已說得更多的另一章香港故事。

6

　　而劉鎮偉呢，有著相似的原型角色，他卻利用超越時空限制的方式，來為角色重新選擇。《西遊記》周星馳那場拿著月光寶盒滿口「波野波羅密」嘗試時光倒流去看清真相的劇情成為最佳注釋。而去到《天下無雙》就更是至尊寶、夕陽武士、周慕雲、西毒都做不到的。在這一部電影中，角色才得到再選擇的機會。當然，宿命或者有，這角色縱有選擇，但不知是福是禍。他變成尼采式永劫回歸的被操弄者。但正如劉鎮偉所言，這就是他的題旨所在：在無限復活的過程中，起碼這不斷提醒自己，如何做一個更好的人？

　　是的，歷史和出生沒得選，我們帶著遺憾和前塵告別？還是選擇自己的新命運？——這不也正是香港這些年來的題旨嗎？

2.5

香港歷史與
身分的劇集啟蒙

0

　　70至80年代的香港中學生，遠遠沒有對香港近代歷史有系統性認知。有關自己城市的歷史，都籠統地被併進中國近代史之中，往往一筆帶過。而教科書中的中國近代史，只是把中國朝代更替，數算至最後階段清末辛亥革命這高峰，作為中國版本的「歷史的終結」就近乎結束。去除帝制建立民國之後，不僅沒有詳細講述以後的二次大戰和香港的日佔時代，國共內戰到中華人民共和國的建立過程，就像一片空白（這段歷史在左派學校固然會有較詳細講述），更遑論其後50年代至60年代更為切身的中國大陸逃港潮，以至這一波移居香港的浪潮是如何影響二十年後其時的香港。

　　也就是說，從50年代至80年代的香港當代史，於大部分十多歲的孩子看來，差不多連官方說法都沒有。後果即為，後來80年代社會上出現的一應政治事件，從中英談判到香港未來探索，我們一代都缺乏整體脈絡來理解。有的，更多只是靠家庭長輩零碎口述的「走難」故事。

直至 1984 年，當前途談判接近尾聲，中英聯合聲明的公布如箭在弦，較為關心香港命運和歷史的年輕人，竟然是要從電視劇集中才能系統性地得到一個大概：香港從世紀初開始的人口結構轉型，香港是如何由移民組成，香港與「鄉下」（故鄉）的關係，內戰和文革如何引發新一波移居香港大潮，最終塑造了其時我們認識的香港。

1

其中一輯重要電視劇啟蒙作品，是香港電台電視部的史詩式劇集《香江歲月》，1984 年七月開始播放。第一、二輯共十八集，由二次大戰香港日佔時代講起，延續到 80 年代初，可算是正式以跨時代家族史的方式，追溯香港崛起的歷程，以至第三輯所呈現的發生於 80 年代中後期的社會巨變。罕有地，當代的香港情懷，通過電視劇集有了一種文本輻射出來的延續性。《香江歲月》的人物發展設定猶如這裡一直強調的「當代香港是由極高的流動性組成」，包括了人口、資本的流動，而當中的人口遷徙，又主要包括了廣東省和華東地區（特別如上海江浙一帶）各自南來的兩大分支。表現為萬梓良飾演的漁民之命途轉變（香港本土或廣東根源象徵），以及由柯俊雄所飾由上海到香港的紗廠商人，這種一南一北文化背景的「南北故事」（對香港而言，上海江浙已屬北方，這和上海江浙向來界定自己為相對於北京的南方有所區別），將重複出現於日後更多影視作品中，持續豐富了香港各時代的影視文化產出。

儘管講述省內省外人南來香港的電視劇，早於 1980 年就作為通俗劇於電視台先後推出並廣受歡迎，譬如麗的電視有《人在江湖》及《浮生六劫》，以及香港電台電視部製作更具野心的《歲月河山》，無論是收視或者在評論上都惹人關注。特別是《歲月河山》，此劇主要由李碧華編劇，以六集各自獨立成篇又互有關聯的故事，說出主要處境設在香港新界鄉土，由清末寫到二次大戰後的鄉村家族變遷。首集時間點是光緒廿年，講東北部大旱災，主線角色由粵北的韶關逃至香港新界鄭家老圍尋覓新生。至於因有剛投身影視界的張國榮參演，因而至今最聞名的第二集「我家的女人」，則講述張國榮演這家中二少角色，是從省城廣州讀書歸來抱更先進理念的年輕人。歷史和地理視野上，此劇結連了香港新界和中國大陸的密切關連，同時又提出聚焦新界或香港本土的新位置，可說一新香港影視作品耳目。

這些早期較零散的劇集，看來都沒能像後來《香江歲月》那樣把香港發展和

前途故事說得那樣系統化及脈絡化，更遑論突出作品出現之時伴隨而來的當代社會情狀關聯意義。《香江歲月》當中一個影像特別深刻：梁家輝飾演的富家子，白衣一度一派憂鬱書生風範，於夕陽下獨自吹奏著喇叭，像一個不被世界諒解的棄子。故事中，他是典型從上海南來富裕家庭的繼承者，父親是由柯俊雄飾演的上海企業家，移居到香港後重新開設紗廠。後來梁家輝角色結婚，也發展由他把孩子帶回上海探親的情節。簡單的家庭瑣事，但串連起家族以及多個城市的流離過去，可能就是從那刻開始，香港那代年輕人從電視劇這些情節與人物，才被提醒，自己的身分和命運其實跟這些地理、家庭流徙故事有著千絲萬縷的關係。

2

在回望整個香港身世故事的啟發過程，電視劇集所提出的關注一直被低估。可以說，在 70 年代末 80 年代初，前途與身分問題還未成為顯要社會議題之前，其時最敏感的「新媒體」電視行業已大量以尋根作題材，反映於受歡迎劇集之中，顯示為懷舊與溯源熱潮。「香港人是如何成為香港人的？」這提問，被化為盪氣迴腸或賺人熱淚的連續劇，其時年輕的電視人那敏感度可想而知，而這批電視劇集結果也確實大受歡迎，證明必定也是觸碰到一種香港其時的集體情緒。

《號外》雜誌最早關注到這陣可稱為懷舊劇集的潮流，背景正是上述這批電視劇熱播潮，接近同一時間的 1980 年前後，無綫電視、麗的電視和香港電台電視部（節目被安排在前述兩個商營電視台播放）都分別推出了相關劇集，此現象比上述《香江歲月》的出現早了四年。該年的六月號刊出了一個雲集這多齣劇集主創人的座談會紀錄〈電視懷舊劇集討論會〉，除了有洞悉力敏銳的《號外》總編輯岑建勳、創刊人丘世文和鄧小宇，出席的電視人極具代表性，包括其時香港電台電視部戲劇組主管張敏儀（也是日後的廣播處長）、麗的電視一台節目總監麥當雄（日後將投身電影圈拍下代表作《省港旗兵》）、無綫節目發展部經理鄧偉雄（也就是〈鐵塔凌雲〉填詞人之一）、香港電台出品《歲月河山》導演之一黃競強。岑建勳在整個討論的引子中明晰了這現象：「我們今天邀請大家來這個小型討論會，是因為我們發覺最近三個電視台都不約而同地推出一些和所謂懷舊有關的節目。譬如說港台的《歲月河山》、RTV 的《浮生六劫》和《人在江湖》、TVB 的《上海灘》和《山水有相逢》等；我不打算在這裏爭論《歲月河山》是否單純是懷舊這一類問題，我想提出和大家討論的是這一類片反映了一個現象，便是目前三個台都相當關心和自

覺地在考慮創作題材時，把香港在過去數十年來的成長列入其中。就是說讓我們這輩在香港土生土長的人看到在這數十年的經歷以及我們的成長過程；這波趨勢是以往沒有的，起碼不會是像目前這樣 CONSCIOUS 的，大家可以討論一下這個轉變的形成原因和動機嗎？我想很多人會有這個疑問。」

　　對談中，張敏儀給到的創作人換代切入點，可說是較早期的對「品味政權」迭代之理解：「這一兩年來，香港電視業中出現了一個情況，就是我們這個 AGE GROUP 的人比較能夠『話得事』，而我們這個 AGE GROUP 和我們的 ASSOCIATES——無論在外國回來還是一直在香港的，不少都回想過去。這是不謀而合的。」當丘世文提出不能把廉價的純情感懷舊或對往日的徹底浪漫化視為懷舊本質的代表，他另提出呼籲大家重視的，也是一種鑑古而探未來的角度：「應該是引發起我們想到如果沒有以前這一切，又怎會有今天的我們呢？我們又會到那裡去呢？這才是一種成熟了的懷舊，而不是那種 CHEAP 的、從前斗零一條油炸鬼的懷舊……」

3

　　三個電視台這股不謀而合的懷舊劇集潮，題材和風格各有擅長，可當中的情懷殊途同歸。氣勢如虹背景設在上海民國時代的梟雄劇《上海灘》，不僅進一步奠定周潤發的星級位置，令無綫繼續站穩「大台」的地位。此劇的上海作為冒險家樂園的歷史背景，也有了香港的隱喻意味。甘國亮經過多部風格獨到的電視劇集的成功後更見野心（尤其是口碑極佳，講兩名昔日粵語長片拍檔重修舊好的懷舊劇《山水有相逢》），受命集合無綫全台更強資源，拍攝一部反映數十年香港變化的成長劇《輪流傳》，預計中長達八十集。五位女主角，由 50 年代中學時代說起，是個人也是社會時代的縮影。故事中各要角的家庭背景多元，反映了其時香港社會複雜的家庭構成，也是前述「南北故事」的另一次反映。主線是第一女主角李司棋角色所處的上海南來富商家庭（故此劇罕有地作為香港電視劇集而出現大量上海話），也有本地小康之家（有陳百強飾演一角），或者另一女主角鄭裕玲角色所處的合租「板間房」窮苦人家，是一部野心極大的個人史詩劇。

　　麗的電視一方，則提出大規模的「千帆並舉」宣傳攻勢，多線新劇全面出擊，與無綫對撼，期以打破無綫的慣性收視。先有講述 50 年代南來香港打拼成功的奮進故事《浮生六劫》，主題曲及插曲由葉振棠主唱，其中〈戲劇人生〉是一時名曲。

繼而有《人在江湖》，歌曲〈人在旅途灑淚時〉同樣家傳戶曉，多年來一直是香港最流行的男女對唱曲目。最大突破也最大迴響，是九月推出的《大地恩情之家在珠江》，追溯廣東省農村家族的流徙史，寫香山縣內一農民家庭，如何因飢荒和戰亂，兼受地主壓迫之下，無奈離鄉外闖四處流離的鄉土中國悲情際遇，是另一章的家族史詩。

如果放回香港人組成之多元化這題旨，《輪流傳》和《大地恩情》可理解為兩個構成香港的群體寫照，前述李司棋角色寫上海南來企業家庭，是代表城市和資本的；後者則主要寫廣東省鄉土宗族的遷移，是農村和勞動力的。這些不同背景的人，特別是這兩大分支，最終都聚於香港，並一步步以香港為家。

《大地恩情》的野心不下於《輪流傳》，它是三部曲，繼《大地恩情之家在珠江》後，再有《大地恩情之古都驚雷》（中國北方背景）和《大地恩情之金山夢》（廣東省勞動階層被賣豬仔到金山即美國打工），完全是南中國移民史的劇場版，格局上已不單寫香港身分，而是把視野放到更大的全球華人流動現象。

4

再深入比較無綫《山水有相逢》、《輪流傳》，和麗的之《大地恩情》系列，可歸納出這兩種構成一直啟發著香港影視創作，這裡說的不限於主題，也包括了製作者的經驗、風格與文化根源。大可用電視台的作者論架構去分析。

廣東省南來這一系，表現於麗的電視《大地恩情》系列中，那種對農村家鄉土地的苦戀，希望死後也必須回到自己原鄉土地安葬的精神，直比由尊福（台譯：約翰・福特）導演的美國土地電影經典作《美國的大地》（*The Grapes of Wrath*，或譯《怒火之花》），當中農民流徙的故事如一，講述原本生活在俄克拉荷馬州的家庭如何失去農場土地，迫得在 1930 年代的大蕭條期間，橫跨美國，移民到西岸加州，而家人對家人結聚和土地之思念感動萬千觀眾。這種一家人必須「齊整」的重視，也是後來香港影視甚或社會的深刻認同，對通過雙手勞動去創造或改變命運的信念，有一定的左派文人風範流露，也和創作人的背景極有關聯。

有別於電影行業中作品較看重導演的角色，電視是一個監製主導的平台，故此電視劇風格，主要體現於監製的作者風之上。《大地恩情》監製李兆熊，此前還拍攝了《變色龍》和《浮生六劫》。他作為著名粵語片導演李晨風的兒子，也是父親眾多作品的編劇，思路及風格一脈相承可想而知。他也是較罕有地在高度工廠化

的電視流水作業生產中，能突出一點作者風格的一員。李兆熊這些「南方土地故事」，實在可追溯至來自其父李晨風的傳承。李晨風早於 1929 年就進入廣東戲劇研究所接受話劇訓練。香港淪陷的日子，他與早期香港粵語電影重要人物盧敦、吳楚帆等組成明星劇團輾轉在廣東省及南洋演出。

其時這批電影人也每多左傾或至少是擁抱進步精神，表現為作品每有打破舊傳統和反封建色彩。一種以劇載道，宣揚由五四精神到進步思潮的傳統日積月累，通過作品表現其時代的流離失所悲情之餘，也冀望達致某程度的社會或觀念革新。反映在李晨風的導演作品之中，有如改編自巴金小說的《寒夜》，以及李小龍有參演的《人海孤鴻》。他於1952年並曾與其時粵語電影代表人物吳楚帆、吳回、李鐵、白燕等合組中聯電影公司，強調要改革和提高粵語電影水平（其時還是以國語電影作為行業最高標準）。

廣義上的左派電影人基於意識形態傾向，慣於描寫勞動階層故事，通過「人民」力量以雙手創造未來的宏觀大道，可說不止於李晨風作品，並同時傳承至李兆熊麗的時期這批劇集之中。最明顯如《大地恩情》發展到主線家族主人公病亡一集，他們家族最大的悲劇正是失去土地，長期被地主剝削，下一代及後更要遠赴金山不能見亡妻最後一面。然而，一家人依然辛勤為生存奮鬥，寄望明天的命運逆轉，並強調必須回到故土，這分對土地的熱愛，對勞動力的頌揚貫徹作品。李兆熊作為電視劇具作者風的創作人，他是極大程度上於電視行業中持續詮釋了一種獨特的主題價值，並凝聚了相似背景來港者的心境。

5

對照之下，由甘國亮策劃，由《山水有相逢》到《輪流傳》又是另一種作者風格的顯示，而且除主題外，同時具突出的視覺、語言等外在明顯風格。

甘國亮劇集中要照顧的香港人來歷更廣，特色是大部分創作皆以女性作為故事主體，包括了具時代氣息的《甜姐兒》、《孖生姊妹》、《過埠新娘》等；懷舊劇則有《山水有相逢》、《神女有心》（編劇）、《輪流傳》等，後者的五位女主角及其背景固然豐富，當中兩大女主鄭裕玲和李司棋的流動身分構成也是重要的人物特徵。前者是低下階層，通過選美會向上爬，象徵前述廣東省勞動背景努力打拼出人頭地。後者是上海南來香港的富裕家庭，以至劇集中大量出現上海話台詞順理

成章，開創了香港電視劇集的多方言口音呈現之餘，如果結合同為李司棋主演的前作《山水有相逢》和《神女有心》，那標誌式的帶有極濃時代感的精煉台詞和用語，由聲演經驗豐富的李司棋講出，可謂活靈活現，簡直是一次又一次有關粵語的時間廊式記錄。依甘國亮自己的說法，像後來大受歡迎的《執到寶》，他是全以粵語口語去編寫對白台詞：「我的訓練由七十年代開始，早已學會發明一件事，就是不用演員去『化』台詞，從前電視劇本採用文學對白，演員要懂得去『化』，若不懂得用生活化對白，往往會慢半拍，甚至整組人都投入不到。」這可說是通過台詞構思的絕對粵語本地化流程去輸出一種劇集的精神，同時也是藉著這種在香港早期坊眾及粵語長片中出現的語言，爭取到從語言上的身分認同。

《輪流傳》播放至 22 集，出現了香港電視史上罕見的劇集腰斬事件，因而也被麗的電視宣傳為其《大地恩情》攻勢的巨大勝利，並有了至今傳頌一時，令那一代觀眾記憶猶新的語句：「《大地恩情》以狂風掃落葉的姿態，將對手連根拔起。」後來電視界中人對腰斬《輪流傳》之原因說法不一，策劃的甘國亮和劉天賜更多把原因歸咎為收視率的落差，和基於製作成本和時間失控使之難以持續的工業理由，但這種慢工出細貨，得花長時間鋪墊的偏文藝電視劇此後確是無以為繼。《輪流傳》創造了一個新劇集形式又失掉了這種方向。但它在呈現香港 50 至 60 年代那複雜的家庭和人口流動性的特色確是走得極前。

鑑於同一年新入行的王家衛參與編寫了同為甘國亮負責的《執到寶》（另一位編劇為林奕華），以兩人密切的合作關係，上述《輪流傳》這些角色設定，無論是李司棋角色家庭的上海富豪背景，她母親的典型上海女人派頭，她到南洋產子的劇情安排，以至林嘉華飾演的不是去捉賊而是陪角色閒逛的軍裝警察，以及鄭裕玲那草根出身拼搏向上的經歷，都無不令人聯想到日後在王家衛多部上海相關作品的角色構思，以至更宏觀的，他那上海系列和佛山葉問，也是從另一角度探討並反映了這香港身分的「南北故事」匯流。

6

但要強調，電視畢竟跟電影工業大有不同，電視作者論難以全盤套用到創作人的所有作品，甘國亮和李兆熊跟更多前輩如王天林或李晨風一樣，也是先後承接了各種不同內容和劇種，當中自然也有濃厚商業性或可說和前述之作者風格不同

的，這是電視工業高密度生產的必然。但通過耳濡目染及傳播度更廣的電視媒體，各個電視台際此黃金時期合力帶引的香港電視劇風潮，確實跨過地域與時代，把這種香港風格傳遍全球華語圈。

在甘國亮和李兆熊創作之同時，進一步引起更廣層面共鳴的是武俠電視劇。之前在佳視拍了《射雕英雄傳》的蕭笙（首部改編自金庸小說的電視劇），除了同期間為麗的開創了《天蠶變》、《天龍訣》、《大內群英》等武俠劇集風潮，更在80年代正式把金庸武俠電視劇全面輸出，滿有自我風格的武俠劇《神鵰俠侶》、《天龍八部》等作品真正建立起香港劇集和武俠動作故事那必然關連。武俠訓誨，實則是承載了某種此前在中國大陸失去的傳統（練武曾被認為是舊社會殘餘不被鼓勵），這使香港當時作為一個中華文化的遺民之所角色更形突出，也是一種延續中華文化的身分體現。

這種和中華傳統，或上一輩流徙至香港的源流有關的故事，總體而言，是那種懷舊的趣味，到80年代後期亦將淡出，第二代及第三代香港人已開始成長起來並爭取看電視的權利與口味。一些更純粹，探視香港本地新一代成長歷程的倫理故事或處境現實劇將接管新的電視時代，找著新的身分共鳴者。《畫出彩虹》和《新紮師兄》是這再新一代香港年輕人的所好，角色來自更富朝氣的背景，是漫畫家和警察學堂的新人，同時捧出了包括梁朝偉、劉嘉玲及劉青雲等眾多新星。編劇的是韋家輝，象徵香港本土新世代電視人時代的來臨。之後，他負責編審或監製的代表作，《誓不低頭》、《義不容情》、《還我本色》及《大時代》將成為另一種充滿作者個性風格的電視代表作，內容再非聚焦鄉土，而是把目光對準香港的當代企業、家族、屋邨和股票市場，代表一種全盤崛起或暴富後的香港神經質，以家族情仇故事道出，間中透著哲理。很大程度上，也是香港電視圈最後一名作者。

新浪潮前後

作者言志與中港寓言
（1972 與 1982 前後香港電影現象）

0

　　討論香港電影新浪潮風格的觀點已不少，但如果集中分析新浪潮與香港身分形成的關係，則不得不依從兩個主要脈絡來觀測。其一是這期間出現的身分討論，正符合香港身分最初的興起其實展現為一種無意識的自我意識流露這前設，意思是：當香港身分自覺地成為了一種自我認定之時，反而正是因為這身分正面臨挑戰。其二，這身分的反思，發生於 80 年代初香港前途問題開始作為社會議題之時，也道出了這身分是如何跟中國元素互為牽動，新浪潮後段及後期 80 年代的言志作品，每每能被看作是不同的中國寓言。

　　由此，要論香港電影繫於香港身分的每段十年史，或者我們仍可以 1972 年作開端，這不僅呼應了同年《就此模樣》作為香港流行音樂里程碑的出現，這年也是香港電影真正揚威國際的高光時刻。李小龍的《猛龍過江》和《精武門》於這一年先後推出，掀起的功夫熱跨過地域界限席捲全球，把香港電影置於世界電影地圖顯要位置之上。往後，每個十

年,城市命運和電影風潮都有明顯轉變,無論是把目光面向中國大市場,還是往後的回歸本土。這段十年史的發生,不同年代的代表作巧合地同時呈顯了香港電影的口味轉變之餘,也是各年代文化焦慮或身分認同的體現。

1972年的十年後,1982年,香港電影新浪潮已接近尾聲,但留下的遺產和創意源源不絕,滋潤了往後數十年的香港電影及流行文化。70年代以來,我們見證了香港電影黃金時期的初階,由功夫電影風潮延續至80年代初票房上受歡迎的《最佳拍檔》,再到口碑商業俱佳,今天看來也是滿載喻意的《投奔怒海》,更不乏新浪潮的代表作《烈火青春》和同樣具爭議性的《靚妹仔》,堪稱神仙過海各顯神通,這是香港電影的第一個黃金十年。《烈火青春》和《投奔怒海》同時象徵了1982年的香港氣氛,黑夜間濃濃的鬱悶,低氣壓下的精力無處釋放,等待出口,同時也是城市前途不明下的最佳注腳。

再過十年的1992年,《92黑玫瑰對黑玫瑰》通過後現代的時空壓縮、精神分裂與失憶情狀,百分百反映了那份隨97越近的焦恐。而到了2002年,回歸真正帶來的滯後衝擊方才陸續浮現,《無間道》系列以雙重臥底的橋段訴說了當中的矛盾。2012年卻已涇渭分明,一就像《低俗喜劇》或《一路向西》般講徹底地道的本土意結和大陸不適應症,一就像《寒戰》、《毒戰》這種類型大主題並測試中國市場。《窄路微塵》在2022年末推出別具意義,一方面承繼其時後浪潮新導演們的志業,拍出質素和票房俱佳的反映時代作品,回應被架空了的三年疫情生活記憶之餘,也明確了過往幾年來香港電影那重視社會現實題材的新取向,同時也揭示出疫後及踏進新時期後,香港電影和香港人身分的新篇章。

1

現在回看,上世代的香港人,對於後來要面對回歸中國這事實,可說後知後覺。整個70年代的香港電影,是充斥著青春的荷爾蒙與放任個性的想像,遠離現實基礎。過剩的荷爾蒙反映於對「拳頭與枕頭」的著迷,前者屬於功夫動作片的武打世界,後者,是源自世界新思潮下的性解放體現。香港政府看來也幫了一把,在這方面的題材審查上,電檢尺度顯得前所未有地寬鬆。功夫片熱潮由李小龍多部作品捲起,他1973年遽然的離逝不僅沒有把熱潮吹熄,反而是全面生根再發揚。功夫拳腳被置進不同的類型開拓中,於現實街區黑幫處境,有桂治洪的《成記茶樓》和《大哥成》;於古裝俠義典故中,有劉家班多部清末背景硬橋硬馬功夫力作如《洪

拳與詠春》、《洪熙官》、《少林三十六房》；直至新的接班人成龍與洪金寶的出現，讓已開始僵化的單純功夫拳腳片注入新鮮的詼諧元素，徹底令這已呈疲態的舊類型獲得新生。這時候已是一切新氣象等待開始的 1980 年前夕，過往的傳統行將退去，新一代創作人悉數準備登場，一個更新的香港正在誕生。

2

　　1976 年梁普智的首作《跳灰》打出了第一槍，以革新的電影語言，更流利的剪接、鏡頭運用，總體上是一種新的電影節奏，宣告了香港一個新電影時代的到臨。這新時代，後來被稱為「香港新浪潮」，主要形容有別於過往香港電影界的行業與製作傳統，今次參與的更多是當時年輕一代的創作人，他們並非憑固有的行業或家庭背景關係參與電影工業或科班出身，而是畢業於大學，或從事其時的「新媒體」即電視製作獲取經驗。亦有個別於國外專門攻讀電影，每個人進入電影行業時都帶有一種自己的見地，想要講的訊息。他們受 60 年代以來國際各種電影思潮與運動影響，縱使背景不一，相同的是，這一代香港人都決心在香港電影界大展拳腳，而且是銳意開創一些跟過往截然不同的風格。徐克作為越南華僑，於美國攻讀電影後來到香港。許鞍華在香港大學攻讀英國文學，和譚家明與章國明一樣，電影出道前都以拍攝電視劇作鍛練。三部首作都出現於 1979 年，徐克的《蝶變》、許鞍華的《瘋劫》、章國明的《點指兵兵》，這才使 1979 年發生的一切更像一篇宣言。

　　直至 1980 年前後（時任港督麥理浩是在 1979 年訪問北京），從麥理浩到戴卓爾夫人的北上中國與最高層會面，香港人與全世界方才驚醒，原來還有「香港前途」這麼一回事。但不消幾年，前途問題就因一紙叫中英聯合聲明的協議像快速談妥了，坊間稱之為「塵埃落定」。也是在 80 年代開始，前途問題、中港關係、回歸的憂慮，成為了香港社會上不能擺脫卻也徒嘆奈何的思緒。這情緒和對中國的想像間接或直接反映到港產片之上，形成了一個極富其時香港電影特色的家國寓言現象。

　　直至 1984 年聯合聲明公佈之前，整個城市瀰漫著不明朗因素，實則該理解為焦慮的這種情緒，卻得寄托於其他方式才能道出。當時，似乎所有香港的故事，都先要作為別人的故事才能說出。甚至乎，那焦慮實在太難於啟齒，只能將它化為言笑才能被細訴。

　　這裡說的「別人的故事」，意思是得講其他地方的故事，或是以另一時代的故事去代替。香港問題，變成一個明明白白的，人人都知道有其所指的隱喻。

3

　《烈火青春》所以是新浪潮最後一部重要作品，除因為它拍成於尾聲的 1982年，更大原因是那講求極端個人風格及言志之風往後已無以為繼。片中台詞「我們對社會沒甚麼貢獻」接下來的回應是「甚麼社會啊？我們就是社會」。這種故事中的虛無主義，一定程度上其實是其時香港社會氣息的寫實轉化，縱使大部分觀眾都未必會會得到。香港青春的烈火至此無處點燒，新浪潮闖將從此各自轉向，有些淡出，有些則更積極投進商業製作當中，配合著香港社會進一步發展成富裕進步大都會的步伐。由那時期開始，不講究深刻的觀影體驗，反而是最直接的娛樂更能切中要害。

　這正是香港電影向來彈性發展之特色，完全交給自由市場，新浪潮絕非代表那個時代的全部。新浪潮式微後，瘋狂追趕式喜劇成為當道的類型片種，新藝城以至較後的德寶成為著名的出品方。再往後，由《醉拳》、《A 計劃》、《警察故事》到《奇蹟》，成龍在這階段憑著他的靈活身手和巧妙的動作設計，除了取得巨大的商業成功，還添了一種其時流行的香港形象隱喻。他被理解為一種香港人處事以至性格上的特色代表：速度、靈活、變通、實力、拼搏、自嘲、樂觀，再加些少運氣。

4

　前 1984 的意結，則收納在三部前聯合聲明時代的重要作品。這是香港電影作為城市命運寓言的最重要一環。

　1982 年的《投奔怒海》不僅在票房上成功，且在後來建立的中港關係論述中，佔了極重要地位。由左派公司出品，中國取景配合（海南島取景拍攝），怎樣看來，從原題旨及製作背景來看，它都不會是一部輸出恐共情緒的電影。不過作品原意與解讀可以是兩回事。一部講越南船民問題根源的作品，甚至以林子祥角色的日本記者設定去把角度抽離，但一經跟時代結合，卻能得出一種莫名的感應。由是，港產片那漫長的對前途焦慮的探索，展現成一種流離的感性，持續的隱喻。在這期間，主題特質是漂泊、逃離。

　《投奔怒海》說的是 70 年代越南共化的歷史情景，它與香港的共情，原本可

說是出於一種人道主義的關懷——不要忘記，越南船民問題，一直困擾著那時期的香港。如今看來，當年的隱喻，對比今天誰會是難民，添的是另一份預言性。

同樣結局是航出大海，1984 年的《等待黎明》有一個更清楚的主體參照：香港 1941，表面上描述二次大戰香港被日佔期間，香港人掙扎逃離本城的故事，然而那借喻不可謂不明顯。

這種迷惘沉鬱，要在描寫二次大戰上海淪陷期的《上海之夜》才能在談笑歌舞中解脫自娛化重為輕。但在這部 1984 年的電影中，孤島上海，對照同樣是島城的香港，更有了比喻的恰切關聯。才又再次回到那不變的論說：香港故事都被編寫為別人的故事。往往得從他人的遭遇中，才能見證自己的身分。

5

雖然塵埃落定，可心態不一。如果之前作品中，「香港」這名字還不能宣諸於口，要通過「別人的故事」來表述，那《英雄本色》就是首次把對香港的珍惜，那種源於害怕失去而生出的恐懼，正式透過一位香港人最有共鳴的演員周潤發所飾的 Mark 哥，在黑夜的高山上，配以山下萬家燈火，以最深情有力的台詞道出。影片在 1986 年能獲空前成功，和這種社會情緒背景不能割裂。

這可能是在所有香港電影之中，直指香港歸屬感最坦白而又最打動人心的台詞：「真係估唔到香港嘅夜景原來咁靚。咁靚嘅野，一下就無晒，真係有啲唔抵。我衰咗三年，我等緊個機會，爭返口氣。唔係要證明話畀人聽我威，只係想話畀人聽，我唔見咗嘅嘢我想自己攞番！」

也是自此時開始，不認不認還需認，香港得正面去回應，作出選擇。港產片和香港流行文化選擇了暫且把對未來命運的預測擱在一旁，轉而逆向懷舊，回頭先重尋自己的來歷身世。《胭脂扣》說的是個誓言破落的愛情故事，情感停留在耽美，造型突顯是淒迷，質疑的是盟約的虛實。直至 1989 年，經歷難以釋懷的創傷後，香港電影才選擇了另一極端，改以裝顛扮傻無厘頭去回應，開啟了 90 年代的新階段。間中滲進韋小寶式的調皮提問，但更多是像「表姐你好嘢！」系列的苦中作樂。

2.7

香港後現代的身世

懷舊、失憶、精神分裂
（1992 前後香港電影現象）

0

　　90 年代初，香港步向 1997 回歸過渡期當中，有兩部極具代表性的電影，《黃飛鴻》和《92 黑玫瑰對黑玫瑰》可說是概括了其時既是電影風潮也是社會精神狀態的獨特色彩。那是 1991 年至 1992 年，八九六四的震撼驚魂甫定，隨 1997 的腳步越發臨近，反映於香港電影的情緒也越見複雜，走向極端，簡直可用「精神分裂」來形容。也是同樣於此刻，香港正式步進「後現代情狀」。

1

　　這種分裂，表現為兩個極端，一面是情深款款，以懷舊來寄託行將消失之焦慮，明顯反映在王家衛和 UFO 電影公司連串作品中；另一方面，則可以用香港語「大癲大肺」來形容，以莫大的嬉笑聲浪去蓋掩內在的矛盾不安。以導演代表作來舉例，若前者可以是王家衛的《阿飛正傳》或陳可辛的《甜蜜蜜》

等懷舊作品，後者固然有周星馳眾多作品為代表。在這看似兩極的取向之間，最體現香港特色的，是另有作者式導演慣性地能駕馭如此不同的元素，在商業片中透現作者藝術志向，對類型片熟悉掌握之餘，又能將其反轉再創新猶，作品同樣表現為分裂狀態。說的，是兩位商業上同樣卓然有成的導演，徐克和劉鎮偉。在他們二人手上，黃飛鴻和孫悟空兩個耳熟能詳的角色，竟然披上新的身分，在電影中演了一回香港人，「咁都得？！」精神確是所向披靡。回到具象徵意味的 91 年至 92 年，檢視徐克和劉鎮偉的電影脈胳，我們大致可以追溯到香港電影及香港社會的這種可說為後現代情狀的身分流變過程。

2

　　當決定你個人或城市命運的討論中，你沒法參與。你可以做的，就是在個人作品中重尋那丁點的話語權。這關乎一種敘事權力。用哪一身分來說話？說甚麼？說給誰聽？

　　徐克前期的作品（直至往中國大陸發展前的 2000 年代），當中有兩個特色涉及到香港身分的討論。其一是他這時期作品中的「家國隱喻」，每每是用舊故事、老時代借題發揮，借古喻今。另一方面，是刻意突顯「誰在述說」，故意把「敘事者」曝露，達至質疑「敘事權力」之效。

　　前者盡情表露於他最成功的翻拍黃飛鴻的系列中，於此，他放棄傳統中深入民心的老師傅形象，故事中再非儒家教化或輕言武德，而是把這老英雄搖身一變成為一位帶現代甚至漫畫色彩的新功夫偶像，雖極力保持嚴肅，可時而不失幽默。對比兩代黃飛鴻（另一知名系列是由關德興飾演的 60 年代版本），可看到截然不同的代表價值。一個脫離老傳統包袱的英雄得到新生，意味著同樣是力求擺脫傳統命運的香港神髓。因此，徐克版的黃飛鴻，其實是個反英雄。

　　這種對傳統角色的顛覆，要再加上徐克對敘事的注重來一起討論。在他的作品中，多次出現的「後設敘事」，帶著「有關講故事的故事」新風，呈現出故事和說故事者之微妙關係，從而提出了對「何謂真實」、「是誰在說的版本」的質疑。

　　香港電影學者吳昊曾準確地分析過，徐克鏡頭下的黃飛鴻，可說是英雄三變奏中的第三期，對應於古典英雄及悲劇英雄，徐克的黃飛鴻可算是個反英雄，也是後現代英雄。

　　徐克 91 年拍的《黃飛鴻》，劇中黃飛鴻是築於過往黑白粵語片時代那文本之

上的人物，距離歷史中的黃飛鴻固然極遠，他是通過更新並反思過往黃飛鴻系列中的情節及角色塑造加工而成，是一個沒有原製的複製品。更重要的是，徐克更不迴避這種虛構性，反而將之肆意發揚光大。在 90 年代新一輪黃飛鴻系列中（共拍了六集，頭三部為徐克執導，後期的非由徐克執導，但都有參與監製等職），其最大爭議是歷史感的完全脫軌，人物與劇情，完全變成導演腦裏隨手拈來的元素，為他製造能傳達其主觀意願的工具，寄託了潛在的國家政情隱喻。

於是，黃飛鴻可以跟孫中山搞革命，與十三姨談情，年紀亦年青得多，及後更可以流落美國。徐克借時代背景與觀眾熟悉的人物，另開新章，說著導演感受到的家國身分流離寓言。在徐克的古裝片中，就是這樣滲滿現代元素，奇特的改寫與敘事策略成為耀眼的動作及剪接掩蓋著的隱藏特技。

3

後設或改寫文本，在文學上未必屬後現代創作思維，甚至可以說，這手法仍是「現代大師們」關注的議題。影評人李焯桃就認為：「徐克每片必言志的野心，其實是反後現代的。他自導那三集《黃飛鴻》電影，便借重塑廣東英雄形象來反思中國近代史，試為中國面對西方文明的侵略和挑戰如何自處，現代化的路往何處去等宏大問題找答案。」

但徐克重構的傳奇人物，或帶顛覆性的敘事手法，卻又有另一番於後現代文化境遇中能獲頌揚的意義。從題旨看來，徐克的作者風範滿有現代主義式的深向與整全性。但他選擇的文本耍弄方式，卻百分百浮面而跨文本。在試圖於英雄身上託以家國隱喻之外，徐克成功做到的，其實是把英雄的非神話化、傳奇的非俗成化。徐克執行的路線，其實是另種借力發聲，一手扭轉「原本」文本的意義，說自己要說的話。但每個角色，每部作品，其訊息卻不連貫，往往只不過是游離的關於人情世態的情緒反應，過往英雄的主體性瓦解，只有短時間的突然逞英雄，沒有從一而終的英雄本色。徐克這批在 90 年代拍的古裝作品，最明顯的其實是當中的解構意圖。藉角色或故事編排的新處理，新的神話成立，但人工色彩濃烈，正正為暴露出新英雄的人工性，作品消解了舊典故的權威性，促使觀眾在看舊傳奇時有了新角度。

若說《黃飛鴻》是對往日父權中心的一種解放；《梁祝》就是對純情浪漫傳奇的質疑；以至《刀》是對剛陽武俠片的諷刺（兼具隱約的女性主義觀點，如把男性化作欲望對象）。

4

　　當然，徐克於 80 年代就喜翻新舊體裁與題材，過程中卻不忘注入現代觀點來創出一條電影新路。如果 79 年的《蝶變》過份驚世未必為公眾認可，83 年的《新蜀山劍俠》花巧難耐，徐克第一部奠下重寫類型基礎的，該是 87 年的《倩女幽魂》，該作品可說是一部較明顯論及人／魔、古／今之相類似的電影，借古諷今的訊息亦強而有力。而 90 年的《笑傲江湖》（胡金銓導演，但拍至一半退出，由掛副導名的徐克補上）在改編、運鏡、武打剪接上，均突破了武俠片的傳統。雖未至顛覆，但就開始建構出一個過往未出現過的武俠天地，不但有現代世情的影射，而徐克那持之以恆的「江湖即人」的比喻亦由此起。

　　這種改寫動力的蘊釀，終去到 91 年的《黃飛鴻》實驗成功。作品改得天馬行空而信心爆滿，把一個既定傳統形象鮮明的人物作如此大的轉變，其成功包含著社會普遍氛圍接受這「改編」的激素。關德興版的黃飛鴻故事，敘事單一而客觀，訊息淺白、古典而平面（邪難勝正、堅守原則、父權穩建）。徐克的李連杰黃飛鴻故事，敘事多線推進，著墨角色的七情六欲，訊息混雜。除了都是故事中「最好打」的人外，兩個系列中的主角，像是兩個不同的人。

5

　　這全新系列的黃飛鴻產生於敏感的香港過渡期，劇情中兩種安排折射了港人兩種心理投射：一是黃飛鴻身處東西文化交接中的矛盾，對應過渡期的港人心態；二是對自己身分的沉思。

　　比起史實或關德興版本的黃飛鴻，徐克的黃飛鴻明顯更為西化。第一集有一張宣傳海報是非常反映到這種虛擬的處理手法的。那是一班猶如法國紳士淑女的白衣洋服中國人，在陽光普照的沙灘上閒遊，有評論指出，此海報構圖意境猶如點彩派大師 George Seurat 的名作 *Sunday Afternoon on the Island of the Grande Jatte*，歷史文化衣飾風格完全抽離架空，既不中國，又不西方。

　　海報見到各人造型的西化，歷史現場的完全缺席，有的就只是借用的文本。在舊版中，關德興是家長的象徵，同時維持著中國傳統倫常道德善惡分明。而在李連杰的身上，我們看到完全另一個人。這個新黃飛鴻穿西服，了解西方文化，年齡大幅下降，似一個世界仔多過老師父，他亦有性好奇的一面（相對於關德興

的非性化）。這個黃飛鴻最大的問題是空有一身好本領，身處大時代中卻找不著自己的位置。

至於在 97 年《黃飛鴻之西域雄獅》（徐克監製，洪金寶導演）中的失憶場面，就更是最明顯的透過失憶來思考香港人身分問題的一次著跡表現。身分問題，一直是香港前途落定後，香港人於過渡期最為關注的問題，亦是 90 年代港產片的重要題旨。

《西域雄獅》發揮超想像力，把黃飛鴻放置到美國西部，劇情天馬行空，但由黃飛鴻失憶後對本我身分的追尋，成就了另一個香港寓言。

在黃飛鴻這微妙的西化過程中，同時凸顯了香港文化作為一種嶺南文化的混雜吸納特性，比起中國其他地方（尤其是北方），更易文化互滲而拼出不同作品，這點正好為香港的文化身世，找著一絲絲歷史或地理的姻緣。

藉黃飛鴻把香港作為嶺南文化的出口，列孚就曾有這觀察：「徐克監製、洪金寶導演的《黃飛鴻之西域雄獅》，亦屬嶺南電影系列之一，但這次更將黃飛鴻這嶺南民間英雄推至番邦異域，比之過往北上鬥獅爭霸更進一步。事實上，嶺南文化本身就是最能糅合外來文化的，中華文化在海外所以能發揚光大，外向型的嶺南文化功不可沒，黃飛鴻會『殺』到美國西岸，便合乎這種想像，相反，北方的大刀王五、馬永貞、精武門則只能守留中土，他們的故事絕不會發展至海外。這就很生動地體現嶺南文化和廣義的中原文化、上海文化之間的區別。」

6

除了在黃飛鴻系列中表現出對歷史或傳奇文本的反思，徐克從早期作品開始，由《蝶變》一路到《刀》，對故事中人的敘事觀點都極有興趣。觀眾都充分意識到：兩片都是有劇中人在說故事。這種融合並顯露敘事者觀點的書寫手法（前者是書生，後者是女性），亦凸顯出徐克對他自我的主觀敘事角度（化身成故事中的敘事者）的沉迷與質疑，亦是其獨特的敘事風範。

在他的理解中，江湖歷史不過是一個傳奇的文本世界，歷史或「原著」經常遭到改寫，加入說故事者本身的主觀意圖。讓江湖人物化成代其發聲的客體，徐克呈現了一種獨一無二的改寫傳統的風範，構造一種極其罕有的私人歷史／傳說，擴闊了觀眾對古代／歷史的理解角度。

但不同於單純的說故事人，徐克作品中的作者角色卻往往透視著一個後設的世界，在故事中的江湖世界可以抽身而出，刻劃出故事的杜撰意味。

《蝶變》中的書生原本處於江湖世界以外，因寫武林傳奇而捲入恩怨，而他依然保持旁觀者的身分，述說的對象卻非故事中的任何角色，而是直接向觀眾說話，令人不得不認清楚，眼所見的，不過是從這書生口中得知的江湖恩怨。

但作品的後設趣味在於：說故事者同是不免成為故事中的一份子，說明了書寫傳說／歷史的構成過程，同時解構了歷史的人工化色彩。一個武俠世界的結構由此而起，還原出武俠小說的建構過程。（這裡要補充一點的是，對書生建構古代故事的描寫，最出色的其實是來自一部不起眼的三級片《大內密探之靈靈性性》，故事通過書生在妓院的經歷，述說書寫小說與將人物傳奇化的問題，兼且戲謔了不少同期的電影如《大內密探零零發》等。）

7

後設的敘事方法，還隱密含蓄地反映在以愛情傳奇包裝的 94 年作品《梁祝》之中。影片一開始就以對古蹟滿心敬仰的遊客式角度，拍攝今天的梁祝廟，進入廟中，才誕生一段家傳戶曉的傳奇，這段就如一個括號，總括了往後的傳奇，觀眾自覺意會到，跟著出現的，不過是傳奇的另一版本演述。

而這個新版本的「梁祝傳奇」，亦的確顛覆了不少舊版或對這古典傳奇的認知。例如片中首次大膽暗示梁山伯的同性戀猜疑，又假設梁祝一早就明白彼此的真正性別，在相送的路上甚至發展出肉體關係，打亂了傳統故事的「純情」（但亦太虛假）塑造，把傳說還原到較人性及現實的鋪陳，可說重新書寫了梁祝的傳奇，為現代人提供另一個理解民間傳奇，也是了解自己的角度。

8

不過論敘事角色上的大突破，卻要在《蝶變》十六年後的《刀》才出現。《刀》是徐克 90 年代中期回歸純武俠世界的作品，少了家國隱喻，關心的是武俠世界的呈現方式，且涉及對武俠電影的自省。

表面上《刀》是一堆男人對刀的執迷（刀作為陽具象徵自然易於理解）、男主角為父復仇的江湖故事，但奇妙的安排是，導演乾脆用了一個女性的角度去敘述故事，令全片達至一種疏離的效果。

此片的時空迷離，造型超脫跨界，一時是印度販子，一時馬賊像中東或非洲

土著（奸角的白臉及飛龍的紋身造型就有非洲藝術的滲透），主線其實近似張徹的《獨臂刀》。敘事者是刀莊主人的女兒，運用了極多的內心讀白，強調兩男人為她而爭戰，但劇情進展途中又否定了這關係，轉而成為男人間的爭端，男主角定安的私人恩怨，女主角似乎不比觀眾知得多，故事再難以說下去。

產生這種敘事的崩潰，可以說是「後《東邪西毒》年代」的現象。當94年的《東邪西毒》把武俠片模式全盤瓦解，武俠片沒了規距，便出現一個短小的真空期，不但少了人拍武俠片，徐克反其道而行，在嘗試於武俠片荒原上再創新路的原則下，拍出一部同樣突破的武俠片就不足為奇。

影片中多段武打比徐克以前作品更快速更令人看得昏眩（角色比鬥時就常強調：你出刀不夠快！），剪接更緊，甚至陷入瘋狂失控的地步。影像刀光劍影，拼力無窮，男性肌肉外露，女性讀白沉底，結構可說獨一無二奇詭壯觀。

後設的敘事橋段，不但不相信敘事者所說的故事（男人不是為爭奪她而拼），更進一步質疑敘事者的意圖。安排一個罕有的女性聲音去敘事，有一種以女性目光去探視陽剛電影的弦外之音（開場時用女主角視點偷窺眾猛男角色打鐵亦是新觀點），雖然倒頭來，故事仍暗示出男人的江湖世界，女人止步，但過程中的嘗試，卻令人開眼界。

結尾更巧意安排此女主角老了以後，用粵語片時期的知名武俠女星雪妮去演，便有一種把角色從故事世界抽出，探看整個武俠片傳統的意圖。女主角在故事中的行動缺席（只不斷旁觀），對比當年「俠女」的老來回望，虛幻與現實交錯，意義模糊，可能只是玩笑，亦可能惹人深思。

9

相比起徐克的「認真反轉」，劉鎮偉的作品則顯得裝顛扮狂，正處於王家衛和周星馳兩位合作過的導演之間，又自成一體，表達出那時期同樣分裂的香港身分認同與焦慮。他有三部作品分別縮寫了90年代初、中、後期的三種香港心態。《92黑玫瑰對黑玫瑰》是開啟這心路歷程之作，《西遊記》上下集於接近1997年推出，描繪了如孫悟空的宿命，97年後出現的《超時空要愛》則有如煙花過後的淒清餘韻。

香港電影的後現代精神，自然是各有論述，何時踏入後現代之境就更難定斷，不過一般相信，是當傳統主流，如70年代新浪潮、80年代新藝城式包裝電影及類型片退潮後，加上政治與社會環境在80年代末的劇烈變化，才衍生了90年代初

兩樣最富後現代特色的電影潮流:周星馳的無厘頭發聲,以及呈現出記憶／歷史(時空錯亂)的一系列劉鎮偉作品。

因此,香港正式的電影界後現代身分轉向,還是踏入 90 年代初之事,先有大幅改寫傳奇的《黃飛鴻》,再有影評人李焯桃指出的「黑玫瑰」:「《92 黑玫瑰》現象最重要的意義,其實是宣布了香港電影『後現代』時期的正式來臨。」那麼,說香港電影的後現代轉向,就理應圍繞《92 黑玫瑰對黑玫瑰》說起。同為劉鎮偉的作品,《92 黑玫瑰對黑玫瑰》上承《九一神鵰俠侶》的空間設計與對原著文本的肆意搬弄,後啟了《東邪西毒》(劉鎮偉與王家衛在澤東合作時期,曾參與《東邪西毒》的構思)與《西遊記》的個人／歷史悲情。

10

揭開序幕的是王家衛編劇,劉鎮偉以黎大煒之名拍的《九一神鵰俠侶》,影片最明顯的精神分裂特色,是時空的壓縮與類型片的破格混合,各種元素互相排斥,可說去到肆意紛陳甚至互相衝突的地步,這種零亂的破碎感,卻凸顯了後現代作品或身分的不統一性。

《九一神鵰俠侶》的背景模糊,時空不統一,這一特色在 90 年代來說仍是新手法,及至《92 黑玫瑰對黑玫瑰》更將之發揚光大。視覺風格上,跨越了漫畫、武俠小說、古裝動作、現代刀劍、偵探動作等元素。電影中呈現的空間,是封閉自足的空間,高反差的光鮮、色調誇張的牆壁、富舞台效果的擺設、略見誇張的造型,一切是場面調度的精心策劃。

故事也是觀眾觀影經驗的顛覆!

開場十多二十分鐘,觀眾仍無法得知,自己正在看的是甚麼片種。一時是郭富城飾的銀狐的俠士劍擊,一時是現代人探案加笑話,時空極度不統一,而角色的設定則滿有虛構的成份,猶如武俠小說的俠士,外型上卻跑到現世或未來的時空。

片名包含了「神鵰」,是香港觀眾耳熟能詳的武俠故事,但我們卻在片中找不到楊過或小龍女,有的是曾於電視劇中扮演楊過的劉德華,明星與角色融為一體,流露文本互涉的特色。而梅艷芳的角色為了避免傷害愛人而迫於自己離去,亦有種原著小說中小龍女的情愫意味。在外貌似動作／科幻片的荒謬架構中,說的卻又是最感人至深的愛情故事。在後現代嬉笑的背後,確然存在著一種嚴肅認真的大道理。

當然，更顯眼的是空間設計及服裝打扮。銀色冰冷的室內佈置原是太空電影的格局，光滑的 minimal 放置，暗暗而情感強烈的色彩，有時誇張得非常超現實的燈光運用，把空間化成游離於劇情世界與舞台風格的兩種幻化境界，我們甚至可以看出一點猶如布萊希特倡議，一種空洞的舞台美學的後現代蒼涼感。

角色人物時而舞劍、凌空飛躍，又提槍亂掃，披風與銀光面罩兼備，古時人，現代人，再難分辨，奇離古怪充滿不確定的狀態卻叫人大開眼界。這種 bricolage 的拼貼作風，徹底打破了類型的分類，就如後現代狀態的經典例子演述：在紐約穿東京製的時裝吃著印度菜看港產的電影，經驗是支離破碎的。

《九一神鵰俠侶》首次帶給觀眾一個意想不到的後現代拼貼世界。就《九一神鵰俠侶》這種創新外觀，劉德華就曾揚言：「我覺得電影中 create 了一個 dimension，而這個 dimension 在其他電影上是未見過的，到了我們再拍《九二神鵰之痴心情長劍》，那已經相差很遠了。」

11

這個空間觀念及美學特色，於港產片而言是絕對石破天驚（80 年代較類近的為《急凍奇俠》，但玩弄的只停留於時空交錯的線性時間觀及其未來色彩）。繼後杜琪峯的《東方三俠》也承繼並發揚了這拼貼的想像時空風格，把魔界／人界、古代／現代共冶一爐，為悶熱的香港市道劃出一個從未出現過的空間與視野，表現出驚人的創造力與獨有港風。

《九一神鵰俠侶》同時亦發揚了重寫經典的潮流（跟小說《神鵰俠侶》可有可無的聯繫），加上對線性時空觀念的挑戰，空間的盡情大膽營造，人物的跨文本化（取材自過往不同的小說、電影、明星形象），結合產生一個超乎想像的世界。就是劉德華口中「未見過的」dimension。

這個空間，可說是終極的避難所，沒有任何現實的參照，讓觀眾從歷史直接跳進傳奇、小說或其他電影的世界。它是布希亞（Jean Baudrillard）仿複理論的最佳表述，寄存於這批電影中的，是一個沒有原裝的複製品、複製感情、複製空間，意義不在於故事人物跟現實有何互涉，而在於觀眾對其他流行文本有多熟悉。

這些作品想像力天馬行空，意義模稜兩可，有待詮釋，故作有深度而態度玩世不恭，《九一神鵰俠侶》只是劉鎮偉開始這風格的先鋒作，一直到他後期的《超

時空要愛》，我們都可看到劉鎮偉在營造特殊空間，難以圓滿之感情事上的風格及主題類似性。

12

而這類後現代電影，不遲不早，同時在 91、92 年冒起，不是巧合。《九一神鵰俠侶》、《黃飛鴻》、《東方三俠》、《92 黑玫瑰對黑玫瑰》。幾可斷定，香港電影的後現代蓬勃期，始於這列片目推出這短短數年間。為甚麼是 91、92 年？就社會氣氛而言，香港經歷八九六四的震盪，正試圖從恐共的心理中復甦過來，紛紛尋找新的寄托，對歷史、對社會，都有種重新認識或自主的需求。而相反的極端方向，就是逃避它。

電影工業脈絡中，90 年代初的主流電影，是以周星馳為主的連串喜劇，無厘頭與特異功能當道（如《賭俠》、《賭聖》等），經過 90 年《阿飛正傳》的教訓，工業人亦認識到單靠大明星未必是票房有利因素，在失去方向的情勢下，創作人開始肯嘗試一點更新的東西。

90 年代初，也是 80 年代風光的結束，過往工業內滿是浮誇堂煌的資金、融資，甚至涉及黑社會的參與，而去到 90 年代初開始意識到這表面風光的情勢將不復返：黑資金將淡出、VCD 與盜版將打跨電影業、市民的生活及消費習慣轉型。這些 90 年代中即浮現的電影病，預兆早在 90 年代初已浮現。這期間，就是一個時代的轉折期，是末路，也是反照，如果說香港電影發展至 90 年代中期後就沒有翻身好過的話，90 年代初，正好就是香港電影最後的黃金時期（以票房及創意論之皆是）。人之將死，everything goes。

於是有了先前說的新東西：新的空間、新的歷史感。這時候冒起令人精神一振的，可能是有關於對未來的焦慮的文化產品，卻都是「先把目光往後看」的對過往文本的重新書寫：將舊傳奇舊人事翻新改寫，或戲謔，或賦與新意。

13

很大程度上，《九一神鵰俠侶》和徐克新的《黃飛鴻》系列都是舊意念的新鮮循環，開拍時未必有把握（試想像，在未有成功個案前，重拍故事橋段老掉牙的

《神鵰俠侶》和《黃飛鴻》，怎樣看來都不是在商業上有信心的方案），但成品卻口碑不俗，全因新片在傳統故事上加進新意新感覺，在一定程度上迎合社會上一面everything goes 另一面又追求懷舊的氣氛，成功為日後類似的電影開啟先河，未必稱得上是主流，但就另闢門徑，確立新的美學模式，有破壞，有建設，充滿後現代作品游離不定的影響力。

而實際上，這裡集中討論的幾位電影導演，包括劉鎮偉、徐克、周星馳、王家衛，他們作品都環繞這 90 年代開始的主題大勢：身分追尋及懷舊，這一點可算是共通的設身問題。談這批後現代作品，就是談其時的香港社會氛圍，而 90 年代初籠罩著香港人的，說到底，難以繞開的就是 1989 和 1997 的敏感過去跟未知將來。這時候，「忘記」或「失憶」，成為普遍面對過去的方案，此所以《92 黑玫瑰對黑玫瑰》中，飄紅的失憶場面是如此經典（她要在每件物件甚至人的身上寫下該東西的名字，其意念當然來自寺山修司的作品《再見方舟》，而後者又零散地改編自馬奎斯的小說《百年孤寂》），她跟《阿飛正傳》的旭仔一樣，宣告一個在電影中失憶與尋找身分的時代正式到臨，日後由文藝片（《天涯海角》、《甜蜜蜜》到《春光乍洩》）到動作片（《幻影特攻》到《我是誰》），莫不以此為主題探索。

香港人，就如精神錯亂病者，時而努力想憶起，又極力渴望忘記，只有從電影中尋求撫慰。而一個迷失或忘了身分的人可以如何界定自己呢？除了依戀著舊物舊情──懷舊的熱潮順應而生。

這種懷舊氣息，從《阿飛正傳》開始蔓延，反映在故事設在 50 － 80 年代的作品中，其他如《跛豪》、《新難兄難弟》、《甜蜜蜜》等等，香港社會並進一步延展這種懷緬之情到文本世界以外的現實環境，例如其時香港開始興起對社區、個人和家族成長集體記憶的追尋，以至對殖民地時代成長經驗的回味，包括童年時代的用具物品、食品口味和傳統用餐空間、過往口頭用語、印刷紀念品，乃至公共設施和建築地標等（如對茶餐廳港式奶茶和菠蘿包的迷戀，又或殖民地時代建築等）。時間的流逝，成長的經歷，與記憶的堅守，貫串在不少話題作之中，以至其表面上雖像在說往日懷舊故事，而實質上要說的更多是當下「失去」的嘆喟。

這時期，另一股反映這懷舊氣息的電影力量，是 UFO 電影公司，其出品或攝制作品，以「公司風格」而言，可媲美 80 年代的新藝城或德寶，可說代表了 90 年代的某一種香港電影氣象。除了有懷舊式作品，同時其他創作也注入對當代城市生活的關注，記錄新的社會形態，中產的崛起，另類的家庭組成，並以亮麗的制作呈現。

譬如《風塵三俠》、《播種情人》、《晚9朝5》、《記得香蕉成熟時》等提出新時代的情欲觀點；兩部《金枝玉葉》滲入性向的議題；《新難兄難弟》和《流氓醫生》重提消失的鄰里人情；高峰作品《甜蜜蜜》在96年推出，就更是中港關係與情懷，以至全球華人同代人集體記憶（以鄧麗君流行曲去貫穿）的傑作。1999年像總結這年代的《半支煙》，導演葉錦鴻以虛構記憶伴隨尋根現實的矛盾，幾多記憶與身分執著，通過剩下來的半支煙去燃點，寧願像曾志偉的角色相信過往一路幻想出來的記憶而永恆活於過去？還是像金燕玲角色忽然憶起來了因而倒可安心忘記？可以是往事如煙，也可以往事不如煙，猶如展示出一種面向未來的豁達，或無奈。

14

如果「忘記」的主題是因為89，那麼「身分」的主題就因為97。當然，兩者又有不可劃割的關係。香港這時期的身分，就是這種記憶的極端轉變與割裂。有極度的愛，而後有極度的恨。如何將愛恨一個城市、一個國家的情懷統一於一身，一種價值觀？香港人沒法處理。

1989年六月四日之前，香港人對中國滿有寄望，正如有評論指香港人支持八九民運，是基於民族認同多於對民主制度的認識，所以對香港人而言八九民運「是愛國運動多於民主運動」。而六月四日以後，香港人的觀感大為改變。這種大起大跌的落差，激響著香港人的身分質疑，於是其時有了國際人或香港人的論調。直至92年中國華東水災，93年港督彭定康帶來的政改方案（及其失敗），再進一步迫使香港人去思考如何歸邊，重新組織作為「在香港生活的中國人」的意義。

彭定康的政改失敗了，但作為一個試驗，它是有意思的，它至少得出一個結論，就是面向強而有力的中國這國家機器，香港的將來，無可挽回的將要成為另一種形式的殖民。香港那未成功的民主實驗，正確點來說，是早在1993年就宣告失敗的，而非接近三十年之後才知曉。充滿可能性的黃金進步現代時期，也際此與香港擦身而過，轉而落入悲情的後現代時期。《92黑玫瑰對黑玫瑰》是最後的後現代喜劇。

15

懷舊、身分、失憶、時空割裂、精神分裂的題旨，都在《92黑玫瑰對黑玫瑰》中展現，而這片更將時空的處理進一步推向極致，可說是其時最能詮釋到分裂性的港產片。

特別值得留意的是片中的時空處理及文本互涉性。所謂時空壓縮，跟時空交錯不同。何止不同，簡直是兩回事。時空交錯是電影藝術的現代性慣用技巧，雖則打破了敘事的直線順序時態，但那條直線基本上還存在。透過「閃回」（flash back）或「閃前」（flash forward）的剪接，由一個時間點跳到另一個時間點，通常指敘事中的時間先後戲劇安排，又或較複進的，時間與空間的交錯，即時空穿梭的橋段，如古代人來到現代，或是現代人返回古時。

但《92黑玫瑰對黑玫瑰》最駭人或最可觀的地方是：理應屬不同時空的角色及事件、擺設及場景、文本中的角色與現實人物，可以絕不唐突的同時存在！

所以此片故事背景雖是現代，但角色人物的談吐裝扮（如梁家輝的呂奇腔）卻有如出自60年代，甚至只應出自另一文本（粵語長片）世界，更誇張自然是粵語長片文本內才有的女俠黑玫瑰，原來又真有其人，而且不會老去，片中的同門姐妹兩人，她們滿佈機關的大屋玫瑰莊，一切只屬虛構文本世界的物件，突然出現於故事中的現實世界，電影已脫離傳統的「現實 vs 想像」、「現代 vs 過去」的對立或時空交錯處境，而是分不開「真實與虛構」，「過去與今天」的壓縮空間：一個文本黑洞。

而此片的空間構成也絕對跟現實割裂，如初段的外景，包括差館與出版社等，都以正面平面的攝影角度拍攝，與現實街道刻意割裂，完全無視周遭的街道環境，街上亦沒路人，疏離卻確立出一個獨特文本世界。及後走進玫瑰莊的劇情，在大膽誇張猶如舞台的色調之下，封閉的空間與大閘機關重重，亦襯托出一種前所未有的抽離感。人們禁不住要問，這個荒誕的場景，究竟是電影，還是自身所處的世界？

16

面對現實的荒誕，還可以用開更多的玩笑來處理。

Parody，諧仿，是一種無深度的仿複，跟其他嚴肅文本，開一個無傷大雅的玩笑。現代主義追求深度，譬如現代主義文學，潛意識書寫，以為可以藉此剖開人

的深層意識，揭開人心底最「真」的一面。

　　但後現代不問甚麼是「真」，轉而發掘呈現過程中（the process of representation）的種種誤解，而若要令到這過程變成可被觀察的話（一般過程都不易被察看，情況就如我們看一場戲，看到的是所呈現的畫面，看不到的是拍這場戲的過程），就只好令過程變得刻意地人工化，從而令人想到這呈現過程根本也一樣人工化。

　　Parody 是誇張的，戲謔的，是通過取笑嚴肅而達到認真思考或聊博一笑的效果。看《阿飛正傳》應伴著《天長地久》來看（由佈景、人物造型到氣氛都有共通）；《東邪西毒》的解讀應在《西遊記》尋覓。因兩對片目的關係，都是一種對應的諧仿關係。

　　《阿飛正傳》中的無腳雀仔式阿飛，來到《天長地久》變成情深款款（善用了劉德華作為黑幫影片中阿飛角色的定型，補了《阿飛正傳》中他沒有扮過的阿飛，尾段跳樓死亡回應著無腳雀仔的神話），而說的基本上是《阿飛正傳》中愛念不能圓滿的故事。

17

　　如果《西遊記》的結局是取西經四人翩然上路，劉鎮偉 97 年後以黎大煒之名拍的電影《超時空要愛》，則可說是最悲情的「後九七電影」。開過嘉年華，當各人歸去時，我們都忘了在嘉年華會上人與人是如何投入、共醉，嘉年華完了，是時候重新上路，你會發現，依然得你獨自一人。小巴駛過隧道，各自下車，在凌晨的中環干諾道。再見，恍如陌路。主角一眾人等，在現代的寺廟內遇著關公，時空流轉，回到三國時代，在梁朝偉角色矢志尋愛的題旨下（他再一次以「重生」的方法，試圖改變愛情命運），也是一眾現代角色共赴患難的生關死劫。但跟《西遊記》式的最終扭轉時空自成大業的結局不同，結局眾人不但沒有改變命運，也不能像至尊寶變孫悟空一樣提升到仙界層次，最終各人都不過打回原型，像普通人一樣乘小巴過路。

　　重新開始是無望了，改寫歷史亦不可能。面對過渡後的悲情，只有沉默不語。跟後現代的浪遊人一樣，同流者互相會心微笑，意識到自己從來不能改變命運，只有凝聚一班志同道合的朋友，正如電影成為 cult 片一樣，有知戲者才會洞悉到的深層意義及快感。

2.8

範式轉移

新年代之始
（2002 前後香港電影現象）

0

　　2002 年前後，對香港和香港電影而言，皆是重要的轉變之年。不負新世紀伊始之願望，先有 2001 年《少林足球》刷新香港票房記錄，2002 年《無間道》商業與口碑雙面成功，重振了電影業的士氣。《天下無雙》亦以與別不同的表現方式，一方面承繼香港電影的商業特色，同時卻又另獻新猷。但到了 2003 年遇上沙士，香港乃至全世界將徹底改變，尤其是香港與中國大陸的關係，在這一年被大幅重寫，嚴重程度僅次於 2020 年後的新管治模式。當中最重要是兩個政策的宣告，一個是開放自由行，讓中國大陸人士更方便前赴香港。另一個，是引入 CEPA（中港更緊密經貿關係協議），一個套用到電影工業的話，可更方面中港兩地商業合作的政策，直接影響，是確認「合拍片」的成熟，從而催生出新的市場，以後，香港電影若符合條件，將可以合拍片之類別更方便及全面進入中國市場。

　　一個山雨欲來的新時代正要誕生。這邊廂政府在支持電

184

影培訓，那邊中國市場又逐漸開放，2003 年還有尖沙咀海旁星光大道落成。種種跡象都似在預告：香港電影的春天要回來了！

1

然而沙士的影響遠沒根除。2003 年是其時近十年來港產片產出數量跌至谷底的一年，受 3 月中爆發的沙士影響，雖然中西片總計票房比 2002 年只下跌百分之四，但論產量則大幅下降，香港影業協會綜合 2003 年香港電影市道報告（截至 12 月 14 日），指出年度首輪上映之港產片數量共七十七部（其中廿三部為錄像製作），數量比 2002 年度已經大幅下降的八十多部還要少。幸運是，2003 年港產片的票房收入卻較 2002 年上升百分之十一（2002 年則比 2001 年下調百分之十三），隱約見到這段期間港產片數量雖跌但票房則有反彈之勢。

2003 年港產片票房收入約共三億六千六百萬港元，當中以《千機變》為港片賣座冠軍，票房總收約二千八百四十二萬元（映期不跨越 2004 年計，若計跨年總票房，映期至 2004 年 1 月 21 日的《無間道 III 終極無間》則以三千二十多萬佔首位）。

但對香港而言，2003 的記憶不在電影票房，而在於因沙士而引發的連串社會形勢變化。政治、民心、經濟局面都翻天覆地。如果電影仍有其反映社會客觀現狀的特性的話，2003 年的港產片，無論在製作模式，又或宏觀內容上，都呈現了這個敏感時期的變化色彩。簡明言之，是由社會形勢引發的種種現象，開啟了香港人思緒與行為模式新一頁，一個新的香港已然降臨。2003 年，香港人才正正式式深切感受到回歸中國後的實質轉變，香港作為中國一份子的實際存在。甚至可以這麼說：2003 年，才是香港真正回歸的一年。

2

這新行為和新思維的逆轉，體現在四方面：一、政治上，香港市民體會到迫切的不適應感，引發大型的示威遊行及反政府情緒；二、行動上，中港兩地之間市民的行動自由大幅提升，廿四小時通關、自由行，從地理、時間及實際交流三方面強化了中港兩地的融合；三、經濟上，沙士的後果之一是 CEPA 的落實，中國大陸市場更為開放給港商，香港的經濟由此跟中國的國情扣得更緊；四、心態上，基

於種種生活條件的改變，引至香港人不得不嚴肅思考最根本的問題：甚麼是香港人？從電影文化角度而言，也就是在問：甚麼是香港電影？

電影的表達呈現，跟社會形勢息息相關，朗天在《後九七與香港電影》一書形容這時期是「後九七」尾巴的終結，意指 1997 過後出現了延擱現況（當時雖已過了 97，社會卻仍像沒有太大轉變，彼此期待著不知何時會有真正深遠的轉變來臨，於是其時經歷的，像是一種「長假」的心態），這延擱的臨界點終於到 2003 年來了極限，在這一年香港人才突然意識到：假已放完！是時候重新上路。總括而言，範式轉移出現了：出現在香港，及香港電影之上。

3

由於社會新現象通常會較遲才反映在通俗電影之上，所以大可預期，確切多面向地反映 2003 這重要轉變關口的香港電影，在 2003 未來兩三年間才會陸續出現。但可以肯定的是，經歷前兩、三年的下滑、探索，猶如經濟一樣，相信 2003 年確會是短期幾年內最谷底的一年了。

而另一方面，若隱若現的新方向，已然出現；從製作條件模式、創作執行到內容上，一種香港電影的範式轉移已成形，面向將來，香港電影未必一定水準更好，但起碼，新的路向已經浮現，縱然過程還需不斷探索。

這範式轉移的完成，本來是慢性的，基於心態與處事方式的逆轉是一個緩慢的過程，但沙士催化了一切，也突顯了過往被忽略的矛盾。

香港的沙士高峰期約由 2003 年 3 月至 6 月，香港的電影製作陷於停工邊緣，有原定計劃四月上映的作品，要推遲至九月才推出。

當中固然有直接反映沙士對香港社會影響的電影，包括《非典人生》、《1：99》和《金雞 2》。沙士作為一種疫症，同時也引致心理創傷（疾病不單是一種生理病，同時在社會中化作一種文化傷痕隱喻），香港人的自尊跌至史無前例的低位。結合經濟的持續低迷，這弱者的心態在在反映於去年港產片角色普遍存在的無力感之上，可稱為「無能男人與 kidult 現象」。

4

這種社會精神的烙印刻在電影中，形成去年港產片內容上最明顯的特徵，出

現三大類型的角色；一、無能男人；二、重振陽剛氣的雄性假象；三、純娛樂搞笑的逃避主義者。

2003年港產片中的男性角色極其虛弱，可稱之為「無能男角色形象」，而這裡說的「無能」，通常以一種缺憾的形式出現，這範圍的代表包括：《戀上你的床》、《大丈夫》、《豪情》、《失憶別女王》、《老鼠愛上貓》、《新紮師妹2》、《忘不了》、《千機變》、《PTU》、《地下鐵》、《百年好合》、《安娜與武林》、《戀之風景》、《向左走·向右走》等。粗略估算已有十多部，不可謂不明顯，佔總產量約四分一。潘國靈曾一針見血歸納了這「無能」現象：「這裡說的『無能』是廣義上說的『無力』，一種時不我與、風光不再的男性窘境，相對的是女性的強勢（但不一定是女性意識）。《大丈夫》四個男人肯定是弱勢男人，在十四小時偷食追捕過程中，其中三人不斷懷緬的卻是五年前的風光，另一個就根本未見識過所謂的黃金年代。電影時空設在2003年8月16日，與九叔（梁家輝飾）『一起風月的日子』，正好在五年前，即九七年告終。這樣的一套小品，竟也像《無間道II》一樣扯上了九七，不過《無間道II》隨九七告別的是整個倪氏家族，而《大丈夫》則是杜老誌，一樣見證過香港歌舞昇平的歲月。在這樣的格局下，四個落難男人的窘境，個人之外便也是時勢所然。」

這種男性窘境，符號上被轉化成不同形式的生理、心理缺憾或失敗人生，可以是《戀上你的床》的性無能、《失憶別女王》的失憶、《百年好合》的頑疾、《新紮師妹2》的男角變成男花瓶、《千機變》的無用殭屍王子、《PTU》的失槍、《地下鐵》的盲人。古天樂、吳彥祖、陳冠希彷彿成了這時期銀幕上無能男人的代言人（當中古天樂的形象轉變最有趣，他之前最後一部強勁剛烈的電影是2001年的《野獸之瞳》了，那片並未令他大紅，但之後他卻以《乾柴烈火》等片內的無能男人形象成功上位）。

當男人去勢，試圖重振陽剛便成為最後亢奮的假象，於是亦同時出現了如《大隻佬》、《無間道II》、《無間道III》等陽剛味濃郁的作品，但在剛陽的包裝與卡士之下，暗藏著的仍是一份時不我予的悲情。

第三種男性的呈現是男角色的孩提化，2003年香港流行文化中一個關鍵字是kidult（kid+adult），即孩童化的成年人，他們拒絕長大、思想單純、渴望受保護。鄭中基的受歡迎對不少評論者或嚴肅影迷來說是異數，但也說明了逃避主義的運作。由《行運超人》、《2003龍咁威》等片的票房成功（再加上楊千嬅的《新紮師妹2》等作品，楊千嬅也曾在訪問中承認自己是個kidult），在不少行內人和觀

眾心目中都跌了眼鏡，便能了解到通俗誇張天真簡化的電影，永遠在某些時刻是大眾苦悶心理的救藥。更加上，其時社會上也著實充滿一股不願長大面對現實的氣氛。

5

相對於男人的弱勢，女性掛帥的作品便更形突出。女演員佔了 2003 至 04 年不少電影的主導角色位置，還主動推動著劇情發展，如：《忘不了》、《大隻佬》、《戀之風景》、《新紮師妹 2》、《古宅心慌慌》、《下一站⋯天后》、《金雞 2》、《安娜與武林》、《花好月圓》、《魔幻廚房》、《20：30：40》與《見習黑玫瑰》等。

鄭伊健在《千機變》、《安娜與武林》、《見習黑玫瑰》、《戀之風景》的演出成了最為陪襯的男星，由《古惑仔》系列的陽剛而去到作為女角的輔助二幫，鄭伊健的銀幕形象轉變大抵也反映了這幾年間吃得開的男角色形象變化。也說明了新一代女星的叫座力。

當中，更後生一代的女星如 Twins 和楊千嬅的日漸成熟及票房保證，肯定了她們的叫座力和歌影壇地位之餘，同時又反映了觀眾成份的轉變和創新的重要性。Twins 的受歡迎說明了新一代電影更需注重類型的轉化更新，傳統的類型需要再混和更多合時合潮的新元素（《千機變》、《古宅心慌慌》都是有新意的類型片），才能吸引更年輕的觀眾。

OL 觀眾群亦由過往的鄭秀文轉向楊千嬅懷抱，過往的 OL 成長之後，看電影的習慣少了，更年輕的新一代 OL 則迷上屬於自己一代的 OL 之後，天后之寶座交接因而完成。加上那兩年少見具雄性吸引力的男星電影可供觀賞，令她們無可選擇下轉而投進看女明星電影的行列（若作品能拍得出一種包裝過的剛強的話，則亦能極吸引女性觀眾，如《無間道》系列）。所以張栢芝、楊千嬅是這時期的女明星代表。她們形象上更為年輕，更勇於表現自己是「反明星」，坦然於「做回真我」這種貼近時下平凡人潮流的偶像個性。

此外，跟風從來是港產片一大特色，2002 年前後吹得最盛的是性喜劇　大概多得美國電視片集《色慾都市》（Sex and the Cty）的影響，較大膽以性作題材的作品如《豪情》、《戀上你的床》、《大丈夫》、《Miss 杜十娘》都算是這界別，遺憾是沒有真正為性意識討論與思考帶來積極效應。此外，由台灣吹來的幾米熱，也影響至出現了《戀之風景》、《向左走‧向右走》和《地下鐵》這些經高度包裝化的文藝片風格。反而最為傳統，沒有更新的類型片在數量上則減少了，而且都不

太受歡迎，如《少年阿虎》、《黑俠 II》、《醉馬騮》、《雙雄》等（兩集《無間道》例外，它們均於傳統上有所更新提升）。

6

　　一切電影風氣的改變，都不離背後更大的背景：香港正值經濟上的範式轉移。

　　角色形象是時代的產物，本質上跟工業結構的轉形沒大關係。所以論影響力，則不能忽視港產片在製作理念上的範式轉移。範式是指一套信念、世界觀、概念骨架，藉以去理解世界及解釋現存的運作模式。也就是一種觀看及思考事物的角度與態度。當在正常、無危機的情況下，既定的範式不會變，但當外界形勢突變，範式轉移也突如其來。套用到電影製作之上，是新的看待電影市場的態度之形成，新的製作思維誕生，激發出新的電影作品。

　　2003 年之後，香港和中國大陸更緊密的生活和經濟交流，將更明顯地反映在新年代的港產片之上，尤其是當我們以後說「港產片」時，都可能要加上引號：從此以後，大部份港產片都未必是百分百港產了，它的資本來源、製作班底、演出明星、所針對的市場，亦有了新定義。簡言是：在大部份情況下（尤其是中港合拍片），再不是單純香港人拍給香港市場了。這是最具影響力的製作模式上的範式轉移。

　　中港合拍片當然並非始於 2003 年，早於 1983 年李翰祥就返中國內地合拍《火燒圓明園》和《垂簾聽政》。1993 年的《霸王別姬》更於海外獲獎。不同合拍片有不同的策略定位，前者是嘗試內地製作取景的新路向；《霸王別姬》則走藝術電影路線先爭取中國電影在世界電影殿堂上曝光。

　　2003 年的中港合拍片不但數量眾多，而且當中的中國元素亦變得更明顯。不少甚至是直接到內地拍攝，如《新紮師妹 2》、《尋找周杰倫》、《老鼠愛上貓》、《地下鐵》、《古宅心慌慌》到今年的《大城小事》等的出現，正反映出新形勢下的港片路向。一方面尋求拍攝資金，另方面於中國大陸取景與利用當地資源（有各種不同影視基地和保育古建資源可援用），第三方面是題材口味的可能調整。

　　事實上，合拍片的大勢非始於 CEPA，而論 CEPA，其對香港電影界的「優待」，主要包括：一、港產片不需再被劃為外國片，亦即不受每年的進口片配額限制；二、開放內地戲院的經營權，香港投資者的參與可提高；三、可增多合拍片中香港製作人員的比例。

　　第一項「優待」影響不大，因為就算配額數量有放鬆，並不代表審查尺度的

調整，香港電影人面對的困難是審批和發行等制度上的協調多於配額限制。至於後兩者的開放，對院商、投資者和工作人員的影響會較明顯。

整體而言，無論港產片以任何形式跟中國的關係變得密切，對香港製作的可能影響則為：合拍片主要面向中國大陸市場，劇本的審批極為敏感，間接構成了此前在香港從來不用先考慮的前期劇本審查疑慮；另方面，有關單位亦可藉經濟去制肘創意，引至香港電影人為免惹事生非，會傾向轉拍針對內地大市場口味，而內容上又較有把握不會惹麻煩的通俗作品。這種針對中國內地口味的安全作品，也可說成是新的「埠片」了，分別只是，今次這個賣埠的目的地，名字叫中國。而且，跟過往埠片不同，今趟埠片會返過來影響日後香港的本地創作。埠，再不指另一個市場。

事實上，合拍片的新創作模式已開始浮現。一方面香港創作人需準備一個合乎「國情」的劇本之同時，日後拍攝過程亦要大程度上依劇本來拍，才會獲上映的許可（劇本通過並不表示電影拍完就可公映，拍成之後還要送檢），甚至若拍出來的版本跟原來的送檢劇本有大出入的話，內地官方還有權追究，影響電影製作人日後的發展。

再再顯示，如果新範式下的港產片視中國大陸或合拍為一個主流生產方式的話，即意味著港產片得經歷不同程度不同形式的間接審查。又或者，基於製作和商業的考慮，創作人的自我審查將更為嚴重。市場無疑是擴大了，但這對港產片來說到底是福是禍？

7

若論這期間的香港電影代表，自 2002 年開始，一連三部《無間道》系列，其角色遭遇的象徵含意，處處流露出思考香港身分的不同角度。

香港電影能否保有其自由獨特的身分？就正如問香港人是否還可稱自己為香港人一樣。正是在這層面上，廣受香港人歡迎的《無間道》系列可為我們提供一點線索。

《無間道》之受歡迎與香港後九七意識的關係，早有林離的觀察：「這便回到《無間道》把臥底（兵賊難分）題材加料炮製，今時今日竟然大受歡迎的啟示上──香港回歸中國五年後，信心危機愈來愈大，連一度以為早已解決的身分危機也再次冒現，價值觀念更備受動搖而日趨混亂。因此，影片後段描寫劉德華徘徊於黑白二道，從雙重效忠到超脫出來的心路歷程，儘管層次不清，觀眾仍可大起共鳴。」

連結三集來看，剛好在這新時代轉接期，即 2002 至 2003 年推出的《無間道》系列，本來是一個記錄分別來自警匪兩方陣營的少年如何爬升發揮影響力的故事，第二集則拓展為前傳融入其時主權移交和黑幫家族轉型的背景，而後第三集再加進中國大陸公安元素，其敘事網絡之下，要涉及的身分議題之廣，正是這系列能取得度泛關注的原因，我們實在能以一個神話原型去分析它跟香港過渡期間的密切關樣，假如我們相信凡流行之文化均有其打動群眾之潛在共識或集體焦恐。

當中最核心的基因，即為所謂「雙重效忠」的問題，也可理解為「雙面臥底」：替哪一個機構作臥底，以至臥底臥得太久，會否連自己身分是誰也分不清？原本為某一方面效忠，到後來又可否改轅換轍？一連串的戲劇衝突，表面上以濃郁的警匪劇情進行，但可以想像，文本以外，潛在思考中，這也無可避免是這代香港人根深蒂固的身分問題。

8

特別要指出的是，這裡並非要否定合拍片的價值和市場潛力，只是要提出警醒，小心過份顧慮市場而引發的創意倒退。警醒在融入大中國市場的過程中，可能會扔失了本來的身分，一種值得珍惜的東西。

猶幸我們在 2002-03 年的獨立電影中仍看到另一片天。這時期的獨立製作，不僅在技術上開創了新局面——錄像拍攝的普及，部份轉為菲林格式放映——明確顯示錄像於專業製作中的未來潛力。一些較冷門的題材，如《人民公廁》、《幽媾》、《明日天涯》和《福伯》等，都讓導演展現了主流製作以外的罕見創意與創作勇氣，不同程度上一新觀眾耳目。

當中尤以余力為的《明日天涯》成績最突出。此片於中國內地拍攝，實在破格，其題材之偏鋒，美學之獨特，可說跳出了華語製作的框框，班底由中港兩地精英組成，題材是未來寓言，無論影像外觀、服裝、美術以至視野，放在中國電影還是香港電影的脈絡上都算異數。故事講述未來經歷大劫後的社會政局，末日後重新再來的廢土荒原味道濃郁，但由於涉及宗教活動，題材極度敏感，不能在中國內地公開放映已是意料中事。

但《明日天涯》正正佔了一個獨立電影應份的位置，除主題跟主流教條絕不妥協之餘，在基本的製作水平上（特別是攝影及場景設定）亦令人讚賞，思考世界文明的未來走向更是眼界非凡。

《人民公廁》是陳果以數碼錄像於包括北京等世界各地的公廁拍攝,似有還無的事件串連,可見是劇本較隨性鬆散的小本作,明顯帶有獨立製作的粗野生猛感和機動性,示範了數碼時代的影像創作輕便性與新可能。

《福伯》則是一部影像凌厲也意識黑暗的獨立作品,故事發生於殯房,一個較罕見的題材,但導演名單極有意思,是由李公樂和黃精甫合導,作為黃精甫首部長片作品,早已顯示了他不走尋常路的個人的審美、故事、畫面和題材偏好,可說下啟他往後高風格化的作品如《復仇者之死》、《惡戰》和《周處除三害》的先河。

以上四部獨立作品皆為 DV 及 HD 拍攝,顯示了錄像乃至高清技術,已成新一代獨立製作革命的有力武器。證明只要創意與膽色不死,外間形勢逆轉的風風雨,仍阻擋不了電影創作的熱誠。

9

但世事無絕對。2002 年也有一部票房和口碑極差的香港電影出現。《一蚊雞保鏢》當年公映全港票房不到二十萬港元,主演及執導是華子華(黃子華、鄺文偉導演),這不是他最差的票房,1993 年他也編及演過另一部《人生得意衰盡歡》,票房不過十萬元。《一蚊雞保鏢》當年受冷遇,似是宣判黃子華在電影圈的事業結束。相信黃子華自己也不能料到,接近二十年以後,香港影壇會以南轅北轍的方式去接受他,通過《飯戲攻心》、《毒舌大狀》和《破‧地獄》認可他為最炙手可熱的票房之神。當然,他更不可能預見的,還有那同樣面目全非的香港。

2.9

港產片的轉型期
（2012 前後香港電影現象）

0

2012 年前後這幾年，幾部引起話題的港產片，出現了一個頗特別的評論傾向。社會時政議題成為介入的主要角度，中港關係成為話題核心，談論這批港產片時，往往只集中在意識形態分析，特別是涉及這些港產片與香港身分的微妙關係，而較少關注到製作條件的考慮，以至電影技術的研討。所謂意識形態分析，這裡所指，就是側重內容主旨及其社會成因的評價或誤讀。而當今最容易被過度詮釋的，必屬電影中的香港本土意識無疑。

1

尤其是當中幾部話題作品，所以引起爭議以至某程度上的受歡迎（反映在口碑和票房上），看來都跟其涉及的本土情懷有關。這裡說的，當然包括《寒戰》以及更明顯的《低俗喜劇》。但其實可以納入這討論的，還可包括《春嬌與志

明》、《車手》、《麥兜噹噹伴我心》、《一路向西》，以至《一代宗師》和《葉問終極一戰》。

這批電影原作意圖，並無必要是反映港人身分取態，但觀眾或評論者從作品中讀到這訊息，倒是因為這時代的客觀環境演變，在解讀的過程中起了重大作用。不論創作者的主觀意願如何，出來的文本確實為觀眾／讀者提供一個談論的資本。有人說這是身分焦慮，但我要指出的是：如果說這些電影反映的確切是焦慮，那它所急的，並非一般意義上的：「香港人擔心身分的迷失，不知自己是誰」（這問題倒是十年前《無間道》流行時的集體顧慮）；而是相反的，源於香港人看來已更為肯定自己的身分，轉而通過刻意解讀這種港產片的某種訊息來強化它——我指的是強化一種香港族群認同。當中，《寒戰》和《低俗喜劇》兩部熱話電影，能創出票房佳績，也和切中這種情懷大有關係。

2

所謂城中熱話電影，就是它的成功，已遠超電影內在質素本身，而是輻射外向成了一個社會現象（這樣才吸引到傳統以外並非常去戲院的觀眾進場）。常說作品一旦擲出來後，它的意義已跟創作人主觀意願無關，而是觀眾／讀者自行加諸意義。

當中，《低俗喜劇》的普遍被接受，就更是香港社會向來都存在的一種心態反映，不是新東西，那就是一種通過表現「我就是這樣通俗」來顯示自己「不扮嘢」、不故作高深、足夠真我、不造作的真性情。《低俗喜劇》主要情節講杜汶澤演的失意小導演，為生計和延續創作夢，怯於形勢得北上巴結中國暴發戶老闆才能開戲，過程中自然是各種香港人價值觀底線的衝擊，有其普遍的社會現實影射反諷性。電影把這種香港庶民心態更極端的表現出來，反映在片中肆無忌憚的粵語粗口運用，天馬行空想像，有些少咸濕，但總體又顯示出這乃人之常情，vulgaria 的尺度及呈現方式確是到題（不低俗但同樣強調庶民比精英更「真我」的例子典型該屬90 年代的《流氓醫生》）。與其說它代表香港人低俗的一面，不如說它只是代表了香港人一直不太喜歡的故作清高上流，假扮中產。其實是香港人向來講求踏實，不空談不浮誇那一面的表現（它的優點似乎是務實主義，但去到極端則可能變成反智反精英），此亦為其時香港財政司長提出過「中產論」卻即引來圍攻的原因。它代表某種香港的基層品味對「自命不凡」者（過往是偽精英，現在是暴發戶）的挖

苦。但若以低俗來蓋過一切，進而說低俗即香港文化，這說法則已另走極端。值得留意的是，好大程度上，坊間確是一度進入了這種過度簡化的概念轉換：即捧《低俗喜劇》即等同捧本土文化。

3

至於《寒戰》，基於新導演，以至製作上的表面高水平豪華包裝，業界借故以此作為港產片新秀代表顯示港產片後繼有人之意圖呼之欲出。猶如當年的《打擂台》被捧為接班之選，《寒戰》的意義便由文本之內外延成香港傳奇故事的續寫和代際交棒。再加上內容主題的配合——靠的是有勇有謀的文科出身警務處長，靠「食腦」勝了一場全城轟動的危機硬仗。劇終「文官」（郭富城飾）和「武官」（梁家輝飾）兩人關於法治精神的闡述，上一代武者敢於並安心交棒給下一代的薪火相傳意味，完全是香港人前途理想的投射，得到廣泛共鳴實意料中事，因它可說是抓準了另一個香港核心即精英香港的心。

同樣是薪火相傳的題旨，我們還看到《車手》，余文樂演的年輕一代如何在黃秋生這上一輩人的影響下自力更生（由開始時的瞧不起新一代到最終的認同承傳），就更有一種代際大和解的意味——這同時反映了早前香港社會曾出現的所謂代際爭論的某種冰釋前嫌冀盼。

這三部電影如果作為一種香港身分現象解讀，如前所說，它的要點即為：它們所提出的，不是一種身分疑問，反而是身分答案。回顧香港電影歷史，這一批新電影，其實是回應了早於 80、90 年代香港論述剛興起時，其時的香港電影所提出的問題。還記得回歸已成定局，不少著名電影人都推出了他們帶身分疑問的作品？例如成龍的《我是誰》、徐克的《西域雄獅》都以失憶重尋身分作主題，又或者是《阿飛正傳》的尋親不遇。對此，2012 年前後的作品給出甚麼答案呢：《春嬌與志明》中春嬌最終選的還是志明，麥兜也發現北上之路不通得返回大角咀。

4

可這種對香港自身身分和價值的肯定，以至很大程度上的選擇回到本土，放棄融合，更多只是一理想化的取向，在現實中難以實踐。它只是情緒認同，甚至是一廂情願，因為無論香港人是否喜歡，這種融合仍然在繼續。

融合不能準確道出這艱辛的「溝埋」（混合在一起）過程——因為融合兩字太和諧，實際情況，卻是香港人愛說的「溝唔埋」（合不來）。

這確是一個溝唔埋的時期，有更多的不清不楚放在眼前。應強調的是，這階段更像是處於一個可稱為「後港產片」時期——當過往明顯的風格及故有製作條件瓦解，新的方式與邏輯又未確立，出來的只能是一種延異的產物，遠未成形，延續著某些過往特色，但又不是過往的東西。以「後港產片」的發展脈絡觀之，2012年前後的港產片確仍處於這種渾沌狀態，從製作、取材、幕前幕後人力物力組成，意識內容上都相對模糊——哪是百分百港產片？哪是合拍片？大陸投資者投拍了一部所謂醜化大陸人的電影有之。香港投資出品的又選用差不多全國內的班底有之。香港大導演拍出一部完全切合大陸市場主旋律的賣座片亦有之。

5

這種種更模糊化的現象，都在 2013 年幾部話題作品中更形突出，當中包括拍得洋氣十足又富現代都市生活感和社會現實性的大陸電影《當北京遇上西雅圖》，拍出了港產男女都市喜劇（或說是荷李活愛情電影）的基本結構格調，還巧妙的加入中國國情（越洋坐月和小三現象），影片則有香港安樂公司的主力參與。

又或者陳可辛的《中國合伙人》，以港片拿手的輕快拍法，以勵志、成長、兄弟情的橋段，套到中國大陸過去三十年來大學畢業到創業潮的社會脈絡中，拍出一種主旋律的中國夢達成，而這兩部片都在增長迅速的中國大陸票房中佔有創造奇蹟性的地位（其時五億票房再非過往古裝大片專利）。那這兩部作品又算是甚麼片，中國大陸電影還是香港電影？

有論者認為這種模糊化正使港產片失去往日獨特性及光采。但看這港產片的模糊化，其實同時是香港過渡轉型到成為中國城市過程中的模糊化。就如香港在這被中國吸收的過程中，會出現各種不適應，港產片可謂同時反映了這種轉型的艱難。

但這些分析怕只留給更多評論人去擔心，觀眾關心的，其實只有：有沒有好電影給我看？

這亦是我嘗試回答的問題。電影反映的雖說是港人的焦慮，或投射的情緒。不過好片的晶結不在此。沒有人敢肯定說，強銷本土情懷的作品就「一定得」（一定成功）。我認為，近年作品，得的原因，歸根究底，其實是因為尚有一道火，一種我稱之為「電影神采」的東西。

很多人說近年港產片欠了甚麼，說的無他，就是這元素——神采。神采不受制作條件影響，低成本都可以有神采。似乎也跟嚴謹度無關，有時粗糙的作品也不乏神采。那神采是如何得來，又是如何丟失呢？

6

神采建基於有一個核心的把這作品真當成自己志業的創作團伙，而非打份工接項目就位的單純受僱關係，主要創作人必然有種不吐不快的衝動。《寒戰》在故事編排上有多少漏洞都好，道理說得多白也好，你都不容否認其對法治精神的自豪，並想著如何都要好好保存它的決心（以至中國大陸觀眾很多都視它為香港宣傳片，或者用之順手批評內地法治不全）。

《低俗喜劇》到後來受歡迎，已跟電影無關，更多是適時地結合了一種本土情懷發洩。但它確有它的神采或肉緊的情緒要講，它建基於一種沒有被人磨平的小聰明，拍一下腦袋就去拍，粗糙但反而有直率的個性。《一路向西》也是，充分反映香港電影界往日那種跟風潮流的即時反應，想得出就拍得到。

神采也關乎有一個班底。不一定是固定，但起碼默契純熟，互相碰撞（如彭浩翔杜汶澤林超榮），又甚至乎是持之以恒的製作單位（如銀河映像）。神采最抗拒的，就是受僱打份工的形式。反過來的負面例子，就如一個香港導演北上，沒有火，沒有東西要說，用不熟悉的編劇演員，劇本把一切菱角都磨平。

如果以這班底論而言，港產片也好，合拍片也好，現正處於混沌的狀態。有個別的傳統遺留，但不復當年的明顯。神采其實需要導演的言志，班底的拼搏，也是一團火。

是當我們盛讚 80 年代港產片時所說的那種特色，而非今時今日普遍那種沒精打彩打份導演工或製作工的態度。

它可能是靈光一閃，不經推敲，有些不對勁，但它有亮點，叫人難忘，而非中規中矩。是精力過盛。是妙想天開。是「咁都得？！」

最能體現香港電影那固有的彈性、機動性及創意的，有賴這種班底或團隊的組成。那也是當我們談論香港電影黃金歲月那些作品，常忘了談的其實是那段日子也是這種作者型公司的年代。它們是新藝城、電影工作室、UFO、銀河映像等等。

神采往往遺失在大製作和龐大的工業化之中（大製作的成功另有原因），一是因為想大製作開戲的話，這些妙想天開即會失落於重重的劇本改稿中，在老闆的

品味選擇和市場考慮中。而更令人擔憂的，是香港創作人頗習慣的「將就」（適應）他人的自我禁制，為求最終能開戲，就先把自己的創意調節或封閉起來。通常都是後者的自我約束問題較大。當一切要合乎「正確」，正確劇情，正確投資計算，正確政治意識——那就不好玩，沒有火沒有神采了。出來就是工工整整又一部作品。有大道理沒小稜角。所以，港產片的 edge，其實不在是否本土，而是有沒有神采。神采在某些類型片中可能較易發揮，如動作片、通俗喜劇、警匪片。所以中型的《逆戰》、《車手》、《寒戰》等，也可說是繼承了這神采之色。

7

那是否意味神采只能出現在中小型製作上？

大製作講求嚴謹長期的計算推敲，可能保存的只能是另一種火。《一代宗師》絕非粗糙，但仍有神采，那當是精緻的神采，是慢火，是無微不至的國際級水平。它甚至把第一代香港人跟內地的流徙關係重新梳理，善用了內地的故事背景與資源，和《投名狀》一樣，回答了一個重要問題：是港產片還是合拍片已不重要。它就是質優的新港產片，或新國產片，而再沒區分的必要。

杜琪峯的《毒戰》可說是在這基調下的另一個突破，在中型製作的規模下，把一個香港最愛的臥底警察與毒販周旋的故事，放在中國大陸環境但依然保持高度的導演風格，並大程度上突破了內地的某些審查限制（如描寫內地公安的情節，以至暴力場面等），可說是其時合拍片的異數，雖然那大尺度，特別是對公安的描寫和結局的處理，放諸今天可能難以為繼不可能再出現，但這正好反證曾有過的短暫的中國大陸電影和合拍片或港產片的互動過程，以至其令人刮目相看的成績。沒有本質定論，一切作品皆可因應時代條件而作出改變。

而走得更遠是周星馳的《西遊‧降魔篇》，也是分不清是港產片還中國片的大製作，並說明了不是所有放棄香港轉研中國內地口味的港導作品都會水土不服。問題只是：這是個特例？還是可變成一種可複製的模式？當香港的周星馳變成了中國的周星馳，並成功創出商業奇蹟，務實帶功利的香港人是否又會覺得：沒神采，沒香港性也好，那「犧牲」也是值得。

每個商業導演其實也想著中國這個大市場，只是沒周星馳那樣成功。有香港電影人說過，生存，有得拍下去，才是香港電影人所想，遠非甚麼香港特色，港式情懷。從《低俗喜劇》的即興隨性，到《西遊》的龐大野心，從前者的地域性到後

者的跨大中華口味，說明的似是共通的東西：知道自己做甚麼，然後準確地去做，那管成本大小，要的是在製作思維上的港式，而非拘泥於製作條件及內容題材的港式。香港電影容許並須要這種多元化和彈性，甚至隱沒了姓名。

8

由此，後香港電影，確切便可有這樣的界定：新香港未立，後港產片的探索，卻濃縮了這個重要過程。港產片合拍片，香港電影人北上，拍攝模式的改變，針對市場的不同，統統形成了新的可能性。我們只能把問題推向極端（但其實更多是兩者中間的模糊），未來，將出現兩種香港電影。其一，就是仍然有非常傳統港式口味的舊港產片，低成本、傾向香港本土題材，很大可能並非類型片種，這些電影傳承了香港電影 80 年代以來的個性化品質，拍攝較為機動，不一定要考慮中國市場，但要考慮都可以，但就肯定要面對不同形式的改動或市場預期。至於另一種，是隱性的港產片，把香港電影變作一種拍片的方法，這些片是一種傳承了香港電影那說故事方式，節奏及處理的較大型的商業電影，更聚焦中國大陸甚至海外華語市場。這些電影，不需要高調說明是港式，但港式的蹤影處處。「香港」的名字，於當中隱去。玫瑰再非叫玫瑰，而花香依然。

後浪潮

只有眼前路
沒有身後身
（2022 前後香港電影現象）

0

　　2012 年前後，當時曾提出「後香港電影」的概念，以至未來香港電影的兩種發展可能：「新香港未立，後港產片的探索，卻濃縮了這個重要過程。港產片合拍片，香港電影人北上，拍攝模式的改變，針對市場的不同，統統形成了新的可能性。我們只能把問題推向極端（但其實更多是兩者中間的模糊），未來，將出現兩種香港電影。其一，就是仍然有非常傳統港式口味的舊港產片，低成本、傾向香港本土題材，很大可能並非類型片種，這些電影傳承了香港電影 80 年代以來的個性化品質，拍攝較為機動，不一定要考慮中國市場，但要考慮都可以，但就肯定要面對不同形式的改動或市場預期。至於另一種，是隱性的港產片，把香港電影變作一種拍片的方法，這些片是一種傳承了香港電影那說故事方式，節奏及處理的較大型的商業電影，更聚焦中國大陸甚至海外華語市場。」

　　十年過去，香港已然面目全非，以上的預示出現了嗎？試看 2018 年以後香港本土電影風潮的興起，可以結論一句：

港產片的轉型與延續，已遠非單純工業問題，而是關乎一個城市文化、身分與記憶的演述。它的價值，與香港城市自身可保留的價值成正比。沒有了香港的獨特角色，港產片亦不復存在。經歷了近年的城市大衝擊，加上各種創作氛圍的設限，審查的界線收到越來越緊，情勢實不樂觀，它是垂死的掙扎還是留一盞燈的希望傳承，和城市自身的命運一樣難以把握，大家能做的，只是在能力範圍內，盡力去做。

1

　　而快速閃到 2023 年，上述的兩種港產片的發展過程為何？我們不妨來一段電影般的倒敘。先聚焦於那批近幾年冒起，充滿前述本土概念的後香港作品，這批我稱為「香港後浪潮」的作品，雖或有例外，其特色大致可歸納為：由相對新的導演創作（不一定是行內新人，但掛名執導筒則通常只有不出三部作品，有學院派也有工業內紅褲子出身，多參與過「鮮浪潮」計劃，到 2022 年更出現了所謂「四字導演」潮，因多部代表作皆以四個字作片名）、針對本土題材、低成本、取材現實故事而非類型大電影，並成功基於大篇幅的角色刻劃，讓演員有更多發揮機會，因而也帶出香港新一代具代表性演員，如衛詩雅、鍾雪瑩、梁雍婷、談善言、余香凝、袁澧林、蔡思韵、廖子妤、劉俊謙、游學修、朱栢康、盧鎮業、梁仲恆等。這個後浪潮片目及導演名單，從 2018 年開始起碼有《淪落人》（陳小娟）、《翠絲》（李駿碩）、《G 殺》（李卓斌）、《麥路人》（黃慶勳）、《叔·叔》（楊曜愷）、《金都》（黃綺琳）、《幻愛》（周冠威）、《墮落花》（李卓斌）、《死因無可疑》（袁劍偉）；2021 年有《不日成婚》（陳茂賢）、《濁水漂流》（李駿碩）、《手捲煙》（陳健朗）、《殺出個黃昏》（高子彬）等；2022 年是「四字導演」作為現象的一年，代表作有《白日青春》（劉國瑞）、《正義迴廊》（何爵天）、《窄路微塵》（林森）、《過時·過節》（曾慶宏）；2023 年則有《流水落花》（賈勝楓）、《燈火闌珊》（曾憲寧）、《白日之下》（簡君晉）、《年少日記》（卓亦謙）、《但願人長久》（祝紫嫣）等；到 2024 年多部作品更是票房、口碑皆不俗，如《破·地獄》（陳茂賢）、《從今以後》（楊曜愷）、《武替道》（梁冠堯、梁冠舜）、《我談的那場戀愛》（何妙祺）、《寄了一整個春天》（葉鈺瀛）等等，可說前赴後繼異常熱鬧，除個別娛樂性或話題性十足的作品有高票房，這批電影除個別例外（陳茂賢第三部作品《破·地獄》現象級大賣），大多票房一般，但體現於新的「謝票」風潮之下，卻產生了極高的討論聲音和觀眾口碑認可——當中絕大部份是導演的首部或第二部

長片作品，儘管以資歷而言，這些導演都不算影視攝製新人（也有廣告導演），但他們確實帶出一股新的香港電影氣象。

2

這批作品誕生於這城市正更新其命運的時段，在香港生關死劫的一刻，這浪潮意味甚麼？這即為「香港後浪潮」的先決界定。

這裡的「後」，指 post，非 young（後生），具體而言，是「後·浪潮」而非「後浪·潮」——以示「後」作為一種過渡階段之形容，已非「原來」，但遠未達到「新品種」的狀態。可知，雖然談電影，不能避免也是說香港。

這波香港後浪潮電影的預示，可追溯至更早有關後港產片的討論，那是早至2012 年前後。未有今天的現象，但發展有跡可尋，即為文首開篇劃分的兩種港產片發展方向。如果上述第一類泛稱本土意識作品經過《低俗喜劇》、《志明與春嬌》、《那夜凌晨，我坐上了旺角開往大埔的紅 van》到更後的《三夫》為代表，在 2018 年以前即後浪潮還未出現的時段，以《十年》作為爭議高峰點，接軌了那個有限的個性化本土市場的話，那第二類港導北上的大片，可能最終就成就了《智取威虎山》、《紅海行動》、《葉問》系列一伙。

那在近年這批以上述第一種「本土」形式出現的作品，具體可歸納的特質有甚麼？

當過往 80 年代香港新浪潮的意思，主要用以概括和它之前的大片廠製港產片差異之時，我們會發現，新浪潮前輩的對標或挑戰或模仿的，是國際影壇在 80 年代前數十載前赴後繼的各國新電影／新浪潮運動，由 60 年代的法國新浪潮，70 年代的德國新電影，以及同一跨度的美國新電影，新導演受外國電影教育，著迷於片廠制度及風格的瓦解，個人作者風格的建立。而到今天，後浪潮的「後」，則更多是指狀態：它當中的「後」，並非中國大陸現慣用的流行語「後浪」即借指年青一代，這裡說的「後」，是後香港，是後香港電影，與它區分的，是過往的香港電影，或擴闊為發展迅速的中國大陸電影。新浪潮更多是關於風格，後浪潮更多是有關身分。

3

小本製作、本土化題材與表現手法，甚至到貼地的語言運用角色設定，這些固然吻合狹義香港本土製作的定義，但在作品理念上的開放進步性，特別是對社會邊緣個體的關注，在平白的生活中提煉電影精髓，不以奇觀招徠，放棄對大片娛樂性的迷思，我想才是它有別於其他過往香港娛樂片和當前中國電影之處。

這又和特定的香港掙扎時刻碰上，電影的氣息，仍是難以和時代及社會精神分得清。進步性可顯然易見表現為一種人文關懷，社會的開明，對典型被忽略社群的關注（菲傭、麥難民或年長同志，在此基礎上這名單或可再追溯至 2016 年的《一念無明》，或是 2019 較少聲浪的《老人與狗》）。一個簡單的彩虹旗特寫鏡頭以外，是一整個社會多年的文明奮進。

進步性的另一面同時也隱約包含了一股久違的火力，那種令作品添上靈光，不為大片思維騎劫的導演神采。這神采來自創作人的不吐不快，把作品當成是最後一部。這種火，不一定表現為狂暴任性（《G 殺》和《墮落花》可能是），也可以是精準的沉澱，細緻的描寫。在早前中國強大的電影資本角力的外圍，保持著一份鎮定清醒，同時也避過了災難性的大起大落。

這種後浪潮特性顯示了這個城市不能被取代的創作力，以至城市本身的 edge。有些題材，還是只能在香港拍攝，例如更大膽的鏡頭呈現，更爭議性的人物設定，以至更開明的多元價值。它為後港產片指出了一個可能性：港產片是否得以延續，不僅在於它可以自我傳承多少原有的神髓，而是這股生命力如何擴展作為一種普及的社會認知，貫串起一個從創作人、投資者、製作方到觀眾的自足市場。

4

從 2022 年及 2023 年這些新導演作品的票房而言，如《過時·過節》、《年少日記》和《白日之下》在香港有不錯成績，2024 年的《破·地獄》更是破盡記錄（是導演陳茂賢第三部作品），可以說這本土市場正在形成。這似乎是跟這幾年間香港觀眾的習慣改變有關，當公民社會漸趨瓦解，人們自覺仍能參與的時代與問題討論，就回到電影院。以 2022 年為例，當價值矛盾因社會運動充斥每個香港人的家庭之時，關於「家」這題材的作品，可說形成了一種「年度主題」。但有別於更早時的對香港電影的灰心失望，新現象是觀眾從這批後浪潮作品中，起碼是看到關切與共鳴。

此時期的香港電影，特別是由這批「新導演」拍出一部又一部，從票房到品質都足以企穩的作品。不僅當年本地票房，奇蹟般誕生了多部過千萬甚至三千萬的作品。比票房表現更重要的是：觀眾及熱情情的回歸。這情況，當然是漫長時代進程中的一個片段，但重要是在這城市最轉折的大時代中看到彼此。

無論這年的各種獎項花落誰家，如果真要有那個獎，早已確認，是給香港新電影的同人，也是給進場支持的觀眾。事實證明，新的觀影文化及消費正在形成，背景是同樣已大幅改變的社會文化。香港電影回不去了，但也不用苦苦追尋那失落的光環。2022的香港電影，特別是得廣泛討論的，也實證為票房成功的，正在重尋新路，多少都在說一個共通主題：家。家的離散，家的飄零，家的空間，家的組成，家的失陷，家的重建……

這無疑是捕捉了這個飽受創傷城市，那家園被摧毀此刻的時代精神，同時為居於其中千千萬萬個家庭療傷——通過說出自己的故事。時代的聲音必須被記錄、聽見，並開啟更廣闊的新境地。2022年，香港闔家離散，正義失衡，閃避再起逆風，有時得走到山旮旯，被打至流水落花，眾裡尋家，我們仍再聚燈光闌珊處，過時過節同枱吃飯，冀有一朝，明日在窄路與十九歲的自己相遇，青春依然。

有評論稱這波復興為小陽春。實則不然，因為無論從製作背景、作品主題、觀影習慣，後浪潮作品都顯示出極大的轉變，而且轉變將持續，而非簡單碰巧或短期非理性的消費情懷（所謂撐本土片論）所致。香港電影的轉型建基於更宏觀的時代社會轉型。不錯，話題作品或依賴撐場作品有其局限性及不可持續性，但滿載時代共鳴的作品，卻同時在扭轉消費習慣。香港本土電影市場正重獲能量，特別是觀眾身體力行重新走進戲院捧場，這多次重複觀影及社交平台口碑互推的消費習慣未必能持續，但萬眾一心期待入場的氣勢撥開雲霧。多個轉型的朝向值得留意並得到肯定：

一、現實處境題材甚至是記錄片的形式作為口味轉型得到接納（當然，大製作類型片的缺失是另一被動的推動力）。似乎正在驗證這推論：在扭曲的社會，人們反而更趨向寫實作品，因為現實已那麼匪夷所思，大家毋用走進戲院看那種天天身邊發生的荒謬；反過來，在相對正常的社會，人們更為追求虛構與誇張的娛樂。

二、更多元化的演出被承接，包括明星的新演繹以至多位過往不起眼資深演員們的耀眼演出與群戲對碰，更重要是新一代演員因有好角色好劇本的背景而更有發揮機會（特別如袁澧林、呂爵安）。這年，我們見證了眾多甚至是偶像青春演員的成熟，完全宣告代際接班的到臨。也許他們將不會如過往香港明星一樣，往往以

蓋世偶像與處處帶光環的形象出現。香港明星不是已死，而是轉了舞台。他們不再站於聚焦的燈光高位被人膜拜，而是走進人群中成為一員。他們也不再飾演英雄，而更多社會中的流落人。

三、把焦點從看明星演員和娛樂綽頭的慣性扭轉之餘，某程度上也是香港觀眾水平的改變甚至提升。過往以誇張的娛樂，極盡過火的方式去爭取需求這種娛樂至死形式的觀賞意欲已漸走遠。今天，觀眾關注的是更多的製作背景、主題延伸討論（家的組成、何謂正義法理、地理空間等）。

四、由此，2022 年值得記著的原因，還在於過往三年如果更多是「後浪潮」的持續之餘，2022 更多是不同的電影人都重新找到節奏的一年。如今老中青三代電影人的參與產出，再無分代際，共同搭建了一個新時代的銀幕與舞台。

五、實際經濟考慮，到底一部片要收多少票房，才能令香港電影市場自足自立？不要瞞騙自己，實情是 2022 年至 2024 年，這批香港電影，除在香港之外，並未能在中國大陸或台灣這些華語地區取得佳績（《神探大戰》在大陸票房算最佳，《明日戰記》和《焚城》則投入及產出不成正比）。那意味著，只有香港暫時是這種電影的出路。一部千萬以內低至數百萬製作費的作品，收千多二千萬或以上，是否能形成一個良性的循環，讓香港電影起碼持續存活下去？

這算帳式的思維，實在是創作方向和市場存活的重要考慮。由此，可放棄過往二十年來「香港片出路得靠中國市場」的迷思。曾經有過，多少電影人因合拍片，要關注中國市場的口味或標準而打亂陣腳，最終兩頭不討好。現在現實情況已明確：那合拍片或索性轉拍大陸片是一個極端不確定的浮士德式選擇，而且浮士德起碼保證這筆交易的結果，只要自己作出決定，而香港導演卻不能，不是說你想交易就能成事，甚至沒有允諾下的出賣換來成功的保證。

由是，當去除了幻想，自主的創作才更清明。

在此《七人樂隊》中徐克的一段意味深長，隱喻鮮明，應給到足夠的重視。在那個誰是瘋子誰是正常分不清的處境中，電影還意味甚麼？導演又在做甚麼？

5

再回到 2022 年的本土作品主題，何以說「家」的概念如此鮮明重要？

《飯戲攻心》、《闔家辣》和《過時·過節》固然是長久以來，香港人說「最緊要一家人齊齊整整食飯」的普遍庶民邏輯。而在其他不以食飯作主題的作品中，

其「家」的討論都或明或暗的成為主旨。在片目中代表較老派的《神探大戰》以至《明日戰記》（劉青雲在此變成上一代的家園保護者代表）的背後推動力，還是在於對破碎家庭的重建，無論是他要挽回和女兒的感情，還是受害人後代組成的報仇家族。

《正義迴廊》最耐人尋味的，是永無解答的殺人動機，而故事把這動機和家庭成長及父母兄長的關係描劃成一條線索。《流水落花》（鄭秀文演寄養庭的「母親」，由「接待」小孩慢慢演變成對孩子的家庭之愛）當然更明顯，臨時家庭的過渡，每位加入的孩子，無論留多久，這家總是一個永遠可讓你回來的地方。更不用說《窄路微塵》，同是天涯淪落人互抱取暖的古老橋段固然大有共鳴，但自己的家園，自己清理的意象比喻，那做人做事家庭倫理的教化，以「個世界闊啫，唔代表你要做闊人！」一語道出，仍是今時今日香港人的經典時代句式，和「我真係好撚鍾意香港」遙遙呼應。有此一天，曾經的市井粗口，演變成香港的城市愛的宣言。

甚至是張婉婷那惹起拍攝倫理爭議的記錄片《給十九歲的我》（作為以紀錄片跟拍同一批香港中學生多年來成長生活貌及時代變遷的作品，此片有它的歷史性價值，譬如當中記錄了中學生如何積極參與社會運動的片段，際此「新香港常態」下已是不可能再出現），應該看到的，除了是個別「主角」學生，還是多個香港家庭的橫切面。

6

說家，又不離空間。住屋是香港最為決定性的社會問題，由此又催生出空間問題和呈現，又融進家的主題中。不要忘記，《飯戲攻心》是三兄弟對家族遺留下廠房變居住空間的背景設定；《過時・過節》的關鍵問題是供樓，而落腳點是新界的祖屋；《窄路微塵》出現的劏房、公屋及各需清潔的空間，可說是香港城市空間景觀的大集合。《緣路山旮旯》則以擴大版的姿態，以城市的地理山水去從另一角度記錄我們對這「家空間」的愛。

7

至於在眾多後浪潮作品中，稱得上成績最佳的，是 2022 年的《窄路微塵》。它率先全面回應疫情與香港的關係，畫面展現的城市空間窄巷（譬如劏房中的一扇窗、大樓上往下望的窮巷等），小人物逆境中的堅持原則與救贖，結局不落俗套沒

有說三人組成臨時家庭就從此幸福無憂，而是以當過清潔公司老闆的主角作為保安員也細心負責任地把地上的污漬清理好才離開，在在表現出一種現實無奈與該有的體面應對之道。面對家園的崩潰，普通人可以做甚麼？憑甚麼去重建？對既有價值在壞時代中的堅守，此情此景此城，怎會不叫人感動。

這片也是從導演、攝影、演出到音樂各元素都恰到好處的新導演作品，林森展示了他控制這幾項崗位的整合成熟度，兼傳達了一個時代使命訊息。對於少許評論指出其對美術及職業人物的設定不夠真實，實在需要為他平反。除了顯而易見的，在香港愛美女孩總有她們找到廉價穿搭配襯之法外（事實上，這愛裝扮設定也補充了女主角的性格及背景），更重要是該把此作品視為一種類似文學性的創作，注重的不是人物是否富代表性（清潔工人當中真會這樣裝扮及工作嗎？），而應是欣賞其獨特性、比喻性與感染力，否則就像說其他經典文學作品中會出現愛讀書的廢紙廠碎紙工人都不會成立了。

8

回顧完以後浪潮為代表的第一種未來港產片方向（即全本土化作品），也可檢討另一方，即當香港導演積極投身中國市場的表現。十年來，披著過往港片模式，進行合拍或以港導身分去接拍國產電影的香港導演，卻經歷了更大的變化和衝淡。可以說，討論這批合拍片是否港產片，已失去意義，除了和國產商業大片難以區分，更重要是，這種以香港電影人主創的作品，已巧妙地融合成為了真正意義上的中國電影。情形就如最明顯的由曾國祥執導的《少年的你》，以香港片身分出征奧斯卡，事實上以構成標準，也的確符合港片的定義，但其內在性則可說全為中國電影無誤。更不用說只是起用了香港導演，而拍攝邏輯到價值觀都已全然中國大片標準化的作品如《奪冠》（陳可辛）、《紅海行動》（林超賢）、《中國機長》（劉偉強）和《長津湖》（徐克、林超賢）等等。

故此，值得一談的，反而是會否有「異類」的容許存在：它表面上適應著中國內地市場，但細節處流露或哪怕是保留了一點點非主流的敘述及處理，延伸推展了合拍片也是港產片的界限？

在此，可以納入討論的有三個階段的作品，第一階段是 2012-13 年時期的《寒戰》和《毒戰》。杜琪峯的《毒戰》至今仍是中國內地拍攝，涉及公安和緝毒橋段的最高指標，以鏡頭和結局處理而言，今天已是不可能拍得出。多年前，我曾問過

杜琪峯一個問題，那是《重慶打黑》風聞要籌備之時，他真的要碰這個題材嗎？他將如何去拍？他的答案很導演思維：「我甚至不清楚一個國內公安，他打人的時候，動作是怎樣的？」言下之意，是必須有一種視覺的想像或參照，也說出了那個難度。之後我們看《毒戰》時，會發現他說的，可能不是如何「反映現實」的經調研得出公安是如何打人，而是要找到一種他認可的公安表演方式，那就成為孫紅雷這絕無僅有的臥底緝毒警察在戲中的 manner。而故事中他又吸毒，又極端暴力，最後並命喪槍下，一切看來，都違背了正面人物必須有正面結局的中國內地電影原則，今天看來，實屬匪夷所思。

至於《寒戰》涉及的特區警務署內鬥，提到幕後造王者的板塊政治陰謀，在台詞上標榜法律公義，在其時仍能引起一種對法律的尊重，也像是給國內觀眾的一本法治教科書——儘管今天看來，這些情節可能還不及現實中魔幻。

9

第二階段是 2016 年《美人魚》和《湄公河行動》。周星馳和林超賢，雖名氣有差距，可都曾代表某一時代獨特的港片氣息。而這兩片則是轉而追逐中國大市場的重要轉方向作品，且更是進一步把港片思維和中國片思維徹底模糊化。周星馳試驗的，是一個《阿凡達》故事的中國版本，訴諸環保等「大題目」；林超賢則在準備他日後賴以揚名的中國硬核動作片模式（當歸功於港產片時期豐富的動作場面經驗）。當中，尤其是林超賢的蛻變更有探討價值，當香港影迷仍津津樂道沉醉於他的輕型作品《江湖告急》之時，林超賢已經動用中國軍方配合的千軍萬馬飛機航母去實現一種夢想式的大場面。當一個國家的資源都可動員配合拍攝，這是如何大的誘惑？而確實是通過《湄公河行動》的商業成功後，《紅海行動》是加碼說明了激進凌厲的港式緊湊動作，當結合到小規模突擊戰爭場面後，效果是可以如此震撼，也對中國觀眾產生強大吸引力，並且內含了對中國電影原生英雄的崇拜。這些片子一方面通過不計成本的政府資源投入，道出了何謂「製作升級」（和新政治宣傳電影），另方面以專業的神勇描寫（包括之後的《緊急救援》），借調為民族自豪感。這種對國情的精準掌握，可說是香港動作導演中甚具代表性的商業成功轉型。那種節奏，那些動作，那種令人又愛又恨的男性英雄／主角，都仍泛著一股最後的港產片味道，然而它們超越界線後的發展（更面譜式的愛國主義激情），卻可能是更加遠離原港產片的方向。

10

　　再去到第三階段的兩部《拆彈專家》特別是《拆彈專家2》，就更是通過歇斯底里的爆破，去發洩一種城市破敗的崩潰情緒。炸爛一切，是這故事的主調，它甚至一開場不理故事順序就先發制人，先在想像中完成劇情中其實沒有實現的香港機場大爆炸。這和拍攝期間香港的社會氣氛很難區分，甚至可說是一種創作人的意結。在這裡，港產片擅長的隱喻解讀得到全程發揮，在硬核的爆破動作反黑劇情的背後，是更多城市命途與記憶的隱喻。劉德華這拆彈警官的記憶與身分誤置，何時才醒覺自己的本我？之後可以如何通過犧牲去為城市解圍？都是2020年香港切身的問題。當觀眾目睹銀幕上青馬大橋的傾毀，真香港人都心知這是甚麼一種心境。港產片在這節點再次顯示了它另一種其他中國國產片還未能及的地方，就是對城市背景的善用，對地標的集體記憶情懷，使之成為情節不可分割一部分。比對於國產片刻下是愛把故事發生的城市架空，盡量避免提及故事是在哪個具體城市發生（無論是審查原因還是恐怕惹來地方政府爭議），港產片和合拍片仍然光明磊落在自己的地標上說著自己城市的故事與情懷。

11

　　最後，從2022回溯到2012年前後，其實港產片強調本土化價值的方向早就發生，只是其時還未大量用上「本土」字眼去標籤，在社會背景上，其時則是香港新一輪社會運動意識的起點，剛開始了反國教、蝗蟲論和各種光復行動（主軸為自由行的過渡引進，令不少香港人反感，覺得大陸群眾在濫用香港資源）。當日彭浩翔的《低俗喜劇》和梁樂民、陸劍青的《寒戰》，確是用兩種不同方式回應了其時緊張的中港關係，並嘗試實驗兩種不同的對應策略，前者是艱苦地試著去融入（隱喻作接受北上拍攝），後者則是強調香港法治優勢所在，以作為一個先進模範。十多年過去，那作品中刻劃和珍惜的香港日漸褪色。唯慶幸新一代導演以至香港觀眾在摸索中正找到新方向，形成一個新的香港電影體系。由《正義迴廊》到《破·地獄》，不僅有盛載新氣象的本土港產片新潮，新的觀眾投入感同時把觀賞電影的動機刷新，除了娛樂以外，重塑了香港電影機能。《一代宗師》那句名言在此回響：只有眼前路，沒有身後身。香港，以至香港電影，還是有燈就有人。

光影私憶

走過電影中的街角

0

　　更多的對自己城市的情感歸屬，其實不在觀影的那一刻出現。而是事後──也不知會是甚麼時候，反正通常是以一種突如其來的瞬間閃現。電影是許多年前看的了，像已早早忘記。可就在某個逛街的瞬間，一種似曾相識的感覺突然浮現。肯定是在某部影片中看過，可能忘了，但又矇矓記起。原來電影早已給我們一個自己的世界。我們叫做家。

1

　　常常搞不清，記憶中的，是電影裡的香港，還是我真實經歷過的香港。我甚至無法肯定，我成長的那一個港島東的小區，不是某一部電影中的場景：一個像田啓文的男子從茶餐廳走出來送外賣；又或者後來半山居所的轉角，是否真有劉德華般的警察在夜間巡邏。我對這城市的記憶，重疊於光影之中。漸漸分不清真假。

210

看來要用這種方法來記憶，實在有些必要。因為現實中，有些風景已然失去，反而在電光幻影之中保留了許多。是故，有人說，老香港正在消失，只能在各種懷舊文本、保育建築、舊電影中尋找，才可確保那個往日香港的不被忘記。

　　但顯然，這陣懷舊電影風所寄託的，是個想像中的香港，不是現實的，而是感覺的。那是一個怎樣的香港？一種歷史的混雜感，一個想像中的雜種香港，特別是體現在電影中對這個城市的再現場面。在那被呈現的國度，香港以一個廢置的城市現身。它象徵著那個一度精力充沛但如今已在頹敗邊緣的城市身世。也是說：懷舊的混雜建築美學並不指涉香港的過往（那精力旺盛的 60 年代），相反，混雜的城市指向的是當前城市混亂與居民本身的矛盾心態（縱使城市本身一度看似繁盛依然）。

2

　　最特別的電影畫面上的香港街道影像，卻來自日本動畫《攻殼機動隊》中對香港現狀那先鋒性的描寫與解讀：九龍城寨式的雜架後巷、果欄、明渠、潮濕的街道、電車行走於水中。事隔多年，這種想像的美學在另一部香港動畫《菠蘿油王子》中出現。片中有數段場景構成來自上海街一帶的舊唐樓，四、五層的舊樓，有大騎樓，接連地下的大石柱、水渠、街招，斜陽之下，塑造成一個末世紀的破落街區與空城。

　　的確，在小豬的童年，竟然見不到街上有任何生命的痕跡，與其說菠蘿油王子是上天星星中的皇族，不如說動畫筆下的大角咀（是否大角咀也不重要，這群建築指向的是灣仔、上海街、廟街等香港舊區符號），才是另一個沒有人煙的孤獨星球。

　　那同樣是一個離奇的呈現。如果故事述說的時光，是那個一如故事中人物所身處的年代，那本該是一個充滿活力的 70 年代，然而畫面顯現的卻是一種憂鬱與鄉愁多於一切：橙黃色的夕陽、反照著陋巷、暗黑的渠邊、落泊的叫賣、孤苦的孩子。

　　那意味著：動畫借用了正在消失的建築（類似的舊唐樓已買少見少），以至往日的歷史去說一個當今的故事與心情，再現一個被掩飾的城市瘡疤。由此，消失的城市感性，要借助虛構的建築場景與空間構成才能真正再現。

3

　　又或者《三更之回家》及《三更 II 餃子》當中出現的政府樓宇，前者為原中

環警察宿舍，後者為石硤尾七層公共房屋，後來在重建前都是荒蕪的死城。兩部《三更》連番將這個居住神話打破，曝露出當前的危機感（當家不成家，建築不成建築）——要知道，相比以前，這些設計工整的政府樓宇，安置了廣廈千萬家，一直是所謂「獅子山下」精神的象徵。

那跟過去意氣風發時，80、90年代的港產片中的香港真不一樣。最有印象是《辣手神探》中的梁朝偉開著紅色跑車，在金鐘的天橋飛馳駛向中環，背景玻璃幕牆高廈林立，一派風流。又或者《龍虎風雲》中周潤發在見李修賢之前在中環皇后像廣場前起舞，瀟灑至極。邵氏電影公司還出了一批70年代在一些市井生活新區實拍的動作片，例如《大哥成》等，都顯示一種抱打不平的街坊躁動活力。

相比起來，後來由《阿飛正傳》、《花樣年華》到《歲月神偷》組成的城市畫面，就靜態得多，60年代的故事與場景，寫的卻是當今的心態——回不去了。

由此，消失的往日建築與街區在電影中重現、亂拼，對比著現實中這類地點的不復保存（或正在拆遷過程中快將消亡），徒然回響著我們對已然變遷的香港的舊情綿綿。在電影中再現的城市建築，那個未來的或虛擬或如夢的城市，再不抽象，它確切地表現了當下我們最實在的對這個城市的觀感：我們將注定目擊它的終結與再生（如果有的話）。

4

在中環住得久了，常常空想，一直存在著兩個中環，以前我會說是日與夜，如果從建築來談，或者就是摩登幕牆與市井街角，換個說法，也可以是指西化殖民建築與中式唐樓。兩個中環同樣出現在電影，形成兩種不同的關於中環的神話。

殖民特色與現代建築所代表的中環，無可避免成為一種 backdrop。說的是，這類型的中環建築，以一種符號表象現身。故事主要情節未必在這樣的大廈間發生，但中環作為一個場景，卻是劇情推展的一個重要象徵。摩登中環的背景意義包括：

一、中環作為先進香港縮影

在《香車美人》、《歌聲淚影》等片中的中環是一個被觀賞的角色。當《香車美人》嚮往中產生活的角色暢遊於今天已不見蹤影的海傍大型停車場（片中舊滙豐銀行仍視為中環心臟），中環成為一個上進社會人士理所當然的下班聚腳地（好多年後《我愛扭紋柴》的周潤發在皇后像廣場跟女主角吃著飯盒）。《歌聲淚影》

中當失業的父親要靠扮上班去度日，也是從海港遠望而後登陸中環。中環相對現代光鮮的建築群，塑造了一個摩登香港的想像。要在香港好好生存，某程度意味著就要跟中環不會格格不入，簡單來說，就是成為中環人。當片中的父親遊於中環甚或是迷失於中環，一種不屬於這個城市的疏異感，便從身旁的高廈、人流與車水馬龍的交通之間襯托起來。

的而且確，車水馬龍是一個符號。老電影中出現比較多的告羅士打行、太子太廈、皇后像廣場，其周圍環境的繁華，電車的起落客，滿街寫字樓白領員工，統統構成一種更大的背景設定。它一方面說著其時香港的理想向上生活狀況，同時暗喻著許多失意角色的人浮於事。

典型的中環鏡頭：一個穿著西裝但帶點失意的男主角，挾著報紙在匆忙的中環人海中慢踱步。（這種中環繁華與一個人的孤絕感甚至延續至陳可辛所拍的沙士短片：當我與我城的關係陷於低落，人就要迷失中環。）

二、中環是我們的

後來許多港產片（大抵是 80 年代始），把中環的天橋與馬路變成一種觀看中環與這城市的一種標記。只有大搖大擺在中環走過，才配得上擁有這個城市。

當主角駕著型格跑車在中環駛過，走過金鐘天橋上花園道，或者沿海傍大道往西經上環信德中心，車後飛快閃過的，都有藍色調的玻璃幕牆大廈或維港景色（《辣手神探》、《暗戰 2》等）。真是個偉大而繁華的城市，香港，就在飛快的車後，令人覺得她是屬於主角們的，也就是我們的。

又或者兩個人牽著手，漫步夜中環，莫理旁人，瞬間擁有中環。《大隻佬》的這一分鐘似乎說著一個更婉轉的愛這個城市的方法，當夜闌時份，中環才真正是我們的（當然，不要遇上《殺破狼》般的夜廝殺），我們明知短暫，而且帶不走行李。

三、中環作為價值

1967 年版《英雄本色》最後一幕，龍剛與林翠的角色（代表一嚴一鬆的兩種對待犯人的態度，也是兩種價值觀）分別從當時的高等法院（一度作為香港立法會大樓）走廊走出來，走到路口，各自朝向不同方向進發，背道而馳，暗示了雙方不可統一的價值觀，擴大點來說，也就是一方是傳統人倫，一方是西方法治。（1986 年版《英雄本色》的先進香港場景代表，卻變成銅鑼灣新寧大廈。）

事實上，由於原高等法院樓頂那正義女神本身寄存有太多意義，在通過對她

及大樓作為背景的取景，其符號意義的挪用極為方便而且明顯不過。她象徵了一種原本放諸四海皆準的價值觀（公平／法治），另方面也對比作奸犯科人的不義（或者法律公義得不到伸張的諷刺）。

這座前高等法院大樓與皇后象廣場，一直承托著香港核心價值的重心。所以《龍虎風雲》中的高秋在廣場上起舞，就包含了兩重意義：他一方面代表了港英年代的菁英價值（作為一個奉公辦案的臥底）；另方面，他跟賊盜分子結成朋友，後來甚至出賣對方，在中國人的義氣傳統上卻是反骨的表現，他的身分危機在那故作瀟灑不協調的舞姿下，變成了一個反諷。他是在香港心臟這舞台上跳舞，而他的身分為何？

四、中環作為鬼魅

歷史像鬼魅般來襲。因為舊，香港其中一個最早開發的區域，中環的傳奇無處不在，中環夜行，你不知前面的黑影是人是鬼。

當曾經繁盛過的變成荒涼，你大概感覺前世今生其實可以同場上演。《三更》借舊警察宿舍說了一個保存現狀的瘋想。如果不能變好，就把一切保留最初一樣，哪怕自己活在的，只是一個破爛圍城。鬧市中的蕭條，這個意想不到的中環，為這座建築這段歷史留了最後印記。那幾條街不叫別的，就叫荷李活道、鴨巴甸街、卑利啫士街。

又或者往東走，走上亞畢諾道。歷史的鬼魅與黑影追隨，少有香港電影拍出這份 haunted 的陰森。

《妖夜迴廊》把域多利監獄（現在大館）、舊差館的近一百年的殖民建築，拍得像哥德式的保壘一樣頹美。當中的建築訴說著將要被洗擦或遺忘的歷史。以後，香港人只能在夢中或電影中再遇這段歷史（而域多利監獄會變成一個大型商場）。

5

另一個中環以舊樓小區形式出現。

那大抵是半山 SOHO 區（荷李活道以南）發展成熟，變成一個可被神話化小區的階段。在此之前，中環的生態主要以蘭桂坊夜生活為主（上述的電影劇情只以中環作背景，但實質在情節甚至對白上與中環發生互動的卻並不多見，講蘭桂坊夜生活的電影是其中少數）。直至到 95 或 96 年中環 SOHO（半山伊利近街、史丹

頓街一帶）開始發展，一種獨特的社區電影出現了。這批電影大多在 SOHO 街頭或樓宇現場拍攝，角色可能經營小店，並有各式奇怪的配角，他們住在唐樓，伙與伙之間的關係有當今港產片甚或是香港社區現較罕有的左鄰右里感，我們也慣以稱之為一種「村民」生活狀態。

《重慶森林》、《薰衣草》、《小親親》、《我老婆吾夠秤》、《六樓後座》、《公主復仇記》、《男上女下》、《千杯不醉》、《得閒炒飯》都可稱為 SOHO 電影。在這批 SOHO 電影中，最大的特色是濃濃的街頭感和村落姿態。街頭的人與房子中人可以有較大的互動。《重慶森林》可視為先驅，在 SOHO 未成形前已早早用半山行人電梯去展示這種街道空間與房子室內的互動；《薰衣草》的街坊街里與特色小店；《我老婆吾夠秤》的談情場面可輕易地把角色的房子化為背景處理。《六樓後座》與《公主復仇記》的天台變成一個私人的空間，反映著唐樓天台在我輩成長中的重要地位與功能（大約等同公屋中的後樓梯，讓年青人小團伙擁有較個人化的空間經常結聚，又或是一種爬上屋頂看世界的快感——既然在現實中，香港人少有機會在高廈上回望自己的城市）。

6

事實上，SOHO 樓宇的歷史締造了它獨特的結構與社區生態。這是較早開發的社區，樓的年齡較大，層數少，沒電梯，通稱為舊唐樓。街外與室內的互動較強（從街頭喊上樓的情況多見），形成住客之間的一種較親密的關係，方便給到多角色群戲的營造。

90 年代，土地發展局曾對此區打主意，到現在，大規模的拆改陸續展開。原住民也不傾向搬出，新的來自不同文化背景的人卻出出入入，形成此區極高流動率，卻同時是社區活力的原動力，容納到較為另類多樣的人等，一派波希米亞風，滿足了各樣稀奇劇情的需求（劇情往往需要較誇張的角色設定，像陳奕迅在《薰衣草》的爆炸頭角色，是沒法出現在別處的）。SOHO 電影角色的職業包括：香薰師、天使、古董店主、可隨便開天窗的專欄作家、塔羅牌占卜師、賣涼茶。

7

既然到了這地步，我們已知道 SOHO 電影訴說的既非個人主義亦非穩健的中

產階級之故事，而是曾經在早期的群居式電影（即大夥人密集地居住在公共樓房或都市鄰里村落中）中出現，而後漸漸失落的一種生活形態：家。

　　SOHO 的鄰里本身就是一種家人的關係。至此，SOHO 電影呈現的是當我們那一代成長大致完成，開始離開血緣家庭之後，要面對的如何在路上重新確立另一個家的命題。這許多電影中的角色，都不是跟上一代家人共住，也未必喜愛有下一代，他們最關心的反而是出門遠行的話，如何把自己的貓交託鄰居或朋友寄養。SOHO 的空間就是這樣一個給漂流人的一個暫託之鄉。街角喝完一口咖啡，又是時候上路。

大流行
Hong Kong

風格認同

時裝到
精神審美的
建立

3

3.1

NOTES ON
HONG KONG CAMP

0

首先，CAMP 在香港又是一個「超語種香港語」（像「OK」一詞已非作為英文的表述），不當作英文來用。所以也不習慣翻譯，不會像中國大陸把它譯成「坎普」，也不會如台灣把它叫作「敢曝」。在香港，CAMP 就是 CAMP。

1

CAMP 是關於風格多於一切，甚至不關乎本質。

也正是由於它的難以翻譯，所以通俗使用下的誤解也同樣明顯。多得香港電影中的傳播偏見，CAMP 一度被普遍理解為「女人型」。說這個人「CAMP CAMP 地」大概指這意思。

但 CAMP 肯定不是指女人型——這誤解的深化主要來自周潤發主演電影《八星報喜》中的方劍郎角色，當中他確實扮成一個濫調定見下的「女人型」（雖然本質上仍是個花心的異

性戀）。以致有段日子，形容男性其裝扮舉止較女性化的話，除了過往慣用的「乸型」，後來也被統稱為 CAMP。

CAMP 自然也和同志美學及同性戀文化有深厚關聯，許多時同性戀文化是 CAMP 趣味的先鋒，但 CAMP 並不能等同同性戀特質及其趣味。換句話說，一位同性戀可以完全不 CAMP，而一位異性戀也可以很 CAMP。

舉一下例子，就知道當中的竅妙。Wyman 可以是 CAMP，但那不是女人型。俞琤可一點都不 CAMP，但劉鎮偉或王家衛（作品）可以很 CAMP。

2

以上並非絕對，尤其是在同志論述議題上，常有爭議，說的是 CAMP 到底是一種超越性向的 sensibility（彎直皆可擁有）？還是 CAMP 應份為同志獨有？前者固然是有如 Susan Sontag 所說：「如果同性戀沒有把 CAMP 發明，其他人也會把它發明出來。」而後者的觀點有 Richard Dyer 的堅持，認為 CAMP「毫無疑問是屬於男同志的風格、語言與文化」，也就是一種男同志生存方式，甚至帶有強烈的性向平權政治抗爭意識，一種強烈的立場，因為 CAMP 理應是陰柔的，而男同志的抗爭模式便是陰柔，故此，他認為 CAMP 不單止是屬於同志的，更應是屬於陰柔類男同志的，不應把它「異性戀化」。由此延伸，通過對「陽性」社會主導權力／美學的嘲弄，CAMP 實在是一種自強扶持，讓同志社群有力量往前走。在此，CAMP 是美學的，也是政治的。

3

西方文化評論把 CAMP 的源流追溯得更早，起碼自洛可可（Rococo）時期，經歌德派加工，又被 18 世紀歐洲曾盛行的中國風（Chinoiserie）吹拂，新藝術（Art Nouveau）也不乏它的影子。一種人工化、刻意不自然、浮誇、繁雜、作狀、死幽默、壞趣味、很正經地不正經（或反過來，很不正經地扮正經，所以白光那首〈假正經〉傳為經典）、比真實的更「真實」（譬如扮女人要扮得比女人更女人）。

是古典凡爾賽宮的舞會裝扮、歌德派小說（所以吸血殭屍其實好 CAMP，後來者還有「科學怪人」）、歐洲大陸出現的仿中式亭台樓閣和早期西洋畫師繪畫的中國景物圖、巴黎地鐵站入口的雕花、普魯斯特的文字感性（失眠中聯想）、drag queen 易裝癖（代表電影有《假鳳虛凰》和《風塵三絕》）、麥當娜和黑人舞者大跳 vogue 舞步、David Bowie（或 Tilda Swinton 扮作 David Bowie）、Boy George 的 "Do You Really Want to Hurt Me"、艾慕杜華（台譯：阿莫多瓦）的電影。

4

存在著兩種 CAMP，以前是高 CAMP 和低 CAMP 之分，以區別西方文藝中，出現於「高級精緻文化」（如在嚴肅文學、歌劇等上流文化）和「普羅流行文化」之中的 CAMP，譬如一般界定普魯斯特、莫札特為高 CAMP，易服為低 CAMP，但現在為免這分類名命帶有其高級或低等的偏見聯想，大可改為「精神 CAMP」和「形態 CAMP」的劃分。又或更簡化為外與內。

形態 CAMP 更多是關於外在表現，是可見的裝扮、外型本身，主要屬於物體性的。無論是誇張閃閃發亮或奇裝異服，又或是充滿官能刺激的道具、過多的妝化、殘忍造型與怪物。是異形怪獸那猙獰的嘴巴張開差不多已到達女主角臉容上，差不多口水已沾濕了對方，又或者易服皇后歡快地在車頂上高歌越過沙漠。

精神 CAMP 更多是調子，唯美的、頹廢的、反叛的，甚至末世的。重要的是感性或感官上的悅愉，而非邏輯性的、道德和傳道式的教化。必須唯美先行，非陽性（以文字為主，具上文下理）的意義表達，而首要重視的是感知。猶如普魯斯特《追憶逝水年華》中的茶與瑪德蓮小點，伴隨是絮絮不休的描述，連串記憶的碎片，極繁主義的典範。不要簡，必須要繁，要密集，才能達致感知的轉換，感覺的誘發和往昔的再現，而非意義的灌輸。

5

放諸香港的 CAMP 研究，這種外與內的劃分，或者可歸納用「異色」來形容這 CAMP 的特質。這裡暫且先把同志議題放下，把 CAMP 統一歸結為一種美學特質。「異色」中的「色」，即可理解為它外在的，表面上的呈現，也就是那非一般的色彩、畸怪、難以歸類、想像那不可能想像的異物色相世界。而「異色」中的「異」，則是它內在意識上反判性的所在。

香港流行文化裡的外在 CAMP，異物傳統裡的「色」：武俠粵語長片中的特

效（譬如主角隔空放出飛劍或音波神功，這些神功會以「飛劍」或「音波」的圖樣於畫面出現，香港以這些特效出現時常有的配音把這種特效統稱為「WE 宏宏」）和機關道具、女黑俠木蘭花或女殺手的面罩（但其實戴了這擋不住太多臉容的面罩人家就真的不能把你認出來嗎？）、巨大無比的天殘腳；任劍輝、白雪仙或戲曲電影內的反串，直到徐克版的東方不敗；《92 黑玫瑰對黑玫瑰》裡梁家輝飾的呂奇（原裝呂奇在粵語長片中不 CAMP，但梁家輝版要把呂奇角色變得更為呂奇）；張徹和吳宇森電影中白衣上沾滿的鮮血（或像血柱般強噴出來）；羅文、梅艷芳的妖色裝扮，長髮穿高跟鞋的張國榮在舞台上；上海灘時裝品牌的衣服（一種必須要人工化強調的「中國風」）；甘國亮電視劇集《神女有心》的女角造型、《無雙譜》的蚌精。

內在 CAMP 的「異」意識片段：《阿飛正傳》張國榮在洗手間打爆人家頭後出來對鏡梳頭；《花樣年華》的張曼玉穿高領旗袍雍容地拿著電飯煲上下樓梯，還有紅衣後面過於花俏的同樣是紅色的圖案牆壁；劉以鬯《對倒》的郵票意象。邁克那符號密集有若雕花的文字，他也有份參與填詞的〈石頭記〉歌詞（絲絲點點計算偏偏相差太遠　兜兜轉轉　化作段段塵緣）；《西遊記之月光寶盒》唐僧說過不停之後，突然出其不意高唱 Only You；黃耀明《光天化日》唱片封套上那華麗的粉紅色閃閃套裝及其手鐲，當然還有歌曲〈春光乍洩〉的 MV；楊凡的《桃色》和《繼園台七號》；Wyman 寫〈垃圾〉中的「殘忍不好嗎」；程小東執導《生死決》最後崖邊決鬥，一人差不多要掉下懸崖，另一人適時以劍刺穿對方身軀以作支撐令他不致下墜，這場面完全切合 CAMP 的誇張外在視覺本質，同時又吻合唯美又反叛的內在 CAMP 特性：本來就是為了一決生死，但到最後關頭，又排拒了殺敵邏輯，就如更多的雙雄電影，本是敵對的兩人到最後卻站在同一線，一種難以解釋的「義氣」，雖變得非邏輯，但使人看得愉悅，如果真非不得已最終要死去的話，也要最大程度上死得好看。於是可以輕易看出了 CAMP 的重點，它犧牲內容和意義，也要突出美感。它實在是裝飾性的。相比之下，李小龍的打鬥就絕非 CAMP，它通常一個人就可戰無不勝，而且合乎一切復仇邏輯，CAMP 會認為這樣過於嚴肅。

6

粵語長片中的武俠故事，初期的特技效果，可作為神怪故事中那難以被呈現的視覺手段，大約等同西方的奇幻歷險（fantasy）與怪物（monster）類型電影，

猶如這種故事中的「怪物」，必需透過誇張嚇人的造型建立一種非人類亦非怪物的「中介物體」。在這裡，一切生物的特徵被誇大（科學怪人的眼睛，又或者吸血殭屍的牙齒）。當轉化成東方電影，奇俠和超乎常人的武藝成為那種「中介物體」的代替載體。一種超能力武藝的視覺化，反映於特技效果的達成，那些空中的飛劍，或者《如來神掌》裡突然發揮神功後可變大的天殘腳，足夠具震撼戲劇效果，也遠離了自然。一種離開了平日認知範圍的純粹視覺奇觀。但效果不盡是驚嚇，而更多可能是幽默與嘲笑，因為那些道具和特效一般粗糙（CAMP 要發掘對劣等趣味的良好興趣），越是想炮製出發功者那武功蓋世的權威性，越是適得其反。越是渴望認真，卻越是令人發笑。一種過於嚴肅而導致的輕薄。但正是因為它是那麼糟糕，所以它是那麼神奇。

7

　　情況一如美國漫畫的超級英雄，蓋了半邊面的蝙蝠俠就可以令別人認不出，香港電影在學習這些超級英雄作品時，也是直接把這種面罩和緊身衣借用，達到另一種戀物情調。但香港粵語長片時代的電影和後來者，更多傾向把這位港式超級英雄安排為女性。這女俠的傳統滿足了兩個性質，一是作為跨過正常人體特質及能力的超級英雄（以武藝身手表現），另一方面，似乎也跨過了性別的邊界（另一形式的反串）。那些廣義上可稱作「女黑俠」的角色（由木蘭花、女殺手系列到後來的《東方三俠》），匯集了多元性徵於一身，既性感（通常由美女演員扮演，又穿上緊身行動服），又因著武藝高強而帶有超越性別的剛陽特質。

　　性意識投射上，女黑俠的性感陽剛化原型其來有自，源於粵語長片的反串傳統。不僅有舊日戲班時代的男旦（即女角色由男演員反串扮演，主因為舊傳統中戲班不容許女性上舞台），也有發展至粵語長片時期的女演員反串出演小生（如最知名的任劍輝）。尤其是男旦，當他要演旦角時，那旦臉的濃裝是不能缺少的重要構成，再一次，化妝以至舉止做手得比平常的女生更似女生。儘管不一定包含，但當中實在也是出現了同性欲望的轉換投射，男同志通過迷戀旦角而借此釋出其同性愛欲的願望。這裡的 CAMP，是迷戀，來自性別倒置的快感。而中國傳統民間故事變奏而成的曲目，從《梁祝》到《霸王別姬》從來不缺這種欲望投射，並成為了香港流行文化豐富的養份。

　　反串 CAMP 的吸引力，推往極致是徐克版本的《東方不敗》，這裡作了多重

的性別變奏：現實中的女明星先反串成故事中本為男性的東方不敗繼而練功再成為女性，一種自如的性別跳躍。由於又是由大美人林青霞演繹，使她／他劇情中的反串作為男性再反串，更是顯出超乎正常的打破同性／異性戀觀的魅力。這裡，角色後天人工添加而來的女性特質（因是練葵花寶典而獲得），因林青霞的演出而格外增強了人為不協調色彩（她先是反串成一個男角色），因為當中涉及雙重不自然的人工化，這使出來的效果 CAMP 上加 CAMP。

8

然後還有肆無忌憚的作狀，一種務必要死得光榮漂亮的美學處理。那裡，血腥其實不象徵暴力，一場對打（或槍戰）死多少人也好，無關痛癢。在此，一個又一個敵人倒下，或者斷手飛頭，都只是作為芭蕾舞式的幕前韻律排演，為最終能達成一種死亡美而鋪路。前有鈴木清順，後有塔倫天奴《落水狗》的黑色西裝內染血白襯衫（也來自《英雄本色2》）。張徹的《報仇》則是集大成，這次 CAMP 的極致，是死於純白的套裝上，沾滿鮮血。一種虐待狂的官能刺激，把情緒調動至極限，再透過奪命一剎來製造快感。當然，在重重被撕破的衣衫中，露出流汗的肌肉和血紅的爪印，同時也可激發出同志觀影角度的肉欲。身體創傷中帶來的CAMP，常常又被精神關係中的 CAMP 所昇華倍加。因為看著兩個男人最後的廝殺，時常分不清當中到底是源於義氣還是愛情的出賣。太愛你，或太美麗了，所以要殺死你。

9

男性裸露也同時要作為一種 CAMP 來研討。在異性戀社會常被看成理所當然的用「男性目光」去看女性軀體，原本就是那麼「自然」，所以也就絕不 CAMP（自然底下，沒有甚麼是 CAMP 的）。只有在極罕有的表演處境，女性的裸露才被視為 CAMP。這種極端例子可能包括在「不適當」的嚴肅場合忽然發現「性」。譬如在那麼造作，一絲不苟地冰冷又齊整，同時人工化到極點的樣板戲《紅色娘子軍》舞蹈中，那些出現於制服短褲下那性感又雪白的雙腿。

但香港過往流行文化教養中，男人露出的裸體，只能用作打鬥，不涉性聯想。於是很晚才有人發起衝擊。那是羅文才擔當得起的 CAMP，那時當然不叫

CAMP，而是叫「妖」，市面上還不清楚CAMP這概念。那份妖先是〈心裡有個謎〉MV中的白色背心黃色地盤工頭盔和後袋裡的黃手帕，相信源自Village People造型。也是〈激光中〉的獨特妖魅唱腔。去到《仲夏夜》專輯，封面正面是戴船長帽和一身Claude Montana的水手裝，背面和內贈拍攝，是站在百葉簾後的半裸身軀，後來嚷得更熱鬧的，是同一輯拍攝中，還有更大膽的露股照被刊登在雜誌上。本來是自然的裸露，在傳統觀念逆轉下，忽然就變成一種人工化，帶奇觀性質的，必須是不自然的CAMP。不自然，是因為裸體下的羅文，再不man。他變成一個女性化的，被凝視的身軀。

10

香港流行文化中全方位演繹CAMP的是甘國亮。是文字、對白、造型、音樂、劇集、精神，全盤耽美的玩弄。在此，曾經有一期他的《號外》雜誌攝影視覺說出了一切：甘甘地。

這個以甘國亮為拍攝對象的造型，一次過同時玩了四個punch：甘國亮名字當然是「甘」，所以標題「甘甘地」也適配地有「頗為甘國亮」之意；他這一次的造型是以印度聖雄甘地為藍本，但加強了寶萊塢式CAMP美學（寶萊塢歌舞片從來是CAMP的體現）；「甘甘地」同時是一句流行的港式用語，大意謂「頗為厲害」；「甘甘地」翻譯出來另一會意，就是CAMP CAMP地。一個封面，完全繁雜，過度做作，但就是如此CAMP。

當然了，香港流行之中，無論是本人還是作品，沒有別的比甘國亮更CAMP了。甘國亮的劇集作品（電視時期以監製或編劇形式參與，電影則有導演或任策劃作品），是最早以電視劇的形式，在我們還沒來得及懂CAMP為何物之前，就拍出了早期香港流行文化作品中罕有的CAMP味。就是當CAMP沒有自覺性之前，才是最CAMP。知道或很在意自己是CAMP的CAMP，總不太令人興奮。

甘國亮的CAMP，完全包括了外在與內在的CAMP。電視劇《孖生姊妹》、《過埠新娘》、《山水有相逢》、《神女有心》、《輪流傳》和電影《神奇兩女俠》為代表，絕大部分也是大女主當道，俗稱「女人戲」，在在強調女性特質（老套的堅毅，又或者新派的時代感），一種陰性的歌頌。但同時又不無嘲笑（或至少是苦笑）。

首先最顯眼是外在的 CAMP，異物的造型洋洋大觀，《神女有心》設定為民初邊疆無有之鄉的妓寨，裝化造型可放心天馬行空。於是看到有如寺山修司《上海異人娼館》的浮誇、耽美、頹廢、末世、怪異、性虐。歐洲機械時代（以兩男主角顯示）的雄性軍事造型遇上畸怪的東方異色。《無雙譜》更是開創奇觀特效東方靈幻志異風，同一個演員要演繹多重大千世界不同身分造型性格，大地陸上人物角色，對照水底下奇詭精靈。不知是兩個世界還是同一個世界。海中世界的精靈造型粗劣，但正正又是這種認真地造作，但難免誰都能輕易看出來的人工化讓人看得發笑。這一點就最 CAMP。因為它其實在好嚴肅地說著：看！我是一隻龜，或蚌精。但觀眾卻因為它不太像烏龜而發笑。就是說，它原本不是為了引發幽默，不是有意地去 CAMP。正是這種姿態反而才最 CAMP。一種失敗的嚴肅。

　　又或者多年以後，觀眾重看《山水有相逢》，驚訝於劇集原來是那麼大量也密集地保留了那個過去時代（故事是 80 年代懷 60 年代的舊，故此用上了許多 60 年代語調）的平常用語，而且跟我們今天所用的大為不同，實則是一種語言版本的「異物」：「乜家伙？乜家伙？」、「你隻曳嘢吖」、「哋乜啊今朝？」、「哋？乜嘢叫做哋啊？」、「棧鬼」、「唔抵得頸」、「好耐世界㗎喇」、「周身冇蚊」、「好哥濟」、「比包鴨都拿」。

　　在對白構思時刻意要搜羅的「老式」用詞和語氣，本來只是年代劇「現實」需要，想像要通過語言台詞捕捉和重現過去，那原委是樸素的（儘管用詞是刻意），因而才產生了那種非自覺性，而後才慢慢在觀眾群中產生出一種 CAMP 的作用。而時間的距離更是令再過四十多年後的今天重看此劇的話，更是增添一份重燃起來的共情，有關於時間、語言、人物和地理的消逝。那個香港。

　　甘國亮也有能力把合作的女演員，通過精密的作品展現出 diva 一面，那種同志文化也極喜愛的「永恆的女性特質」。無論是正劇中的汪明荃（《孖生姊妹》）、鄭裕玲（《過埠新娘》、《輪流傳》），抑或是喜劇與正劇演出節奏同樣出色的李司棋、黃韻詩（《山水有相逢》、《輪流傳》）和馮寶寶（《神女有心》）。後兩位出色演員，又將會把她們最 CAMP 的一面，日後在另一部香港 CAMP 代表作《92 黑玫瑰對黑玫瑰》中更發揚光大。

11

　　CAMP 的勝利、可觀性、值得欣賞與珍視，源於它堅持在審美層面上去體驗世界，而非關邏輯與評述。這才讓它呈現出「風格 vs 內容」，「美學 vs 道德」，以至「反諷 vs 悲劇」的勝利。

　　CAMP 旨在去品味、去欣賞某種風格，而非草率下判斷，或依從約定俗成的價值。用 Sontag 的恰切結論：CAMP 所以是這樣好，是因為它這樣嚇死人（It's good because it's awful）。這裡，原文的 awful，實在需要借用香港更精妙的用語「嚇死人」。它一方面可能代表了（通俗翻譯中的）差勁，但同時又包含了驚人，出乎意料之外的意思。

228

3.2

主流電台中的實驗精神

0

　　商業電台靠近電梯的當眼處，掛著這副對聯：「話到口中留幾句，理從是處讓三分」，是商業電台創辦人何佐芝提醒員工的寄語。作為一種通俗哲理，處世之道，尤其適合電台這門從事「開口」的專業。

　　它的善意提點是，那怕道理是站在自己這邊，也合該保留一些，給到自己與對方適當的距離、進退的空間、上落的台階。用香港話語來說，是「凡事不要去得太盡」。這裡出現的辯證是，所以要提醒商台上下時刻謹記這句話，可能反證了一個事實：商台不僅慣於站在有理的那一方，而且往往也會「去得太盡」。

1

　　「去得太盡」，作為一個廣受歡迎又有影響力的大眾媒體，很容易就會出現正反兩面的大迴響。由於真正說出了

市民的聲音，它會得到社會的認可、聽眾的擁戴、高收聽率的加持。但這些擊中要害的聲音、敢於踩紅線的勇氣，難免又會引來持相反意見方的駁斥，甚至報復。

而商台一直走在觸碰這條線的微妙位置上，說的不獨是指社會政治議題，更包括保守與突破、平淡與創新等對立的價值邊緣上，並由它多次勵行的打破傳統作風，突顯了它雖作為主流媒體，既有大範圍群體認受，卻又每每能生出新猷引領新風的創意力量。大可歸納為一種作為主流媒體，商台卻辦得像非主流媒體般具實驗性。無論是率先把電台的音樂播放模式改革，還是提出 DJ 的明星化包裝，到響亮的口號層出不窮，乃至發掘與捧紅新人的慧眼敢為，那麼多年來，香港沒有一個大眾媒體能像商台一樣能發揮這種廣泛的創意影響力，由 DJ 節目到清談 phone-in（烽煙），往往開創潮流風氣之先，聚集一代又一代奇能異士，實驗的成果慢慢又變成新的流行，可說是香港大眾媒體流行文化的異數與研發實驗室。

2

撇開流行深義的大歷史討論，作為一種更為個人化的大眾傳播形式，商業電台透過電波（或今天的網絡）傳給幾代香港人的，還有深深的情感私記憶。不同於電視台，電台的輸出是雙向的、更為個人的。由早年的空中點唱，到深宵廣播、DJ 憑歌寄意，聽者在耳筒之中催生出自己的共鳴。不同時代的主持人和節目也作為對應該年代的成長記憶，而且多年來發掘出來的明星／名聲，風格迥異，就這樣伴著幾代香港人成長。聞名節目或宣傳，由大丈夫日記、十八樓 C 座、六 pair 半、年青人時間、321 起飛、支持原創、軟硬天師、叱咤流行榜、拉闊音樂會、豁達推介、風波裡的茶杯、光明頂、嘩嘩嘩打到嚟、在晴朗的一天出發到口水多過浪花。由廣播、頒獎禮、清談、音樂、演藝、廣告、設計、電影、舞台劇、填詞到政界，自商台主力出道的幕前幕後，創念和人才輩出，由俞琤和六 pair 半、鍾保羅、黃耀明、周肅盤、陳輝虹、611、郭啟華、Wyman、黃志淙、軟硬天師、森美小儀、卓韻芝到快慢必、鍾雪瑩；創作部由林夕、歐陽應霽、夏永康、彭浩翔、林若寧到林日曦，前赴後繼得到認可。六十多年來，商台實在是代表著一種香港實驗精神的成功普及轉化，以及同樣重要的，一把能代表那個進步香港的聲音與記憶。

3

　　1971 年，香港傳播媒介興盛之勢才剛開始，電視台的影響力非比尋常，相比之下，電台已可稱為一個舊媒體，急待重張旗鼓，吸納新一代年青聽眾那已經被更多其他選擇吸引過去的離心，以挽回電台的流行度和市場。中學剛畢業的俞琤要擔起這重要使命，她不僅在電台界開創多個先河，日後並將會發掘並命名了達明一派、軟硬天師，以至許多強而有力的商台口號。

　　但首先要做的革新，出於自身。真正意義上的電台 DJ、唱片騎師，由此展開。她以後會對新來者發出曾經也是最先對自己提出過的高要求：電台 DJ 再不是導播員，更不是依稿背書，DJ 要懂得串詞之餘，更要熟知將要播放歌曲的背景，掌握一套完整的關於流行音樂的知識體系，並且技術上要懂得自行播放唱片。這裡出現最具難度的新挑戰，除了得學懂使用播音室內的播放器材之外，是如何完美地「夾歌」，即在播出歌曲前奏後，DJ 繼續說話，講話時間毫釐不差，要直至歌者的歌聲剛要出現前一刻結束。「疊歌」即講話未完致使 DJ 的句子疊在已出現的歌聲之上的話，是嚴重錯誤。相反，若講話已完畢但歌聲還遲遲不出現，也屬低手。如何看來，都是一種之前廣播界沒有的嚴格要求。

　　技術而言，過往播音員與播歌是分開的兩門工種，播音員往往講完預備好的言詞後，工程部的師傅才據指令操作器材播出歌曲，以至過程中 dead air 時有發生。這太不適合這個生龍活虎的城市的生活節奏了。那時年青人更需要的，是一把貼近自己的聲音、一種自己能有共鳴的時光脈動，以及收音機傳到空氣中的最新潮入耳的音樂，而非往昔一板一眼，冷如流水作業的播報式廣播。DJ 的個人色彩是這時代剛出現的產物。那時電視是家庭導向的娛樂，更為追求個性化的年青人，渴望在其他維度獲取更合個性的內容。那是 60-70 年代英美歌曲普及流行的日子，從胡士托到哲理化時期的披頭四，全球呼應的學生運動，由音樂思潮引起的流行風潮澎湃，也是剛經歷了香港 1967 年那躁動後，這城市正要療傷的時刻。社會和政府的總體認知，是必須通過具規模的娛樂方式，去排解年青人過多的激情和空餘的時間。要爭取年青人的認同，似乎沒有甚麼比打正旗號做專門針對年青人口味的節目更合適。商台的「年青人時間」就在這背景下出現。

　　私營的商業電台有個優勢，是本身有兩個主要電台頻道（香港電台當然也有不同頻道，但其時的中文廣播則只用上一條，尚未區分出港台一台和二台），一直設定為商業一台和二台（還有另一 AM 廣播頻道），可分別針對不同定位的聽眾。今

天說來，這後來進一步改革後，一台二台分別以「雷霆881」和「叱咤903」來名命，從市場推廣角度而言，不單是響亮新名字的需要，而是當年還是通過收音機聽大氣電波廣播的世代，調校收音機的調頻時，可先讓聽眾對電台的調頻數字有印象並熟記，這串數字，還是有它作為廣播歷史發展的要義。雖然純以年齡來劃分有點過度簡化（例如說二台集中吸納年青聽眾），但起碼顯示一種聽眾定位的市場細分化。

要把節目標榜為「年青人時間」，可能反證了過往電台節目不怎麼年青人友好，又或者說，沒有對當時的「新青年」有足夠認識。以往年青人大量收聽電台的時光，是勞動力集中的工廠車間，點唱給工友大家憑歌寄意。顯然那一代較禁閉式的生活節奏已迎合不了新時代的年青口味。「年青人時間」只能做一個實驗——而這種實驗精神正就是研究商台文化的重要基石——得要用真正掌握到年青人品味和語言的同樣年青的人去做。其時陳任和樂仕在音樂和文化界都已略有名望，可說是當時的流行文化意見領袖。樂仕有份創辦的《年青人周報》也是其時最有影響力的青年人讀物。但來自聖士提反女校、還是中學生的俞琤的加入才石破天驚，這個不問背景但求創意和潛力的選人傳統，以後俞琤及她的接班人將會多次延續下去，像一種商台的 DNA，並且在事後確認了這種獨到眼光，當中除了達明一派和軟硬天師，還包括同是中學生身分就進商台的另一位女學生 DJ，她改了一個藝名叫「611」，本來有「八」的意思。611 往後用回本名林憶蓮在歌壇出道。

但一位中學畢業女生如何就輕易擔起新節目革新重任，就如無數在傳播圈甚至娛樂圈的傳奇一樣，那莫衷一是和流言蜚語反而製造更多神秘色彩與話題。傳播業天生就是一個需有人不斷談論的行業。無論如何，到 1971 年俞琤畢業並正式加入時，商業二台「年青人時間」已廣受歡迎，以至對手香港電台要匆匆組成「青春交響曲」去迎戰。

以香港廣播業發展而言，其時就是私人的商業電台與官辦的香港電台之爭，而儘管是私辦性質，商台還需要符合政府發出的電台廣播發牌條件，才能定期更新續約以便經營，此硬性條件多年後直接引發文首所述的對聯的出現。作為官辦電台，香港電台在爭取聽眾上向來較保守，看來不用過份擔心經營壓力和收聽率，亦較按本行事，不需主動靠近市民，收聽率和影響力皆不如商台。反觀商台，無論是通過寫實內容廣播劇的故事與道理，又或是新時代的 DJ 風格，反而才是一直穩植在市民這一邊的真正人民電台。但毫無疑問，到了 70 年代，香港電台也得更貼地去回應社會了。「青春交響曲」是這背景下的產物，在把原在商台的陳任掘過去之餘，一批大學畢業的天子門生（如吳錫輝等）的加入，嘗試走精英年青人路線，起

碼是和商台拉開不同戰線。可以說，港台這陣作風，是 school smart 的呈現，相對於商台一直把持的 street smart 精神。但這看來是場各施各法的良性競爭，香港廣播生態和市場由此真正百花齊放，步入 80 年代的電台文化黃金期。

4

陳任離商台過港台，反而令俞錚有更多自由空間發揮，一系列創新緊隨。她這時已統管了創作，見對手亦步亦趨，只能更進一步，不斷製造自己的聲音，令電台不斷有 noise，其一是開創了前所未有的營銷包裝方法，把商業二台的 DJ 的個性及知名度進一步推到明星位置，方法是將十三名二台 DJ，一方面統合起來作為一個大品牌，但又不忘突出各自個性，合起來又是一個眾志成城的團伙，她把這團伙起名「六 pair 半」(俞錚、關西蒙、曾路得、鍾保羅、盧業瑂、楊振耀、湯正川、陳少寶、樂仕、錢錢、朱明銳、蘇施黃及梁安琪)。高光時刻是集體出了一張前無古人的 DJ 演唱專輯。那是 1980 年，當中的歌曲，事隔超過四十年，依然響徹每個同代人甚至幾代人的心中。

靚聲音曾路得唱了一鳴驚人的〈那一天〉(得者莫喜　輪流轉風光轉)；錢錢的〈冷雨〉後來也有多個翻唱版本，一直是適宜邊駕車邊播放的香港「公路之歌」代表；盧業瑂的〈為甚麼〉是較早改編自五輪真弓作品的流行曲 (為甚麼生世間上此間許多哀與傷)，歌詞仍然是哲理先鋒作。可最多人憶起，還會一同默唸歌詞的，則必屬曾路得唱出的〈天各一方〉(今日你同我天各一方　你有你嘅生活　我就繼續我嘅忙碌)，主創人俞錚以當中深入民心的旁白演繹，為她的這些創念留下自己的簽名式，以及香港聽眾幾代不滅的記憶。

電台主持人出唱片，之前不是沒有先例。譬如商業一台馮偉棠數年前就跟另一位新人薰妮共同出了唱片，但大紅出來的只有薰妮的〈每當變幻時〉，馮偉棠也沒有打破歌手和主持的界線，沒法把歌唱形象成功地加諸 DJ 形象中。香港電台的區瑞強也憑〈陌上歸人〉走出了 DJ 出民歌唱片的新風。然而「六 pair 半」的唱片除了讓商業二台眾 DJ 的知名度大升，作為成功的 branding 包裝以外，也造就了日後 DJ 出唱片的真正風潮。通過電台 (因為 DJ 屬旗下員工所以更落力推動播放) 和唱片公司的密切合作，提高播放率，配合唱片公司捧新人策略，從而又令唱片大賣，DJ 享受到一如名歌星的待遇，由此電台文化又進入了以明星 DJ 歌手為代表的時代。「六 pair 半」之後，商台有 611 (林憶蓮)、蔡齡齡 (她原唱的〈細水長流〉

還是一首於公眾被低估但歌星們都深愛的長青歌曲）、軟硬天師等承傳。香港電台方面更是將之發揚，DJ 歌星由區瑞強開始，蔡楓華、周慧敏、黃凱芹、林珊珊、何嘉麗等新人輩出。

於香港流行曲類型而言，這批 DJ 高度參與的流行曲，製造了另一個小分支，是故事性的劇場版歌曲的引入。由於 DJ 的聲線一般較優質和具個性，配合其時風行一時的新派廣播劇，把劇情和場景元素拼進歌詞和編曲的原創中，又或是在原有的歌星名曲中，加入長長的旁白作為劇場版，形成另一特色文化創造。像風行一時的有〈無可奉告〉（何嘉麗唱，鄭丹瑞旁白）、〈留給最愛的說話〉（張麗瑾唱，鄭丹瑞旁白）；亦有把原有名曲加上旁白延伸如〈當我想起你〉（陳百強唱，黃靄君旁白）等。

5

80 年代下半段，當面對香港電台強而有力的反擊（港台這方面曾拉動的熱潮包括鄭丹瑞主創的「三個小神仙」和「小男人周記」，以及後來由邵國華、倪震、梁繼璋主力的「三個寂寞的心」等），一度離開商台重新回來迎戰的俞琤再次令人吃一驚。她宣布 1988 年商台的 321 改革，全播中文歌不播外語歌，這決定有極大爭議，評價也非全正面，起碼英語、日語歌樂迷會認為此舉減少了對自己所喜愛歌曲的引介，令香港流行音樂缺失國際視野，但卻至少惹來全香港全城的注目。

這個強調專播中文歌的決定，實是建基於一個更大的鼓勵本地原創的文化背景。80 年代初改編歌盛行，雖然帶起了整個唱片市道，但媒體中人早已擔心，這可能會引致的反效果是打擊香港本土音樂人的成長，也削弱了他們的發展機會。其時不單有對改編歌氾濫的擔憂，也有情歌過多的填詞界焦慮，認為短時間內大批量生產出題材過於類似，內容不離男女愁懷傷風悲秋的情歌，從創作視野到發揮空間上，都有礙樂壇長遠健康發展。於是早在 83 年，就曾經有由填詞人盧國沾發起的「非情歌運動」，提倡情歌主題以外的多元類型歌詞創作，豐富流行曲世界。香港電台的配合回應，是 1984 年舉辦了「非情歌填詞比賽」，鼓勵新一代詞人嘗試更廣泛題材和用詞。可是先進城市的流行文化之特色，一直更傾向無形之手自由市場主導，也許香港太需要通過音樂來談情說愛，又或者人們還是希望喜歡的歌手唱著說愛的歌詞，非情歌的理念似乎到後來並沒引起過多火花（事實上，市場上亦有不少高質素非情歌，所以前設就不一定成立）。但兩個電台一先一後花心血助力香港

本土創作，也算是一種鮮明的文化機構態度。而那次「非情歌填詞比賽」也不是沒有收穫，這只出現了一屆的比賽，發掘了一位新的填詞人梁偉文，就是後來的林夕，他憑〈曾經〉（後來由鍾鎮濤灌錄）的歌詞奪得填詞冠軍。兩年之後，他才以更知名的作品〈吸煙的女人〉以填詞人身分真正出道。

但當時間來到 1988 年，商台的野心更大，就得有更多的奇招奇人，以更貼近新世代的作風語言去出擊。沒有這種語言的話，商台就要去創造一種。等待的，是同樣能把這種還未能講清楚的新語言掌握的代言人。結果，出現了 80 年代晚期的電台新代表符號：軟硬天師。

6

那是 1986 年至 1988 年，終於，香港有了兩把聽來跟傳統完全割裂的新聲音。兩個組合的名字，都來自俞琤那些「五分鐘的敲定」。

原本在商台當 DJ 的黃耀明應劉以達在音樂雜誌上刊登的尋求主音的廣告，終於大家組成二人樂隊出道，本來在想組合名字，是否叫做「藍色空間」（幸好沒用上）。後來他們找上俞琤在尖沙咀見面，俞琤和他們談了大約五分鐘，寄望他們二人能堅持自成一派（說這才配得上這名字，否則會很作狀），於是為這組合命名，「達明一派」正式誕生，往後盡是香港流行音樂史。

但更不為人知的是 1987 年在尖沙咀另一辦公樓內，初見另外兩名初出茅廬年青人的歷程。林海峰和葛民輝本為熟同學，他們另一位同學是夏永康。從明愛白英奇專業學校設計系畢業後做過 ESPRIT 廚窗設計，二人合拍非常平時也多鬼主意。如果沒有懂欣賞，或懂得如何包裝這些瘋狂創意的伯樂，以至一個更具實驗精神的平台，這些極端個性化的東西，如何能登公眾視野？那時傳媒界可能還沒收到風聲，說俞琤要返回商台。只有幾位核心人員知道這件事，包括被她請來加盟，誓要合力在商台另創廣播史新高峰的鄭丹瑞和林珊珊，後者二人已因香港電台的「三個小神仙」節目在廣播和電影界大紅。

這波革新需要更新鮮的聲音，林珊珊推薦了弟弟和弟弟的老友。於是有一天，二人就像達明一樣，也是跑去和俞琤談了關鍵的五分鐘，得到簡短的指引，他們二人將以一個組合的形式在電台出現，先在現有著名 DJ 的節目中協助聽眾問答環節，一個施軟功，給聽眾「貼士」（提示），另一個故作強硬刻意為難參加者，是為「軟硬兼施」。後來正式開咪了，香港廣播史和流行世界中出現了軟硬天師。

再一次，商台那種敢於創新和用人的傳統，一種實驗的精神之火又再次燃燒，而今次更富實驗性和顛覆性。香港廣播史上，從未有過如此不一樣的聲音和話語邏輯。新的聲音誕生，像在提早迎接同樣需要與傳統割裂的 90 年代。

7

起初，葛民輝以「馬路天使」身分，一反常態以搞笑的方式去報導交通（由於涉及道路安全和交通消息的真偽，過往交通報導都會較嚴肅處理），剛出來當然令聽眾不習慣，可很快就得到收音機最核心的聽眾特別是「的士大佬」們的認可，「現時嘅隧道路面情況又係點呢？先去睇下過海隧道，龍尾就差唔多塞到去公主道，但係捐山窿隧道又點呢？冇事冇事」，親切生鬼的用語為沉悶的路上生涯平添趣味。大氣電波被一種新的氣氛彌漫。到二人合體有了自己簽名式的集清談、戲弄、笑話一身的節目，繼而進軍樂壇、電視台和電影圈，軟硬天師以超快速度爆紅，其於電台中賴以成名的形象和搞笑方式，可說比周星馳更早，宣告了「無厘頭」文化在香港的誕生和盛行（周星馳 1989 年的《蓋世豪俠》和《他來自江湖》一般被認定是電視時期無厘頭文化之開端，再到 90 年代初才吹遍電影圈，時序上都較軟硬為晚）。軟硬天師彷彿是預知了一種新的社會情緒，一種非邏輯思維與言談反應，加上重重的對流行文化的拼湊引用，並提早把這些元素化為創意驚喜，在態度上顯現一種對「正統」、「權威」的蔑視，在音樂上造就了樂壇的拼貼新氣象，在說話語態中創造了新語句方向，也為香港創造了他們那一代的「潮人」典範。他們是混搭的典型：混雜了高與低、精緻與通俗、硬直與柔情、粗心與細微，後來各自當上導演發展出來的電影，同樣是有趣的這種無可複製風格的影音延續篇。

在粗俗的口語化與更為隨意的唱腔表現上（再沒有樂迷在他們歌曲中追求「唱功」這「古老」標準），軟硬天師的音樂表面上是屬於夏金城的派別的（夏金城其實也是有大量的社會現實洞悉和反映），一種強烈的生鬼個人風格，配以對社會與潮流的敏銳觸覺，有如〈廣播道 FANS 殺人事件〉諷刺的追星文化，〈點解要大家笠〉的語帶相關。

不過兩人聽歌的口味又貼近前衛邊緣，兼有英式新派和美式饒舌之風，於是形式一種廟街市井與廣播道商業二台 high brow 音樂品味的混種。而唯一可以肯定的是，軟硬天師的音樂是富 90 年代香港城市色彩的，它反照著都市街角的五光十色，充斥著名店品牌，隨意即興入題，不拘一格，由 rap 到 Brit Pop 到改編台灣

肉麻情歌應有盡有，活像段段音樂的塗鴉，可稱為街頭音樂結合前衛的代表作，同時總體轉化成一種年青街頭潮流文化 icon，後者又在兩人各自參與的「潮牌」設計、玩偶和穿搭商品系列中更進一步發揮形成時尚。

　　軟硬天師也是戀物狂的體現，林海峰的短片電影作品《天空小說》（「天空小說」原是商台舊日台柱李我主持的廣播劇，也就是那掛於商台「話到口中留幾句」對聯的書法者，他以不同口音語調一人分飾多角的聲演是香港一代播音傳奇。是故，無論是採用「天空小說」這名字，以至找他來落墨與商台全寅共勉的這幅對聯，都有著商業電台精神傳承的深遠意味），講的是年青人購物商場的人間百態，時而瘋狂，時而自閉，時而沉溺，到目前為止，仍是最能捕捉商場文化那份封閉感和戀物癖的香港電影，完全是 discman 耳筒、玩偶、閃卡自戀一代，游走於商場與玩物之間的青春寫真。當然也像是軟硬天師名曲〈川保久齡大戰山本耀司〉（歌名的刻意名字錯誤承繼了他們的搗蛋精神）中對服裝名牌狂迷的另一版本的諷刺與自嘲。

　　林海峰另一作品《廢話小說》則是自戀的極致，全以音樂來說可有可無的故事，不求溝通但求表現，不同的故事引出更不一樣的觀點與線路，猶如卡爾維諾說不完的故事，未到結果便又再掀去新一章，電影說的已不是故事本身，而是反照著說故事者的神經創造力（或其錯亂，可謂跟 90 年代中香港的「精神錯亂」不謀而合）。

　　至於葛民輝執導的《初纏戀后》更將這份混雜的創意，推進至不能自控，頻臨瓦解卻也是香港電影罕見的自我指涉的解構地步。影片是一個導演拍攝作品過程的自省，由一部電影跳到另一部電影，穿插的卻是「導演者葛民輝」面對鏡頭對拍攝過程的自述與否定。他講解故事，又試圖指明拍攝情況的艱苦、混亂，配合不同的故事情節，互為拉動，拼貼起同樣天花亂墜、浮游不定的影像（此片由王家衛監製、杜可風攝影），在風格上模仿王家衛的電影，同時像是對王家衛風格的一場解構（劇本的修改、製作的失控等），是關於拍電影和觸及電影意念建立過程的罕有大膽作品。只不過對更多觀眾而言，這卻只是另一次無厘頭的文化展現。

　　由電台節目、音樂到電影，軟硬天師的作品都猶如填滿符號的海報，密密麻麻，信息爆滿卻又未必有固定所指，那些不定的符號、音樂上以密集的歌詞、看似無關連的語言接連，執導的電影則以過剩不安的影像交代，令人眼花撩亂而過後忘了。意義因為超載而最後發生爆破，變得難以掌握。卻是商台的眾多「明星」產出中，最富實驗精神的一種風格。

8

　90年代中，商台再包裝快必慢必（「必」即 beat，既指節拍，也是香港俗語「行 beat」即巡視之意）未必一定是想複製軟硬天師的成功，但這樣的一對組合，而且同樣在「馬路之友」這種和交通有關的節目先出現，難免會令人比較。而時代已經不一樣。在面對 1997 至 2003 年的社會現實和變化，社會精神面貌，再不能像 90 年代初一樣，以那種無厘頭非邏輯抽離嬉笑感的姿態去應對。DJ 本人的志向也決定了不一樣的出路，那是香港時代與社會漸逃不開政治現實的後果。

　但過程中，商台的吸納性，以至 DJ 的轉型方式卻仍然反映了它是如何緊貼時代脈動，不僅再次發掘到新聲音，並為新人提供了舞台。快必譚得志和慢必陳志全之後轉往電視和新城電台之後，再隔不久，都分別踏上參政之途，以另一種方式在社會發聲。陳志全更曾是香港甚至亞洲區有史以來，第一名公開同性戀身分的立法會議員。那是香港曾擁有過最接近彩虹多元光譜的時期。

9

　以發出聲音去作為工作，電台廣播跟電視最大不同，在於「聲音」這意象的多樣性，也是媒體本質構成的根本分別。

　從「人民電台」、「市民喉舌」這些慣見比喻切入，「聲音」是一個象徵，在自由市場中，受歡迎的電台，是因為它傾聽又發出聲音，恰當地擔起古典式新聞倫理中的崇高價值：媒體作為第四權，而絕非作為宣傳喉舌。它最理想的狀態，是能聽到人民的聲音，同時又把持公義的立場，向社會大眾釋出一把真正代表社會文明價值的聲音。商業電台作為香港媒體的歷史成就，大概就建基於此：它曾最大程度上，反映並發出這把聲音。這立場，令它在不同年代中，都曾發出了正確的批評，輿論的應有作用，同時又引領創作風氣，發掘時代的代言者。而在同樣重要的創作部中，又能生產出同樣響亮的口號與態度，而創作部當中曾參與過的文字高手，其中包括林夕。曾被商台普及過成為全城用語的，例如「拉闊」，說的除了是 LIVE 即現場演出之外，當然也有如一種宏大豁達的氣慨。

　「雷霆 881」和「叱咤 903」，仍是至今最響亮、辨識度最高的台號。至於「人在做天在看」，簡直就有如重新肯定傳媒之義。

這種與社會的貼近，不是始於 DJ 文化，於商台反映現實諷刺時弊的長壽廣播劇「十八樓 C 座」及更早之前，已有一種聆聽和反映現實話題的傳統。至今仍有播出，由 1968 年就始播的「十八樓 C 座」是個有固定人物角色，後來場景設定在「周記茶餐廳」的議事式廣播劇，讓周老闆、伙記和食客月旦當天最熱門新聞話題，混和了處境劇與社會評論於一身。最初為傍晚播放，後來搬到每天中午在一台播出。每集眾角色討論的主題，往往是極為及時，甚至是當天早上新聞頭條的新聞！這種即時回應，緊貼時代，造就了節目那長燃不滅的火種。要知道，日後時政議論節目雖也成主流，但只是名嘴專家們就當天新聞題目現場憑知識發揮，複雜性遠比不上一個需當天思考劇本和組織眾人錄音的劇場。「十八樓 C 座」播出近六十年，當中聲演周老闆的金剛，已超過九十歲。而這節目的緣起，正好再一次說明了「發聲」的要義。

10

這廣播劇源流，那種民間通過故事去了解社會，媒體反過來作出適時的社會評論與進言，最能彰顯立場公義但同時不乏悲劇性的，是香港傳媒史上最血腥一頁，商台也正好身處這風眼當中，只能以殉道來形容。

1967 年，商台受歡迎廣播劇《大丈夫日記》（也曾拍成同名電影）主角播音員林彬，在評論節目《時事評論》和寫實廣播劇《欲罷不能》中發表反對並痛罵其時正值高峰的暴動暴行，特別是同年八月發生的一場引致孩童傷亡的爆炸事件。這爆炸案發生數天後，他和堂弟在他自駕上班的途上，被暴徒擲汽油彈燒死。那是商台，也應是香港廣播史上最黑暗的一天。面對暴力，商台沒有退縮，仍然堅持播放時評內容和廣播劇，站在最廣泛香港市民的立場，對暴動作出批判與喝斥。等到該年末風暴稍平息，《欲罷不能》才改革成為語態較溫和的劇目《冷眼旁觀》作為過渡，直至 1968 年七月，同一時段的節目，才全然由《十八樓 C 座》取代。

後來再經過頗長的日子，商台的這種貼地與發聲的基因並沒有大變。仍是前赴後繼，時政相關觀點的自由開明發聲，由《風波裡的茶杯》、《政事有心人》到《光明頂》，還是通過不同年代的名嘴及主持的節目釋出，直至真正的大限來臨。

這才再次回到文首的對聯。由商台創辦人何佐芝挑選，著名播音前輩李我手書的這兩句詞，出現於商台續牌風波的 2003-05 年期間，實在可理解為一種無可奈何的妥協。從節目開播的 1994 年到 2004 年近十年內，《風波裡的茶杯》主持

人鄭經翰以雷霆萬鈞之勢，和搭檔林旭華主持的這檔早上 phone-in 節目，月旦時事，為民請命，隨時向官員問責，人稱早上「十點前特首」，鋒芒所及，也得罪人多，自然種下後患。

到現在，人們還在猜測在大約同一段時期，商台最受歡迎的黃金節目主持人，鄭經翰、黃毓民相繼請辭的原因，是否和那續牌的過程有某種神秘的關連，只是一切都難以證實。

現在重新琢磨，「話到口中留幾句，理從是處讓三分」可能是何佐芝早在林彬慘案之後已有的領悟（事實上，多年後的鄭經翰也曾經受襲）。更似是一種智慧，也為了保護自己以至同路中人，而非只是一種無理的忍讓與交易妥協。焦點是當中的「理」，當你認識到，理，是站在自己這邊，有理，真理，才不介意讓三分。然而，商台人另一長期把持的信念：「真理必勝」，此情此景，是否能兌現，就只能等時間去驗明一切。

時尚

3.3

音樂到 fashion 的 全球流行共同體

0

80 年代可說是全球流行樂壇的高光時刻繁盛期,高質
也多產量的音樂和電影,大大滋潤了流行世界,風氣也吹
到香港,不只影音產品,同時也造就出更多本地文化刊物
和消費潮。有了新的經濟循環,也就令其時的文化刊物跟
過去 50-70 年代的有大不同。雖然當中最持久也最具影響
力的《音樂一周》和《年青人周報》都源自 70 年代,但因
著找到新經濟熱錢(如電影和唱片廣告)之後,往後一段日
子,不需要再苦苦尋求同仁誌式的犧牲精神和大量耗用個人
成本,而是把刊物融入一個更大的流行文化消費圈當中,得
到商業平衡。當中的消費本質,同時是當時崛起的文化消費
市場使然。當年的文青讀者渴望各種來自此大潮下的全球最
新訊息,死捧各位國際偶像,熱買偶像明星帶出來的潮流花
款,因而造就了一個今天回看起來,是超級蓬勃的 80 年代
文化景觀。

1

　　這一切，都先從一股流行音樂氣象開始，可能也是冥冥之中，音樂之神出手之際。整個 80 年代，世界各地同時生產了無數激盪人心，也迷醉眾人的新音樂新舞步。一首歌能大熱全球，超級偶像能去到地球每一角落都被追捧，也是自此之後難再發生。80 年代的香港，屬於這波浪潮中被啟發的城市，換個位置，又吸收了這股氣場而自己創出同樣具影響力的文化。

　　電影之神曾在 60 年代出手，誕生了無數改變電影歷史的作品。論音樂界，對上一次也是 60 年代，從 Beatles 到迷幻嬉皮。下一個更高峰則在 80 年代。

　　所謂音樂之神出手，是指從大勢上，全球音樂界都興起了新東西，而且瘋魔全球：不僅前述的英倫音樂，有所謂主要由新浪漫和電子音樂引領的第二次英倫入侵（British Invasion），就連美國樂壇都風起雲湧，真正意義上的全球 superstar 登場（MTV 的影響），這時期也屬美國文化輸出的黃金歲月。

　　Madonna、Michael Jackson 橫掃全球，同新一輪英倫偶像音樂（Duran Duran、Paul Young、Wham 等）結連成新一波由英美帶動的音樂世界大潮，而這股大潮的高峰，也可以說是英美輸出普世價值的高光時刻，聚焦在流行史上兩個前後進行的大型音樂活動：1984 年聖誕前，英國 Band Aid 推出 "Do They Know it's Christmas" 美國音樂人接力推出 "We Are the World"。繼而是 1985 年 7 月 13 日，英美樂手合作倫敦和費城兩場 Live Aid 演唱會，當時可能沒意識到，那就是流行文化即時全球化的來臨。香港樂壇也是這波全球化構成的一份子。

2

　　不過香港的青年當時沒想那麼多。當我們自覺在《油脂》和《周末狂熱》興起的 70 年代熱潮還未趕及出來玩耍之時，急不及待，新的十年來了，覺得 80 年代就是屬於我們的。音樂之神帶來的，除了是全球先進國家的一片文化盛景，對於當時的新世代而言，更重要是潮流裝扮的啟蒙和自我認同。

　　當大家提及《音樂一周》如何神氣地引進外國歌星樂團來港演出之時，同樣應記一功的，是其時 fashion items 的引進。Sam Jor 以常到英國洽談合作之便，做起今天回顧起來也是相當具開創性的創業：賣水貨。

　　對的，第一代我們接觸 Dr. Martens 大頭鞋，各種黑色樂手 Tee，最開始竟然

是要跑到灣仔的《音樂一周》辦公室變身的 London Calling 那超小的角落。就如去二樓書店，香港寸金尺土，另類或藝文產品，是慣有香港特色地設在樓上而不會開在大街。

80 年代的流行文化 dress code 有三大件：Dr. Martens、Levis 501 和 Mandarina Duck 袋（簡稱鴨仔袋），之後軟硬天師在作品中當然也有記錄這段歷史與名字，而樂迷們迷醉英倫文化，從而想打扮上也來個英式搖滾青年 style 也理所當然。可是又是那句，未有互聯網，沒淘寶或 Yahoo 之前，你見到的，未必是你可得的。

但這時候的《音樂一周》在每期出刊上一小角落，竟然就有新貨介紹。售賣點，叫 London Calling，跟樂隊 The Clash 的唱片名一樣。再找下地址，不是到商場小店，而竟然就是去回《音樂一周》辦公室。

Dr. Martens 其時當然遠未及有香港代理或開店，在當今成了學生鞋之前，早幾十年，這品牌還是有一種反叛精神的加持。當然，這也是明顯的音樂文化如何改寫街頭穿著風的案例（另一個大潮當然是再晚一些的 hip hop），就是未有 Dr. Martens 之前，先有英國 punk rock 運動和更早的 Mods，年青人如何將一樣原本是勞動階層工人穿的鞋，「據為己有」，化為另一種 counter culture 的 icon。由 punk 的不妥協前衛，到以為「著咗就走得快啲」（穿起來就走得快一點）變成純年青人時尚消費信物，都算是另一種流行意義的轉型。

不過其時 Dr. Martens 水貨運到香港並不便宜，尺碼和款式有限，所以初期跑上 London Calling，買到的是 tee 而非鞋。可能對於其實衣著鞋飾配搭上沒有那麼反叛的人而言，若穿上 1460 款 8 洞長 boot，可能是過於 hard core 吧。但早期就這款最流行，想找其他款式比較困難。那又不能空手而回的話，不買鞋轉而買一件較便宜的 Joy Division 經典款 UNKNOWN PLEASURES 就成為最佳的支持方法。你第一件 band tee 又是哪件？

3

這股以英式口味主導的時裝潮，好大程度上，其實建基於其時正值最強勢的英美文化品味。David Bowie 早年的 Glam、Post Punk 的 Dr. Martens、Madonna 的黑網露臍、Grace Jones 的 Shoulder Pack、Michael Jackson 的吊腳和 Moonwalk，大大豐富了其時的流行感性和外表形態。

但要強調，香港其時也非全盤只受英美影響，到 80 年代初至中期，日本青春偶像崛起，甚至是更廣泛地影響到香港地年青人的打扮，特別是近藤真彥 Matchy 頭和中森明菜，這陣日本風，同樣是由音樂主導。加上其時也是香港本土流行音樂工業百花齊放的盛世，主流有譚詠麟、徐小鳳，新潮有張國榮、林子祥，再加上 80 年代中期開始的樂隊原創，還要加上台灣由羅大佑到李泰祥以至李宗盛，音樂之神在 80 年代可說是出盡全力。

4

不過說到底，佔最重要份量的，還是看英美。在這背景下，我們才會得出 Band Aid 和 Live Aid 的重要性。當我們那一代年少時只聽聞過 Woodstock，曾沉醉於上一輩的音樂盛事歷史世界大同觀念之時，當然也樂於擁有我們自己時代的經典時刻。

Live Aid 就是這個時刻。在此之前，當然先有 Band Aid，於 1984 年聖誕前推出 "Do They Know it's Christmas"

用今天標準，"Do They Know it's Christmas" 一點都不政治正確，主唱班底全無黑人和女性（後段合唱和音才加入，女性代表只是 Bananarama），更重要是歌詞訊息問題極大：你可以說是典型的 Anglo-Saxon 白人殖民主義史觀，在慨歎為何「他們連聖誕節都不知道？」之時，是西方國家高高在上的拯救世界，期望要「把世界餵飽」的思路（Feed the world. Let them know it's Christmas time）。

而美國的回應則更為討好，由具體接濟餵飽轉而為描寫較宏觀的世界大同理想 We Are the World，而且基於英美社會種族理念和音樂界重要人物構成不一樣，此曲也較多黑人音樂人參與（當時美國音樂工業本身也是黑人參與極高，以至美式搖滾本身也源自黑人文化），解決了英國 Band Aid 那局限性。

1985 年的 Live Aid，仍然是我們那時代的 Woodstock，不同的是，樂迷再不需要事後傳閱，而是首次可透過電視衛星轉播，全球同一時間去看。當時全球可以同一線、擁有同一理念的印象深入民心。Phil Collins 最有型的一刻，在英國倫敦唱完英國場，即坐直升機到希斯魯機場轉乘 BA 的 Concorde 機飛去美國繼續美國下半場，可算是全球化幻象最具體的呈現。

5

　　那是流行音樂能做到的最亮時刻。通過盛事，大家如夢初醒，才在世界地圖上開始尋找埃塞俄比亞所在。事實上，整個 80 年代建立的西方公義論述，流行音樂佔了極大的貢獻。Live Aid 之後，有 Farm Aid，有 Peter Gabriel 的 Secret Police，為國際特赦組織演唱，也有反核音樂會，甚至專門為聲援南非民權領袖曼德拉的音樂會（啟發了後來黃家駒寫〈光輝歲月〉）。音樂界也開始提出環保生活概念，高唱綠色和平。流行音樂作品與盛事，給到樂迷音樂以外的進步世界觀和價值啟蒙。

　　在此，音樂介入到社會。流行文化不可能是單純的消費或文本文化存在。

　　放到香港，就算不管那麼多進步訊息，那也應是香港本土引入外國青年流行時尚的經典一瞬：在外國，流行文化和 NGO 攜手，綠色和平不僅是環保組織，也號召頂級樂手去出唱片，倡議環境保護。而其時有一間在銅鑼灣伊莉莎白大廈商場內的小鋪，就成為除了 London Calling 之外，其時最重要的潮品聖地。那家店叫 GREENPEACE，沒能在 London Calling 買入較斯文的 Dr. Martens 415 Steel Toe 的話，大可在這兒碰運氣。至於 GREENPEACE 為何要改名，以之後創出以 IT 為名的香港時裝店傳奇，則又是另一故事。

6

　　音樂讓人認識更廣闊世界，更多元的價值。影響我們的消費，也可以是一種介入，有時順勢推動社會價值和共識的演進。

　　這流行文化之正面功能的探討，後來也漸成為學府中「文化研究」的顯學，講求研讀流行文化的社會介入及實踐。在聽歌看戲之餘，分析 Madonna 的女性權力自主，hip-hop 音樂的抗爭精神，Punk 運動的無政府主義，Vogue 及 Disco 的 Gay Culture 文化美學如何倒灌主流。

　　回到那雙 Dr. Martens，是勞動美學的另類青年文化轉化，由德國軍人，到英國郵差碼頭工人，再到 60 年代電單車黨和 80 年代 Punk 青年，千山萬水傳抵香港成為年青人腳下的時尚符號，意義隨年代地域變化，構成 80 年代香港青年流行世界不可缺少的潮流裝備。

7

　　時尚源於音樂啟發，當時要新款時款和音樂資訊，除了《音樂一周》，也得看《年青人周報》（及後更多其他周報）。很大程度上，當中樂評和其時剛出現的 fashion columns，成為了一種新興的時裝和音樂文化消費指南。當時寫作不斷的年青樂評人，除了後來自成 MCB（《音樂殖民地》）一派的袁智聰之外，還有 Keith Yip、Manfred、Cello、Nostalgia 到 Henry Chan 等名字。

　　那是一個樂評發表、銷賣唱片、玩音樂組 band 的跨界文化興趣圈。從流行文化養成的角度，可說就是 80 年代香港音樂愛好者聚在一起吸收養份、交流和創作的生態。其時有銷售最新話題音樂作品的唱片店，就是他們的大本營。

　　那是前互聯網時代，今時今日，音樂愛好者拿起手機就隨便有個網上音樂庫，中外古今甚麼流派幾億首歌供選擇。但在 80 年代，確實沒有這種方便。但不方便有不方便的珍惜，以及像洪水猛獸般，想吸收任何好東西新東西的好奇與衝動！

3.4

變身
可以拯救地球

0

　　對日本的觀感，孩童歲月的第一印象是「蘿蔔頭」、「打日本仔」、「日本郵輪遲早完」。像一種第一代香港人出於慘痛戰時經歷的噩夢流傳，也帶警告的態度：那不是好東西。

　　這和今天香港人對日本的態度可謂南轅北轍。香港一代人是如何愛上日本的？那是大丸百貨、漫畫讀本、妙趣文具、超合金模型、超人玩偶、日劇、紅白、日流雜誌的經驗與愛好集大成。貫穿其中，最核心的領會是：變身。它用極端，也是最易辨識的視覺，形象化地告訴你，身分可以是那麼不固定，如流水。你所不清楚的自己的潛能，得通過不斷變身來了解。

1

　　在日本，中老年男人口味是個成熟市場，籠統說是超過 50 歲的一代。去蔦屋書店轉一圈，單看各種嗜好出版物

仍百花齊放就能了解，從 *Casa Brutus*、*Hail Mary*、*Popeye* 到 *Rake*，大量針對熟男讀者消費群的潮流刊物。

雜誌當中有一系列，叫《昭和 40 年》，又有《昭和 50 年》，即 1965 年和 1975 年生。講特攝片、80 年代青春偶像、漫畫，就是當年玩物集體記憶。當然會有鹹蛋超人和蠔面超人的特輯。這兩個超人系列，分別在 60 年代後期至 70 年代初推出，正值 60 年代出生世代的童年期。當中，一定有一位小孩在電視機前看得著迷，他是 1960 年即昭和 35 年出生的庵野秀明。

1971 年 4 月日本電視台播出的《蠔面超人》在 1974 年傳入香港，其時在自由亞洲世界，香港吸引日本文化產品相對快速（要到近三十年後，《蠔面超人》才以《假面騎士》之名正規引進中國大陸，當然之前早就以盜版錄影帶方式傳播，或是廣東收到香港地區電視台的區域），遇著電視作為新興入屋媒介，影響力及滲透度令熱播作品都能產生現象級的反響。

對曾經歷第一代在香港電視機前看此劇的觀眾而言，就算不是粉絲，也該不會忘記一度引超轟動的停播事件。那是因為有小孩模仿此英雄劇集打鬥，以為自己也是超人，飛了落街，一死一傷。事件鬧得很大。現在翻查，那是 1975 年 7 月。

《蠔面超人》在跳樓事件之前早被引進麗的電視配音播放，在這版本中，一號超人不叫本鄉猛，而叫洪大龍，二號超人叫洪飛虎，三號叫洪天馬，這種本地化譯名，可能反而是由其時已連載的熱爆漫畫《小流氓》影響，主角叫王小虎、王小龍。到 1975 年那應該已經是這系列播到三號超人的階段。有超人迷記得，那可能因有一集講洪天馬和野豬怪在天台對打，雙方打至飛下樓。

但現在看當天新聞，並沒指明說小孩是模仿蠔面超人。但結果卻是確定的，當年的孩子都記憶猶新，就是麗的電視隨即為避風險，把這套劇集抽起停播（對當年少年電視迷而言，無疑比後來腰斬《輪流傳》更震撼）。等到以後風聲沒那麼緊，才改了新名字，叫《鐵面金剛》（洪天馬也改為鍾漢馬）繼續播出。《蠔面超人》當時的轟動與流行現象可想而知。

2

當然不止是昭和男人，在當年，應該大部分男孩心底都有一個蠔面超人等待變身。是關於變身後，就擁有超能力去打爆壞人飛天遁地騎著電單車超速飛馳。這款超人的造型確是比較古怪，但強化而突出的胸肌總會那麼硬線條地襯托出少

年夢想著的早熟雄性力量。而且謝天謝地，這款超人打扮，終於可以不把內褲穿在外面！當然會碰到過於強悍的對手，在看似差不多不夠打之時，總可使出一招最厲害的風雷電就最終把壞人 KO！還要記著，一個個字，要慢慢拉長大聲喊出：風－雷－電！

那是種儀式。簡直就是日本文化入門，必須通過正確的身體規範和動作，才能進入更高境界。絕招使出前，混雜了宣誓、手勢、動作、造型。日本劇最在行這種儀式感。就算不一定是特攝英雄打鬥，普通體育勵志片，都可加入這儀式，像「離心獨劈」和「鬼影變幻球」。

被傳頌的開場曲就更不在話下。首句歌詞「蛇麻 lu，short 架」被翻譯成中文「幪面超人，聲威震九天」。就如《星球大戰》斜字字幕一出，配合那幾個音符。同樣是由一種儀式引發的觀影經驗，讓我們進入另一個宇宙。這些記憶，都不會隨年月老去。

看庵野秀明導演的新版《新・幪面超人》，他甚至是刻意要重建那種老質感，極力去還原最初版本（例如開場不久堤壩上的對打就刻意回到當年電視劇集拍攝同一外景現場拍，撞山爆屋等模型也極盡特攝傳統之能事），甚至色系也有不少老菲林感（像現流行的 FUJI 數碼相機可選不同菲林效果，特別適用於生鏽廠房及灰綠山林影像）。最任性應該是那場看來色調暗黑看不清的隧道飛車打鬥，他說想要還原的，正是年少時在山區看低質電視機時，再因電壓不穩常引致的接收不良和黯淡畫面效果。

但如果把庵野秀明幾部作品並置來看（《新・哥斯拉》編及導和《新・超人》編劇），就發現它們其實也是這麼庵野秀明。他如何在致敬前輩之餘又加入他的訊息，同樣表達出一種自他最負盛名作品《新世紀福音戰士》而來的世界觀。《新・幪面超人》裡的 Habitat World，也可以是《新世紀福音戰士》的「人類補完計劃」。幪面超人／碇真嗣；瑠璃子／綾波麗；一郎／碇源堂？

3

由哥斯拉，超人到幪面超人，庵野秀明的重拍除注入他的元神，著實也實踐了每個男孩的夢：把當年自己心愛的玩具擁有並翻新放入自己風格再現人前。沒有別的比這更浪漫了。而且看到那世代相傳與再突破。那段由手塚治蟲、石之森章太郎到庵野秀明的日本流行文化繼承。

當 50 年代還是《小飛俠阿童木》的助手時，石之森章太郎或者仍停留在相對較溫文可愛的幸福未來世界，但到了他自己可主創的 60 年代、70 年代，面對外間社會更震撼激進的世界火紅大潮流，他選擇了用更極端也另類的創作去面對，而其時也是個開放而容許的年頭。蒙面超人更早的骷髏骨型可能過激被 ban，可來了一批以昆蟲造型當道的怪物和超人，怎樣說來還是突破其時限界。以蝗蟲為藍本的蒙面超人造型，一對誇張的大眼，就是骷髏骨頭上那深黑大眼洞的妥協產物。

那正是日本狂放時代，學運社運、反戰反美、激進左右翼大批鬥，催生出的卻是最為開放敢拍的日本電影黃金時代。電視是這波浪潮的延伸。對石之森章太郎有重要影響的三島由己夫 1970 年末自殺（他之前竟在漫畫作品中植入三島的言論，真夠跨界），可說直接影響到仍在進行研發造型階段的蒙面超人。要直視死亡，把自己變成骷髏！並且解答了那個提問：在社會抗爭無力時（日本民間對安保條例抗爭無效），如何吐一口氣？這是第一代《蒙面超人》的創作時代背景。

五十年後，時代必然已大變。那重拍的意義，便在於如何結合當今的時代。庵野秀明稱之為「願望和怨念」，認為虛構的怪獸和特攝英雄，要想具有強烈的吸引力的話，必須超越一般影視作品，並且要和當下的現實世界建立直接的關聯，投射出人們所懷有的願望和怨念。

《新‧超人》到《新‧蒙面超人》都表達了那對政府人員，或是當代科技的不信任。它提供了一個方便過度閱解的角度：當今最大的時代隱憂，無疑是人與科技的失控。庵野秀明整理出一整套一脈相承的世界觀：人類既是受害者，也是拯救者。是被惡魔創造出來的怪物／超人之選，可以如何抵抗？而非最終接受自己也淪為同一類怪物。當手工特攝、模型、真打，讓路給電腦合成，此路能否通行？

同樣，「氣」的概念，在當中以腰帶風車作介體呈現它的能量。是怪物還是超人？關鍵是，要懂得收集與釋放。

4

如果再回閃到 1975 年，《蒙面超人》在香港因跳樓事件，劇集被抽起。對香港一代青年的影響有多深可各自判斷，但在一個普通家庭之中，以下事件歷歷在目：這家庭史上，第一次由只有幾歲的小孩開始，他們作出了反抗，為要爭取繼續能收看《蒙面超人》。他們親手用紙摺了紙牌橫額，舉著牌，上寫「抗議」，在電視機旁席地而坐。多年之後，他們會繼續經歷許多這樣的處境。

5

　　日本流行文化對一代甚至幾代香港人，再而是更直接對香港 2019 年至 2020 年的社會運動的影響有多廣泛？

　　日本流行文化特別是二次元動漫對這次運動的影響早有定見，學者張志偉就曾正確地歸納，當中起碼包括《海賊王》、《進擊的巨人》、《數碼暴龍》、《男兒當入樽》、《新世紀福福音戰士》到 kawaii 文化的影響。

　　這種流行文化挪用過程顯然易見，而想了解更多，解讀的核心有必要轉移：為何日本動漫文化（再廣義是日本機甲戰士流行文化，包括了動漫類及再改編成真人拍攝的如咸蛋超人、蠔面超人等特攝劇集）對整場運動有那麼多啟發？幾代香港人在這文化之中獲取了怎樣的滿足、價值，甚至充權？這批日本文化到底輸出了甚麼精神？到底在娛樂性之外，有甚麼信息價值在潛移默化？

　　嚴肅討論日本機甲戰士文化的觀點向來不缺（日本不稱之為超級英雄），譬如其中一個是分析日本的戰士的變大現象。論及日本文化中的變大縮小及變身意識，尤其是二次戰後至 60、70 年代的原創期，當時是如何被崇拜科技的進步主義影響。巨大的機械人，作為人類肉體和力量的延伸。

　　也有比對它們和美式超級英雄的不同形態，認為美式英雄是一種來自本身的內在力量增強（表現在緊身肌肉及體型沒有大幅變大，好吧，綠色巨人不算），而日本戰士則多是需靠外借力量，如咸蛋超人本為外星人，變身後體型大得多；以至各種由保衛隊研發出來的巨甲可駕駛式機器人（鐵甲萬能俠、三人萬能俠、機動戰士、新世紀福音戰士等），也是科技延伸的後果。

　　而套到當前處境，這種日本流行文化精神的影響主要體現在兩點：

　　第一重點，是必須通過變身來執行任務（無論是自己變身或駕駛機械人達到人機合一境界，平時則可能只是穿校服的學生）。部分戰士需要變大，這包括特攝片的主角及怪獸都變大了（如哥斯拉），以及眾多機械人英雄，也是比常人 size 大得多。

　　種種變身，如數家珍，甚至每次變身出場，就成為典型 cult 片的儀式感場面。鐵甲萬能俠打開整個水池露出藏著的機械人，駕駛員喊一句「落去啦朋友號！」才接入機械人頭部。三一萬能俠不用說既可分成三部戰機，也可結合成一整體。再到高達、變形金剛、新世紀福音戰士。由於年代煙遠，日本現都稱看第一代鐵人28、鐵甲萬能俠及三一萬能俠的一代人為「枴杖一代」。

正如前述，變身或合體，是儀式感追求，充滿了日本文化的精髓。而相比起美國超人得屈在電話亭換衣服才能變身，日本的變身可說完全是另一種日本「燃」精神的體現：必須要手勢、道具、高喊口號或跳高飛身而出，才能成就變身。

這種平時普通人，一到危急關頭立即變身執勤的默契，成為了一種多重身分游於不同處境的液態策略。它組合多樣，自我充權又隨機聚散。事後又能迅速返回原狀，做回普通人。

6

第二點是看到成人世界的崩潰無力，孤兒稚童無以為繼，只能認命作為「被選出的人」去拯救世界。這數碼暴龍式「我哋係被時代選中嘅細路」說法多年前已有被提出。就算再推前一代，我們看第一代高達，新人類出場與機械人並肩，也是一種無意被選中的命定。不過高達是早年較哲學化的機甲作品，在於它一開始就排除單純非黑即白打怪獸侵略者的價值觀，而是建構了一整個宇宙的多樣性，像《星球大戰》般的一個 extended universe。

稚子或青少年救世或路上尋找的主題，大抵和日本根深的浪人精神有關（從芭蕉到寅次郎），在日本文化中由來已久，而在動漫世界則通過「類孤兒」（劇情設定中不一定是孤兒但心態上在尋找完美的成人世界／補救世界缺憾）的形式出現。

如果在日本童話中尋找原型，上一代是像宮澤賢治的銀河鐵道，那近三十年來更著名，日本迷人人知曉的則必屬《新世紀福音戰士》與《攻壳機動隊》（因應時代轉變，兩者都突出了女戰士的時代身分，《亞基拉》則突出了青年失控的創造力與毀滅性兩難）。

當中，和香港最有淵源是《攻壳機動隊》，荷李活電影版當然在香港取景，原動畫版也有大量香港街道情景重塑，中間一段電車駛過河流般灣仔的蒙太奇依然經典。它被閱讀為最全神的新世代比喻：長大於被成人欺騙的世界，到了解實情一刻，到底不朽肉身與靈魂良知兩者，要如何抉擇？外在加諸的身分，和本我身分又如何了結？是一個哲學問題，也是對時代提問。

7

《新世紀福音戰士》當中的 Children 救世／創世觀明顯不過，只有他們才是

被選中，有能力駕駛 EVA 的適格者。而今次的「機械人」也再非過往的純機甲，而是需結合精神駕駛的新生物肉身。需要應付的，不只是使徒的來襲，更是源自父輩設弄的另一個人類未來計劃。此劇創造的世界，不僅是一個文本中對決的故事，而是更大層面的延伸至外在的一套美學系統，特別表現在文字字款：由香港設計師 Francis Chow 設計的 Matisse-EB（所謂 EVA 明朝體），成為一個隨時可用的流行文化資源庫。

　　吸引青少年觀看的動漫，以小孩作主角當然有先天目標讀者設定，不過當中恆常出現的「失敗的成人世界」命題值得思考。它重申一種看似簡單但際此後真相時代又無比難守的價值，那種得源自年青人純真的正義、良知、奉獻力量。

有個貴族

從事頭婆到騎士精神的英國王室遺產

0

　　在今天的香港，如何談論英女王可能都會變成一種政治表態。歌頌懷緬的話，也許會被批為戀殖，甚至是對保守帝制那不合時宜的擁戴，背離民族的感情共識。另一邊單純以掠奪式殖民主義背後的帝國侵略歷史去鞭韃，又完全忽視了伊利莎伯二世在這世界巨變七十年間，作為其中一位最具影響力國家精神領袖的實用功能。特別是我輩香港人，大部分和英國王室有關的記憶，都圍繞著這位老太太，不至於每天掛在口邊，但她的肖像和代表她王朝的專屬皇家徽號（ER，代表 Elizabeth Regina），在大家的成長期中確實無處不在，這是外在能見的，但更多不形於色，卻默默改變了香港社會的制度、建設、歷任港督的作為，都像漂亮誤會般被統一算進伊利莎伯二世女王的功過帳簿之中。出於對現實的不滿而作出的所謂「懷緬的反抗」，當然是最顯淺去理解此刻不少香港人心態的原委，但當人人說懷念，懷念的到底是甚麼？卻是一種非過來人不能言

傳的經歷。那句濫調是「一個時代的結束」，而女王肖像懸掛在香港的那個時代，究竟又是一個怎樣的香港時代？

1

香港身分是在伊利莎伯二世的時代才冒起的。在上世紀下半期即伊利莎伯二世登基後（1952 年）的香港故事裡，那數代香港人記憶中，她當然不是那易於親近的母親，但同時亦遠非那種民族主義者力斥的殖民暴君。英國在香港的殖民史，當中是極複雜的殖民經歷、政策及實踐過程，在此刻連說「香港曾經是殖民地」都被視為政治不正確的環境下，去還原那代香港人心中的英女王與英國王室，看來更成了一代庶民版香港史不可或缺的一章，否則，我們初長大的那半個世紀的香港史，日後就可能被誤解。

這當中有不少私人閱解，但相信也有極多那時代的共通印記，一切得從香港坊間對英女王的通俗名堂說起，對的，我們先要說的，是「事頭婆」的意義。

香港人以「事頭婆」來代稱英女王這個大家都熟知，事頭婆作為港式俗稱，道盡了更多香港人想像中和英女王的關係：那當然遠非血緣家族，甚至不算自命子民，而是一種勞資關係。對，就是香港人心態上只是為女王打工，但有趣是，那又不是單純的受薪，收了錢便走的金錢利益關係。香港人一般稱小老闆為「事頭」（粵語中這「頭」字讀上聲），記著，不是大企業老闆，而更多所指是小店老闆。就如那些街頭巷尾的夫妻店或茶餐廳，往往夫妻輪流看檔，女主人，一般才稱作「事頭婆」（這裡的「頭」字則讀回常規）。那是一種有階級性但又親切的稱謂，是小團隊式就業受僱規模，準時出糧，全力以赴，可能沒有男性老闆的硬碰不拐彎，多了一份女性店主的人情味。它象徵的實是一種社會默契：公平交易，人情世故。當然，在英女王作為「事頭婆」的香港語境中有一小點扭轉，就是這裡出現的「婆」，並非老婆（跟「老闆的老婆」不一樣），而是對女性從事某專業的泛指，即女性老闆，這才迎了女王不是皇后而本質上是國王的理解。但無論如何，要洞悉香港人對女王的這個通俗理解，才能明白箇中的情感變化。由是，到後來才會發現這種理解，和近二百年前英國一開始對香港實行的殖民策略，原來是那麼切合，原本那就是那麼赤裸的商業往還，與其說是殖民，不如說，其時英國是僱用香港人去幫它做東亞的生意。

2

　　這恰好就帶出了特別是英式殖民主義那複雜的討論,當中有粗疏的殖民主義批判者,又或是膚淺的民族主義者常常掛在口邊的判斷,一開口,就來八國聯軍、列強侵略,過程中完全忽略在硬幣的另一面,殖民主義在開發啟蒙,實際上是有另一種「建設」功能的價值。

　　大英帝國對世界各地殖民地實則是採取各有不同的管治方式,以達到不同目的。疏懶一點,可據此簡化為掠奪式的方向,即針對資源的據為己用(如南亞地區),又或是真正以大片土地去作為新大陸佔有繁衍後代(如澳洲),而香港早期定位非常清晰,那是開拓中國的入門。不需要大量派駐英國人,而只需培養「代理人」,即聽話的香港人作為買辦及生產力,於是,就算「事頭婆」在香港的用法,更多是流行於公務員階層(政府辦公室在回歸前都掛著女王肖像),但某程度上,香港人都在為英國打工(對英女王的效忠符號化了這港英勞資關係)。這也成就了以「事頭婆」去切入港人的英倫情意結的重要一步。

　　了解到這種背景關係,就不會意外,大部分在殖民時代成長的香港人,其實沒有太多被喚召為「英國殖民地公民」的需要,換句話說,是坊間沒有強烈顯示得對英國的效忠表態。這種分別,從當前社會對中國國歌的處理之別可見一斑。老是想像著殖民時代香港人是如何被帝國勞役的局外人,似乎難以想像,我們那成長的 70 年代至 90 年代,是可以完全無視英國國歌的。舉真實而普遍的例子,我們在學校裡不用學唱英國國歌,不用背它歌詞,也沒升旗禮。大部分人唯一聽到英國國歌的時刻,諷刺地,是有段時期在電視廣播深宵結束時,才會出現,我們稱之為「收台歌」。鬼馬的港人把開頭一句音調填上歌詞:「個個揸住個兜」。這經歷會用來描述一種在香港夜深人靜卻未眠的生活狀態,小島樂隊 1985 年創作的〈不眠的星夜〉開頭就有頗長的 sample 了那收台歌的引子,英國國歌旋律後接去粵語長片對白,準確又不可多得地重現一種逝去香港深宵家中經驗。

　　那種對英國國歌的不聞不問可去到甚麼程度呢?就是我要到十幾歲開始我的英國搖滾愛好後,在樂隊 Sex Pistols 的名曲中,才知道那其實是叫 "God Save the Queen"(SP 唱的是曾歷爭議的自創版本,面世於 1977 年女王登基銀禧紀念,歌詞第二句就直斥女王為法西斯)。

　　後來我們當然知道,英國人不著重在香港推展「英國味」,低調處理王室圖騰,實在是一開始就定好的策略,以免香港人一廂情願的當正自己是英國人。而更

有意思的是，其實在其時的香港人，又有誰真會這樣想？於是，對英王室的情感，完全不屬於國家認同，而更多是實證經驗，或者正就是英方在港推行的核心：實利主義精神（Utilitarianism，或稱效益主義，不同於普羅理解的「功利」，而是講求在公平的原則下達到眾人的最大化利益和快樂）。

　　那實利不一定體現在賺大錢，而是活在香港，生活上的公平、公正、可信、便利、效率的細節中。那可說正就是英王室的建樹，在殖民地香港時期真正值得驕傲的遺產：相對健全的制度及有效的執行。當我們都說英女王肖像和硬幣的關係時，在此要加深解說的是：我們可能過度忽略了那硬幣盛載的重量，這亦是一般旁觀者單憑聽歌或看圖不能領會的！的確，那硬幣所代表的重量非比一般，那是英帝國及其屬土那穩重建設的實證，拿在手中，硬幣的厚重感，都超越了其時大部分能接觸到的中外貨幣。那是沒用過那時代港幣的人不能體會的。現在香港流通的硬幣，以一元為例，該有現已極罕見的 1960 年版，較多的 1978 年版和 1993 年洋紫荊版，當中 1960 年版就重超過 11 克一枚，後兩版也有 7 克，90 年代曾改用鍍鋼鑄造新幣，因太輕後又改回原重量。今天看來，女王頭像款，一面是頭像，另一面是獅子配以正體「香港壹圓」中英文，設計和氣勢上都自足穩妥，比起單以數目字「1」過多留空的洋紫荊版來得飽滿工整優雅。

3

　　如果香港對英殖時期的眷戀是實利出發，那毫無疑問，那印有女王尊容的硬幣，產生了最踏實的一種感覺。同樣，一度出現在各區的附 ER 徽的紅色郵筒，同樣泛著一股效率的意味，讓人放心，和那些出現在其時紀律部隊的襟章一樣，有那時候的一種尊榮寄託其中。

　　放諸香港的校服，特別是男學生冬季統一得西裝外套配領帶的規格，胸前襟袋光明磊落的校徽，一種小紳士的莊重感油然而生，是關於青少年成長的 styling 第一課。

4

　　但更多叫人留戀的是不具體能見的制度變化，以及一種王室領頭傳播的精神心智。評論英王室功能時，另一個經常出現的盲點是，英王沒有實權，具體政策跟

王室不相干。但這正突顯了英王室在融合君主立憲這開創性體制後,是如何在全球層面上發揮得最完美。在當世僅存的王室大國中,日本不能做到,泰國更不用說。英國政要傳統上,悉心維護王室的尊嚴,等如票子和面子的兩面,在一種廣受認受性的現代化王室轉化中(從過往天賦的神權過渡到宣傳為人民擁戴的形象),一個受尊重認可的王室,令施政更有效,因為它把握了更難言說的精神層面塑造魔法。

這精神層面,套用到殖民管治中,是一種協助社會的「去昧化」,一種帶有思維啟蒙的號召。再套到香港實例,是兩個對香港乃至整個華人社會真正革命性的影響,它幾乎解決了兩個長期存在於所有華人社會世紀以來的陋習:賭博和貪污。前者,是靠建立英皇御准香港賽馬會,把賭馬規範化,之後再把管轄擴展到其他民間私營賭博範疇。香港賽馬會不是 1960 年誕生,但早期的參與者多屬洋人圈,到戰後香港人口上升,由賭博及黑社會引起的社會問題更形複雜,政府順水推舟,以「御准」之名,廣邀市民參與,70 年代開設外圍投注,一方面增加稅收,另方面把舊時香港長存的賭業失控,黑社會操控等納入新的較透明的管理中,同時改變社會對賭博的態度。「英皇御准」四字,意味著一種最高級別認可,往庶民「健康」興趣的娛樂發展出發,提倡負責任的賭博,扭轉社會和賭徒本身對賭博的看法。

5

另一更重要的,根本性把香港提升到全球最文明華人社會級別的,即 70 年代成立的廉政公署(ICAC)。今次,它名義上並非由王室「御准」,但成立時的最大突破,是直接向港督匯報,跨過政府其他權力機關,策略是以港督的最高地位權力去監督也是震懾下屬,也達至一種新的公民共識,提倡廉潔,樹立新的社會價值。這背景也得和王室的形象吻合,法理上,也是由英國議會受權港督執行,港督向女王和英國人民負責。香港人沒有能力選港督及制衡其施政(其時行政會只是諮詢角色),但帝國總部渴望推進其管轄地區的社會演進之心在個別地方卻適用,作為一種去昧化也好,更重要是讓施政更有效。由社會民生的建屋、九年免費教育、醫療普及到廉政都集中在特別是麥理浩主政的 1971 年至 1982 年十年間,那段同時也被認為是香港身分開始建立的歲月。

由此,我們可得見,英殖時期的香港改造,雖然來得很晚,可以說是近至回歸前三十年前才突然加快腳步,可就是這三十年,由 1967 年至 1997 年,說它是華人世界中,曾經擁有過最文明自由開放的社會形態,是華人社會最幸福的時光絕不為過。

因為英國人管治聰明之處，是以王權為精神指引，伴以實際的基建去進行社會更新，在進步繁榮之中拿得最豐富利益。你可以批評說，英王室或英國政府政策對香港是假仁假義唯利是圖的，但經歷過的人，卻認為那些先進文明的設施和制度是最真實管用的。中環皇后像廣場是開埠時期的領土侵佔圖騰，但伊利莎伯醫院、威爾斯親王醫院是真實地救活無數家庭的，維多利亞公園是鬧市中不可多得的憩息地，我們共同的記憶場所，無論當中出現的記念是悲是喜。

在眾多制度的落實過程中，伴隨著武力，英國將文明（過往是民間通過宗教傳播）以契約形式帶到各地，英王室就如那契約上的紅色燙印一樣，以滿有儀式感的形式，最後烙上，從此，人人得以正視尊重與遵從。這是英國人珍視，也曾傳播到香港的現代商務核心契約精神。

6

而在個人成長層面，則非契約精神之影響，而是作為「全人」的人格鍛練。英王室及其香港代理（歷任港督），一直灌輸一種「紳士價值」，再結合騎士精神，導致一種認受性極廣的香港成長價值觀。這裡說的，非指刻板印象中那西裝帽子雪茄紳士，或策馬持劍任俠，而是一種做人的品格與格調。在最基礎的層面，是身心健全發展、為人正直、酷愛大自然。在我們就學青少年期，香港學生對愛丁堡獎勵計劃（由王夫愛丁堡公爵設立，現稱香港青年獎勵計劃）都耳熟能詳，那是通過參與社會、戶外活動、學習技能及運動等考取不同獎章。理念是從真實外界社會及大自然中學習成人。

而由英國政府及王室授權的港督，由金文泰到麥理浩，在香港的形象就更以熱愛戶外運動見稱，那其實是極盡騎士之風的海外延續。算上這傳統，那就不難怪，要數英國在今天香港的遺產，麥理浩徑仍是構成香港地理體驗的最重要一環。1979 年前後，政府系統性地開發郊區作為香港後花園，提倡安居健體，做一個全人，成為幾代人的追求。也是在同一年，時任港督麥理浩赴北京見鄧小平，成為該是除了當時核心中國官員以外，第一個知道中國要收回香港的外人。他回來時沒有即時公布這消息。

當英國高層秘密謀求應對之時，對外仍鼓吹著那種健康和親近自然之風，說回頭也是跟王室擺出的姿態一脈相承。我們當知道那是官方宣傳的一部分，就是英王室成員對外形象，從來極重視戶外運動。很多人最喜愛的一張女王生活照，是

1968 年拍於 Badminton 馬術比賽的一張。她和王夫靠在一部軍綠色路虎上，二人的格仔田園風打扮可比得上時尚雜誌造型，王夫在車頂，女王在車側，胸前掛著望遠鏡舉起左手擋太陽光看著遠方。當然是精心擺拍，但擺拍確也分高低手。此圖建立及傳播的神話，在那背後草原和樹枝之前，是那熱愛戶外，目光遠大具探索性的一國之君，把文明帶到荒蠻。

在戴安娜遇車禍之前，英王室在塑造家族健康形象上大部分得心應手，一方面確實建基於英式傳統中的貴族紳士子弟參與社會（特別是參軍）的傳統（二次大戰期間，上戰場犧牲的貴族子弟不計其數），其時為了宣傳抗戰，女性亦大規模參與後勤，才出現了英王室中女性就算是女王公主都懂得修車，投身工業生產的場面。這種開朗好動的王室成員形象，給香港人印象最深的，該首推熱愛馬術的安妮公主，她來港參觀時也馬服一道，在新界馳馬騎行。看慣了如此神采的出巡落區場面，試問正常的香港人又怎會對那些千篇一律的握手鼓掌和機械式的講話場面感認同？

那實在是一種品格的渲染多於其他，為作為一個「全人」的要求作好準備，而所謂全人，最簡單基本即為健康幸福，再配以養成的禮儀、教養、學識。這是英國王室輸出的其中一種英國軟實力所在。經歷那麼多代人，伊利莎伯二世面對的，是一個帝國影響力下沉，兼大眾傳播媒體崛起後，把王室去神話化的紀元。但英國王室的力量最厲害之處，就是往往把這挑戰化為強勢，化被動為主動，有時成功（像上述這些形象，又或者開明地參與到各種流行文化的呈現，由 007 到 Paddington Bear），有時不能（像戴安娜意外和近年的梅根公關災難）。但起碼在這過去伊利莎伯二世的七十年間，它證明王室有能力順應潮流去自我更新。在此品味、教養與格調普遍失落的時代，不是說帝制，而是說傳統上由王室帶示範作用的優良全人品質該更形珍貴。面對大英聯邦崩離的危機，王室可保有多少這些傳統和影響力，正視乎它能保存及傳播多少曾被英女王發揚光大的這種格調與智慧。至於王室與人民的關係，這裡也清楚說明了：所謂民心，不是你叫子民去做甚麼或不做甚麼，而是你為子民做過些甚麼？

大流行
Hong Kong

蒲點考古學

幾多個
失散伴侶

4.1

曾經有過這樣的酒吧

六四吧到七一吧

0

七一吧在 2020 年結業。前身是六四吧，創於 1990 年。特殊的年份象徵了這城市的傷逝記憶，而更多是那代人於其中不能複製的經歷。

1

應該是兩家酒吧，但最後大家都說成為一家酒吧。這樣轉換概念，知道的人，也該同意。兩家成一家，忽然就把它的歷史從三十年前講起那麼長。地點或名字不一，但內裡的人相似。酒吧換了名字，變了地址，仍是那間酒吧。徹底改變的不是酒吧，而是城市。

六四到七一，不一定需要和那日子數目有關，但聯想可以無任歡迎。正如那名字的由來可有不同版本，從披頭四的「當我六十四歲」，到股東夾份位位科款，四四六六湊夠條數（籌措好資金），正合了那一句：當事實與傳說有出入，講傳說吧。

可無論怎說，這又不是一個普通數字，數字或名字一旦放出，意義就不為個人所決定。就算這些日子數字本身並不承載特別意思，可一經和這城市的歷史扯上關係，那自然生成的聯想還是自有生命，讓它成為城市記憶與靈魂的一部分，憑證的所在。無論是六四吧，抑或七一吧。又或者 Club 64（西人叫它 Club Sixty-Four，不是 June Fourth）還是 Club 71，它就是那家存在於一個特定香港時空，不可能再現的酒吧，與城市。

2

個人的六四吧到七一吧深刻體會，都是從鐘點開始。

近午夜十二點了，你要決定：走，還是不走？

這和那 90 年代傳媒謀生日子的居住與工作生活時間表緊緊關連。那是一個熟悉的朋友圈，傳媒記者傾向住在離島的日子。當時報社散落於港島東區仍不少，從北角、鰂魚涌到柴灣，那好自然，從港島回離島的路途上，我們需要一個中途站，因要等船。由 1990 年直至 2004 年，在蘭桂坊榮華里，距離中環港外線碼頭極速飛奔只十分鐘路程的六四吧，仍然是一個踏上甲板前的最佳歇腳處（後來七一吧由於搬往荷李活道，明顯就沒那麼就腳了）。問題是，當通常坐的晚船是開 12 點 20 分或 12 點半的話（視乎到梅窩還是南丫島），你最好就要在午夜十二點起行。

同理，要算是後來由離島搬到中環 SOHO，不要忘記，《重慶森林》那半山電動行人電梯在午夜 12 點停止運行，不想喝多了還要撐整條中環大斜坡回家的話，最好還是 11:50 鬆人（離開）。

於是，慢慢變成習慣。在清醒之時，記住這種十二點前的思維。得決定，你這話題或對面的人，好談下去嗎？沒有甚麼的話，就趕緊回去吧。

3

顯然，並非所有酒友都來自離島或要上山，這讓酒吧本身流露了它地理上的特色，就是它成了一個真正的中環作為城市心臟的比喻。無論住在香港哪區，很自然你不介意聚在這兒，一呼百應，同樣情況不會在銅鑼灣發生。哪怕地鐵已停，飲完酒後，通宵巴士、過海紅 van（小巴）、紅的（紅色出租車）。總會有交通可方便帶你回府。

4

　　這種酒客來源地區的混搭，同時反映在酒客的背景之上。酒吧作為群體消費點，向來有它的屬性。有體育吧，有溝女吧，有西裝友下班 happy hour 吧，有猜枚吧。六四吧時期它卻是混搭跨界得特別厲害。我意思是，中環寫字樓西裝友、金融佬、編輯記者、大學生、自由職業人、OL，可以和諧地出入。這和其時蘭桂芳那地塊的多元商業生態有關。就是「屈」了入去（鑽進去）自成一閣的榮華里，其實由一個大致為四方露天空間組成，周邊開著酒吧，南洋咖哩鋪，越南粉店。下班之後，喝一杯，吃個便餐，還算是不少普通人生活調子的點綴。

　　榮華里時期，一種恆常出現的狀況是：朋友不需約定，下班時間先報到喝一圈，碰到有相識的聊兩句。餓了就旁邊吃碗面。又或者約了人在附近晚飯，之前先來一 round，到鐘點走人。

　　最過份的，則是沒約人，就乾脆在酒吧中叫外賣，還在 happy hour 最後鐘聲響起的同時，叫定多兩杯 happy hour 價的啤酒，等一陣再添。

5

　　好多不去酒吧的人，有時會懷疑，聊聊聊，其實有甚麼好聊？

　　酒吧提供的碰到各種人等的機會，可能比當中的酒或是聊些甚麼更形重要。就正因為它是個發生「不算意外的意外」的地方。這在於它的客路，其實有一定路數，不會太生意外，可是你何時能碰上誰，卻沒有定案。那意味著，真正的樂趣是「不知會碰上哪個其實會碰上的人」這種遊戲。它真切演繹了後來各種創意階層說法也好，街角芭蕾又好的理論適當的來自不同背景的人的碰撞共謀，在開放的氛圍中，就可產生一種互動的效果。譬如說，你可以在這裡莫名奇妙的談到一份工作，找到一個想法，收容一隻貓或者結識到要結識的人。

　　傳媒人是最了解這種混搭的，這才可讓人發掘更多故事，找著線人。或者單單讓被訪者顯得放鬆。我可以保證，這裡才是真正記者該要去索料的地方，而非距離不遠的 FCC（外國記者俱樂部）。儘管我對 FCC 沒有絲毫不敬，可是我傾向相信，緊跟人間生活（而非走內幕線）的記者，尤其是外國駐港記者（這個現在變成一個傷口一樣），都應該在這種酒吧內出沒。我當然很崇敬那些在 FCC 講台上分享寶貴親身採訪經歷的前輩們，並認為那確是記者的光榮，可又覺得，在大台上或

會員限定甚至收費演講中聽回顧，永遠不及小流氓般洞悉城市的街頭智慧，面對即時的世相而非活在記憶中更令人著迷。這些都是我們在這酒吧中學到的。

　　廣義上波希米亞式的自由主義者或意見明晰者擠滿了這兒，意識形態可能各走極端，可能是社工、教授、舞者、導演、作家、學生，但強烈表達意見的態度沒差。和他們談話，其實是把社會上的那些不同意向，通過強烈的真人聲音通過一杯酒傳遞你心。

6

　　它更休閒的一面，屬於較夜的時份。這兒不乏音樂，可跟其他酒場那些表演性質不同，這邊的音樂更傾向自娛。音樂響起後，生客退去，熟悉的面孔就位。也不需約定，喜歡就 jam。阿鬼阿龔都是箇中能手，多年來譜寫了當中的音樂背景。有一晚，黃秋生亂掃結他，黃子華在擊鼓。杜可風其實比我們印象中清醒。周星馳老是戴他的鴨舌帽反而更易被認出。有一陣這也真是電影人的不成文聚點，又有幾次，再成為電影節及獨立電影活動接待外地嘉賓的夜場，實在也想像不出可帶他們去哪。最有印象一趟該是《盲井》於電影節放映，初出道第一次當要角的王寶強，還會因著少林功夫的背景，被我們起哄就在酒吧門口耍起拳腳翻筋斗。

7

　　說實在，經驗而言，理想的酒吧結構，最需要是一條窄道。

　　以前六四吧大致分開外與內，要到那寫滿塗鴉的廁所，必須經一條僅容兩人勉強通行且必須擦身的窄道。有時在窄道上圍觀內面彈奏，有時只簡單在那兒等上廁所，重點是人跟人被迫暫時停在那兒，而大家都清楚，這是搭訕的最好處境。

8

　　94 年到 97 年，因為住南丫島，這裡差不多成了固定的落腳地。那同樣是本地傳媒享受著它最後繁盛的歲月。英文報章大張旗鼓，爭奪報導同樣是最後歲月的城市倒數餘生，攝影記者手足遇到黃金的好時代，世界把焦點聚於這城，連帶拍的照片也別受關注。可以想像外國通訊社及駐港記者，如何對準香港，像對準當年的

夏灣拿（台譯：哈瓦那）、西貢一樣，試圖於兩個朝代的夾縫中向世界發出「我就在第一線現場」的消息。新的報紙試圖改變規則，90年開業時未及結識的酒吧始創前輩，後來都陸續遇上。

　　一個沒有提及過的真實洋相是，94年跟初熟絡的Grace宣稱（之後近三十年，她將恰度地關注著一代又一代的像我那時一樣剛到埗的傳媒人或新加入份子，並保有酒吧主理人必須掌握的社交方式：看不見的關照，不能過度親近像有些老闆熟得和酒客不停喝光聊天，但也不能完全置身事外），剛返香港不久，就找到在一份新辦的報紙中上班了，招我進去的主管叫仰止，問她認不認識。

　　同一時期也是香港夜場景觀多元化多可能的時期，城中人確有一種甚麼都得試一下的情懷。其時夜中環，週末還有另一私竇去處Visage。Visage較多現場演出，白天其實是髮廊，私密更強，經常出入的，大體也有種開一個類似空間的念頭，愛喝，愛談，好結識，不知下一個碰到的人又會給到甚麼新想法。這批常客，如劉健威，Visage飲到六四，散完又聚，不需約定。時代又有足夠的可能，令大家可於城市中的各個彈性角落，開設各自的私人空間。後來我也在天后清風街短暫開過The Edge，成為新一代的傳媒人落腳點。許多忽發奇想，興許就來自酒過幾巡的胡思亂碰群情起哄。還有不常見但就是在這酒吧碰到的也斯，甚至到後來，在北京相約，想到約在一間叫老書蟲的酒吧見，無以介紹之，只能說，那是北京版本的六四吧。說起來，就有種跟那個城市的不協調。

9

　　轉到七一吧，已經是大部分時間不在香港的日子。夜中環的路線也有顯注改變。今次可能是翠華晚飯後才死死地氣撐上斜路屈入百子里後巷去七一。有段日子，還可串門到二犬的後院探望。

　　七一吧小了很多，因為防噪音擾民關得較早，於是行程就變成接近十二點就轉場到威靈頓街老唐樓Sense 99（後一度搬至伊利近街口）。走下去，那條特別傾斜的小街，如果之前喝多，可能直接真正意義上的捲作一團滾下去的話，就只需兩分鐘。黑麻麻，多窄路，轉彎抹角像鬼魂易迷失，但正因如此，該是逃走、散水、密會、擺脫、防跟蹤的好地方。要真切走過這些小徑，才會洞悉百子里及當年密會的革命先進，會落腳於此的意義。

　　而另一明顯變化，是帶來的朋友，漸漸由當年作為接待台灣文化界及國際朋

友的據點，更多變成相約內地訪港或旅遊朋友的場所。過往認識在西報的西人記者走剩無幾，還留在這裡的可能都練就了一種看起來更為務實的中國通作風。2014年某夜，在喝完酒準備朝夜金鐘出發前，西人老行尊就不忘表達了他那保守得教人意外的觀點。

10

　　哪怕不用前世今生三十年去算，十六年同一位置的本地獨立酒吧還算長命。我甚至一直不覺得它竟可開那麼久。如果放在香港酒吧生態而言，單純喝酒的本地吧，沒餐食，不是劈場枚場女場打碟場，又非寄存酒店中著名歷史遺產（像文華酒店 Captain's Bar 和 Chinnery 開於 1963 年。怡東的 Dicken's 有近五十年算得上老但後來也關了。至於坊間非酒店附屬獨立經營的老酒吧，則要算尖沙咀 1972 年開的 Ned Kelly。FCC 內酒吧在雪廠街該址則 1982 年開），開得十幾二十年也真是自有歷史。它的出現或傳奇，可能是出於同個時代的社會狀態，也關乎精神需要，但更重要可能是它屬於那老派的人們還需要面對面談話交流的世代。因為在這兒，除了真的結識和談話，以至喝酒，是沒有別的特別事情可做。你來到所得的，遠非一間酒吧，而是一連串的人際脈絡、人情世故。那個今天看來，無以重構的組合。初出茅廬的記者，拍過全球矚目新聞的攝影師，在籌拍新戲的團伙，商討遊行安排的社運仁兄，在索料的西方記者，在研究九七前後香港身分的學者。而最正在於，其實你又不需加入它，它不像一個會員俱樂部，不致出現那種「不想處身於那些諗起自己是其會員就渾身不自在」的境況。它自出自入，無所避忌，聚攏最有趣的人，永遠有說不完的故事，並成為城中傳奇。就是每個文明開放城市都應該至少有一間的那種酒吧。

文
青
蒲
點
考

巴西咖啡到
My Coffee
及尖沙咀逛街往事

0

　　流連一個地方，去找樂子，去聚會，香港叫去「蒲」。一直沒搞懂，香港過往幾代的文青流連地「蒲點」，為何總較集中在九龍尖沙咀，而當年，其實還沒有文青這稱號。但尖沙咀曾有過的外文書店、大型唱片店、外國演出、電影放映和咖啡室，必定與之有關。這使它化作與國際精神口味接軌的修練場。

1

　　文青的尖沙咀故事，首先是一段辰衝書店逛街買書簡史。
　　當 2020 年尖沙咀樂道的辰衝書店要結業時（只是這店結束，不是辰衝全線結業，且仍保持網上書店，同一集團的 Hong Kong Book Center 和 Kelly & Walsh 也會繼續），有人評為書業消費模式轉型的必然，也有說作為一家主要賣貴價英文圖書的書店結業沒太大不了，當然也湧出不少朋友的辰衝

共同記憶但從香港流行考現學的角落去記錄，似乎得把辰衝置回它的時代與消費環境，才能得出它作為某段香港書業史以至文化消費習慣的特色之處。肯定的是，單從經營環境的惡化，是不能全然理解尖沙咀辰衝結業的意義。

現在，書店關門的原因顯然易見：實體書市場需求減少，買書的消費形態轉型，網購、電子書等閱讀新方式層出不窮，都足以打殘老字號書店。香港的英文書閱讀環境，隨著英文書讀者人群減少（反映香港去國際化大勢下之結果），也是日趨惡劣。另一方面，新式的書店商業形態同時在提升，從裝修到性質變得更為綜合化，老一輩固守本行的辰衝，更似是在時代淘汰邊緣。

它的結束，終於完結了香港購書文化消費的一個章節，涉及書店、街鋪、街區的變化，要梳理香港文化消費的變遷史，不能略過。

2

對香港華人讀者而言（對英文為母語的讀者，它的地位不言而喻，這裡要說的當是作為一間主要售賣英文書的書店，它對香港華人讀者和學生的意義），在我們成長的 80 至 90 年代求學階段，辰衝代表前 PAGEONE 時期的一種出版文化消費選擇。

從學生時代開始，當時每年升班，九龍或新界人不可缺少的一項暑假完結前任務，是去旺角奶路臣街跟著書單去「執新書」（按書單購入教科書），而不知為甚麼，有些書卻一定是沒貨的，又有好些別的書目，又指定要去某間書店購買。我不清楚為甚麼當年要搞得那麼複雜，但作為學生，那倒無所謂，去執新書給到不能常去旺角的少年人一個百分百合適的蒲旺角理由。

確實，有些英文課本，旺角書店常沒有貨，經驗者言，那就只可能在尖沙咀的辰衝找到。這也是許多香港人第一次走進一家主要賣英文書的書店的首要原因。

不要忘記，那是 80 年代，再強調，未見過 PAGEONE、誠品，對書店的印象，只停留在賣教科書的「納雜」小鋪之時，辰衝位處高級的尖沙咀購物區，門的左右兩個大玻璃櫥窗像展覽最新季度時裝一樣，擺滿了各種大 size 圖冊、巧妙文具。內進是大排書架，銷賣著大開本的畫冊、英文漫畫、兒童讀物、hard cover 原裝英文書，那種即場的書香感，書店作為殿堂的意識，對學生而言，還是相當震撼。

相比起藏書不多種類有限的學校圖書館，那才是一座真正的圖書館，從那些未見過的刻在書面的名字引伸出去，是更多未知的新世界。兒童書的範圍不少，還

可以是一個較注重兒童教育的家庭應該去的日常。一個帶子女去 Swindon 選兒書的母親（對，要跟孩子說「去 Swindon」而非「去辰衝」），一定比只帶子女去玩具反斗城的母親更令人尊崇。它帶來的，是那種初始的對世界及書本的興奮好奇。

　　到了 90 年代，作別了學生生活，辰衝就變成了一個階段的尖沙咀消費生活地標。特別是 1994 年，尖沙咀 HMV 開張，我們去海運戲院或港威戲院看首映前，連隨到漢口道、樂道、亞士厘道一帶，潮發、My Coffee、HMV、辰衝等必然踩場。順道拈來幾張 CD、外國雜誌（當然有 Q），以至 Marquez 那些平裝版 paperback（當年買理論書當然要上曙光，但大眾讀物像其餘的 Kundera、Eco 的英文版還是去辰衝方便，至於講香港文化及歷史的英文書也較多選擇。不要忘記，用中文寫香港本土歷史及文化，近年雖多，但若說 70 年代至 80 年代及更早，反而是英語作家在大量系統性地書寫這題目，像對一個成功殖民地的詳述與研究）。幾條街之內的茶餐廳地道吃，抑或「南亞」特色的南洋咖哩，仍然展示老尖的那種文化以外的煙火氣。那同時是陳冠中、王家衛這代南來上海人長大的社區。後來，Peter Greenaway 到香港拍了那部頗為差勁的 *The Pillow Book*，但一個不在意，也實在用鏡頭記錄了不少前 97 的香港街景，像辰衝門口，像啟德機場。

3

　　蒲街邊鋪頭，把同區的店連成一個網絡去逛，那也是大型購物商場世代前的街區消費習慣，約那些不會準時出現的人，你永遠可以先在這裡打書釘。而像辰衝這種老派的書店，那個看來平平無奇但其實罕有而迷人的店前 facade，也是尖沙咀某個時代的洋行招牌僅存風格。這灰地銅字的 facade，常令人聯想到《甜蜜蜜》中一個類似的鏡頭，那華洋兼南亞雜處的尖沙咀。這情調後來也在《重慶森林》前段中得到重現。

　　路過的人，浮生輪轉，當年買書的學生如今帶著自己的子女不知還逛不逛書店，而那面像洋行招牌的 facade：四正而立體，突出立面的全大寫英文字鏗鏘有力，SWINDON BOOK CO. LTD. 旁觀著這一切，又成為這行將消失時代的一個記錄。又或者，它的時代一早就已過去。

4

是影音產品殺死了書本？

辰衝隔一條街，HMV 三層大店那年在香港的開幕是件天大的事。CD 試聽台滿足了浪遊人與樂迷的多方要求，經濟的、個人生活方式的。在經濟上，光聽不買的大有人在，作為一種對抗大唱片公司壟斷市場，抬高唱片價格但品質參差的反擊，精明的消費者以揀揀擇擇左挑右選還以顏色。

聽過好的才買，是為在經濟低迷消費水平降低的不景氣下，對抗低質商品的一記重招。合乎道德水平的精明消費者，不會以買翻版作對抗，反而，是透過試聽嚴選去排除浪費的可能。

當時，面對唱片公司將唱片格價維持不合理的高水平，動輒要過百元一張唱片，而其製作成本，可以低得很，反而花了天文數字的費用於宣傳上，消費者追求的，最終都回到音樂的質素之上。以試聽作招徠，就是讓唱片的吸引力還原到音樂本身的一大考驗，只有貨真價實的，才得到精明消費人的青睞。而換轉作為消費者，經過比價及試聽後才下決定買不買，往哪處買（不少朋友試聽過合心水後，才會到旺角等賣得較平的唱片舖購買，或是為了支持這些獨立小店），試聽台滿足了感性的音樂滿足的同時，亦滿足了精明消費的理性決定。

5

不過在前 Spotify 日子，試聽台有更進一步的文化意義。設在鬧市的 HMV，為城中的遊閒人提供一個臨時的避難所、音樂廳，結合起上來就是一個鬧市中的私人空間。這種試聽習慣是跟消費無關的，遊閒人在繁囂的街道，在各種資本主義的廣播之中（叫賣、嘈吵、交通等），暫時找著一個屬於自己的私人地帶。

只要戴上耳筒，挑選自己的唱片，選擇歌曲，扭大音量，在那一刻，外間世界暫時成為各不相干的存在。在短暫而渺小的時空中，完全自主，試聽者就是世界的主人，掌控著自己的行動及選擇。

在耳筒音樂襯底之下，他仍然四周顧盼，顯出對外間疏離的關注，高高在上，因為了解到耳畔的音樂，是外間人不能分享只有自己獨享的聲音。在試聽台的位置，他就是皇帝。

6

　　CD 試聽台甚至不是學者周蕾（Rey Chow）所指 walkman 作為可攜的「對壓制的反叛」，它是遊閒者或負擔不來的人，毋需付出而可以擁有的抗拒方式，是行經街頭時的遊樂場。

　　如果周蕾說微型的聆聽有助以「不在場」的方式，抗衡大政治的壓迫及廣播的話，走進 HMV，配上耳筒，就是無產階級「不花錢」的最後避難所，前者關乎政治，後者關乎經濟。聽歌者的感情不像錄在 walkman 的歌曲一樣到處攜帶，而是遊閒者在商舖中挑選最新出品的感情商品，暫時滿足需要，而最終不花分文。它把香港其時新一代的文青結聚又隔離。結聚，因為大家都會來這裡逛，可能出現各種邂逅。但同時，透過每個獨立的耳筒，可各自通達到國際音樂上更多奇妙的世界，塑造了通過流行音樂認識的世界口味與個人視野。它令到我們同時在「香港尖沙咀」但又不在香港，達至一種至少是音樂上的國際公民的認同。

7

　　所以要有那麼多打書釘或試聽台據點，全因為如若作為文青，身處尖沙咀特別多碎片時間要花掉。在文化中心、太空館和各電影院開場前後，總得需有地方打發時間。看過大師傑作興奮莫名，又或是好片爛片急於大罵，也要找個落腳點，一杯咖啡幾杯酒下肚，同伴影友人喋喋不休。這也是尖沙咀文青咖啡店代代相傳之原委。

　　相傳的前世出現於 60-70 年代。1966 年尖沙咀海運大廈落成，改寫了香港的商場空間史，一個現代化、破天荒開揚中庭設計，猶如逛於戶外街角的室內長廊空間，就近維多利亞港光線無阻隔，亮麗的新派店舖進駐，配合了大量停車位，刷新了商場消費新時代。香港一代人開始在商場約會，而當中更多思想碰撞則出現於二樓的巴西咖啡室（Café do Brazil）。

　　海運大廈那傳說中的巴西咖啡室已隨年月漂遠，經歷其中的都可稱為上一代香港文化人，當年的文青。差不多是僅有不多對巴西咖啡室具較詳細描述的是陳冠中所記，「是在那個沒有星巴克年代的一個類似今天星巴克的場域，所謂家庭與職場以外的『第三空間』。在 60 年代中，白天誰有閒去泡咖啡館？大概是有閒太太

們、影人、偷閒跑街經紀，和自由職業的文化人，巴西咖啡大概比較吸引後兩種人，這造就了文化小圈子裡的巴西咖啡傳奇」。

綜合該世代文化人記憶，包括陳冠中、淮遠、鄭明仁、呂大樂等的文字記述，那裡除了作為香港初始的創作界的薈萃之地（後來 80 年代較富裕後，影人文化人就改去半島和麗晶了），更是激進思想交流之所。香港重要的政論雜誌《70 年代》雙週刊的創刊概念和約見編輯的過程即誕生於此。

《號外》的作者群則對那裡的裝潢以至被神話化的名聲略有微言（「低格調的美心」），覺得它名過其實，但無損大家對它的關注。

但一個時代的根據地所以能成立，總有一個時代的原因。其時也是適值香港年輕一代全然外慕之好年代，海運大廈位處尖沙咀最南端，再下去，就要出海了。作為尖沙咀的新熱土，想像不到，當年香港學生放洋出國，還未流行坐飛機之前，要坐遠洋輪船的話，上落點就在這個碼頭。因著碼頭的地理相宜，正在籌辦的香港中文大學，其臨時課程也設於旁邊星光行和對岸中環大會堂，使得文化界與年輕學生把尖沙咀作為根據地，同時開拓了巴西咖啡室作為聚腳點的可能性。海運大廈步出來不遠，「五枝旗桿下等」，還是幾代香港人印象深刻的等人地標。那是一個還沒手機的時代，不能隨便通知約會換時間與目的地，人們最好實實在在，依時依候，在旗桿下或咖啡室出現。

8

到我們這一代，已改頭換面去 My Coffee。

My Coffee 隱於亞士厘道，由於離地鐵站不遠，正好再去 HMV 及各種演藝場所便利，自然也成了尖沙咀的新落腳點。主理人 Johnny 也如一道光芒閃過，非文化圈出身，突然就在大約 1995 年這樣的普通日子，像隨便就把店開到這裡。後來又不知何故無聲消失。店的暗綠色牆壁還是一個不易忘懷的標式。去得太多，又是平頭短髮，以至常來幫手的 Johnny 老媽，有一次背對著坐在牆角座倚的我就來一句：「做乜坐咗響度」──以為我是個正偷懶的尊尼。

怎樣也好，就在這裡，那「後巴西咖啡」，「前大南街」coffee culture 年代，屬於我們的正是 My Coffee，連同周邊的英文書店、唱片店、外文雜誌架、電影院、文化中心，它們構成了一個我們盼望已久的文化村落的實現。這一代文青將幻想自

己有如活在紐約格林威治村或是巴黎左岸的同輩人一樣，吸納著其時最前沿的來自全球的文化養份，並找到屬於自己的一角，呷一口咖啡之間，談論著對全世界這些進步精神、潮流美感以至影視音樂文學作品實驗，思考著不切實際的作品意義，空想著可能要闖蕩的未來，以及有待結識的伴侶。

這個時候，間中會碰見上一代的攝影師 John Fung，一起討論起最新的街頭拍攝見聞。我們剛回港投進 97 前那激蕩的媒體市場的新文青，將會落力爭論新的報導角度和分享可以做的選題，其後再會合作出版一些集體作，去記錄自己的城市，以及自己。不期而遇最多的，是 90 年代中在香港特別火起來的獨立音樂界，因為幾個演出空間，Music Union 和 Chemical Suzy 都在尖沙咀，而大家似乎也定期要去 HMV 朝聖。

這些尖沙咀的逛街與約會瞬間，至今難忘的，有若某年文化中心的放映大廳，坐在偌大的場所，國際電影節等開場時，整個教堂般的空間彌漫著 Michael Nyman 的音樂，裝嚴又不失前衛，看著在場的許多青春面孔，彼此沉醉在一種無比無憂的樂觀歡笑之中。那是空間、作品與聽者三者結合出來可能有過的最感動時刻。

散場後，仍是老地方，My Coffee 見。這所像流星般劃過的小店，也不是消失得無影無蹤，偶爾翻看王家衛《墮落天使》的話，你還是能看到紅裙的李嘉欣和黑衣的黎明於此有過交匯。人去店空，而光影永存。

4.3

DD、CANTON 到 348 的 disco 興亡史

0

香港通俗詞彙中，有一批用詞是跟英文融匯得天衣無縫，以致當人們說出這些詞彙之時，自然而發，沒有一絲別扭，完全不覺得當中其實是夾雜著英文。這些英文單詞或僅僅是一個字母，在此語態下，可說再不被視為英文，而是徹底變成香港人口語中混然天成的一部分，既非中文亦非英文，它，就是百分百的「跨語種香港語」。

譬如「book 房」（讀「卜」，沒 k 聲尾音）、「send 咗未？」（傳了出來沒有？）、「急 call」等等，當然還有「開 P」（開派對）、「落 D」。

1

「落 D」指去的士高，discothèque，也曾翻譯作後來不太採用之名字「的士夠格」，一種上世紀 60 年代興起的跳舞場所，同時也是一股由音樂引發的新潮流現象。在香

港，甚至可理解為一場新文化運動，一下子像跟香港傳統的舞場文化割裂開來。新形式的音樂、舞蹈、客群、裝扮、觀念，藉著的士高這新興產物吸引著同樣是新時代弄潮兒的目光與耳朵，激發出舞步，又改變了整個文化景觀。

　　60 年代的士高初創期，甚至沒有名正言順，因為社會普遍對這個名詞依然一無所知。過往香港跳舞的場所，叫夜總會、夜店、舞池、舞廳、會所、俱樂部、night club，很多夜店舞場（這裡非指後來的日式夜總會）主要都寄存於大酒店之內，格調和消費高級，按普及聯想，那似乎都該用「上 D」來形容「往的士高」的動作。但正正就在於「落」一詞所包含的附加意涵，令到「落 D」，去的士高「蒲」，看來還不屬於一樣得到認可的「高檔」之事。於是，「落 D」這行為在香港的意涵演變，也可算是一場剛冒起的地下文化如何被納入常規的過程。由外國傳來的夜店 LGBT 充權運動（當年還沒用這稱號，但 disco 文化對同性戀平權抗爭運動的影響眾多周知），到 DJ 音樂的漸趨主流，前衛服裝新潮的引入，香港這個紙醉金迷名利場，用輝煌夜店的形式宣告舞繼續跳的兌現，最後演變成年輕人的集體情緒窗口。同為 60-70 年代從歐美引進香港的文化新潮，香港的士高流行史的開端卻不同於當時新興就立即普及起來的大眾傳播媒體，相反，它開始時遠非主流，但就以一種品味的異端與領先方式，創造了一個音樂時尚潮流的前線神壇，供一代又一代膜拜，直至這個城市沒有力氣再跳舞。

2

　　許多年以後，這神壇的烙印還在。最早這波香港的士高熱潮的重要推手，初代 DJ 及 CANTON DISCO 創辦人 Andrew Bull 回憶時確實談到那種 DJ 作為上帝或風水師的比喻。從的士高文化分析角度而言，DJ 作為祭司的比喻已成一個公認的對照，在 DJ 主導強勁節拍音樂的幻象中，牽引舞者就如朝拜者或信眾的「出神」，有如土耳其蘇菲派旋轉舞的迷醉，達到宗教式的忘我，那完全是一個恰當的比喻。但作為曾長居香港並熟悉東方文化的 Andrew Bull 而言，他傾向用風水師的比喻有他實際經驗中的去神話式理解，認為只有舞池中人覺得你好，你才會是個（風水）大師。否則，若自己 DJ 技術不精，帶不起全場氣氛，你就甚麼都不是。

　　宗教的意涵似乎一直是地下舞池的核心觀念。只不過「落 D」的舞者，信仰不一定是宗教，而是一種共同的信念和找到同道中人的寄望，並由此化為自強力量。更確切而言，它是世俗宗教在歸一或正統化之前，原始宗教可能被視作異端的

歷史過程。認識到這種異教徒的意象，才能理解「落 D」那「下去」的聯想意義，那是要下去一個「地下」密室結聚，有點不見得光。但同樣，我不下地獄，誰下地獄。大抵早年的士高信眾都有種殉道精神。甚至在保守人士眼中，那是一種墮落的比喻。只有同道中人以一個眼色彼此辨識。香港的士高舞場發展，就是始於這種對地下文化的空間爭奪而始，當漸被認可成一種領先潮流文化之後，它又轉而以一種帶神秘感的「閒人免進」的神話姿態倒灌主流文化，成為一種引人入勝的都市傳說。

3

　　1969 年紐約格林威治村的石牆酒吧事件，除了敲響了同性戀平權抗爭運動的鐘聲，同時直接宣示了 LGBT 抗爭、酒吧、音樂文化的密切關聯。通過舞池音樂以及它作為空間的功能，對多元生活方式顯示出友好的夜店和的士高，將成為一代又一代，包容不同生活價值及審美的人士的聖堂。香港的舞場演進史，跟這個世界進步大潮流不能劃割，也是屬於這思潮和價值在香港推進的一部分。

　　香港首家近似當今意義上之的士高的舞場，是 1965 年在半島酒店地庫開業的 The Scene 碟仙夜總會。年輕具魄力，其時不過廿五歲的米高嘉道理執意要在家族經營著那最聞名的半島酒店中開設一家的士高，這是源於他周遊英國酒吧俱樂部，親身體驗了外國那「搖擺的 60 年代」後的啟發。他憶述，當他向管理層提出這個建議之時，「有一半人不知的士高是甚麼一回事，至於另一半則完全不想知道」。

　　有這種認知鴻溝，或許我們得先把初始形態的香港的士高和傳統的舞池夜總會區分開來。50 年代香港夜總會因南來人口和品味的輸入，華人生活圈而言，是把曾在上海風靡一時的夜總會消遣模式在香港複製。這種百樂門式舞池夜總會有現場樂隊演奏，玩的是上海流行的舞池音樂，例如 big band 爵士、拉丁爵士、國語時代曲。至於其時針對西方客群的，則為搖擺爵士樂和開始在全球大行其道的早期搖滾樂，也是由現場樂手演奏。這也做就了香港舞場夜總會的另一個傳統，就是菲律賓樂師在香港的長期普及。那也是 50 年代亞洲區的地緣政局縮影，美國二次大戰後影響力持續，包括菲律賓和香港等親西方「自由亞洲」陣營普遍流行美國文化，直至越戰開始的 60 年代，區內更成為參戰美軍的後勤和休養補給地，兩地音樂娛樂消遣需求大增，香港本土熟練這些新興美式音樂的樂手有限，但基於美國菲律賓特殊關係，也有菲律賓人優秀的音樂感，於是香港自菲律賓大批輸入樂手專才，締造了這個在港菲律賓樂師的悠久傳統。

但舞者身處舞池中的姿態分別可能才是兩代舞場核心區別所在。傳統舞場衣著正統，男的西裝一度，女的髮型優雅裙擺自若，都是男女勾肩搭背共舞，或起碼是 cha cha 般男女默契搖擺。但在的士高中一切不一樣，可以奇裝異服，袒胸露臂，性別模糊，這裡沒有現場樂隊，有的是 DJ 替換唱片，你可以對鏡一人獨醉。所以大大片的鏡子，閃動的 mirror ball，更暗黑的舞動區域，可以盡量不受外間干預的獨立自足音樂天地，成為了它作為避護所的最大優勢。更不用說，傳統演奏樂隊一般每次玩了 45 分鐘後就要休息，但在的士高，DJ 音樂直到完場前像永不打烊，可舞舞舞直到天亮。並且，黑暗中，你可以獨舞，也可以跟伙伴親密共舞撫摸，不管對方是男是女。這最後一點是社會多元意識進步的象徵，但它卻並非一蹴而成。起碼不在 1970 年代初的香港。

　　由 DJ 在舞池旁通過控制台轉換音樂，香港叫「打碟」。發展到 70 年代中，這形式已經成為全球新崛起最為流行的跳舞和社交潮流。那也是順應著由美國電影與的士高音樂颳起的全球大流行之風。1976 年之後可說是這股的士高舞曲潮的盛世，ABBA 的 "Dancing Queen" 橫掃全球今天仍被視為經典；往後 Village People 一首又一首烏托邦式的舞曲面世，"Macho Man"、"In the Navy"、"Go West"、"Y.M.C.A."，歌頌著更歡愉的解放（他們還是其時最早讓人認識到男同志美學的組合）。這股熱潮在 1977 年通過《週末狂熱》的普世流行而真正變成一場大 fever。男主角尊特拉華達（台譯：約翰屈伏塔）那白色套裝梳頭又舉手，在顏色格仔燈效舞池上的舞姿，將和電影中 Bee Gees 的流行曲一樣席捲全球，引發至今歷久常新的的士高熱潮。同一時間在紐約，曼克頓西 54 街，名氣界圈中人 Steve Rubell 和 Ian Schrager 開創了 Studio 54，作為現代的士高私人會所的先驅，在工作室改建的大空間內，築有懸空小露台，讓人可圍觀舞池，也變成日後的士高設計的典範。播放特別是源自黑人城市節奏的輕快舞曲，或後 punk 時期的放任 funky，伴以奇異舞步，加上模特兒、藝術家、設計師、明星的各種八掛傳說，將引領整個地下次文化音樂進軍主流。而世界上早聽聞了這傳說的各個城市，每個都想擁有自己版本的一家 Studio 54。

　　香港作為亞洲區接觸世界潮流的先驅，這股的士高潮流絕沒有遲到。半島 The Scene 以外，到 70 年代其他酒店也紛紛開設了適合新時代社交口味的的士高，開在怡東酒店的索性就叫 Discotheque、希爾頓有 Den、美麗華有 Tai Pan、喜來登地庫的 Daynight、帝后酒店的 Sailor Bar。但可以想像，當時的士高仍被歸類到一種置身於高級酒店中的舞池階層，才能獲取社會主流的認可。再一次，品味政

權的運作在這裡出現，不久之後，隨著 DD 的出現及所引發的現象，新的品味政權將冒起並取代舊有價值，引發新一輪的真正影響一代香港潮流文化的本土的士高熱潮。一個新的階層興起了，他們成為這些新興更個性化的士高的捧場客，他們樂於其中，認同於此，再非基於他們的原本階級身分與財富，而是他們在這裡找到各持獨到見解、品味和創新思維的同伴。

4

　　DISCO DISCO，後人都習慣把它稱作 DD，像一個熟落的老朋友。但基於它活躍期的短暫（由 1978 年至 1986 年），真正到過的人數有限，且也漸已淡出，此刻的 DD 更像是一個神話傳說。只能從過來人口述中，緬懷當中出現的面孔和那個逝去的年代，以及它作為香港進步史的重要一章。

　　DD 有多個方面是其時突破。作為知名的士高，它離開了高級酒店的體系，並且轉而去到一個其時絕不起眼也和時尚潮流印象差天共地的地方開店。那是 1978 年中環德己立街，後來，人們把這片區域統稱為蘭桂坊。此前，香港島的晚間娛樂業態集中在灣仔和北角，且不是播放的士高節奏，同時期金融、商貿在中環發展迅速，在中環上班的族群，開始尋找一個下班後的落腳點，有了新的對酒吧、演出、舞池等消費需求，這才開展了這區發展成一個以夜生活揚名的香港名牌之命運。

　　但在 1978 年，這裡只有入夜後渺無人跡的貨倉和寫字樓，破落又空蕩，過往更有「爛鬼坊」的別稱。但它又正好切合這種邊緣文化空間的需求：足夠隱密，租金便宜，卻又位於香港島的核心地段。

　　DD 的創辦人 Gordon Huthart 是一位公開的男同志。但所謂「公開」，在那年代只能說是在個別小圈子中不避嫌疑而已，在更大的一個社會環境中，同性戀依然尚屬禁忌，不僅不會主動談論，公眾對此也認識甚少，更何況公開認可。DD 這場影響力雖然比石牆事件看來少得多的舞場革命，卻足以寫進香港流行史冊。

　　香港晚至 1990 年才引入同性戀非刑事化，於 80 年代，這議題則以一宗香港警隊內的自殺案引發轟動。1980 年，英籍香港督察麥樂倫被發現在寓所中五槍身亡，法庭最後裁定為自殺，但圍繞其中的同性戀、有目的滅口等傳聞不絕於耳（麥樂倫曾工作於香港政治部人事審查組，掌握部分重要同性戀者身分的資料），可知總體上對同性戀並不友好，同志更是尚未敢於公開身分。在此背景下，Gordon Huthart 在舞池上與男伴親暱起舞，就被視為一次向保守價值的挑戰。據當時常

目睹這情況的 Andrew Bull 記述：「那時候同性戀是非常危險的，但當我在 The Scene 做 DJ 時，Gordon 會下來故意和他的男朋友跳舞，因為他知道保安會把他們從舞池裡捆起來扔出去。」Gordon Huthart 在 The Scene 因這行徑被夜店趕出來，再萌生出開設屬於自己及同道人，並歡迎一切不同選擇人士的俱樂部的想法。DD 就此誕生。回應之前說的「落 D」意象，在德己立街這夜店，還真是需要跑落地下室。Gordon Huthart 找來原本在 The Scene 打碟的 Andrew Bull（像報復一樣）進駐 DD，也有點不惜一切要另創天地的意圖。要知道，據 Andrew Bull 的記述，他在 The Scene 打碟時已是收取天價的酬勞，每月有 6500 港幣，這在 70 年代而言是一般受薪族的數倍月薪。他們連同創意總監 Dick Kaufman，將會把最大膽瘋狂的想法，過往對的士高而言是天馬行空的噱頭，為這批早期的參與者製造無窮驚喜。包括開幕和周年紀念時，配合農場主題在舞池放上家禽，在舞池撒下一萬美金鈔票，在披頭四主題夜上用空運到港的草莓枝作裝飾，讓 DD 變身草莓園（Strawberry Fields）。

　　說 DD 是香港版本的 Studio 54 可能言過其實，它的空間小得多，但這種給所有不同取向人士開門的態度和經營方針，特別受同志圈、創意界和開明社群認可。在 DD，一度每到周四，有 BOYS NIGHT OUT 打正旗號，也會有各種主題裝扮派對，例如其時不受主流待見的易服主題夜。盛名之下，自然也吸引其時開始蓬勃的香港娛樂圈。就是後者眾星拱照的話題（你可在那裡輕易碰到陳百強和羅文，又會有世界知名歌星名人到訪，比如 Madonna、Andy Warhol、Sex Pistols、Grace Jones 及 Village People 等等），使它成為一個常常讓人好奇，但自己又走不進去的地方。

　　DD 的風光名氣當然伴隨著負面的流言與過多的放任，譬如 1980 年就出現過警方掃場，無論原因是懷疑當中有同性戀行為，又或者常伴著夜店會出現的毒品問題。以至 Gordon Huthart 也一度被送進監獄坐了十三個星期。DD 結果在 1986 年就易手，Gordon Huthart 也會於十年後的 1996 年去世。一個具時代氣息的地標結束，但它留下了兩個同樣重要的遺產啟發。一個是蘭桂坊的開發，另一個是本地的士高的更大規模和普及化時代。

5

　　香港前途問題放上中英兩國之間的談判桌之時，坊間以各種 1997 相關的命

名去回應。特別是在香港的洋人圈子，更有一種當年圍觀夏灣拿（台譯：哈瓦那）色變的末世燦爛瘋狂。1982 年在蘭桂坊出現了 1997 酒吧，它兼附舞池，開創了一種其時新穎的 Cafe Bar 的定位及經營形式，令同區無論在白天還是晚上都可招徠追求好音樂好食物和飲料消遣的人群。那條不長的斜路由德己立街走到轉角進蘭桂芳路過懷德里，整個區域以後將不止有 DD 那間不起眼的地下會所，而是逐漸開遍整個街區的一個大型集酒吧、舞場、餐廳於一體的夜生活經濟圈，這形式在 80 年代初期還算是創舉。如果 1997 的開業只是這新時代的前奏，那 1983 年開業的 California 就是宣告蘭桂坊時代的真正到臨。

蘭桂坊之父盛智文提及這緣起：「三十多年前，蘭桂坊是一個非常不同的地方；這是一條以花店和倉庫為主的小巷子。但我看到了該地區的許多美景和潛力，並決定開設 California，一家在晚上變成夜店的餐廳。而這一切都是從那裡開始的。」所謂「這一切」，就是今天我們所知道的蘭桂坊。

California 這名字象徵了美國西岸的開放包容，顏色泳池，慵懶的時光和陽光下 happy hour 的氣氛，當然也包含了名曲 "California Dreamin'" 和 Village People 那著名舞曲 "Go West" 的意境。一個彌漫了暫且從現實（中環辦公室）脫離一晚縱情享樂的意符。California 也代表一種出現於遠方不能言喻的夢想地，一個人生必須要去一趟再回來的碼頭。一個存在於經常泛著亞熱帶式潮濕，被重重高樓大廈遮擋沒有太多陽光的酒吧區，看來一點都不夠 California。也許正正是這種城市裡的夢幻綠洲的意象，除了給到蘭桂坊應有的聯想力與對外魅力，再過十年後的 1994 年，這 California 酒吧及其意象，也成了香港另一部重要的城市電影《重慶森林》裡的點題場景和比喻。

6

更大的香港舞場文化衝擊陸續到臨，但領土已遍地開花。80 年代隨著地鐵各條線路的開通（陳百強此時推出的主打歌〈幾分鐘的約會〉正好是對其時新出現的地鐵出行方式的浪漫寫照，儘管我們難以想像他是坐地鐵到中環 DD），深宵過海交通的日趨便利，香港的的士高版圖由中環灣仔擴展，又可說是重回至尖沙咀。單是廣東道就出現了三間更大型的的士高，包括位於海港城的 CANTON DISCO，以及同區的 Hot Grossip 和 Apollo 18。新貴還有金域假日酒店地庫的 Another World。其餘各地區的熟悉名字 New York New York、The Manhattan、JJ 等也陸續加入。

但 CANTON DISCO 還是有不可取代的地位。1985 年由 Andrew Bull 從 DD 出來，跟 Tai Pan 的原創人合作開創，有了 DD 時代建立了的口碑和關係網絡，這更大型更新式的場地，將用以迎接香港影視音樂的盛世。「很多人以為我想打造的是香港版 Studio 54，但我心目中的是 The Haçienda（在英國曼徹斯特），比較 underground。這想法源自在 Disco Disco 時，我們會做 Noon D，我看到年輕人成長和轉變，他們穿 Dr. Martens，喜歡 YMO 和 Depeche Mode，喜歡 New Romantic 文化，會看 The Face 雜誌……」Andrew Bull 似乎在描述了一個新時代年輕人的口味轉變。

相比起 DD 的小圈子，CANTON DISCO 事實上更為迎合大眾，借大空間容納更多人，也讓現場演出更具氣氛。Divine 作了開幕演出，音樂光譜足夠廣博也是其賣點。Swing Out Sister 在演出完 Live Under the Sky 之後，也會拉上 Herbie Hancock 到來繼續。也有前衛爵士小號手近藤等則。英倫電子樂迷當然不會忘記如何在這裡終於看到 New Order 和 Erasure。前者的 Bizarre Love Triangle 現場版還是香港樂迷聽 gig 史上難忘一夜。甚至那是 hip hop 尚未成為大潮之前，RUN DMC 早就在現場。最傳奇可能是正準備出道的 Kylie Minogue，尚未出名的她，在南半球澳洲正要前赴英國發展的中途，先停在香港，並於 CANTON DISCO 初試啼聲，做了她自己首個專業的歌唱演出，當時的想法只是為到英國演出前的熱身。同樣得到這些小型但親切的演出機會的，還有陳百強和 BEYOND 的 mini concert。

旁邊是海運戲院，其時還是香港其中一家最大型電影院，多少個星光熠熠的首映禮之後，明星名人歌星就移師於此開始了 after party，會看到史泰龍、梅艷芳以至各種名利場的慶祝派對。80 年代中期香港八掛雜誌與娛樂圈產生共生效應，影市大旺，唱片大賣，讀者和歌迷追求更多獨家的娛樂明星秘聞，在的士高舉行的這些私人派對，能拍得出現場不顧形象的「真我」個性的明星造象，導致有專門蹲在這裡等待獵物的記者。

這些話題引發，對於非圈中人而言，城中著名的士高都成了滿是想像空間的場所，更是希望有朝可親身體驗，自己也可碰到名人的熱點。CANTON DISCO 也由此成為整個如日方中的香港娛樂圈的一個放鬆根據地。

由陳幼堅設計的 CANTON DISCO 的 logo，突出的仿立體字型，相配之圖象，是一個靈感取自懷舊香煙卡中的運動員插圖，一個正在跳水的運動員，構圖和造型獨特且深入民心，也開始令公眾對 logo 設計萌生興趣。「游水讓人聯想起綠

色與藍色，而且當時年輕性格有點反叛，想做些與眾不同的事情。落 Disco 的人亦同樣擁有不同性格，所以我萌生一個想法——為何不用綠色？綠色象徵 Energy，而黑色就代表黑膠唱片設計及 Disco 夜生活。」陳幼堅的創作自剖，解釋了這家站在潮流頂端的士高的 logo 反差。而除了配合開在廣東道這位置前設之外，似乎也呼應著 80 年代其時對 1997 議題的切入，一種正是回應著蘭桂坊那叫作 1997 的酒吧出現的時代，一種其時特別流行的香港作為 EAST MEETS WEST 最典型代表城市的情調。這裡不單是廣東道，也是勾起廣州的舊憶，那種中國和香港近代史上的奇妙關連。不要忘記，在不到十年前，廣州對香港的想像，廣州人如何嘗試拉近距離，許多人用的方法，正是游水到香港。一個潮流第一線舞場的設計理念，竟融合了某種歷史的迴響。

CANTON DISCO 就如那個時代大家都一定會登入的社交平台，不同的是，它沒有線上版，人們要親身去見識。但跟今天的社交平台一樣，你去到那兒，會結識到志同道合品味相約的朋友，聽到最潮的人都在說甚麼，穿甚麼。世界在流行哪類音樂，DJ 都會現場如數播出。換言之，這兒就是一切潮流的來源和修練場。觀看與被看見，讓自己自覺成為了這潮流的一份子。

7

但對於較年輕的學生而言，追星和狂舞至通宵達旦顯然不會是我們的慣性，也還沒有這種決定權。於是在這一輪新興大型的士高潮以外，還有 Noon D 和開 P 的出現，解決了學生或未成年輕年的消費和交通問題。

這些 Noon D 一般指的是週末（週六週日）下午三點至六點在一些小型的士高進行的午間開放時段（CANTON DISCO 後來也引入這週末下午經營方式，所以它是破天荒一週有九場營業），未成年者也能入場（個別主流夜場需十八歲或以上才能進場），依樣有 DJ 打碟（當然沒大名氣），燈光也變幻閃爍，但收費則便宜得多，入場費往往只是三十到五十元以下，還包飲品（非酒精，一般為橙汁或汽水）。加上它在下午舉行，完全切合了我輩中學生平日要上課，週末出來玩之後，又可依時回家吃晚飯的乖學生生活節奏。

「開 P」或「去 P 場」則是另一場更為私人圈子內的結聯，通常透過音樂刊物、壁板告示、好友相傳，知道某一住宅大廈某單位週末將有 P 場安排，一般為空置單位，搞手用簡單紙板把窗口封好，配備打碟播放器材，少量簡陋燈光，就可開放

「營業」。票價可能低至五元十塊不等,學生或青年男女走上長長樓梯(一般設在沒電梯的唐樓),響鈴後鐵閘略開,先傳來音樂聲,向對方通報一聲,付過入場費,便可內進於暗光中起舞,廉價地享受的士高般的音樂和樂趣。P 場內一般不提供酒精類飲料,大家只喝汽水,加上年紀輕輕不敢莽為,彼此有種不要搞亂現場的默契,所以場中生態反而有種意料之外的乖巧。

但作為一個現實中的面對面社交場合,它是每個年輕人展示時款和自我風格的舞台。無論是否抱著結識對象的心態,但起碼參與者都有種悉心裝備的預設,讓自己表現人前之時,能被認可為一個走在潮流先端的進步時尚青年。在此,音樂與潮流裝扮形成高度結合的知識和消費體系。在開 P 之前,勤奮的潮流青年定必要熟讀其時大行其道的潮流文化時裝雜誌,揣摩由 David Bowie 到 Duran Duran 的最新 MTV 美學及其裝扮,才好走上 P 場的暗黑中耀眼之樓梯。

8

「馬照跑,舞照跳」是顯示香港未來必然繼續繁榮的最成功宣傳句。在於它當中的高度形象化,非常具體的給出了一個圖像。把歡快、繁盛、活力全部綑綁在一起。況且,比起通常不易看得出的制度能否保留,舞場的保留就容易得多。

看來確實是這樣,80 年代,從蘭桂坊到尖沙咀,全香港都像享受著它不打算改變的舞步。新一代的香港人,一方面參與了強勢文化商品的產出,又樂在經濟上的空前繁華,同時不忘醉生夢死,已經發展出一個成熟且自足的娛樂消閒市場。其時也處於盛世的廣告界,以這一句為那世代下了註腳:「香港幾好都有,點捨得走」。

1989 年灣仔的君悅酒店連同香港會議展覽中心相繼落成開幕,透過那特有的面向維港的落地大玻璃窗,這裡像一片深入到港灣海水內的填海地,可以更近距地見證著這城市的命運進程。酒店內也有另一家新興起的全城焦點 JJ 的士高。同一年,梅艷芳還在 CANTON 渡過她 26 歲的生日。這個城市最後依然以舞步來告別那既狂歡又不安的 80 年代。

直至笙歌與舞姿在 1992 年除夕夜暫停。倒數元旦之夜,蘭桂坊發生踩踏慘劇,20 人死亡,更多人受傷。像一個凶兆,香港人樂極生悲的預告。

往後,步伐越近九七,香港人的回應是用另一種更忘我的方式,再一波的跳舞浪潮興起了:Rave Party。一如過往的新舊迭代,Rave Party 有某種抗衡既定主流的氣質,當的士高已然變成另一種保守主義,同樣由新音樂類型,新舞步方式,

以至是新藥物風潮帶動的新跳舞時代，另一個品味政權，又將改變香港的舞場史。較有投資實力和規模的，就在大球場、九龍展覽貿易中心舉辦，可有三千人參加。但更多更有趣的是坊間小酒吧、工作坊空間，甚至是突擊性質的戶外小型派對（例如當晚才會通知參加者地點是在某沙灘）。

那自然也和藥物的改朝換代有關，上一代的士高裡流行的是俗稱「忽得」的安眠酮（台灣稱白板），但到了 90 年代至千禧世，全球的藥物主流新經濟，明顯是往 E 仔（Ecstasy）轉移，這藥物在香港俗稱「FING 頭丸」（中文為「捹頭」），FING 是意味著一種不斷讓頭部搖擺的動作，所以這時代的跳舞場地也被形容為「FING 頭場」。它和忽得最大分別是它服用的方便性，通常以小小藥丸的形式吞服。至此，香港的舞場文化起碼在形象上，已不復舊日時尚精英向上流又志在顯露性格的形象氣息，而是被渲染成藏污納垢濫用藥物之所。而事實上，這時期的參與者看來也是更沉醉於追求一種身體和精神的直接解放，一份極限生理體驗，多於過往的身分和價值認同。

9

348 DISCO 的出現是最後一擊。這所號稱其時全亞洲最大的舞場，黑社會背景令它成為的士高最後高峰時代那「旺角化」轉向的最佳詮釋。2000 年開幕的 348，位置雖然在尖沙咀彌敦道 348 號，但其風格卻帶有濃濃的旺角古惑仔意味。相比過往中環、灣仔和尖沙咀舞場的國際、中產甚或先鋒性，這裡更為草根，播放的音樂也開始變為帶強勁節奏的香港本地作品的跳舞版，彷彿從國際音樂潮流中斷流出去。

也就是在這時候開始，在某些群體口中，尖沙咀也不再叫尖沙咀，而是被稱為「老尖」。老尖這間 348，高峰期限額八百人，卻常擠滿上二千人，有更多向隅者要守候門外。曾經有一次，我在凌晨一時跟朋友路過，一時興起打算進去湊熱鬧之時，卻在大門外被一貌似大佬的人勸退：「返去喇！呢度唔啱你！」（回去吧！這兒不適合你。）同一時間，門口還有職員苦口婆心以大聲公宣布：「唔好再聚響呢度，今晚滿晒喇！早啲返屋企啦！」（不要再聚集於此，今天晚上已滿額了，早些回家吧）。此刻我突然有種感動，當前勸夜青們早些歸家的人，竟不是外展社工，而是站 disco 門口的社團過來人。348 幕後老闆的傳聞是其時江湖熱話，有說他也曾銀鐺入獄，出於照顧同是天涯淪落兄弟的想法，這裡主力招聘了大批有案底之徒。

最後，待人潮退了半點，終於得以進場。在穿越長長金屬太空通道，兩邊無數貼在牆邊的面孔給你上下打量後，終於來到儲物櫃，並換來各人一條熒光金剛箍。通道是短暫行動、交易、調情、挑情的集散地，每隔數分鐘，工作人員就會帶同手電筒向這裡結聚的人照射過去說：「唔好企晒響度！」（不要都站在這兒）儼如被驅散之後，你才真正走進舞場。而這是一種在之前所有的士高內沒有過的刺激，可能會被那種俗氣嚇一跳。面前是一個有數個籃球場般大的舞池，樓底足有三層高。千多人擠在那兒。只有從間斷閃動的激光中，才能勉強看到如同定格跳格的極樂面孔和身軀。

這裡顯然不是我們慣常會去的那種 party，不是 CANTON，更不是 JJ。而是將地道港式 disco 跟其時流行的 Rave Party 結合一起。但不要弄錯，由音樂、人流、衣飾來看，這又不是真正意義上的國際式 Rave Party。

音樂就只有重節奏的拍擊，雷頌德式，播放的是粵語流行歌的勁舞版，有如你在羅湖商業城經常聽到的由商店一條街傳出來的音響。放歌的中途，DJ 會調低音樂聲浪突然宣布：「今日係 David 仔生日，happy birthday ！」伴隨全場和應起哄。人流少不了青春一派，旺角 feel 少女加 platform 鞋，藍色粉紅色太陽鏡。原來在過往全面西化的城中的士高跳舞潮流發展中，早就存在著一種變異，一種更適合本土通俗消費社群及其消費習慣的地道 party 形式，一種跳舞文化的另種港式變奏。但德己立街和彌敦道畢竟是兩條差異很大的街道。

逗留至凌晨五點而驚覺人潮不散，348 會一直營業至翌晨早上十一時。這天不過是一週的開始，而非週末。離開暗黑舞池再次經過那長長太空通道，甫出大門，日照早已到臨，彌敦道馬路上正在上演一幕陀地（看場小混混）與警員的爭執。三部衝鋒車兩分鐘後趕至，響號傳遍彌敦道，而進不了舞池。突然身後傳來大聲斥罵：「散喇！唔好搞事！」初時以為是跟我說，回頭，發現是一位紋身大哥對著手機說。我跟一眾聚於街頭的派對散場客眼見無甚麼事再發生，才失望地一哄而散。這樣的故事，像每晚上演。

衝鋒警車的響號漸漸遠去，也像終結了自己的，和上一代香港的 disco 日與夜。

4.4

一種隱形的香港性

0

　　開始對茶餐廳有反思，是 2004 年剛到北京，在國貿的金湖茶餐廳，聽到旁邊有顧客對著手機說：「我現在到了那家叫甚麼金湖茶的餐廳」──我才猛然發覺，茶餐廳不是隨便一種餐廳。愛好說文解字的我，又會拆出多種解釋：字面上，它可以是一間吃茶的餐廳，或者專門吃茶餐的餐廳，但其實都不是，茶餐廳三個字，本身就代表另一品種，那個跟香港味道有著千絲萬縷、不能劃割的滋味以至想像。

1

　　試想一下，約人到一間餐廳，你沒有太多視覺想像，因為餐廳這個詞太籠統，所指太多，因此反而一無所指。然而約到一間茶餐廳？你已聞到它的奶茶香，想像坐在卡位上的對話，看到幾位「大哥」在邊吃飯邊講數。所以，所謂茶

餐廳文化，並不是無中生有或過度詮釋，從美學、服務到菜式味覺，茶餐廳是自成一派的香港風格。

逼著我去思考何謂茶餐廳風格，很大程度上是因大江南北行走，碰到太多標榜港式茶餐廳但實質已面目全非的炒作。的確，茶餐廳自香港北上內地後，它的異化與本土轉變，才令人更想研究它的原生狀態。

從香港澳門開到中國大陸的港式茶餐廳，廣州有「老表」系列，從表哥表叔到表妹，甚至玩名字的「吳系茶餐廳」（即「不是茶餐廳」）。上海有翠華、葡京，新近有太興，但最多分店、最成功的，仍是新旺。北京的茶餐廳開了也有不少年，但總體而言，水準一般。不論是哪一家，這種仍稱自己茶餐廳的店，似乎都經過一定的轉型，提供的食物，不是香港傳統意義上的茶餐廳那樣簡單。太興就不叫自己茶餐廳，因它還兼營火鍋，主打仍是燒臘。新旺為迎合大眾，更有水煮魚等外省菜。翠華在世博期間，還曾推出過世博雞翼。

這確實令人懷念及思索甚麼是真正的茶餐廳。

2

然而甚麼是正宗？茶餐廳的始發傳說，雖存在不同版本，但大致是：始自上世紀二次大戰後的香港，50 年代至 60 年代的交接，香港作為東西方飲食文化習慣交匯地，當華人開始嘗試體會西方特別是英國人帶來的飲食風，物質也相對豐裕，香港由手作式工業社會，開始變型成商貿社會——種種條件催生出一種新的階層以至新飲食習慣。那時有午飯需求的打工人，開始離開由私營廚房午間送工作場所的「包伙食」傳統。白領階層冒起，需要空間去約會朋友，又或有效又舒適地用餐。洋飲料傳入，但咖啡店較為高級，並以洋客為主，華人急需一種折中的就餐方式。

當中，自然再加上華人社會對英國餐飲的融匯。這些條件的結果，是一種奶茶文化的出現，而喝這種奶茶咖啡的場所，是最早茶餐廳的前身，通常稱為咖啡廳或冰室。為甚麼是茶？當然華人先入為主對茶比較熟悉，而英國茶亦為其時上流口味，此風落入民間的大眾化，就是變相讓其時華人可廉價品嘗到英國人的品位。

早年的咖啡廳及冰室對食物的供應極為有限，我曾採訪過一家開業半世紀位於香港上環的海安，它就是早年的典型：除飲料外，只供應簡單的麵包、蛋撻、糕點——遠非今天我們看到的餐牌選擇。

而後才有了今天我們說的茶餐廳原型：樓面不大，中間是方桌，旁邊兩排靠

牆卡座——卡座無比重要，它基本上定義了茶餐廳的內置設計，沒有卡座的都不算茶餐廳——穿白色工作服的服務生（香港人叫伙記）有藍色斑馬牌原子筆插在胸口袋，供應簡餐，這些簡餐組合又會以早餐、常餐、午餐、A 餐、B 餐的形式寫在牆上。最傳統的茶餐廳，另有一個窗口開向街，兼營外賣小點，方便街坊鄰里。上述這種經典結構，出現在到目前為止可說最能體現茶餐廳文化的電影《行運一條龍》之中——因它除有那種空間與美學結構外，講的還有茶餐廳最重視的街坊人情。

3

其實是一種隱形的香港性。

上世紀 80 年代開始，茶餐廳走上連鎖企業化，新釗記、翠華等提供多元化餐單，裝修也更豪華。餐單推陳出新，每日都有新款式，進行流水作業的生產線推售。而後綜合各種受歡迎的鎮店之菜，終於重新定義了茶餐廳，並推廣至中國內地。可以說，今天在一些知名茶餐廳內可品嘗的菜，例如燒臘、海南雞飯、咖哩等，都並非茶餐廳的原生態。

故此，後來我從結構分析，得出另一種茶餐廳定義：與其說它是菜式，不如說它是一套系統。現在我會說，定義茶餐廳的，是一樣不起眼的經營模式：客飯與套餐模式——及其意味的經營與用餐文化。菜式縱可變化萬千，但這背後的運作模式卻不離其宗。這是一種講求效率的快速美味支持。

簡單來說，如在中國大陸，一班人圍著吃東西，一大特點是大家會 share（分享）食物。中國傳統的飲食習慣，基本上沒有客飯概念——即單獨一碟給個別客人，那碟中菜有主食有菜餚。客飯源自西餐侍客方式，當然，經港式簡化後，正宗西餐是前菜主菜一道道上，但茶餐廳則是一碟客飯把你餵飽。趕快吃完就開工啦！客飯的模式跟社會整個工作生活節奏有關，它高效、快捷、方便獨行俠、吃完就走，套餐不需你思索吃甚麼，但給你足夠的選擇，你的最大疑問，只不過是配甚麼飲料，是凍是熱（加冰要加兩元至三元）——正是這個系統才顯現它的香港特色。如果茶餐廳這幾年真的較過往普及，未必是因為口味變了（當然，我認為大陸版茶餐廳，提供的口味一般較香港的重），而是內地部分地區的飲食效率，越來越貼近香港。

但顯然，這套隱藏的經營模式不是最顯眼的，人們更多是關注到茶餐廳的外表格局，以至更誇張的，把它視為一種主題式的用餐要求。一方面，它的中價定位讓白領可從容出入，享受相對有保證的就餐環境，例如通過裝修把它變成一種香港

主題懷舊消費。地鋪唐樓格局，綠白細格子地磚、木椅配黑色細鐵修腳、偌大的指針鐘、小瓶裝可樂。也似一個電影場景。完全可以想像王家衛、杜琪峯來這裡拍戲。它提供的，不僅是食物，而是某種香港想像。

這種主題式茶餐廳，嚴格上甚至不是中國大陸民眾熟悉的港式類型，因為它的類型在香港也不多見了，再明確一點形容，它才是先前提及的香港老式茶餐廳或冰室的類型，較似香港的天后祥利、西環祥香、灣仔金鳳、油麻地中國冰室那種——本身也是香港的瀕臨絕種店。於是它的香港性，變成一種特色，香港色彩無時無刻不在，是極顯眼的香港性，而非一種隱形的香港性。

4

隱形的香港性是甚麼呢？如果從茶餐廳文化來引申，就是經調校後的折中主義的偏西方風格飲食、客飯制度與夥計的效率。對的，茶餐廳的香港文化呈現，集中在菠蘿包、奶茶，不過它運作結構上的特色，才是真正影響香港或中國大陸的。它提供一種快餐廳以外的快速客飯文化，有別於內地大飯桌共同點菜分吃的傳統。為上館子與下小攤兩個極端之間提供另一選擇。這點，其實就是隱性的港式，對比於食物種類的顯性。客飯及有別於內地餐館的運作，注重效率、菜單套餐靈活推陳出新、衛生間整潔——這些就是隱性的港式，就是一種結構方法。

從原教旨茶餐廳的艱苦嘗試，盡可能原裝的重現，我們才瞭解到原裝重現的不可能。這已成為一種香港文化北進重現的比喻，我說的不單是茶餐廳，還包括電影。標榜港式的，很大程度上變成一種自身的身分認同與懷戀。但總有另一種港式，化為一種運作方式、市場口味，用隱性的結構手段去重現香港。而當然，那也未必是我們慣見的香港——然而，香港，以至茶餐廳，的確是個不斷變化的產物。

4.5

口味北伐與
全球離散

域茶
外餐
篇廳
II

0

　　從上海、倫敦到東京，茶餐廳正在以新的形式與意義擴散。首先是疫情之前，其時更多是以一種食肆種類的形式擴散，到 2020 年之後，隨更多香港人移居到全球不同角落，茶餐廳作為香港身分的載體，再以離散的符號連結了一個散溢的共同體。

1

　　在中國大陸，早有茶餐廳風氣，實始於 80 年代開始流行的「港風」。最早期，以廣東省為主，及後又較多港人前往發展的上海冒起，直至近年已是個全中國現象。不同於早年的港式茶餐廳格局，特別是疫情前後出現的這批新港式，共通的特徵是更具網紅店的包裝，裝修更為戲劇場景化。它們以外型區別於過往早在中國落地的老一批港式茶餐廳，甚至是另外創造了一種新港式美學與推廣經營策略。美學設計

293

的換代只是基本，但更核心的驅動力，是新的中國城市發展結構的興起，特別以大型購物商場的分區化蓋建作主導，加上疫後飲食消費新觀念使然。這新一波港式潮，用文化理論說法，是售賣一種「比港式更港式」的文化飲食商品。用現今中國消費形態括概，是網紅餐飲的最新火爆新潮。是否「香港正宗」，在這裡已無關宏旨。

2

　　這批新港式茶餐廳做得正宗嗎？

　　我想到符號學家到美國迪士尼樂園的考察：主題公園必須比真實更真實。那些鯊魚不可能像野生海洋動物那樣隨便，牠必須要血盤大口，有隨時可把人吃掉的懸念，即意味著，牠得比普通的鯊魚更凶。置身主題公園，遊客知道那些安全的冒險是假的，但那種被驚嚇的情緒是真的。

　　現在去新的一批港式新潮餐廳，我就有去主題公園的感覺。正宗？當然不要想像舊日香港環頭巷尾的老茶餐廳況味。多次，我去上海的這些網紅茶餐廳，體驗過程是這樣的：如果是繁忙時間，你首先要在門口拿號，一般等一個小時相當正常。如果不願等，應該會有黃牛拿著號碼籌叫賣，五至十分鐘入座的，索價50人民幣。

　　進門的位置，當會看到傳統繁體字手寫體的食店名稱，那種刻意強調著港式風味的名字：上海最火的曾經有東發道（它為自己另創了個類別叫「茶冰廳」），其他如元朗冰室、美譽、妹記、細記、合興發，看起來都像是香港的店名，儘管不一定在香港有店。

　　在那所近來最熱門的連鎖茶冰廳門外，是另一種像懷舊中環洋行的石屎（混凝土）牆裝潢。進店後，播放著80年代的粵語歌，一應最為吸睛的招牌和設計元素一一出現，盡最大努力滿足拍照顧客的需求。

　　想重溫有如香港凶狠伙記的虐待式服務？不用了，大部分情況，叫你掃碼落單。每張食桌角落，貼有二維碼。掃進去關注店鋪公眾號，然後微信點餐。這種微信菜牌點餐，對我最大的困惑是，點菜時有些可勾口味選項，如少冰、免辣，但我發現，很多店是遺漏了我最大的關注：走蔥（不要放蔥）。對，沒法找到「走蔥」這選項，死死地氣，得叫喚服務員人手落單，寫明走蔥。吃完，到櫃面找數都沒機會了，一就是微信點餸時，同時早就結帳，又或者，現都習慣了員工拿著掃碼機器來掃你的支付寶，所以也不涉及找零錢及付碎銀貼士的情況。

　　這就是新的港式茶餐廳業態新時代。這陣子，現象趨勢確是這樣：起碼在接

觸最多的上海，當餐飲回復正常後，我突然發覺多了很多這種新「港式」的選擇！毫不誇張地說，這新一輪的港式口味正走紅上海，幾乎在每個新興的區域性商場都能找到它們的蹤影。光從名字開始就導入一次主題飲食之旅，名字不一，但視覺設計類同，套用最早用以形容的一個詞（可能是要方便放 tag），就是它們都擁有一種所謂 TVB 風格，一套被國內受眾認知的美學吸引力，儘管香港人可能都會知道，在香港反而是沒有 TVB 美學這回事。在此社交打卡晒圖為王的時代，當飲食也形成為一種晒圖社交硬需求，新港式 TVB 風格似乎在這時代重新定義了香港風格在中國的模樣。

3

這裡，TVB 變成一種風格。

說實在，去完幾間這種新港式之後，我是有點審美疲勞，甚至乎對它們那粗暴的近似性甚為抗拒。不要忘記，如果用百度來搜尋「港式茶餐廳」，你得出最初的結果，不是食店的介紹，而是港式茶餐廳裝修的推薦服務。而這些「港式」卻真正在氾濫，直覺是一種極為躲懶的裝修招徠，迎合快速流動市場需求的一種賣點。稍了解當前消費心態，都知道新的市場需求，放於中低消費檔次飲食界，即為網紅經濟，每每講求餐廳本身的奇觀性，可打卡度，以及社交媒體中的熱度。這些量化的數據，固然可以用噱頭去作開幕宣傳，例如用招人排隊、在點評網上做水軍及好評等先引起關注，但最終能否持續，還是看店內的體驗（食物不會很差已可以了）。

那要怎樣去定位一家新港式呢？新的港式美學派上用場。這裡說的 TVB 式風格雖然不是真正源自 TVB 電視劇（因為有關經典茶餐廳的戲，更多該來自香港電影），但 TVB 作為構成中國消費者對香港流行文化認知的主流，TVB 因此也被挪用作為港式的通俗形容。而不無重要的是，那些如戲劇場景道具一樣的裝修，令「很 TVB」這形容加了一份因誤會而來的貼切。

考究其發展，其實電影場景作為餐飲空間的包裝，不是港式茶餐廳引進中國的最原始狀態，想二十年前，隨更多港人北上發展，北京上海才有真正意義上的茶餐廳（深圳和廣州有零星散落的），例如北京較早的金湖茶餐廳，就只不過是間最基本裝修格局，但起碼應份地設有卡座的港式餐廳，記得 2004 年到北京時它已在國貿經營。當其時最有印象的體驗是：只有到這種港式食肆，才可在報紙架上看到過期兩天的香港報紙。而所謂「港式」，也是自那時開始才在中國大行其道，對於

不明白茶餐廳是甚麼的普羅群眾而言，必須在前面加上「港式」兩字以強調它的口味屬性。

4

由北京到上海，這裡的港式發展得最為成熟（上海接受香港一應東西的引入度一直最高），以場景號召首先闖出名堂的「查餐廳」，是晚到 2006-07 年間的產物，因為其中一位老闆是香港電影美術出身，故此於器物及用具考究上特別講究。率先用了仿香港板間房時代的玻璃雕花窗（類似嶺南窗）、木板間隔、綠白細地磚、牆掛英納格大鐘、白色直板面卡座背。店老闆最引以為豪，說細緻跟足香港也令同行難以仿效的，是用來墊桌上厚玻璃四個角位的那些紅色小圓墊（一般香港用法是令當中有空隙讓單據可「攝」在中間，方便拿出櫃面結帳，不過許多國內茶餐廳都不用拿單去結帳方式，而習慣了讓伙記自己來收數）。因這一家空前的成功，在開第二家店時，就加大了「地道港式」的裝飾性，譬如門外有大牆貼滿香港的各種大廈廣告招牌（如通渠、西醫、診所等），由此形成一種日後被更多新店抄襲的風格。

這一年來冒起的所有新潮，都可說是這種場景化的延伸，並把風氣推向過度的極端。譬如當鋪的「押」招牌、霓虹光管、香港的路牌、地鐵站標式，都會出現在這些餐廳中。這些納雜的元素被收集在同一空間，在混搭與五色紛陳中，伴著食客享用那些同樣未必在香港都得嚐的新爆款美味。譬如「漏奶華」這種指定要吃的爆款，在厚多士上灑阿華田粉和淋奶，一種怎樣說來，都是迎接網紅晒圖時代的飲食發明。

當然，菜單中的選擇還是保留了港式的點滴，包括凍飲加冰要加兩元。但在這裡，口味變得次要。甚至在一些看來就是網紅噱頭話題包裝的宣傳稿中，我看到「此菜式奪得金馬獎榮譽」的形容。主因是在口味上的要求，中國市場似乎跟香港食客的追求不一，或者說是講究的重點不一樣。在香港，相信沒有人會好講究一家茶餐廳的食物，那裡就當是一處習慣了的廚房。但在中國，它的身分定位較模糊，人們視它為與上海菜四川菜並排的菜系選擇，要有特色，但又不及粵菜的精緻。就是說，簡單如車仔麵，在香港是沒甚麼好說的，但到了上海，一碗車仔麵卻不止於一碗車仔麵，它要承接著一種港式美味的符號，而不得不有些街頭文化的說法。

5

　　這實在是新資本熱與網紅經濟使然。新港式熱潮去到最關鍵的實利因素，是因為看到錢滾滾而來。當港式成為一種風尚，生意便理所當然旺起來。有開店不到一年的店主表示，小鋪一天的收入可以去到 6 萬至 10 萬。若成功成為網紅店，那是一門短期就維到本，開始實現盈利的投資。而這種模式，因著個別成功案例，很快被動腦的人運轉得更快。一般而言，搞飲食都是股東合作制，那意味著，若果看到一間投資成功，股東們都會各有主意，有些另起爐灶，從而催生更多同類店的出現。

　　新港式熱潮的本質，不是港式食物，而是網紅消費。這建基於網紅打卡時代的消費取向，尤其是中低消費力（上海而言是人均 100 人民幣），那批樂於嘗新湊熱鬧的年輕人，如何選擇餐飲的問題。

　　一百元的消費力，以香港水平不算高（一人吃個茶餐廳套餐也不用一百），在上海勞動階層而言則不算便宜（去街邊館子還有十元的麵可吃飽），不過作為社交消費就足夠平。社交消費意味著帶社交聚會性質，一般選有話題熱度，起碼也坐得舒適、有一定服務的餐廳。在港式餐廳出現之前，這市場是被火鍋或中檔飯館佔據，而當前中國的火鍋消費已遠高於我們想像，可隨時去到二百元。

　　那意味著，尤其是在疫後消費降級的趨勢下，如何人均百多元又去到品質OK，裝飾有說法的去處？新港式的定價似乎適時滿足了這消費指數和社交拍照的兩種當下硬需求。

6

　　還有一個要點，是中國城市的商場化階段。過去北京上海出現的消滅街頭店鋪浪潮，是整個城市改造的一環。它目的是重整市容，控制人口組成，背後經濟及政策變化是沿街產權的再行使。譬如某些街區過往滿是路邊臨街的店，但其實本屬違建。所屬單位在新發展方針下，有權重新使用，就必須先清理過往的租戶，從而展開一輪拆店行動。當街邊沒有鋪位，購物商場變作容納新商家的地點。這解釋了由北京到上海乃至全中國，大型購物商場正取締街邊店，把店主「搬上樓」的大浪（當然能進商場的可能再非街邊小鋪主，可是這街道清洗導致了社會的創業轉型）。另外也加上城市生活的衛星化，過往大商場較少，要跨區才去到一個像 K11 或

IFC 的宏偉大場，但如今，每個居住區基本上都有一個大型現代化商場出現，北京的 SKP、大悅城，上海的愛琴海、華潤、iAPM 等，不用跨區，消費者就找到自己的生活圈。有新商場，就要有新食店進駐。

這種商場，每個都要有餐飲為主的地庫，或食肆層，商場的招商，盡量分配給不同的飲食系統，而港式，現在都自成一派，成了一個必備的選項，再而穩固了對港式食肆的需求。

7

食物歸食物，生意還生意，但港式可會歸香港？在這港式潮當中，香港特色能轉換成一種香港文化輸出嗎？

在生意面前，很難談文化。在拓展港式業態這回事上，港式餐飲店老闆的嘗試有成功有失敗。最大考慮之一，是要達到港式標準，廚房和服務人員的要求較高。在省成本的追求下，很難到位。更大的問題可能是訓練及員工流動，特別是廚房。

一家小粥店的話事人告訴我，現在廚房是真難找人。一來是本地上海人不會做這工種。一般外地人，要求的是賺快錢，見有高幾百元月薪的也會去另一家打工。廚房系統講究真正的學師、見習、體驗、熟悉流程、話頭醒尾、一眼關七，等到能當大廚，也需要長年資。他是一家香港著名面店的後人，到上海小巷開了一家小規模，只得四、五張枱的粥品麵店，說也真想把多年經驗，在這裡傳承下來，這得從小店開展。港式食肆，對食材的處理有自己一套，特別是對「鮮」的理解，譬如做粥店，生滾粥的粥底火喉，到入甚麼內臟去做（豬潤豬腰等特別難處理），說到底，都得用心，落本。而非只講究門面的網紅度。

同一時間，一家大規模的香港餐飲集團，在關掉多間分店。至於最新火起來的另一集團，則宣告了各種歡迎加盟的計劃。幫你從選址、採購、裝修到開業，一條龍搞掂。

8

相比之下，中國地區以外的茶餐廳熱潮面對的是另一番景象。

以前，在異鄉尋找港式滋味，不過是饞嘴。離開香港，不至於水土不服，但誰沒有吃多了異國菜式，恨不得來碗熱騰騰雲吞麵，以至一杯奶茶所帶來的踏實。

如今，這種味道卻已變成鄉愁，甚或身分。由早年匯聚全球地方色彩菜式的香港轉化，締造的一幅國際化美食地圖想像，到今天港式輸出，帶起中國大陸、台灣到日本的新一代茶餐廳風潮，港式食風之演變，回過頭來，竟然也成了一場城市身分的建構。香港作為主體身分的挑戰甚至可能的消失有目共睹，可香港特質，透過港式美食新潮在各地的重建卻各有故事，過程與目標也不盡相同。可貴的是，像母語和原始意識，它塑造了一種味覺的集體記憶與認同，在此香港性開始踏入流離（diaspora）歲月之際，在離散飄零的這刻，到處保留了香港的獨特身分。

香港的故事，也是食物味道的故事。香港吃的風格，正迎來一種由作為聚焦區（向內聚焦），轉化為發散中心（向外傳播）的過程，在在反映了香港美食作為城市文化縮影的角色轉換。這方面，經歷了於世界各地的親身觀察，我大抵也可為這段歷史發展證言。自從留學年代乃至後來全球環遊伊始，我個人就有一個愛好，無論到世界各地遊走，都習慣去到當地的中餐食肆（那時更多說成是「唐餐館」）了解海外港人異鄉開店的故事。開啟這一連串海外唐餐館之探的序幕，可能是有一次深刻的印象：那是去到自己認為是距香港最遠的地球另一端，南美洲秘魯的利馬（地理上的香港對蹠點即地球上離它最遠的一角，當大約在阿根廷的聖薩爾瓦多叫德胡胡伊的地方。如此類推，北京的對蹠點大概在阿根廷東南沿海內側的潘帕斯大草原上；台北的對蹠點則是巴拉圭的亞松森）。心想，若離香港最遠的地方也有港式餐廳，香港就真毋遠弗屆。

確實有，就在那裡的唐人街，當地把唐餐館叫作 CHIFA（傳為「吃飯」的諧音），其時當沒有海外茶餐廳的說法，但一坐落，聽鄉音，綠色的破牆和卡座，提醒我已好幾年沒有到過茶餐廳。年邁的老闆用廣東話跟我說，漂洋過海，最後「企唔企得穩」（是否能站穩），就看兩件事。一是絕不能賭錢，二是不要忘記為甚麼那麼辛苦要來。在更深刻的層面中，他們毋不想著，有一天能回去（但現實是大部分來者都沒有回鄉）。縱然離散，香港仍然是他們最初那出海的港灣，他們那根之所在。

9

這經歷令我不得不聯想到，當人離故鄉，食物真的會變成造化。它一方面成為生存的技能，另一方面，通過食物的傳承與再現，它又把過去與今天，故鄉與他鄉維繫起來。

但顯然，過往坐在香港的茶餐廳，我們不會這樣想。因為在香港人今天踏上世界征途之前，食肆中的菜品名字，更多是把世界放到你面前，而遠不是把香港味道散播出去。這幾十年來，走進港式食店，琳琅滿目的菜式名字，堪比世界地圖。外來食物菜品大規模進入一個城市，其實反映了一種美食共和國的建立過程，從匯聚大江南北美食，到建構一個國際化城市的想像。這一種從全球朝向香港的內向聚焦，完全是香港過去數十年發展中試圖國際化的縮影。我們多次引為例子的在普羅餐館中出現的地方名菜，從中國大陸各省市出發：福建炒飯、鎮江排骨、揚州炒飯、北京填鴨、順德雙皮奶等等，後來都知道很大程度上，這些菜式名字可能連所說的地方也不會這樣稱呼。例如北京叫烤鴨，可來到香港，填鴨除成了代表詞，還催生出「填鴨式教育」這樣的挪用轉移。

但其時香港就是那麼匯聚百川，作為全亞洲最為開放也最能吸納外來飲食文化的地方。除中國地方食物名稱（不論有沒原裝），更有國際口味，一系列富南洋風情的名字，同時見證當時香港作為華人出國跳板，於東南亞華人移民圈的中心位置（這其實同時見證於電影及文學上），於是，在港式食肆叫上這些聽起來十足南洋味的菜品，也變得順理成章：海南雞飯、星州炒米、南洋貴刁、印度飛餅、印尼炒飯、金邊粉、檳城炒粿。再下來就不用說更多帶有幽默傳說的連他國人也說未嚐過的「港式國際」口味：俄國牛柳絲飯、瑞士雞翼、焗葡國雞飯、鹿兒島豬軟骨（另一首本名菜德國鹹豬手則確有真實來頭）。在未曾真正國際化之前，通過自創食物的國際化，一種城市生命力及發展方向的集體潛在意識在萌芽。無論是基於人口流動帶來異國美食，抑或是自身對虛擬國際化的追求（主動發明裝作國際食品令自己顯得國際化），結果如一：就是香港從此，真的一步步成為一個國際大都會與美食之都，並且把自身的飲食傳統，標進了世界美食地圖。

10

這兩方面外在和內在的影響，它如何進一步塑造香港飲食特質，我們大可以香港現在最著名的輸出——港式奶茶，來說明這種流變。

這流變，也印證了香港向來持之以恆的折中主義和實用主義風格。港式奶茶一方面是外來引入的口味，但另方面，也反過來製造了自我國際化的身分。就是說，奶茶本身就是一種流離飲食產物：它首先是英式飲食習慣的引入（先不上溯至

紅茶如何流入英國），英國殖民時代高峰期，斯里蘭卡紅茶，伴以牛奶，作早餐或下午茶傳統。但香港版本是輕易地把這外來飲品本地化，雖然不會把它叫作英式奶茶（足夠異國情調），但它的外來性其實如出一轍。香港奶茶把英式紅茶的本地化過程，正是通過簡化的實用主義去完成，即為直接把牛奶沖進紅茶中（有別於英國傳統以銀器奶杯去盛，添加多少自己隨心），形成味道的廚房主導但加強了飲用效率。另一種折中方式，是不再用高級的瓷具去盛載，而改用極厚身的奶茶杯去呈盤，令港人飲奶茶那加糖時以匙羹去搞拌的動作有了相當保險的預防（太薄的杯子經不起太用力的搞拌，正如一位茶餐廳東主告訴我，分辨顧客是否香港人，就看他叫凍檸茶後，是否死命用力以長匙羹去戳杯中的檸檬片。他說：香港人都好像對凍檸茶中的檸檬片有仇一樣），這種種由口味的調節，到儀式感的改頭換面，成就了港式奶茶的經典化之路。

奶茶的故事如是者成為了香港故事，它的下集則是從過往的輸入轉化型，逆向發展成輻射擴散到各地。值得留意的是，經歷香港城市與身分的挑戰及重塑，當有說香港的身分正在消失，反差的現象是：港式食店近年卻在中國大陸和世界許多華人居住區大行其道！有戲稱它已變成了中國的第九大菜系，意思是，它足夠自成一派，成為食客們美食思維地圖上的其中一種主要菜系（更重要是商場招商時都希望有此類型）。

11

當老香港的基因和身分在此刻的「真香港」被受挫敗，面臨消亡或流放。當香港的 TVB 也更與群眾走遠，卻竟然是在中國大陸，它以另一個形式轉型存活。有多少是保存了香港的基因這很難說，但它確實在另一個層面，或可稱作一種模擬物的層面，充滿誤讀地重構了香港或至少是一個幻象中的香港。一個來自二手文本，尤其是影視作品中茶餐廳的香港仿複品符號，然而完全忽略了香港這幾年的故事發展。

如果在大陸開設的港式食肆，更似是一種幻象，一個場景消費，甚至許多老闆都不是香港人，那麼另一個最新的港式餐廳海外開店現象，就是另一種香港政治風波的後遺。我們甚至可以說，在這方面，終於，港式餐廳，變成了一種流亡的載體，大家品嚐的還添了花果飄零的滋味。特別是在今次移民潮之中的目的地熱點，

由台灣到日本，黃店茶餐廳除提供食品外，也成為了一種立場表態和記憶身分的延續。在台灣，新一代港式茶餐廳基於開店條件及背景的不同，加上政治社會環境較容許，往往立場鮮明，體現在裝修至經營人的態度，並成了香港身分的外地延續。

12

而在日本，當地華人朋友常跟我討論的，即包括也突然顯眼的港式食店潮流。開始時我們更多其實是聊及香港一般食品去到日本的變種或本地化，餐單上的菜式，是否足夠代表港式。後來就提到，其實當地的社交媒體圈，以至各種新移民或在日本香港人（工作或學生），他們私底下對香港現況的討論，以至一種對保留香港身分與文化記憶的重視。由於是在日本，一個盡可能不打擾別人也不會特別表態的社會，一般港式店，就算骨子內是黃店，都不會輕易看得出，這和在台灣的現象有顯注不同。另外，也有現實的考慮，日本的消費者還包括大量來自中國大陸的移民或在留人士，立場和意見易生磨擦。那真像《不夜城》，華人背景複雜，來自中港台甚至其他海外的華人各有立場，大至政治爭拗，小至菠蘿包究竟誰屬都可爭論一番。最近就出現當地香港人社區向台式包點店發出要求，要對方不要用菠蘿包作包點名字，因認為那是香港的產物。

為了保護自己或至少是保持社交圈上討論問題的警覺性，部分移居當地的香港人抱團建立群組，在是否容許新人加入群組時，甚至會設立香港普及文化試題，答對一系列問題才可獲准入群（問題有如：下列哪一項是香港小學派對上，會最常出現的小食？答案是得選「牙簽串串菠蘿小香腸」）。

在這節點上，食物，既是實際的營養，賴以維生的元素，也同時串連起一套知識。在世界其他地方維繫並重組香港集體經驗。

海外的離散港式食店，部分可能將成為一個座標和紀念碑，添了一份食肆之外的意義。它就是那個重新聚起散落的人與記憶的 locale。它記錄、刻銘、傳承、凝聚，在味覺視覺語言和儀式感中，延續香港某一個時代的經驗與知識。但它持久地存活不能單靠同情和理念歸屬，作為一樣經營實體，正如那句話：唔理黃藍，都要好食至得㗎！（不論你屬黃還是藍陣營，提供的食品至少也要好吃）

大流行

Hong Kong

流行備忘

過去備份
與未來連結

流行備忘

5.1

打破 大中華市場迷思後的 全球華語體系

0

　　2022-24 年，都說香港本土電影市場出現了「奇蹟」，暫以 2024 年底大破記錄的純香港本土製作《破·地獄》引向高潮。一連多部作品，甚至以前可能會被視為冷門的小型製作，都創有票房佳績。重拾這往往以數千萬港幣（下同）票房計的新征途（過去數年港產片本地市場能有千萬票房已被認為是相對高票房），是 2022 年的香港原創科幻大製作《明日戰記》（香港收超過八千萬，中國大陸收接近七億人民幣），家庭小品式故事黑馬《飯戲攻心》票房最終超過七千萬港元（在中國大陸也收近一億人民幣票房）。另有《阿媽有咗第二個》過三千萬，就連不被看好、開畫僅得數十萬一天的《緣路山旮旯》以及奇案三級片《正義迴廊》都以良好口碑後勁凌厲後來趕上，分別突破一千萬和三千萬大關。之後 2023 年農曆新年賀歲片《毒舌大狀》更以超過一億一千五百萬成為香港華語片票房的新記錄。而且不僅此類「爽片」受歡迎，就連由新導演執導的《年少日記》和《白日之下》均口碑票房雙贏（達二千

萬級別），市道持續重新激活，打破香港電影復甦只作為短暫「小陽春」之說。這股風潮到 2024 年更由多部作品延續，先是引起全城哄動的《九龍城寨之圍城》，再以年底的《焚城》和《破・地獄》接力，後者更是勢如破竹刷新多項香港電影記錄。在同一段日子，多部港產片能票房齊過三千萬級別，上一次已是 90 年代的事，兩年內再刷新億元以上新記錄更從未發生。雖然以票價升幅計算，入場人次比當年的賣座片最興盛期可能仍有距離，但無可置疑是這一輪港產片強勢燃起了新的全城觀影潮，以至討論與思考。

另一邊廂，台灣電影也作出了回應，題材和風格多元令人喜出望外，由《咒》、《該死的阿修羅》、《一家子兒咕咕叫》、《哈勇家》、《關於我和鬼變成家人的那件事》、《周處除三害》、《老狐狸》、《小曉》到 2024 年《餘燼》以至《鬼才之道》極盡百花齊放。香港電影以至更廣義上的華語電影通過更多元的創意和貼近時代性，在漸趨不依賴那不穩定的中國大陸市場之同時，已重新找回新的市場成功密碼了嗎？

1

這裡討論的市場，包含創作環境與票房市場。前者反映於作品的多元性、開放度和創作水平，不一定是商業上成功的作品，但顯示了所屬文化圈的進步水平。後者當然可簡易地理解作商業上的成就及從而得出的市場可持續性，它往往也傾向得有一個龐大的市場去支持。在全球華語觀眾人數眾多的背景下，就形成一個面向全球華語世界的影視市場，可稱為全球華語影視體系。這體系除包括了票房市場（或與收益相關的商業因素）以及文化作品的創意與進步性。遠在中國大陸還未及開放容許更多香港或台灣作品引入之前，這自由的華語影視體系一直以後兩者為中心點，再發散至全球華語地區，當然也不乏通過非正規如盜版的方式於中國大陸流傳。隨著中國的市場轉型及政策開放，個別香港及台灣影視作品過往數十年間陸續有機會在中國播放或公映，特別是經 2003 年 CEPA 之後香港和中國大陸有更緊密的市場共塑，合拍片和輸入到中國大陸的作品成風，一個更大的以中國大陸十四億華語人口為中心市場的取向逐漸成立。初嚐的佳績，是幾何級數跳升的票房可能，香港電影開始領略從未有過的幾億票房的滋味。這個新的中心市場的誘力，大大改變往後的香港作品方向。

以中國大陸為主的新中心市場兼具商業誘力與創作掣肘，並且需要思考一種

能適應中國市場的語境，從而也出現了「北上港片」水土不服的現象。水土不服，除因為口味把握上不一定能跟貼國情之外，更重要是作為一個透明度低，非全盤自由市場內核屬性的環境，對電影工業而言，有太多不可控因素，無論是政策改變，抑或資本運作失調，甚至個別藝人的新聞，都會構成潛在的風險，大大影響了影視市場的健康發展。可以說，這中心市場，既給人龐大的回報期望，又得有種必須慎防的警剔。這危機感終於在過去數年，隨政策的收緊與疫情的到臨而爆破。

2

　　察看同期的中國大陸影市，無論是因疫情限制了入座率，還是更根本的惡劣政策環境下電影投資及製作的步步為營令人卻步，出來的後果有目共睹，不論是作品質素以至普遍票房都大幅下降，至 2024 年的全年票房估計，可能是在僅超過 425 億人民幣的總數下止步，比最高峰期 2019 年 642 億人民幣的高峰記錄跌近四成。

　　與之反差的是個別主旋律獻禮片基於政策傾斜原因而獨大。更不為人知的是更多拍攝經年的作品，均未能獲得公映。投資中國電影，過往十多年因高增長一度被視為朝陽行業，今天卻變成投資者不敢再大冒的險。隨著地緣環境的割裂，市場同時被細分。過往華語作品拍成之後，寄望享有一個相對自由又商機龐大的大中華影視市場的紅利不再，從而出現了創作人以至投資方無可選擇地作出歸邊的決定。已經沒有兼而有之的優勢，一就是選擇中國大陸以外更開放的市場，一就是無望地等待內捲，試圖拍一些能獲得通過並於中國上映的作品，在這方面，正能量又催淚的喜劇（如《你好，李英煥》、《孤獨月球》及《熱辣滾燙》）又或者更依主旋律宣傳用途的作品（如兩部《長津湖》）一度成了風尚。依賴更大膽劇情處理的現實犯罪作品如《孤注一擲》及《消失的她》算是提供了較廣闊的選擇。但論作品的多元化、創造性，這批中國現階段的新時代樣板戲，看來已無法跟外面世界的作品活力與時代意義比較。

　　中國大陸以外，香港、台灣華語影視市場於上述風潮下醞釀的新動力，恰好是一個富啟發性的對比。它正擺脫過往大中華中心市場的迷思，訴諸一個因近年國際政治氣候轉變的背景下，也基於特別是兩岸交流氣氛不穩定，伴隨更廣泛多元及華人人口流動更急遽，並由此正在冒起的一個華語作品全球跨域消費市場。這些華語作品，有時只是因政策原因被動放棄中國市場，但更多可能是建基於植根於中國大陸以外更自由創作力及更強本土精神崛起的時代精神，並結聚成新的消費圈層。

它直接的優勢，是截斷過往因需顧及討好中國市場的妥協，可更理直氣壯無所懼畏地回應時代或發揮導演想像，拍一些尺度更寬（如更驚嚇的場面的呈現，更偏鋒小眾題材），又或是價值觀更開放的華語作品（如同志和政治事件後遺議題），間接塑造出以下要說得更為仔細的全球華語影視體系特性。這不單純是市場，更是華語文化跨域發展傳播的一個新里程。

3

　　文初提及的近年具票房港產作品，當中成績突出的《飯戲攻心》和《毒舌大狀》其實該放回一個極具特色的港產片脈絡去理解，那就是賀歲片。本擬 2022 年農曆年公映，專門針對這獨特檔期的兩部港產賀歲片《闔家辣》和《飯戲攻心》，該年初因疫情關係香港戲院關閉，先後得延期至同年七月和九月才能於香港戲院上映。這種通常群星拱照，講求「好意頭」，追求一家人齊齊整整開飯的湊熱鬧電影，本來過了賀歲節令才公映，觀賞意欲或會冷卻，可它們作為一種香港典型產出，現在甚至成了票房奇蹟，箇中原因值得持續關注。

　　港式賀歲片一度是港產娛樂的一大特色：縱使往往水平一般，但求過年時入戲院開開心心，粗疏胡鬧許多時都得到容許（不少消費群是平時非戲院常客，往往是過年假期時才會一家大小同往電影院）。但同時，此類被認為有極強香港氣味的賀歲片，從《家有囍事》到《嚦咕嚦咕新年財》卻因那份特有的隨意放任，間有神來之筆，這麼多年來又如此令人津津樂道，成了華語片世界的集體回憶。賀歲片的市場概念是如此敏感，它後來甚至轉而影響到當今的中國大陸影市，賀歲檔成為中國每年最重要的票房金庫（縱然中國賀年檔作品遠非上述港式賀歲片概念），也提醒著港產片曾如何影響著中國國產片發展的進程。那意味著，港產片文化其實一早就另創中心，並不依從中國大陸的文化母體。而來到今天的濫調，說港片已死的討論中，從種種正在香港發生的作品風潮及市場結構轉型顯示，這裡要說的，反而不是一個港產片沒落的故事，相反：它是一股新氣象的來臨。

　　過去數年，先有《緣路山旮旯》、《正義迴廊》、《阿媽有咗第二個》等多部極具港片氣味的新作，分別得到相對理想票房，無論是基於近年香港本土精神成功轉化成消費支持，或是作為現在香港最愛歡迎男子組合 MIRROR 成員投身電影的影響力測試，不能否認的是，它成功轉換成一個稍有自足機會的小型循環，哪怕不外銷，但可能已改變了香港觀眾的消費方向：更多香港人願意「懲罰」（香港用語：

消費支持）香港作品。部分如之前的《濁水漂流》或《智齒》更在海外得到獎項好評，做到衝出香港的成就。這種因擁有較高自由度而得來的寫實或類型作品，當融入更大的全球華語影視體系，後果可以說是在日益不確定的中國大陸市場以外，開闢了新的空間。

4

有關創作及傳播的空間開拓，這批更面向本土的香港電影的積極意義（極大部分為「新導演」執導的後浪潮電影），實在可和差不多同時期出現，近年的「台灣新新電影」並置討論（「新新電影」的說法有待正名，在此先用作對這一波台灣電影的綜合命名）：特別惹人注目是自 2017 年開始的《大佛普拉斯》，及後的《返校》、《同學麥娜絲》、《陽光普照》、《親愛的房客》、《瀑布》，到多部金馬獎和票房話題作如《咒》、《該死的阿修羅》、《一家子兒咕咕叫》、《關於我和鬼變成家人的那件事》、《老狐狸》以至《鬼才之道》等等；有時溫暖人心有時提心吊膽有時足夠挑釁也有令人喜出望外：當中如《咒》結合民間巫術兼社交時代病毒影射，另創恐怖片新風，並且肯定霸佔了中國大陸作品此刻遠不能追及的尺度；《該死的阿修羅》同樣以命案動機多角度展述，訴說的卻是當今目迷五色的台灣新貌；《一家子兒咕咕叫》和《哈勇家》在講家庭故事時都找到了新方式。

若拓展至台灣與香港以外的跨域泛華語體系中，更可加上近年獲金馬獎提名的多部台港以外華人作品，如出自新加坡導演的作品《花路阿朱媽》和《芽籠》。以及近年猶顯實力的馬來西亞出品如《富都青年》，和馬來西亞的重點導演張吉安多部風格化口碑佳作《南巫》、《五月雪》和《搖籃凡世》。《白日青春》也為於香港拍攝由馬來西亞導演執導作品。更早憑《再見瓦城》揚名的緬甸華裔導演趙德胤可能是這泛華語體系的有力佐證，緬甸出生，台灣受教育及進入電影圈，《再見瓦城》回歸到緬甸題材，而最新作品《喬妍的心事》則在中國大陸攝製並獲得公映。無論是創作人的國籍背景，到其發展的市場，都有極大的跨域性質，把他們及其作品串連的，只能是若隱若現的「華語創作」（當中的華語口音也呈現多樣化），但同時又的確反映了此時此刻的泛華語創作流動性。

5

　　如果再把這股台灣新新電影、香港後浪潮、泛華語作品現象，結合到近期在跨地域串流平台上的熱門台灣劇集潮來察看，一個更清晰的市場圖象正在顯現。由《華燈初上》、《逆局》、《人選之人》或較早前的《我們與惡的距離》，到近期《不夠善良的我們》、《聽海湧》、《模仿犯》、《正港分局》和《影后》，作為跨過傳統渠道，面向全球影視市場的作品，它們的可能性有多大？

　　來自香港和台灣的作品領銜這非以中國大陸作中心目標市場的創作浪潮（儘管近年的香港製作在這「賣埠」能力大大不比過往）。市場上，它一方面重複過往賣埠片年代的成因（基於中國大陸的市場封鎖，台灣和香港作品難以輸入及開發中國大陸市場，轉而更針對東南亞及海外華語市場）；但在文化層面，則突破了過往對這種「中原華語文化」外溢作為中華文化花果飄零的舊有「文化中國」看法，正在建構一套新的泛華語作品論說，並找到了向全球輸出的可能。區別重點是：如果賣埠片年代（泛指上世紀60、70年代香港作品作為向台灣及東南亞華人社會輸出）所販賣的，是一種對中華舊傳統情懷，一種最大基數的廣義民族主義（從戲曲片到李小龍動作片都流露這種華人文化情懷，而且許多創作人也是南來香港的電影人），意味著當時海外華語市場的受眾仍以「流放在外的華人」自居；那現在這波台港和東南亞作品，就更多是每個當地的切身故事，用當地自己熟悉的語言發聲，而再非建基於一個（中華）文化中心的外延。文化含意上，當中的核心精神也再非花果飄零流放在外等待重歸故土，而是已在新土壤中落地生根靈根再植，彰顯自我的新價值，結出新的果實。

　　直接的反駁顯然易見：此刻，不包括中國大陸的影視市場，可算為全球華語市場嗎？

　　正是在這關鍵要點之上，前文的香港及台灣影視小宇宙的討論變得更立體迫切，使它可以跟富爭議的「華語語系」研究相提並論。學者史書美分析的Sinophone華語語系，強調世界不同地區的華語創作的在地性、自主性、多聲道、肯定方言的活力和口音的多元，挪用於影視作品分析，可演繹為與現今中國大陸的創作形成對等對話，而非從屬關係或離散關係，實意為提出一套向來以中國大陸作為華語書寫主體的另一種逆寫選擇。事實上，用Sinophone而非Chinese來形容，正是免去Chinese一詞常帶來的，到底是在說國籍、種族、文化還是指語言的長期混淆。

這裡的分野尤需詳述：今天用 Chinese Cinema 去表述某一影視作品，幾乎是難以確切指明其作品歸屬。它可被理解為中華人民共和國的「國產片」，當然也可更廣泛標示為華語電影（包括了香港、台灣或海外華語創作，只需所用語言為華語——雖然這裡講的「華語」仍可有多種形式，例如台語、粵語等），也可能是華人（或海外華裔）拍的主要表達為華語的作品。但這個 Chinese Cinema 的歸類，在極端情況下卻顯得特別混淆，例如我們將如何歸類萬瑪才旦的作品？在出品國家身分上，它必歸類為 Chinese Cinema，但任何人都會對這些反映西藏文化的電影被作出這樣歸類而覺得不符文化實貌，除非不合邏輯地把藏語說成是華語的一部分。同樣，台灣拍攝，以原住民南島語系為基礎的作品，又能否被包括在華語作品的框架下？

6

回到華語（以 Sinophone 代替 Chinese）討論的基礎上，才有「反離散」的說法，認為當前出現於世界各地的華語書寫（特指移民到各國仍用華語進行創作的群體，如馬華文學等），再非必須被看成為以中國大陸作為正宗的被流放的語言創作，而是可視為一種去殖民化後及充滿活力的創作建構。它們的生命力，取決於在當地社會的介入度和靈活性。如果以此套理論切入影視創作討論，包括的可以是台灣的台語作品，美籍華人的華語家鄉話攝錄作品，又或是李安的華語大製作、馬來西亞的華語電影、留在香港繼續拍下去的後浪潮，或是遠去他方卻仍惦記香港的每一點創作火種。由此刻開始，它們再非「被流放在中國中心以外的離散作品」，反而是因著多元化的方言運用、價值體現、創作風格，豐富了總體的全球華語影視體系，且在更開放更和世界同步的構成中，更見生命力。

7

這裡不是說要把 Chinese Cinema 改為 Sinophone Cinema，況且在中文的表述中，一般可直接用「華語電影」去表明該片所用語言的分類，但也不得不強調其複雜性。因為極有可能，在將來一段可見的日子內，值得認真討論的華語電影，很大一部分將來自非中國大陸地區。

我們是否真的已進入了「反離散」的泛華語影視新世界？特別是這數年間，

香港作品因應社會變化同樣呈現本來理解為離散的說法：不少這年頭最重要的記實或情懷作品竟然都不能在香港公映，部分創作人也開展了自身的流離人生。留在香港繼續拍下去的，得在新常態中重尋合適的語境。他們的生命力，必取決於在地社會的介入度和靈活性。譬如在堅持得回到原案案發地大角咀拍攝時，《正義迴廊》導演何爵天的回應極有他那一代新導演的代表性，他認為港島和九龍的空間肌理截然不同，過往如杜琪峯那些大刀闊斧一個飛車鏡頭由觀塘就接到去上環的做法正忽略了這點。這時代，「電影連結社區變得很重要。」他說。又或者可再引伸為：當某些案子連香港長期賴以為正道的陪審團制度都不再適用時，這時候的香港，重提何為正義也無比重要。

8

　　這也該是一種全球華語市場在創作和消費上的連結。正是在這統合為反離散全球華語影視體系的系統中，香港的、台灣的、馬來西亞的，或更多全球華人圈子中的華語影視創作，可更多得到討論和被看見，形成自身市場，甚至輸出——因為若單純從固有的地域或國族考慮的話，在過往「大中華」的論述及市場劃分下，來自這些地區的作品都輕易被忽略。今天在世界各地影院，或是跨過傳統電影院渠道的串流播放方式，無論是 Netflix、Disney+ 到 Apple TV 都正在帶引這革新，等待的，是建立一套有關這華語影視體系的更廣泛的討論、認知與傳播，當中可以是更多的評介，對相關多語種方言的好奇，不同地方的結連互動互惠合作（反離散的積極性強調這些過往被邊緣化的作品試圖連結互惠賦權），對影片中出現的地點的遊歷或甚至形成旅遊經濟等等。觀眾市場也大可不限於華語群體而是訴諸全球口味（如南韓影視作品），共同搭建一個可以自足於中國大陸市場以外的自由影視經濟及產業鍊。

9

　　要強調的是，這框架絕非一個中國大陸內地和中國以外的二元對立。事實上，以上歸納的眾多創作標準（如多聲道及在地題材），在中國大陸近年亦有作品符合，只不過不易被看見。較不為公眾所知的，譬如有中國 FIRST 青年電影節中的《一江春水》（武漢語對白）和《最後的告別》，於低下層生活寫實與象徵之間作出微

妙的平衡，儘管非商業市場的口味，但就完全可以跨過地域市場概念，歸到這個華語影視系統來討論。更具知名度，能被中國大陸以外看見者，則有於金馬獎獲最佳影片的《石門》和《一部未完成的電影》此類。

　　再把尺度拉寬，甚至可把中國大陸票房口碑不錯的小本話題作，用上海話演出的城市輕喜劇《愛情神話》也算進來。這些作品在「口音」（實指風格及訊息）上的多元，可視作一種與當前過度單一的中國大陸商業或意識形態主流以外的可能。因為一旦放到更大的當前中國商業市場和主旋律正面敘事中（如近年中國大陸賀歲檔期主調是繼續抗美援朝：有《長津湖之水門橋》和《狙擊手》，另外《奇蹟・笨小孩》則是深圳打工創業成功的童話，回應著「中國奇蹟」的大敘事），這些邊緣創作很容易就在中國市場上消失無形。再有如 2024 年率先在香港公映引來現象級哄動及票房勝利的純本土電影《破・地獄》，其後亦因其話題性及商業潛力，迅速被引進到中國大陸、台灣及多個海外城市公映，它做到了將香港特定文化（社會情狀及特色殯葬禮儀）融進現實作品中，創作時先不用過多考慮中國大陸市場，以保有更高的完成度，及後先在香港證明了票房成功，轉而再訴諸一個更大的全球華語影視市場，既包括海外，也有能力發展中國市場。華語影視體系要珍惜鼓勵的，正是這種種雖為邊緣但其實應該不被當成為邊緣，而是作為多中心文化宇宙的不同起點。香港是構成這「滿天星斗」文化星空的耀眼星火。

　　關鍵要點是，在未有成熟機制或市場之前（現在只能說是有足夠創作環境但仍缺穩健市場，因為在地題材的限制，正在於欠缺過往類型商業片的跨域全面認受性），首先要突出的，還是當中的文化精神與創作活力，以及對此發展出一套相關的論說，並由此展開更豐富的商業化及工業化的探索。這是全球華語影視體系賴以生存及延續的基本，再表現為不順從於框架內那單聲道的創作形式，得要繞開過往唯一中心大市場導向的迷思及其限制，把進步的、有商業潛能、具創念及文化價值的華語創作放到更廣闊，多中心結連的市場及平台上去欣賞、研討、分享，並由此發展出可自足的市場循環，以至真正開放文明自由的全球華語文化圈。

5.2

金馬獎預示的
全球新華語文化圈
金馬獎頒獎典禮觀察

O

　　論台北金馬影展與金馬獎之於當前全球華語地區電影獎項的獨到地位，還得從 2023 年第六十屆的主席李安所提及的評審準則引入。他強調評審團首先是以每位評委的個人喜好直感去投票，繞過其他社會化、組織化甚至政策宣傳的制度要求，直視作品的水平與給到其個人的感染力。這準則在華語電影世界的獎項評核中可謂更形珍貴——有見於香港形勢急轉直下，長遠而言中國當局或不會放棄對這種意識形態產業獎項的過問，意味未來香港金像獎的業界專業代表性汲汲可危（所以也更要支持現時從事者的堅持）。縱使出來的結果時有爭議，反映出每屆金馬獎評審組成及其口味的變化，唯其體現的自主價值無可挑剔，這種精神，亦成為討論金馬獎面臨的角色轉化之切入點。

　　更重要的啟迪，應是藉由金馬獎所重視的多元化及越見吸納跨域華語佳作的取向，可說正在預示一個「眾聲喧華」的影視文化市場全球化新勢態，在此得強調：這觀點其實就

是文學上華語體系（Sinophone）研究在影視範疇中的討論及體現，以共享的作品語言作歸納，不以傳統「正統」（地理上和文化上）為中心的華語影視世界和市場作核心依歸，轉而更關注它作為一個創作環境、影視風格、開放精神與文化消費市場的體現，亦即全球華語影視體系（Sinophone Cinema），及其所屬的全球新華語文化圈。多種華語語言口音固然是它最明顯的呈現，但肯定有更多是關於價值觀、美學、議題關注的多元化「口音」，以至還有對往後香港電影及香港金像獎的可能啟發，合組成一幅極富未來感的跨域新華語文化圈景象。置身其中，台灣和香港這兩個一直作為華語文化產品的生產重鎮，其角色也際此新階段有了別樣的色彩。

1

電視或網上轉播版本的 2023 年度第六十屆台灣金馬獎頒獎禮看來只有四個多小時，在公布了所有獎項後就結束。但金馬相關的各種活動，延續了超過兩周，更正確一點地說，那是一股推動電影和台北城市品牌的持續動力，該給予不限於電影文化影響力的延伸討論。

這屆金馬影展放映了二百多套片，伴隨是眾多國際導演和演員的大師班，由北野武、李滄東、役所廣司到滿島光的電影課堂，以至創投會上將決定一些新製作的命運。這種融合性的電影節＋頒獎＋引資＋課堂模式已成為當下各個具規模電影節的產業標準運作，但相比其他國際上同類活動，金馬獎正在強化一個獨到特色，就是無論是影展選映作品、金馬獎入圍及得獎作，以至新片洽談過程，都充滿各種不同的「華語」口音。這同時反映在大會各種正式活動或私下的交流中。國語、台語、粵語、南洋中文、福建話此起彼落，彷彿是一個全球最自由的華語影視創作人和資本的匯聚點。

由此得見，經多年發展，金馬獎顯然已成為一個目前最多向度的華語電影世界平台，甚至可方便地歸納到近年對「全球華語體系」研究中那眾聲喧「華」的最佳闡述：不止一種絕對而主導的正統華語（更精確地說是單一的「正統」口音及其延伸的價值觀，無論是中國大陸的普通話，還是台灣方面的國語），隨多種方言、口音展現的，更是姿采各異的各地華人區域社會文化情狀、各自的歷史與表述。從口音的多元，題材的廣度及其透現的高度包容性，這個金馬獎的新現象，對台灣而言可說有了更新的意義。

這新舊的交接和更新其實該早早發生，而且不應止於影人的交棒。在第六十

屆中，整個頒獎禮現場反應最熱烈的顯然是各代台灣女星的出場，五大影后在台上頒發新一屆最佳女演員時，串詞刻意忘掉，惹得滿堂大笑。終身成就獎頒給林青霞也是給到這位華語世界超級女星一個明確的肯定，以至公布結果時，得獎者是《小曉》中十二歲的林品彤而非老資格的陸小芬之時，那種新生代傳承意味就更形突出。

2

　　金馬獎的新走向彷彿叫人暫時忽略了它頒獎現場硬件的陳舊。從話題性而言，上述這種眾聲喧嘩首先體現在各大獎得獎作當中。眾望所歸的最佳男演員電影《富都青年》作為馬來西亞出品，演低下層打工人的漂泊身分，在需要用到台詞的段落中，完全就是南洋混搭式中文的展示——再加上憑此片奪大獎的吳慷仁，他演的是個啞巴，主要以表情和手語溝通，無語勝有語，把語言／口音甚至是失語的多元表達（及難於表達）推向最極致。這年的最佳影片《石門》在中國湖南拍攝也少不了當地方言，再加之台灣電影已恆常習慣的台語國語兼用，都使得這屆的華語多聲道現象更形突出。

　　這裡說口音，自然也包括價值觀及身分的體現，把目光再擴散到其他技術獎項得獎作，這種多元就更明顯。進步題材上，混合了鬼片、愛情、家庭倫理、喜劇類型，而以同志情愛去道出的《關於我和鬼變成家人的那件事》（得最佳改編劇本）不但成為 2023 年最具票房的台灣電影，伴隨現實中同性議題及法律的進步性，也印證了台灣作為亞洲區內最進步文明華語社會的地位。回顧台灣流行電影和金馬電影史，這成績當然得來不易，也確實看到六十年來漫長的改變。以同志題材的台灣創作發展史而言，1977 年白先勇發表《孽子》之時，同志運動還未走進公眾視野。而是直至 1993 年，李安的《囍宴》才真正通過影視作品掀起全球華人地區對此議題的足夠關注與再思。由《孽子》到《關於我和鬼變成家人的那件事》，我們同時看到的當然是一個華語文化圈的進步可能。

3

　　而在更大的脈絡中，金馬獎作為全球華人文化圈指標的開放趨向，當然是台灣整體社會價值觀轉型的結果。不止於同志議題，反映在近年其他入圍作品之中，其實是更多元社會題旨，以至更多華語區域作品入選的廣闊視野。2023 年的最佳

影片《石門》是創作人伙伴黃驥和大塚龍治描寫中國大陸社會女性生存條件的成長式寫照（前作拍過少女及青年時期，《石門》刻劃出更爭議性的賣卵、未婚產子、小孩買賣、傳銷詐騙及女性生存困境問題）。蕭雅全得最佳導演，也是這屆獲獎最多的作品《老狐狸》則把時代回撥至八十年代末，以成長故事去討論應否順從老狐狸商人那自利為本的價值觀。如果跟香港電影《白日之下》一併來看，都指示出一種對擇善固執與隨波逐流之間的掙扎。

作品來源地及地區文化的多元，同時反映在製作的非中心化及泛華語地區化。雖說中國獨立電影和馬來西亞作品在這屆金馬獎中大放異彩，多少和中國大陸主流片的缺席有關（基於政治關係中國大陸限制來自中國內地的電影參加，所以這次參加的多部獨立作品，一般只能為確保不致影響創作人於中國內地電影生涯的製作，但這名單也意外包括了具知名度的內地創作人高群書監製孫杰執導的《大山來了》，孫杰可能是礙於壓力本打算出席但最終缺席），不過卻絕非最決定因素。《石門》其實不算冷門，早前已在香港國際電影節獲獎，雖在中國大陸拍攝，但全然採取獨立小團隊（最多五人最少只兩人）製作模式，主創人基本上已長留日本發展，實質是跨過來源地限制的跨域展示，可以說只是題材內容上取材於中國大陸，而很難確切界定其為純中國製作（事實上，這作品是掛上中國及日本出品，並有台灣剪接名家廖慶松參與，同時得金馬獎最佳剪接）。得最佳原著劇本的《大山來了》則能算作中國本土製作，但題材到手法傾向獨立製作模式，基本上並不代表中國主流商業片。這些作品的所以被肯定，更多是基於影片本身的質素，但釋放出來的訊息清晰無誤：中國大陸地區的作品，只要足夠出色，而又願意參加，仍然被納入到金馬獎這個企圖包攬全球最廣泛華語佳作的定位。

這種不排斥的大度表態，更是體現在得獎名單中，因為近兩屆當中有不少作品均是來自中國大陸。除《石門》和《大山來了》，還有得最佳記錄片的《青春（春）》和最佳記錄短片《備忘錄》，後者是上海 2022 年封城期間的民間記錄，當然更多了一層「為不方便在中國大陸放映的作品找到展示平台」的意味。這種對中國作品開放的認可，去到 2024 年第六十一屆仍一如既往，得最佳影片是中國導演婁燁的《一部未完成的電影》，可說是暫時而言唯一敢於正面回應中國大陸於疫情封城時期所引發出的各種民生災難的著名導演作品。至於得最佳男主角的《漂亮朋友》則是近年已較罕見的來自中國的男同志故事。

4

全球華語影視體系中，是否應包括中國大陸作品來討論，過去一直有不同意見。如果以 Sinophone 的學術討論來引伸（主要針對文學討論），主張「反離散」的史書美表達過不應把中國大陸作品列入討論的主張，認為這才能讓「去除中國大陸作為華語中心，從而更突出各地開花的眾聲喧華（語）」的論說更有力，也更易以來源地去界定作品要討論的範疇，同時把這中國大陸以外的華語地區從文化及市場上都更合時勢地連結起來。

當然也有相反意見，認為應「包括在外」，既包括它，但又把它作為一種外在的觀察看待。綜觀金馬獎歷來取態，其實一早是包括了它，只不過反而是中國大陸時而要把自己排除於金馬之外。

5

值得關注的還有來自東南亞華語圈的作品，例如 2023 年兩部馬來西亞電影《五月雪》和《富都青年》，均可視為悠長的馬來西亞，以至更廣泛的東南亞國家與台灣在華僑和影視音文化互動的成果。眾所周知，東南亞華人社會傳統上跟台灣往來密切，不僅馬來西亞、新加坡和緬甸人勤往台灣諗書，不少導演與歌手，由孫燕姿、蔡明亮、梁靜茹、李心潔到黃明志，都在台灣發展走紅不在話下，近十年來，馬來西亞和新加坡作品創意備受注目，且時而獲得台灣金馬獎肯定及大力扶持，都可說是通過台灣被世界看見。由2013年的《爸媽不在家》（新加坡／菲律賓）開始，再到《再見瓦城》（緬甸華裔導演創作）到年前憑《南巫》（馬來西亞）一鳴驚人，才有後來不錯口碑的同由張吉安執導的新作《五月雪》。李心潔轉型作監製《富都青年》，結聯馬來西亞和台灣兩地資源，也是另一種電影人新角色的轉換，自然也是華語影視跨域大流行的顯要現象。

6

這種具質素華語影視作品出於「非傳統華語文化中心」的新特色，很大程度反映在張吉安的《五月雪》之中。首先，作為一部重組馬來西亞歷史禁忌，1969 年發生的五一三事件的帶有魔幻現實史詩意味的作品，它既涉及民族矛盾，又有政

黨政治的爭端，案子本身長年是該國禁忌和傷痕，死難者數目沒準確公佈，根本難以在馬來西亞或其他鄰近的極權社會放映，台灣變成一個催化並體現這創作及表達自由的重要平台（得以開拍也有金馬創投的輔助）。

其次正是影片的口音，完全就是上述「眾聲喧華」的最佳闡述。吉隆坡戲班演出粵劇《六月雪》（竇娥的著名戲曲故事被挪置成五月的雪／血事件），當地華人以國語、潮汕、福建、粵語展示豐富的語言混雜文化及政治困境，完全是近年對馬華文學作為全球華語體系討論一大代表之延續。時代大背景是當年大選後的族裔大衝突引至大批華人被殺，甚至不知葬身何地。一個女子在兒時和成長後兩個時代正值兩次大選的社會，因重遇粵劇戲班而勾起對近五十年前那沒法回來的父親的追悼。既是對家族史，也是對被埋藏社會史的探問。也是經歷過類似這種鎮壓的華人社會，無論是吉隆坡、北京、台北，現在還包括了香港都容易產生共鳴的記憶再發掘。

其中帶有跨域（global）共鳴，又不乏在地（local）特色的，是片中再展示導演拿手的南洋魔幻，蘇丹騎一頭大象夜裡在街頭走過，道出馬來傳說，馬來蘇丹和中國君主的知名神話，回應著當前全球政治形勢中，主／客、君／侯的討論（中國古王帝要喝下蘇丹的洗腳水來解除頑疾），也是一種從視野及視覺上都一新耳目，隱隱連結起當今對全球南方興起的新想像。

7

眾聲喧「華」，種種嘗試收納台灣本土語區、傳統華語大區、香港粵語區，以至全球方言華語區電影作品的大串連令正要開展新一個甲子的金馬獎有了一重新的時代意義和角色定位。在選片和投資取態方面，都可說是現存全球領域中，最自由開放針對跨域華語影視文化的交易市場及展示舞台。

而正值香港電影也在作出自身的轉型期間，金馬獎也給到香港乃至香港電影某種啟發和新展示空間。近年獎項中被關注的香港電影，如《年少日記》、《白日之下》、《從今以後》固然帶有香港特有的在地性及社會議題（分別是少年學生自殺、新聞採訪尺度及老年同志遺產處理），台灣作為一個新的香港創作人聚居的製作基地，還造就了黃精甫《周處除三害》的香港導演在台新作。

此外，另一部香港新導演祝紫嫣作品《但願人長久》曾得影評人大獎，當中演員謝咏欣得最佳新演員，也有份參演的吳慷仁，另一種監獄玻璃後的演繹，同樣

感動。巧合是和《富都青年》類似，兩部片中他也演外來人的身分，襯合故事中不單止於來港新移民的探討，更多是華人去往全球的多地域流動性中的融進與異化，證諸這個溢滿離散人事的新華語文化圈，此身分、語言的流動，仍是最具活力與關注度的題旨。

離散主題同時出現在得 2023 年最佳劇情短片的香港作品《直到我看見彼岸》，一個半記實，講兩位童年好友，一個快要移民往外的故事。《年少日記》和《直到我看見彼岸》的導演得獎感言都給到香港人以溫暖並承載了時代的重量。

《年少日記》卓亦謙：「讓留下來的人互相擁抱。」

《直到我看見彼岸》何思蔚：「在說話不可名狀的日子，我希望自己，還有生活在香港的每一位，都可以更勇敢、更堅強地，用自己的步伐往前進。真誠記錄，好好生活，不要遺忘對自己重要的一切……直到我哋看見彼岸。」

至於最終沒有奪獎的《白日之下》畢竟能入圍多項演出獎項，且頗得到台灣觀眾共鳴，多項演員獎獲提名，也令香港演員，及近年可觀的香港電影中的群體演出再一次為全球華語觀眾所認識。再加上分別兩屆中獲不少提名的《填詞L》和《從今以後》，這批新時代由新一代導演執導的香港作品，繼承近年《濁水漂流》、《窄路微塵》等在金馬獎中皆被注目的成績，正式向亞洲以至世界宣告香港後浪潮，一個香港新世代和新創作關注的到臨，也可說是金馬獎於未來可擔當的更重要角色。除了結連及聚焦全球自由華語文化圈的代表作品，同樣也築起一個讓不同香港電影或海外香港創作人能被看到的平台。

8

香港電影和創作人，於金馬獎聚頭也看到薪火傳承的味況。這是許鞍華在《詩》的映後對話時釋出的印象，這部罕有以香港詩人及詩文化作主題的記錄片，記下逝去的詩人精神，同時關照著詩的現狀及未來，如何跟現實中的離散及堅持作種種交接。黃燦然在分享時隨興地以家鄉福建話朗讀作品，他本身就是普通話、粵語、福建話切換自若的香港詩人。這又帶回文首那個擁抱眾多口音的論說。一個成功及真正具影響力的電影獎項、影視創作與展示平台，以至城市，必先建基於這種自由而多元的表達。這也是台灣金馬，作為全球華語影視體系有力一分子，乃至面向大流動時代的新華語文化圈生產及市場焦點的要義所在。

5.3

地獄破了後

後香港的終結
新香港的開端

0

　　談生論死的香港電影《破・地獄》，能於 2024 年年底在香港掀起全城話題，總有點時代發展的必然性。這年是香港完全擺脫疫情陰影，以至香港施政徹底進入新常態後重新啟航的一年。由 2003 年展開的後香港時期，伴隨後過渡期而出現的一應「後」的文化特色，至此大致告一段落。此前比如「既已結束，尚未建立」的特質，例如既非英式殖民地文化，亦非解殖後迅速融進中國大敘事之中，而是更像一條未完的尾巴的狀態，充滿混沌與多元，處處探求下一階段的主導精神這種種渴望，來到 2024 年像有了一個最為匹配的重生畫面賴以強化：破地獄。

　　片名《破・地獄》。這名字，以「破地獄」來理解，意指一項流行於香港殯葬喪禮上的道教儀式，本意為經法師進行既定禮儀，引領亡者破除執念（因需此法事的多為意外身亡或年輕逝者，自然老去的亡者被視為自然解脫不作此法），坦然面對才得以放下前事並投胎重生，這也是故事中人從事的行

業，成為重點劇情所在。片名刻意用「破」及「地獄」並排，當然也有打破既有規範，衝破地獄的含義。總體而言，超渡、放下、破除枷鎖，期以重生的深入意涵呼之欲出，才有了片中黃子華經典金句：「不止死人要超渡，生人也需要破地獄，生人都有好多地獄。」而熱潮爆發以後，能有現象級別全城效應，是因為香港人看出了另一層面的意義：不止生人，香港也需要破地獄。這也是香港身分，由後香港開始轉往新香港的關鍵時刻。

1

　　普羅的用語，就是置諸死地而後生。有這前設認知，才了解到《破·地獄》的全城共鳴原因所在。它當然是有關如何化解故事角色的生離死別、家族的謎團、傳統的枷鎖、過去的執念，但放在更大的時代與城市脈絡中，它也是在超渡這個城市，希冀帶領大家重新／生上路。探討至愛的離去，或過去的舊價值消亡，留下來的人如何存活下去。這些問題，其實也同時出現於同一年的多部香港作品之中，如《從今以後》、《爸爸》、《武替道》、《九龍城寨之圍城》、《久別重逢》。香港如何超生渡死，變成了刻下最切身的主題，在等待那個快要來的新香港。

　　這種超生渡死，不僅反映於電影之中，也是這期間香港新興的「美學保育運動」的核心所在。由散步學延伸出來的城市出行 citywalk 熱潮，「香港遺美」對各種香港老建築的留戀，甚至有專門對香港原創招牌字體的研究，這一波保育運動，遠遠超過往日只強調保留的層面，而是試圖通過對舊物老價值的珍惜和研究，期以轉化成新時代的可用元素，以完成一種延續和新生。由此，過往「後」的過渡感和曖昧性稍降，隨之而來是更明晰的有關新生的探索和實踐。也就形成了由「後」到「新」的階段轉化。

2

　　這個新香港身分，先有了新的觀看之道。香港本土電影市場的重獲能量，特別是觀眾身體力行重新走進戲院捧場，這種多次重複觀影的消費習慣雖然未必能持續，但萬眾一心期待入場的氣勢撥開雲霧；現實處境題材甚至是記錄片的形式作為口味轉型得到接納（當然，大製作類型片的缺失是另一被動的推動力）；更多元化的演出也被承接，包括明星的新演繹以至多位過往不起眼資深演員們的耀眼演出與

群戲對碰，把焦點從看明星演員和綽頭的慣性扭轉，某程度上是觀眾水平的提升。由此，再進而到如今老中青三代電影人的參與產出，再無須分代際。

這現象的啟示尤為重要：它重啟了香港電影的討論與能見度話題性，那久違了的熱情，對電影的愛（The Love Of Cinema，電影的愛，也是對電影院的愛）。建基於一套正在成形的觀看香港電影的新方式。A New Way Of Seeing Hong Kong Cinema。是香港人重新走出來察看自己和自己地方的時刻。

這種觀影之道和時代脈搏緊扣的作用，怕就是這批作品得以引發共鳴，轉而重新燃起觀眾進場的原因。毫無疑問，香港觀眾今天選片及進戲院的需求已然改變，這決定了話題電影和大賣電影的方向。由往日傾向類型片的娛樂商業片，蛻變成另一個為滿足今時今日常掛在口邊的「情緒價值」的時代。

如果 2022 年《正義迴廊》、《飯戲攻心》、《明日戰記》曾以票房宣告新一波香港電影潮起碼是在商業上正式確立（在創作上的確立則出現得更早，所以也得感謝及銘記過去幾年在惡劣環境中持續拍攝並很大程度上埋下這種本土口味種子的電影人，當中包括這幾年來眾多後浪潮新導演，而這波浪潮較早的佼佼者，應是公映時大受歡迎卻正好碰上疫情初期而上映遭打斷的《幻愛》），那麼 2024 年這多部受歡迎電影就正是延續並擴散這風潮的力證。

3

當中，《破‧地獄》在香港引發的轟動現象，不僅破盡記錄（開畫票房和單日入場人次等），正式公映廿多天即打破香港華語電影票房史上冠軍《毒舌大狀》1.15 億港元（下同）的記錄，更象徵一個全城對「破局」的期望。衡量此片的超強熱度，可通過社交平台和日常觀察，表現為平台上的相關話題洗版（刷屏）和生活中真實個體的互動（公眾場合中聽到頻繁的旁人討論），以至媒體專欄上的廣泛討論（表現為一般非專門寫文化類題材作家或記者，如財經作家或社會專題類報導，都會寫文推薦或做延展專題）。話題電影能有此時代效應，再上一次，已經是 1997 年底在香港推出的《鐵達尼號》，其時正值亞洲金融風暴，以沉船作為隱喻，觀影的感受延至文本以外。一部電影，當它給到市民不止於一部電影中故事的意義之時，它才能有如此哄動作用。而能有此效果，必然也是戳到了這城市和時代的一個死穴。

必須先梳理一點《破‧地獄》熱度爆破的社會基因，那可說也是群體渴望從

「後」到「新」的過程。過往數年隨本土香港電影的冒起（除個別票房優異之外，由《白日之下》到《九龍城寨之圍城》，更重要是不斷引發社會話題），繼年前「小陽春」的說法以外，同時催生出一個撐港片的勢頭。這總體積極氣氛在一片香港電影末路的爭議中（如製作量銳減，只有少量作品取得高票房），可謂逆流而上，不僅反映於大製作如《明日戰記》等作品，及後也惠及中小型作品，包括以三級片取得高票房的《正義迴廊》，以至偏向文藝屬性的《年少日記》，而終導向去年和今年初的多部近億元或超億元級作品《飯戲攻心》、《毒舌大狀》和《九龍城寨之圍城》（前兩者均有黃子華擔演，《破‧地獄》可說也是乘勢坐了這一陣子華神旋風）。這幾部作品取材各異，但都捉住了某種集體情緒，提供了香港觀眾及時的情緒價值——情緒價值，此亦成為理解今時今日香港受歡迎電影的核心角度。這種珍惜香港，共建香港的基層邏輯，「香港人撐香港片」的精神，成為了擁抱香港電影的精神土壤，它完成了一個關鍵的口味與消費轉向，即為吸引大批過往不進電影院看港產片的觀眾，當中包括向來只看西片的，又或者更廣年齡層的觀眾（過往香港本土電影觀眾多為年輕至中年群體）。故此，《破‧地獄》能成功地「破」，是歸功於更多這幾年來香港觀影常規的被打破。

當然，觀眾也絕非盲撐，就是在有基本水準和話題性的號召下，香港觀眾重新把走進戲院看港片作為一個主流消費選項，只要其質素或推廣得宜的作品，即確實能有比過往更強的觀眾支持。這是一種偏見的打破。而去到《破‧地獄》這影片本身，它的故事，固然也是有關於敢去「打破」既有觀念，無論作為個人還是社會，皆期以一種「重生」的良好願望。故事講述黃子華飾演的道生，原為婚宴策劃，疫情和經濟下行後，他無奈轉行到殯葬業，這有點黑色幽默的設定，除極聰明地結合了黃子華向來的棟篤笑形象（有智慧的挖苦，具面斥不雅的含蓄），更重要是接地氣，迎合了香港經濟轉型下，失業或騎牛搵馬的民生百態。不要忘記黃子華棟篤笑中最共鳴的挖苦，是指香港人最高的共識價值，正就是「搵食啫」。本來要強忍的「厭惡性」工種，在搵食的需求下得以樂觀接受，並遇上由許冠文飾演的 Hello 文這喃嘸佬，從而展開了開始時是新手對這既封閉（須熟人帶入行，當中也多不透明的操作）又傳統行業的不解和錯摸，往後二人相知後，則是對雙方人生執念的嘗試解破。當中包括 Hello 文對兩名子女的倫理取態、重男輕女的爭議，以至道生對行業以至孩子生命的態度等。

但這首先可說是一次宣傳上的勝利。《破‧地獄》的非正式宣傳，可提前至 2022 年香港金像獎頒發終身成就獎給許冠文那夜。獎項由憑《飯戲攻心》當時得

令，自票房毒藥轉身成靈藥的黃子華頒發，兩大笑匠組成了一個令人期待的預告。二人合作的好奇頓生：如果他們真的合作，出來會是一部怎樣的電影？不用等太久，我們有了答案，而且是個更添好奇的答案，在一部據傳罕有地以香港殯葬業為背景的新片中，他們將要合演一齣悲劇。這個逆思考大大觸發坊間更多疑問與期待。

種種香港觀影土壤基因的改造，只是提供了一片栽種的土地，要成功，還需要真正刺中香港城市情緒引發共鳴的題材。相信沒別的比其他這間內公映的本土作更能把這種情緒推得更盡更終極，如果這一年另一熱賣話題作《九龍城寨之圍城》不過是把「離不開留不低」的圍城作為比喻，強調留下來的人如何繼續拼命，又或《毒舌大狀》只能算是通過對「正義」最終必勝的假象滿足一時之慨的爽片（尤其是再回置到今時今日香港的案件處理，何謂公義、「法律面前人人平等」這些說法就更具諷刺），直至《破·地獄》傳遞出來的，才是這時代香港最需要的寄望：一個老舊傳統（社會）的打破，一次跨世代與專業領域的雙互諒解，一種邁向重生／重新開始的可能性。

值得強調的是，這個「大題旨」，足以誘發全港共鳴，在於它實在是跨過了過去數年積藏的政治立場界線（若暫以黃藍陣營劃分），可說是一個雙方都認可的大期望。具體而言，偏藍取向的香港人會認同這就是那個「由治及興」建設新香港的最佳比喻（他們每強調要放下過往包袱，要編寫說好新香港的故事）。偏黃取向的香港人，向來是較擁抱進步價值的一群，自然也樂於見到一個表面上講究突破傳統枷鎖，甚至是帶點女性平權意味的進步故事。至於政治上沒那麼敏感的香港人，至少也會認同當中提的淺白價值觀重估，例如男女平等、家庭和解等訊息（但持真正女性主義觀點的觀者實在不能輕易對片中最末段女兒「終於也可以參與破地獄」的處理買單）。於此，才有一個會讓大家有點意外的本質結論，就是雖以悲劇包裝，講的也是生死大事，但在許多這些悲情處理，在燒衣紙和〈客途秋恨〉悽慘歌聲之下，《破·地獄》本質其實是一部「爽片」。爽片雖然一般適用於形容如過山車般流暢，最終導向高潮（通常是惡人得到懲罰，正義得到伸張），大快人心的娛樂商業作，但論這種流暢度和高潮戲，《破·地獄》其實完全滿足了這成功方程式，最終還加上了黃子華的簽名式，他在靈堂前大肆發表「打破成見」的一場戲，被廣泛批評，不僅指其脫離現實，更是令在場親友和同業者難堪，也不尊重亡者，但不能否認，就如《毒舌大狀》甚至是他眾多棟篤笑的重心主題，除了金句如雲，這場戲也成就了一種高潮結局伸張正義的結案陳詞之風，令觀眾爽著離場。

不能否認的是，《破·地獄》有破有立，呼籲活著的人打破自己既有的籠牢，

這正是顯淺意義上，這個城市需要的情緒出口。作為比喻，此訊息無縫切入這刻新香港情景和心態，故事中是活人也要破地獄，不僅是給死人超渡，讓他們超脫進而安心投胎，放回現實中的香港，也意指一種放開和新生開創。生死的意象實為城市恰如其分的比喻。因此才可以說，《破·地獄》的全城共鳴點，正好在它點出了這命題：不僅死人或者活人需要破地獄，香港更需要破地獄！

4

這裡，新觀影之道還體現於通過話題作品引發的社會制度反思。套到《從今以後》是長期同性伴侶遺產繼承議題，於《破·地獄》則是「生死」議題的文明價值灌輸。《破·地獄》似乎也未做到對殯葬業向來被詬病的去魅化。它雖然正面講生與死這華人社會中向來的忌諱，但未能直面殯儀業長期以來給人黑箱作業的迷霧，對有此需求的香港人長期不理解的行內規則，又或是誤解之由來，皆沒能提供更清晰的梳理。有關死亡及其後安排，今天在特別是漸趨老化的進步社會中，已成為顯要社福議題及政策考慮，應有多方透明討論，例如人死後的後事安排，制度和方式的選擇，流程及收費的透明度等，這些都得通過一整套殯葬產業及家屬知情率的更新來達成，是死亡知情權，是為終極關懷的倡議。2013 年，香港作家陳曉蕾出版了《死在香港》，正是當中先驅作品，提出正視死亡以好好活著的倡議，其實和《破·地獄》一脈相承。但《破·地獄》雖然花了大篇幅記錄儀式和設定靈堂處境，但對當中的忌諱，或專業和爭議的呈現，只能輕輕帶過，轉而訴諸一個討好大眾約定認知的沒太多人會反對的「破局」層面。

往深層去發掘，其實片中兩段殯葬生意案例，現在只作為反映黃子華角色作為新手不適應行業的錯置感，但實際上都有指出現存行業和習俗盲點的發揮潛力。一段是韋羅莎飾演的喪子母親，一心想把兒子進行防腐處理，當中涉及醫學、制度、儲存、法律等各種現實問題，也是亡者親友常碰到的事端。這個防腐安排，在香港出現為甚會遇同業杯葛？對逝去親友，遺體處理又有可選擇？種種大可作為香港社會殯葬問題更開放討論的基礎。

5

若再拓開來討論，這一節戲劇處理也可圈可點，因為大可發揮聯想，同是由

韋羅莎演母親，把情節延展成 2023 年話題作《年少日記》中少年自殺，母親喪子橋段，則可說是成熟了「這段日子，所有香港電影都在演同一個香港故事」的論說。事實上，這幾年香港電影的這種時代共生性，極大程度反映在題材的相近，以至常可歸納出有年度主題的概念。如 2022 年是「家」，甚是家和家人？《飯戲攻心》、《過時·過節》、《窄路微塵》、《闔家辣》、《正義迴廊》等都以不同向度回應這提問。2023 年除了延續「家」和「家人」的題旨（如《流水落花》、《白日青春》、《4 拍 4 家族》、《年少日記》），更重要是提出這個家的原有價值那可能的崩潰（《毒舌大狀》和《白日之下》）。到了 2024 年，《破·地獄》、《爸爸》、《從今以後》、《久別重逢》更是直接集中講「留下來的人」的境況及心情（三部都巧合有超渡亡者的畫面）。

《破·地獄》中另一可延伸到其他香港電影的情節，是梁雍婷演的亡者「友人」被亡者丈夫拒絕靈堂拜祭一場，就完全可跟《從今以後》並排觀看，後者正是講述長期女同性伴侶，其中一方死後，其權益不被保護的現實不公。事實上，殯葬禮儀的僵化，以傳統習俗之名實施的不合理規範，才是一種故事劇情中跟觀眾最貼身，最有待正視及反思的元素。現在看來，《破·地獄》更多是跨過劇情可能具備的對深層現實的拷問，直接去完成一個更為表面浮淺的「要為自己人生破局」的隱喻。

但前述這種「所有香港電影都在演同一個香港故事」的述說極待印證。它出現的背景，是因為史無前例地，在新香港社會形態下，由制度到生活，給到全港市民的影響是那麼全面，沒有人能逃脫在外不受牽連，全體香港人都自覺置身同一個關鍵時代，被刻銘了這時代的印記，成為這一整套大電影的演員，能產生的共鳴就更為廣泛而強烈。由此，能透現被此都關切的題旨的電影也尤其重要，甚至彼此互涉。近年香港電影最深刻的變化除有眾多具資歷的「新導演」，儘管各部作品不一，但通過類似的演員班底還產生了一整批面向新時代的出色演員：如衛詩雅、鍾雪瑩、梁雍婷、談善言、余香凝、袁澧林、蔡思韵、廖子妤、劉俊謙、游學修、朱栢康、盧鎮業、梁仲恆等，上述可供刻意過度解讀的文本互涉，也大可作出「所有香港電影都在演同一個香港故事」的觀察角度，正如在《破·地獄》中，可看到《年少日記》或《從今以後》的延伸。得金馬獎最佳女主角的鍾雪瑩，其《破·地獄》中活潑投入的角色，也令人想起《填詞 L》。

6

　　這也是屬於這些新面孔的演出最好時光。再非往日港式大明星的風華絕代，而是返回正軌，說一聲「其實我是一個演員」。香港電影的現實題材正劇大轉向，結果是造就了更多刻劃入微，供演員更豐富層面發揮的立體角色，催生出這批「新」時代演員（並非新演員，他／她們大都經驗豐富）。這將要成為未來新香港電影最重大的寶庫。他／她們不算新人，但每每脫胎換骨，或形神俱備，呈現出這個城市當下的既陷於哀愁又期望重新的氣質。

　　《破‧地獄》中衛詩雅好看首先是有足夠的場面去交代她的成長困惑矛盾和今天放任之由。陳小娟作品《虎毒不》裡的談善言，除演活帶初生嬰孩的繁鎖，那依偎母親旁的長長自白看到演員的份量。《從今以後》區嘉雯與李琳琳的生活，就是要寫她們曾和家人的和諧共處才對比後段的無奈。《爸爸》的谷祖琳肯定是從影以來她個人代表作因為她和觀眾知悉到那角色的笑淚。同樣，還有《爸爸》的劉青雲那平素淡靜又山雨欲來的起伏，以至林峯也是木訥下有股爆炸力。朱栢康肯定要成為那個這時代的「草根焦慮男」的代表。許冠文和黃子華及劉青雲，加上《臨時劫案》郭富城，勢必形成下一輪獎項得主之爭話題。但際此香港電影新時刻，誰得獎已不再重要，彼此都看見對方，香港觀眾也有了新的看演員及電影的方向。

7

　　但最根本的由「後」至「新」現象，發生於觀影習慣的改變，以至電影於社會的存在價值之上，這涉及一個更應被記下的話題：香港觀眾對看電影的要求已產生了巨變。香港人過往說「睇戲」，實為一種追求娛樂的旁觀心態，地道口語中的「睇」一字，並沒有「觀看」那麼深刻。同樣，過往以「戲」來形容，更強調那娛樂、虛構性質。戲是一場走進去過一把癮就可安然離開的避世鄉，那裡存在著誇張的劇情和英雄，千軍萬馬來去如風巴黎鐵塔反轉再反轉。但今時今日，進電影院看有意思激發思考的港產片，變成一次又一次有關切身問題的分享、表達以至公開討論。成為指定宣傳模式的謝票場（幕前幕後在公映的戲院中和觀眾會面）強化了這種社會討論氣氛，並填補了香港社會此刻轉變階段的實際所需，一種公共空間重構的新功能和界定。

　　可以說，香港歷史從未出現過，電影院成為了社會議題最重要的公共討論場

域，完全切合政治學術討論中，對公共空間的界定：一個開放，返還市民可於當中作出理性討論社會不同議題的場所。過往有學說把此空間理解為早期出現的大眾媒體（各種廣播及觀眾投書），後亦有互聯網作為這空間延續的說法（在流量及訊息傾向被高度操控之前），意旨一種社會討論空間的公眾參與，縱使地域不斷演化（由古希臘的廣場到西方的城鎮禮堂再到大眾媒體），但不同時代該保留一種廣泛的民主參與和發言互動場域的訴求不變，這場域被形容為公共空間，不是字面理解的單指一切開放給民眾共享的空間，而是特有所指，意謂可讓公民高度參與，一個鼓勵開放多元討論，讓真正民主討論可發生的空間，進而達致民眾參與議事，並某程度可介入制度改善社會的積極功能。

　　這種電影院作為公共空間在香港的重組，當然是產生於當前一個特殊的境遇。在香港面向「新常態」的規範下，過去發揮上述作用的公共空間不是被取締，就是變質了。傳媒的不同觀點討論空間縮少，更不用說其政治光譜大為收窄。議會的選民參與度及代表性大不如前。演唱會可以基於不同說不出的理由不獲批准。就連在書店或各種討論場合的活動都可能遭不同形式的打壓。除了在網上發一下牢騷以外，香港人重新追求一種線下的互動見面，相擁取暖，單是發表一下自己的經驗觀感也必要的情緒宣洩，這使每個留下來的人仍然覺得自己並不孤單。這些出現在謝票場的觀眾自述或意見表達，有些像《從今以後》一樣，帶著一種實際行動上爭取觀念扭轉的進步可能性（如令同性伴侶關注及預早計劃過世後遺產問題）；有些像《填詞 L》，重新燃點追求夢想的志向；去到《破·地獄》，也可能替爭取殯葬安排的透明度和生死觀念教育的扭轉給出一些智慧。

　　所以換一個角度，之前那「香港電影之死」的討論顯得無關宏旨，從「電影原教旨」立場而言，香港電影的破地獄式超渡，它的再生，不僅是對香港電影喊話，更是替整個歷史發展上的電影本質發出嚴肅的注腳。它返回到電影草創時期，CINEMA 這本義那最根本的神采，一個結合觀影、討論、作品的空間、人際關係與藝術力量的總稱呼。從這觀點看來，那也就是另一形式的電影重生。正正就在這重生的命題上，這和《破·地獄》共鳴著那濃烈的時代氣息。彷彿在說，電影已然重生，香港又如何？

劫後重逢

我曾愛過的那些香港時刻

0

　　大部分情況下都忘了，可某些事後突然在腦海閃過的瞬間，似曾相識，就是在那一刻，無以名狀，只能本能反應般說著：那很香港。是一個名字，一段音符，小吃的滋味，走在山徑小路上，忽爾回頭，看到海港。

1 詩歌舞街

　　詩歌舞街像一個畫面，香港很多譯名，都有個畫面。嚴格上來說，都不是單純翻譯，但這種命名方式，就十足香港。那時候，香港的街道名稱，又或者是一個洋官員，上至港督，下至警官，以至外國電影的中文名字，都有一種可以說是香港獨有的譯法。那不是一種英文意思或其發音直接翻過來的意義或音調的直譯，而是往往把發音經轉化成相關的「音譯」中文字選擇之後，再從中提煉出雕花般的別有中文含義的字詞，試圖在一個簡單的外語名字上添進一些傳統中

文取命習慣的筆觸，又或者地道香港世俗講究的良好意頭。這樣的一種命名方式，很香港。

從這點出發，可見位於香港深水埗的 Sycamore Street 中文名，完全就是這樣一種思維的結果。不意思直譯作「無花果街」，也不發音直譯為「士加摩爾街」，而取「詩歌舞街」，音韻意境兼顧。命名的思維，就像香港的建築，有限的空間中（幾個字當中），盡量盛載最多。久而久之，成為一種美感。同樣，Lancashire Road 就得譯作蘭開夏道，賈炳達道作為 Carpenter Road，以非木匠道。愛秩序街作為 Aldrich Street 的中文譯名，更添了一種教化意涵。

走過這些名字特別的香港街角，忽然就生出更深的歸屬感，世界上不會再有別的城市會這樣命名它的街道，像散步於詩篇中。

My Little Airport 的〈詩歌舞街〉唱著：

完場與你去深水埗那邊
剛過身的作家你介紹那年
寫過只有散步我們才真正聊天

2 理浩奕信

英國官員譯名，卻有嚴格規矩，起碼要符合四大原則：一是先考慮英文重音，二是中文名起用香港常見姓氏，名字則要正氣好意頭，三是姓名中文順序依廣東話習慣（即不用英式姓氏放最後），四是包含姓名共三個字。

是故，以多任港督作例子，Crawford Murray MacLehose，不會全部翻譯，只是取其姓氏去集中處理，三節重音，Mac 在香港慣常被翻作「麥」，也是常見姓氏一點沒異議，後續 Lehose 的音譯選擇就多得很，可以「里豪」、「李好」、「利侯」，而偏取「理浩」兩字自是正氣凜然言之成理。Cecil Clementi 同樣只取 Clementi 來翻，首音 Cle 中文語境較不易取，故勉強譯作姓「金」，menti 二音譯為「文泰」除有國泰民安之意，不泛對這位歷來最有文采的港督的洞見，金文泰熟讀拉丁文、梵文，略懂中文，兼有著作，被同代的泰戈爾高度評價為「在東方遇見過的最具修養的歐洲人」。同理之下，就不難發現衛奕信、彭定康這些名字的來由有自，同時解釋了一個港督改中文名之重要性的傳聞。不依上述這改譯名策略的

港督名字，近世代只有一位 Edward Youde，尤德這中文名破了三字慣例只取兩字。他也成為歷史上唯一一位在港督任期內病逝的港督。另一位被香港歷史記住的是前警司葛柏，起自他的警隊大範圍貪污事件，最終促成 ICAC 的設立。迷信的香港人會說：唔好唔信邪。

這種官員的改名作風，甚至影響至香港新聞界對外國名人官員政客的通譯，在報導裡，特別是對英國官員又或著名美國政客，往往會沿用這種香港政府官員式的改名作風。例如將前英國首長 Theresa May 譯為文翠珊（像個金庸小說角色），近年代表者當然是曾競選美國總統的候選人 Kamala Devi Harris 譯作賀錦麗。

最重要的似乎不是譯出來的結果（總有譯得好的或一般的，但反正都不會有錯），而是這一種，一切對問題的考慮，都有透明的遊戲規則來依從。就如落實的制度與合約一樣，賴以成立的是雙方對規則的認識、尊重與執行，不會因不同執行人的個人喜好而逆轉。這就是我們喜愛的香港。

3 仙樂飄飄處處聞

簡直已經有「西片香港譯名學」的研究。電影名字，比只得三個字的人物姓名更具發揮空間。這是香港式折中主義與嘗試中文文化傳承的高度示範，既有口語的豐富含意，又可能引用中文典故，不乏傳統詩歌押韻的重視，肯定不是意譯，往往是消化了整個電影故事之後再用貼近社會脈絡以便勾起觀者共鳴的文字提煉而成。西片的香港名字，真是香港非物質文化特產。

從西片在中國大陸、台灣和香港三個市場的譯名比較，也看到三種對問題的思考方式及其答案，同時反映三地文化分別。當中，中國大陸一直只以原戲名意思直譯，不作修改，全不注重想像力或加工。這風氣和外國電影其實很多都沒有在中國公開放映有關，出現的譯名很多時只是盜版商或網絡討論時的最顯淺用法，根本沒有像台灣和香港引進該片專業人員的宣傳考慮。以 *Before Sunrise* 這部 1995 年美國電影為例，中國固然按習慣直譯為「日出之前」，台灣的「愛在黎明破曉時」也傾向把原本名字的意思保留但豐富為「七言詩」的句子（三部曲都用了七言策略，後兩部是「愛在日落巴黎時」和「愛在午夜希臘時」）。至於香港譯作「情留半天」，放棄日出的所指，轉而強調故事中那時間限期的重點，明顯就是前述的「消化整部電影」後再釋出綜合意思的習慣使然。

1965 年的 *The Sound of Music*，三地的譯名作風分歧更明顯。中國譯作「音

樂之聲」，台灣譯作「真善美」似乎注重要輸出一種普遍的「正氣」價值但幾個字看來和音樂毫無關聯。香港名片用「仙樂飄飄處處聞」一直可作為西片片名港譯的經典絕妙例子，今次也沒有依從音譯，看來是那個奧大地高山大青草田園上飄泛著歌聲的詩意畫面使然。同樣的分歧發生在更早的作品 *Rebel Without a Cause*，50 年代的電影，中國當然沒正式公映過，笨拙地譯作「無原因的反叛」並不出奇。至於台灣同樣是出於「文以載道」傳統，把它譯作「養子不教誰之過」雖是參考了故事內容，但論全片賣點其實是其時正如日中天的荷李活年輕偶像 James Dean 的魅力，因而才有了港譯「阿飛正傳」的叫法。靈感來自華文世界裡熟讀的《阿Q正傳》，同時挪用了 50 年代香港社會稱呼反叛或不羈青年為「飛仔」的俗套。事後同樣證實為經典之念，受此啟發的還有王家衛的同名作品，以及《阿甘正傳》。

更極端的例子發生在 *Leon: The Professional*，中國最初有「殺手萊昂」，台灣譯作「終極追殺令」，只有香港展示了他取於流行更為流行的技法，再一次消化了故事後，得出一個冷漠殺手心底內的深情這矛盾核心所在，再把其時香港流行的張學友歌曲〈這個冬天不太冷〉來個文字與意境扭轉，從而成就「這個殺手不太冷」的經典。

「這個殺手不太冷」這命名其實也屬「引經據典」，只不過今次引用的是當代流行詞彙而非古典詩詞。引經據典也是傳統電影宣傳文人舞字弄墨的技倆，早於40 年代上海仍可大量放映荷李活電影時已約定俗成作一方特長，譬如當中名作《魂斷藍橋》（*Waterloo Bridge*），廣為當年中國觀眾所知，典故即來自最早《莊子‧盜跖》及由此啟發的元代雜劇《尾生期女湋藍橋》所指的「藍橋之約」，約情人在藍橋上等，是不見不散。所以在某程度上，香港這方面作風實為延續了那種上海氣質，才有了後來 *Lolita* 譯作「一樹梨花壓海棠」等風氣。

如何為他者命名，就是一種文化傾向和權力的顯現，過程又充滿對本身文化自信的實踐。香港不要粗糙的直譯，也不打算過份名以載道。有時泛著只有香港人懂的粵語梗，懂得之人會心微笑，這樣，就很香港。

這麼多年來，港式片名再造中，最為原創又表達原片名和故事神髓的，是把 *Shining* 改作《閃靈》，音、義俱在，而且同樣精簡無倫。最為港式小聰明語帶相關的，是 *Prick Up Your Ears* 改作《留心那話兒》。最為有梗的，是 *Mr. & Mrs. Smith* 譯作《史密夫決戰史密妻》。只有香港會這樣譯，這些文字的要弄，就是最愛的香港文字時刻。

4 茶餐廳篤檸檬

茶餐廳代表香港，這個已近乎成為一種濫調。新開的茶餐廳要強調這種「香港性」，得把香港的彌敦道招牌或老照片放大當牆紙裝飾作為佈置。這反而最不香港。我們過往習慣了的地道小店，都不會這樣鋪張。

只有閒時回到小街角的鄰里小茶餐廳，才真正返抵那飲食之記憶時光。其代表的價廉、效率、選擇、直接、友善、人情、簡單、實際、街坊、碟頭飯——茶餐廳的系統具體呈現了香港精神最實在易懂的一面。它充滿了香港人味覺的記憶，以及莫名其妙的禮儀，一套動作。

譬如我曾提出過的，也引起過一些討論的：如何辨別茶餐廳那正在進食的人是否香港人？這裡不防略作解釋。我用的準則來自一位當年上海開茶餐廳的東主之見解：看那位點了凍檸茶的客人，會否用長長的勺子（配凍飲專用）或吸管，死命地戳穿那幾片檸檬。他補充說，以經驗而言，香港人傾向會這樣用力去「篤」，故此他在選擇凍飲杯時，得強調要選杯底較厚實的玻璃杯，不能馬虎。時下也流行的銀色金屬杯不就避免了這「篤」破杯的危機嗎？傳統上，凍檸茶就不應該用金屬杯的，他說。察看沖出來的茶的顏色，是喝凍茶品的一個構成部分，得從外看清楚。那冰塊的溶化過程會影響飲品的濃度，這只能在透明的玻璃杯中才能看清。

戳，香港人叫「篤」，意指用一條長形物體去嘗試移動、刺碰甚至刺破或串起前面目標物。譬如用於「篤魚旦」，「篤卒」是以手指移動卒這棋子前進，「篤數」則指報大數做假。也是棟篤笑的「篤」，指垂直的站立。

就像一種無意識的條件反射，當坐在卡座時（對的，真正茶餐廳都需有四人卡座的存在），當侍應，香港人叫「伙記」，迅速地放下那杯凍檸茶後，你就這樣極度自然，不需多想就下意識的拿起銀色金屬勺子去篤篤篤，這就很香港。

5 路邊吃

香港時光和飲食的記憶千絲萬縷。可能先入為主，名字攸關。香港首先體現於「香」的聯想，飲食之香。

這種香味，每每體現於街頭，到處散發，沒有擋隔，一種彌漫空氣中的養分，那些源於散落街頭小食攤子的味幻。過往，香港街邊小吃特別多，是配合香港人拼搏吃無定時的體現，進食也像是場游擊，所以需要隨手可覓的街頭小食。無論如何

趕時間都好，路過街邊，買兩串魚旦還是有閒餘。小食是約會之間、看電影或回家之前，休息、咀饞、肚子微餓，各種時空裂口之間的最佳填塞。而且應份地要在路邊擺放。小吃為之小吃，基於它食物本身體量真的小，而且有不同選擇，每次一小串，頂多吃兩三分鐘，就地解決，趕快上路，絕無囉嗦。

香港街邊小食的中心是旺角，任何新潮流口味，都會先在這裡大張旗鼓作試點，由雪糕班戟到葡撻，為浮游都市的香港人製造嘗試新鮮潮流的第一站，滿足了貪新忘舊的人之好奇與欲望。熟食小販，也處於同一陣線。小販依靠路人的光顧維生，路人在小販處得到各式滿足：包括食物口欲及各種最新的都市流言。

當然，有較空裕時間的話，大牌檔坐下來是另番風情。

到底是「大牌檔」還是「大排檔」？兩者通用，看不同的源流理解。「大牌」是指過往法例限制路邊擺攤，一直有嚴格發牌（准營執照）系統，攤主要領「牌」，把牌掛當眼處，是為「大牌」。當然也有「排攤」的說法，早年攤位是一排又一排的羅列。攤前也是排滿小凳等候食客光顧，是為「排檔」。

大牌檔曾經是旺角式路邊小食以外，香港主要戶外飲食場域。當我們說大牌檔，是如假包換路邊攤子、大桌、摺椅、火爐、藍妹或生力啤。取締大牌檔是基於衛生與街頭衛生管理問題，也有戶外營業牌照如何管制的因素，但結果相同：就是往往扼殺了街邊進食的自在氛圍。

當然，我們不必刻意把大牌檔的經驗浪漫化（尤其是往往未能解決客人如廁的衛生問題，附設於後巷的洗手間尤其髒亂），將大牌檔變作旅遊賣點化作示範式樣又未免煞有介事。長遠而言，街邊大牌檔只面對被淘汰的命運（不再續牌），香港人只能「食得一餐得一餐」。

大牌檔的神話，核心在風味，先有香味，出於視覺，完於味覺。露天作業，爐火兇猛，準備食品的過程，猶如一次手藝與熟練流程的展示。即場煮食，光顧者圍坐爐前或四周，騰騰熱火在面前或身後，邊看邊聽邊吃。

那吃風味以外，大牌檔何以真的更好吃？源於露天設廚，空氣流通，容許特大猛火，選用爐頭是單頭氣燃，集中火力供大廚起鑊，才能極大程度上，以港式最珍視的爆炒方式，無論是西蘭花抑或生炒骨，確保炒物的外脆內軟，保留了食材內裡的質感。這露天牌檔中嚐到的食材口感，就最香港。

6 海岸線與登山

　　每次由機場返回市區，車過青馬大橋，沿岸陸地與海水形成景色絕佳的曲折海岸線風景，優雅的港口，彎曲的線條，遠望是山巒起伏，跨海之橋緊扣相連，串起一塊又一塊陸地與島嶼。望向屯門公路一邊，蜿蜒山路，下面是金黃沙灘，陽光之下還泛起熱帶海岸的多層次慰藍或翠綠海水。又或者驅車往港島南區，沿著山邊窄路，一面是懸崖一面是綠林，每次都奇怪，那麼現代的大都會，怎麼石屎森林旁邊就有這種神奇風景。

　　而且一切這些風景，都離開都市的中心不遠。從中環去到海邊，快速者不用三刻鐘。如果樂山不樂水，更是便捷。世上應該沒有一個這樣的地理環境，只消十五分鐘，由最繁盛現代的高樓大廈群，一個首屈一指的國際金融大都會，竟可拾級而上，就是綠樹林蔭的山坡。在此老鷹盤旋，海港在外。盡情西化的半山SOHO 區之中，又藏著百多年來的古老傳統與廟宇，老婆婆經營的小菜攤、醬油店。儘管鄰里小店都是行將消失的遺物，唯望山水永存。

一個人的

香港流行文化簡史

1971

　　幼兒園的印象總是模糊的。但有些新聞通過電視畫面傳來，片段尤新。這種因年代久遠不肯定有沒有發生過的時刻，往往只是後來翻查歷史才得到印證。當時沒覺得有何突出之事，也沒法預知，到將來會發酵成甚樣子。隨著這種原本模糊的片段於年月沖刷後反而越見清晰，我們開始將本不相干的碎片串連起來，就這樣，也像從中知道了多一點甚。

　　孩提時代可以完全不懂得身世這回事，無論是家族的，還是國族的。當每周慣常地從港島柴灣道往西灣河外婆家，舅舅有時會帶我到銅鑼灣灣仔交界的南洋戲院，或者北角新光戲院去看戰爭片。這些戰爭片和爸爸帶去銅鑼灣豪華戲院看的西片有點不一樣（有一部叫《鐵血將軍巴頓》），但又分不清有何不一樣，反正兩種片都不講粵語聽不懂。在外婆家中隨手翻閱那些大開本彩色印刷的《人民畫報》之同時，每年到十月，還是基於不太明白的原因，會看到街區周圍的住家窗口上，錯落地掛著旗幟。《人民畫報》和這些旗幟兩者又顯得相安無事。

依稀留有深印象的新聞片段（因為看起來是鬧得很大的事情），一則是 7 月 16 日（日子當然其時沒印象，但因為是「大歷史」，所以那具體日子翻查得來確切無誤），報導上說，美國國務卿基辛格（可能是自幼開始第一個有印象的外國人名）於上一周到了北京，中國政府並宣布，美國總統尼克遜將於明年訪華。然而這些名字，美國、尼克遜、北京，都是無比遙遠的。另一則卻更為接近，是 11 月 19 日，麥理浩出任香港第廿五任總督。按傳統，麥理浩一行官員在九龍半島啟德機場著陸後，乘坐一直為港督專用的遊船慕蓮夫人號（船的最終命運，是在 2011 年於所停泊的鴨脷洲船廠離奇焚毀），渡過維多利亞港，於中環皇后碼頭登岸（那個牽動後來新時代香港保育運動的根據地），檢閱儀仗隊之後，最終抵達大會堂正式宣誓就任香港總督兼三軍總司令。

由檢閱到宣誓都無關宏旨，只有一個影像永存。他戴著的那頂傳統英式殖民地高級官員配置的白色帽子，令每個孩子難忘，我們後來把這帽子稱作「碌柚帽」，「碌柚」是大柚子在香港的俗稱，又叫「沙田柚」，諧音「籮柚」即屁股的意思，因為可以惡搞地將一個剝開的沙田柚，以完整保留其碌柚皮的手法改裝而成。在同一年，香港政府才真正廢除「大清律」。此前在大清律下，一夫多妻仍被視為合法。麥理浩的到任，帶來了眾多香港社會政策的改進，後來也是他作為幾位到北京訪問的英國官員之一，最早知悉香港未來的命運。

但對於小孩而言，這些大事都無關痛癢，遠不及這個更有影響力：一部叫《唐山大兄》的電影衝破香港票房記錄，其時收益達 320 萬。香港每個男孩都在模仿影片的主角李小龍，他的標誌式叫聲，他的李三腳。不是每個小孩都進過電影院看《唐山大兄》，但他兩年前在無綫電視（TVB）晚間綜合節目《歡樂今宵》上現場表演了「寸勁」——即在極短距離內發拳把木板打斷，憑這個畫面，一夜之間，李小龍的名字變得家傳戶曉，後來甚至在國際上代表了香港的形象。

這一年最流行的歌曲是鄭錦昌的〈禪院鐘聲〉，此歌的後段轉為急促拍子，時常能牽動情緒引人一起唱和。而所以能眾人唱和，很大程度又跟它是由粵語唱出有關。鄭錦昌甚至不是香港人，而是來自馬來西亞。這年頭，香港、台灣和被稱為南洋的東南亞，人流、文化與經濟關聯緊密，粵語歌曲在星馬泰尤其有市場（其時香港慣稱新加坡作星加坡），以至另一位「星洲歌后」麗莎也曾於香港以〈分飛燕〉等粵語歌走紅。其時沒有香港地道紅歌星會以粵語歌灌錄唱片。與大部分其時在香港的街頭、電台或電視節目上聽到的流行歌不同，〈禪院鐘聲〉不是〈今天不

回家〉，不是披頭四，對於此地最大人口構成的粵語人群而言，終於有一首以自己每天說著的粵語唱出來的歌唱至街知巷聞。

電視作為新興的媒體世界，這時卻未能引起孩子們的注意，因為無綫自製的戲劇節目，是那種改編自巴金的《家》和曹禺的《雷雨》等傳統劇目。直至日本劇集的出現。1970 年底啟播的配音日劇《青春火花》帶來了一種勵志健康的新意志，以及神情澎湃的青春之火。劇中各種絕招如「鬼影變幻球」在寫實的處理中加添一點魔幻的觸覺。配合 1971 年無綫全面提升為彩色廣播，那是電視能給到的最原始誘力，一種沉醉於娛樂世界的亮光。自此以後，日本製作全面引進，《佳偶天成》、《二人世界》、《綠水英雄》、《柔道龍虎榜》到《前程錦繡》，塑造了一整代香港人對日本文化的新時代想像。而在芸芸日本輸入中，不是竹脇無我這第一代日劇明星最為吸引，而是初生代的「吉田超人」，這個在其他地方可能稱為奧特曼的超人，有一個只有在香港通用的名字：「咸蛋超人」——因著超人那招牌黃色大眼睛的造型，生動貼地的近似香港的流行食品「咸蛋黃」。

同一年，甘國亮考進了由邵氏和無綫合辦的第一屆藝員訓練班（1971-1972）。雖說是藝員訓練，但由於電視剛作為「新媒體」出現，許多新崗位有待人員接管，藝員訓練班由於有其對整個新興行業的背景及技術教育，以至早年訓練班培訓出來的專材，不少往後都成為了幕前幕後製作主力。同屆培訓的還有：黃允財、林德祿、郭鋒、梁立人、許紹雄、招振強、金興賢、關聰、劉緯民、呂有慧、高妙思、程可為、莊文清、陳嘉儀等，第一代香港本土培養的電視人由此誕生。此後同一個訓練班除了發掘出一代又一代明星，還會是年輕導演們的啟蒙地，如林嶺東（1974）、杜琪峯（1975）、關錦鵬（1976）。

有份參與無綫開台的周梁淑怡，不走傳統通俗劇路線，認為要開拓更適應這時代變化與現實節奏的新形式，找來許冠文、許冠傑、劉天賜、譚家明等班底，開闢了《雙星報喜》這嶄新類型喜劇節目。至於「百足咁多爪」的黃霑，雖頻頻參與電視台製作，但他正職上仍是以廣告人自居，此時他進入華美廣告公司任聯合創作總監不久，為香煙廣告作曲即獲國際廣告界獎項，也強化了他日後的廣告原創原則，要曲和詞的高度結合，不能像過往廣告公司西方高層領導的思路，只把外國固有的廣告翻譯成中文在香港推出。他的廣告歌甚至有不少是先詞後曲，這廣告圈時期的磨練對他日後的高產量和創作方式極具影響。

1972

　　因著《唐山大兄》的空前成功,這年還立即推出了《精武門》和《猛龍過江》兩部李小龍電影,李三腳的瘋魔熱度達至顛峰。小孩都冒著遭家長責罵的危險,在家中肆意揮舞著塑料製造的黑色三節棍玩具武器。也不盡是功夫片,這年還有另一部香艷電影《大軍閥》廣受歡迎,單從劇照已令小孩大開眼界。主演是許冠文——儘管在《大軍閥》的宣傳中,我們最記得的其實是女主角狄娜。許冠文和弟弟許冠傑在電視台的諷刺節目《雙星報喜》此時已紅遍全港,同時期,許冠文寫出一首英文詩,成為了許冠傑名曲〈鐵塔凌雲〉歌詞的原初意念。在以〈鐵塔凌雲〉的歌名走紅之前,這歌首先在 1972 年以〈就此模樣〉的歌名在《雙星報喜》中首播。詞中「豈能及漁燈在彼邦」後來會成為香港人懷鄉的重要意象。

　　這個原稿本為英文,再把英文翻譯成中文歌詞而成為流行歌的思路,絕對富象徵性。雖然粵語其時為最主流共通用語,但這重要性遠沒反映在流行文化之上。但坊間早已察覺粵語和中文的普及性和重要性,而再不能標榜英文為唯一的精英和法定語言。在更大的社會範圍上,爭取中文作為法定語言的中文運動推進得如火如荼。事實上,香港政府在 1971 年就已成立中文問題研究委員會,方向是由公事文書開始,最終達至給與中文與英文同等的法定地位。這語言革新運動在兩年後的 1974 年完成,政府當時正式修改《法定語文條例》,把中文列為香港法定語文。更多的歌手,一些原本是習慣唱英文歌的,亦將會演繹出更多中文歌。

　　後來和一些廣州朋友說起,他們在這個文化大革命期間,反而是常到珠江學習游泳,廣州俗語說這是「督卒」(下中國象棋術語,指把卒這棋子往前推進,也有闖進危險陣地送死的額外含義)。他們家裡人不時說:好好練身體,日後去香港。好多年之後,回看 1974 年唐書璇的作品《再見中國》(當年送檢因「破壞本港與其他地區間的友好關係」為由遭禁映,至 1987 年才得以在香港的院線正式公映),開場即為游泳訓練畫面,才知悉這段歷史。這個在廣州游泳的意象,也啟發了後來香港著名的士高,CANTON DISCO 的 logo 設計。

　　這年的夏天雨水特別多,6 月 18 日晚,香港半山旭龢道寶珊道因豪雨引發山體滑坡,沖塌了高尚住宅旭龢大廈。電視台由此開展了史無前例的振災籌款義演,大眾也開始從中意識到電視在傳播新聞事件與凝聚民心上的影響力。孩子們卻是首次在電視機旁,看到「真人出現」的任劍輝白雪仙——過往,我們只是從時而重播的黑白粵語長片中看到她們。雖然兩位名伶一直是經典般的存在,但那時的年輕人

應該早就不哼此調不以傳統粵曲為主流收聽。當年流行星洲歌后麗莎的〈相思淚〉，以及譚炳文李香琴的〈妳回來吧〉和陳浩德的〈悲秋風〉，雖在語言上都是親近的粵語，可對一般人而言都略嫌市井。一心西化的新潮香港青年，應該更醉心這年的英文流行歌："Alone Again (Naturally)"、"I'd Like to Teach the World to Sing (In Perfect Harmony)"。Donald McLean 這年一共有兩首大熱歌曲："American Pie" 和 "Vincent"。其歌迷必定包括這年才 16 歲的年輕人張國榮，以致他五年後參加 1977 年亞洲歌唱大賽時，不顧參賽歌曲太長的可能缺點，堅持選唱 "American Pie"。

1972 年香港也開展了「十年建屋計劃」和「全港清潔運動」，日後由港府新聞處（負責政策宣傳）配合創作的「垃圾蟲」將成為香港當代史上其中一個最見效又深入民心的公共宣傳策劃。當時的想法和目的顯而易見，大家要以保持香港市容清潔為責任及因此自豪，但這訊息的背後思路才真正富代表性：當人們開始把這片土地真正視為自己的家園時，才會盡力去做，保持自己家的清潔整齊。香港人愛說：「一家人，一定要齊齊整整」。

1973

鄭錦昌的〈唐山大兄〉在此前已唱至街知巷聞，他甚至已搬到香港發展。但今次在《歡樂今宵》演唱這曲更不一樣，因為他是跟李小龍同台，李小龍還在他面前展示了一下他招牌式的踢腿，那是李小龍最後一次現場公開演出。過了不久在 7 月 20 日，李小龍的死訊傳出。其師父葉問剛在一年前過世，也許師徒二人都沒能預計得到，他們會成為香港最豐富的流行遺產之一。

李小龍和《唐山大兄》帶給我們一個年幼時的地理疑問，就是作為香港小孩，開始好奇何謂唐山，又因何要去泰國賣命。歌詞唱著：

唐山有個大兄
俠骨丹心最重友情
唐山到泰國去賣命
事關佢雙腳有力勁

很多人不知（當然小孩時代我們更不會深究），《唐山大兄》、《猛龍過江》

這些電影，配樂都由 Joseph Koo 創作，他就是後來在電視台創作出更多經典主題曲的顧嘉煇。李小龍逝世後，這股功夫熱不僅沒淡退，反而在電影界繼續發酵，有著各種由古裝功夫到當代新區街頭暴力作品的演化。這也是個荷爾蒙爆發和電檢寬鬆的時代，「拳頭和枕頭」是這年代受歡迎香港電影的主流概括。全年最賣座電影是諷刺劇《七十二家房客》，票房緊隨其後的，單看片目已領略得到其「拳頭和枕頭」神髓：《龍爭虎鬥》、《應召女郎》、《一樂也》、《風流韻事》、《北地胭脂》、《冷面虎》、《馬路小英雄》、《毒女》、《刺馬》、《春滿丹麥》。

功夫熱甚至擴展至電影界以外，在鄭錦昌《馬永貞大戰精武門》的歌聲中，全港這時武館林立，無論是在此地長大，抑或剛到港的新移民，在競爭劇烈及滿布剝削的社會，必須找著圍爐取暖的團伙和自我保護的實力，練武和結派，成為原始社會宗族形式的凝聚力。他們不少是從各地流徙到香港，可能從戰亂中的越南，或者時局動盪的中國大陸，大量年輕新移民短時期在香港壯大，除了容易做成黑幫新勢力，在文化層面上，也提出了新難題：他們的身分認同為何？他們的精力將要如何釋放？

全面再激發的功夫熱，還反映於本已豐富且大受歡迎的漫畫創作，黃玉郎的《小流氓》已流行多年，及後改稱《龍虎門》更是大行其道，且再引進日後更多不同角色題材但總體還是以精采打鬥為骨幹的漫畫武林。

無論是當代街頭打鬥電影抑或是在漫畫中，男性角色都以一種長頭髮和喇叭褲的「新潮」甚至帶一點「飛仔」的形象出現，這構成了其時一種時尚風格，同時反映在這年正式由 The Lossers 改名為 The Wynners 的溫拿樂隊五位新進年輕人偶像身上。

1974

這位上任不久的港督麥理浩沒有閒著，據說跟過往的港督很不一樣。他是第一個來自英國外交部背景的港督，非源自殖民部系統，因著時代轉變，以一種更近於「互惠公平」的原則，而非「在上管治」的先念來應對香港往後的改變。他將成為香港最長任期的港督，並陸續開展了大量的民生新政策：政府廉價房屋、居者有其屋、新界衛星城市開發、全港清潔運動、家庭計劃輔導、九年免費教育、全港交通基建等等。但新政中意念及精神上最有影響力的，看來是這一項：這一年他成立了「總督特派廉政專員公署」，亦即香港廉政公署 ICAC，大大扭正了一種華人社

會的經年惡習：貪污。公權得到約束，商業得以規範，期以更公平的社會進程。在社會新風氣、權力約制和立法規範的多重完善下，一個新的社會文明系統史無前例地在一個亞洲社會中正在成形，香港由此真正進入了一個廉潔自律、保障公義、機會繁多、公平競爭、經濟騰飛的社會文明繁榮時代。這種繁榮必然正向催生出精神追求和文化生產的興盛。

香港粵語流行曲時代，一般被認為跟這數首 1974 年出現的歌曲有莫大關係：1974 年由顧嘉輝作曲、葉紹德作詞、仙杜拉主唱的無綫同名電視劇《啼笑因緣》主題曲，這劇集更近於通俗煽情電影的豐富處理，是多得由電影圈剛投身電視的王天林參與，他經驗豐富的類型片拿捏將幫助無綫創作出多部經典的電視作品，包括《京華春夢》、《萬水千山總是情》和多部金庸改編電視作。另一首熱播曲是同年由許冠傑作詞作曲的電影《鬼馬雙星》主題曲。這也是該年香港票房最高的電影。但最應該被再次肯定的，是在《雙星報喜》這電視節目上，看到正式改名為〈鐵塔凌雲〉這歌曲的播出，這首可理解為第一首全面記錄又輸出香港主體性的粵語原創流行曲，以這最終版本（之前有 72 年版〈就此模樣〉）出現於《鬼馬雙星》大碟，也是許冠傑首張全粵語唱片。這時代具代表性的歌者，如仙杜拉、杜麗莎及許冠傑，以致樂隊組合出身的林子祥，過往都以唱英文歌見稱，連同唱國語的徐小鳳，他們亦會因應時代的轉變，日後改唱粵語歌曲，並成為香港流行音樂 CANTOPOP 的奠基一員。這些香港粵語流行曲養分，將育成更多同代香港人和於這一年出生的陳奕迅。

不能不提是通利琴行，在那個本土音樂創作萌發初期，提供了大量的器材和音樂文化普及支援，音樂愛好者不僅在此找到所需樂器，更重要是以此作為根據地，租場排練和找到同道中人交流的機會。通利亦舉辦演唱會和比賽，例如和日本山葉電子琴合辦的電子琴音樂節，以及歌曲創作大賽。1974 年，山葉電子琴比賽音樂節甲組冠軍得主是郭小霖，日後他除了作為著名幕後製作人，也創作並主唱過〈從不知〉、〈愛情蝙蝠俠〉等熱門歌。但這比賽中的乙組即初級組亞軍更為人熟悉：陳百強。他之後會再參加多次比賽，直至拿到冠軍，以及灌錄個人唱片和擔演電影主角的入場券。

已有一定知名度的人物敢於適應新時代訴求，配合轉型發出新聲音；新一代青年趕緊抓住公平競爭的新機會登上新舞台。大家共同演繹出一個有才華不可能被埋沒的神話。收音機傳來的電台廣播呼應著這聲音，為迎合年輕人的語態和音樂口

味，過往較傳統的香港電台銳意求新，開拓專門針對年輕人口味的新節目《青春交響曲》，以此和商業電台的皇牌節目《年青人時間》競爭。

無論是電視台、電影抑或電台、出版，新的口味轉型激發出新市場與更劇烈的競爭。要勝出，只能靠創意和受眾的認同。一種社會新契約與文化自由市場氣象山雨欲來，在一個充滿信心的建康社會基礎上，加上新資本、新勞動力，香港真正展開了它自己的流行文化、文明進程與身分建立。

1975

溫拿樂隊在無綫電視有一檔節目叫《溫拿狂想曲》大受年輕人歡迎，那長頭髮和喇叭褲早形成了一種新潮的標式。影響所及，這年他們主演由黃霑主創的電影《大家樂》和同名唱片也成了流行大熱。許久之後才發現，這電影是得到香港的快餐集團贊助，簡直就是初世代的企業宣傳電影。快餐也成為香港新引進正開始大行其道的餐飲方式，不需要再坐下來等禮貌和服務一般的侍應了，而是先到售賣台點餐付費，數分鐘以後自取食品，也不用等待結帳即可自行離開，更不用付小費。快餐廳更自由的點餐流程，伴隨差不多同時候引進香港的超級市場自助選購方式，打破了固有的商品銷售模式，展現了一種更為顧客自主及注重選擇的消費模式。跨過往日需售貨員或侍應介紹及提取所需，消費者（也包括文化產品消費）開始習慣傾在更透明的資訊，更多元的選擇中覓得自己心頭好。

這連鎖快餐餐飲新風已是世界大潮，同一時間，香港首間麥當勞餐廳於銅鑼灣百德新街正式開業。為貪小便宜也好，為了挑戰膽量也好，我們那一代小孩都有去這新店裡背誦「雙層牛肉巨無霸，醬汁洋蔥夾青瓜，芝士生菜加芝麻，人人食過笑哈哈」的經驗。順利在限定六秒鐘時間內正確背出的話，就可得到獎狀或雪糕作為獎勵。

「有了電話，你還寫信嗎。機械令人懶惰起來了。有了文字，人類不必再去記憶；有了書本，人類亦不願意思想。」西西1975年寫的《我城》首先通過「世代交替」的描述對時代的逆轉發出感嘆。文學是敏感的，西西以微小個體的平常瑣事來照見一個城市於普通節奏下看不出的變化脈動。

劉以鬯更早更具先見（嗅到香港地道生活的餘韻）的《酒徒》（1963），固然是香港文學的里程，其內容角色身分的設計，亦象徵了那個年代那種驅之不去的

流徙心態，南來的文人如何把香港暫作家而後發現不過是浮城寄居。直至到西西（慶幸她年少就來港），才從那種平白淡然中感受到香港作為香港人的「我城」的必然性。

「我城」的討論，在小說出版近四十年後重新活化，可見文本及其所提出意象的前瞻性。過往，讀者未有這份切入，以為那只是有關於城市生活中的點滴記錄。到後來，香港人才開始以「何謂我城」的角度來思索自己和這城市的關係。以前，城非城。最多只是：城是家。過往我們習慣說：香港是我家；而非香港是我城。西西的敏感也是她的清醒，由始至終就知道這首先是個城。

1975 年也有「兩個夠晒數」的著名宣傳運動，背景是提倡家庭生育計劃，亦即鼓勵節育，深化新家庭只生育兩名小孩作為一種新時代理想家庭構成的觀念，一方面打破華人家庭必須生男孩和人多好辦事的傳統，另方面是通過能預測生育量去更好計劃政府及社會開發資源。

當中還有另一個原因：過往十年發生在中國大陸的文化大革命，催生了「大逃港」潮，來自大陸的人民，用各種方式逃抵香港——有些是游泳，有些是沿陸路跨過邊境，而在那時候，香港政府仍奉行「抵壘政策」，即偷渡者只要能抵達香港市區內，就能取得香港身分，這使香港的人口數量在這短期間急促膨脹。這種計劃以外的不可控因素，香港將要想辦法來處理。這是政策使然，但這一波人潮進入，同時大大豐富了香港的人口構成，締造了新的消費市場，並形成了日後繁盛文化市場的基礎。

最能象徵這段社會爆發期那熾熱競爭的，是繼無綫電視、麗的電視之後，香港第三間電視台佳藝電視的啟播。香港有足夠市場需求和廣告贊助來支持三間電視台嗎？讓一切歸於自由市場取決。佳視為創新風，之後將挖走其時在電視圈已建立名聲的周梁淑怡，她和一大班具默契的電視人要再開天闢地。開台初期，音樂主力另闢蹊徑起用形象脫俗的陳美齡和玉石樂隊的主音林子祥，不重複無綫電視已漸成熟的音樂風格和慣見歌星。

無綫這邊也是劇種繁多，有古裝劇《清宮殘夢》、《紅樓夢》、《董小宛》、《巫山盟》；寫實劇《香港風情畫》和《73》，但都未能複製《啼笑因緣》那瘋狂的追劇風，無綫急待新的創意注入。這批劇集中，對音樂流行文化而言，最大的發現是幕後人盧國沾以填詞人身分「出道」，填寫了《巫山盟》主題曲和插曲〈田園春夢〉的歌詞。

一直處在邊緣的麗的電視以《十大奇案》開創了另一寫實新風，麥當雄、李

兆熊等名字撐起了代表麗的迎戰五台山大戰的旗幟。佳視則公布了讓它名留香港電視史的佳話，要開拍《射雕英雄傳》，那是大受歡迎的金庸作品首次以電視劇姿態出現，可謂萬眾期待。

1976

最多印象深刻的事情發生在 1976 年。好像自己和城市的生命，就在這時正式開始。那再非無關痛癢的一年。

一個輕輕如也的 1976，在歷史上發揮不了任何啓發作用的年份——我們才不要。要麼，就返到一段風和日麗朝氣勃勃的日子，讓我們以為在這個城市那隆隆的巨輪運轉中，大家都佔著一個不輕的席位。

那時，大家都年少，就如城市的年齡，像嬰孩的跳脫。在那個南方的小島，或者我們要把這不起眼的年份與城市的命運扯在一起，於是有了這個傳奇。長大後的人要找回一塊根，無論那根是如何事後加工編造也好，是的，好好歹歹也是個源頭。70 年代於香港的重要性，是那麼一整代人的冒險、勤奮、想像與實踐，同時也事過境遷，當我們在喝一口普魯斯特式的暖茶時，娓娓道來，你總會感受到那種猶如彈珠玩偶失落了的淡淡情懷，像年日淹遠，但其實相當貼身。事後看來，有些失去的，有些形成的，原來都是在那一年的前前後後開始。

那個宏偉的敘事相當振奮人心，幾件影響這城市命運的事件與人物在這一年遇上了（但真有因果嗎？）：1976 年那瘋狂持續十年的「運動」結束了，伴隨是領導人的逝亡，國家與世界都像重新開始。預示這一切的是那一場地震。震後，城市、國家與人生重新上路。

香港本土精神與身分的高度萌發，難道不是同在這 1976 的轉折？此前，香港的年輕氣息也是鮮明的，但這刻我們說的，是進步文明、審美精緻、國際視野、生猛無邊，融合起來開始帶一種「香港自我意識」的本地創意，或說是一種香港的主體性之形成，並持續以「香港特色」擴散並發揮著影響力。一種土生香港人的文化成熟期，一種自己要為自己發聲的衝動，一個終於相互認同的身分。

電影新浪潮的闖將們已在電視台磨拳擦掌。佳視（雖然 78 年就倒閉）播出了首部改編自金庸的電視武俠劇《射鵰英雄傳》。觀眾開始要看準時刻，適時轉台去追看不同節目。

父母一代追看的，是一部一百集以上叫《狂潮》的連續劇，這劇捧紅了尚屬

新人的周潤發。有關佳視推出《射雕英雄傳》的挑戰，無綫以王天林主創，全台群星盡出的《書劍恩仇錄》回敬。電視撈飯，是的，就是這樣，成為習慣。沒有連續劇就沒有電視撈飯可吃。羅文還唱了另一首對年輕人相當勵志的歌曲〈錦繡前程〉。收音機傳來香港電台中文歌曲龍虎榜開始專門關注到粵語歌，並將籌辦首屆十大中文金曲頒獎。

那個在《狂潮》中飾演邵華山的男演員周潤發，曾在無數集《民間傳奇》以不起眼的小角出現，那高個子拍的古裝片都不好看，他扮相太現代感，後來拍片成為票房毒藥，十年之後，才在一部英雄片中吐氣揚眉。到那時，這個城市的命運都不一樣了。失去了的，真的還可以親手取回？

1976 年前後實是香港成為今天我們熟悉的香港的重要分水嶺。在此之前，大概連政府與活在這裡的小民也不肯定自己是否認真的（像怕愛錯一個人一樣）。我的意思是：在殖民地政府角度而言，它開始意識到要保住這賺錢的金蛋，就要好好地讓社會和商業形勢穩定（港英政府自然也不過出於實利主義的考慮，不一定要說成是造福民生那麼高尚；但良性資本主義運作就是這樣：要在高壓與民生之間謀取一種互相認可的平衡）；至於南來的普通市民——當然我說的是那些 60 年代前就因為各種原因被動來到這裡的一輩，好些日夜思量著，過一陣子就能離開香港回到故鄉——有不少還未搞清楚是否要把這片土地視為家（至於 60 年代後才在香港出生的，大抵則無此問題了）。就是在 1976 年以後，基於跨域流動的自由稍為放鬆，反而造就新一波的人口輸入。本身已逗留的人，在看過形勢後，更產生一種「不回去就不回去」的結論，既然遠離了之前的家，就得在這裡重新建一個家。好吧，既然是自己的家，總要把它弄好。大家要為這片土地的未來著想了，因為這裡不再是過客之所。香港再非借來，而是變成自己擁有的。

最能表現這種真正把香港視作家的大規模政府規劃，是「居者有其屋」建屋計劃。不同於租用公共房屋，蓋好以後的「居屋」，將可變成香港人擁有的物業。當然還有新界的新市鎮衛星城市，早一年落成入伙的沙田瀝源邨，終於有了自己的購物廣場，發展衛星城市以增加供應及分散居住地區來解決普遍住屋問題，同時擴大了香港的人口容量和活動版圖。香港島、九龍半島和新界更徹底視為一個大整體。香港官僚體系中的政務司長一職，在這年以前一直只稱為 Colonia Secretary。現去除去了 Colonial 一字，減去殖民色彩。

這和兩年後 1978 年實施九年免費教育形成政策配合。居於此中，香港人把

建造城市和培育下一代的未來視為重要責任。香港，再不是單單的移民城市。新的以「香港人」自居的一代，將長居於此。

正式的二次大戰後即主要為 50 年代生的 baby boomer 長大了，他們除了環境以外，還需要一種精神的認同。與其說那是種情感寄託，不如說是每一代人需要開創屬於自己的時代與功業。而碰巧，那是一切都青嫩的年頭。電視台像新生孩子般有極強活力，三個電視台並行。本地的原創與包裝影響力開始跨界。相比起近鄰地區，香港的一切流行文化都顯得更為國際化又先進。它的電影它的音樂開始擴散。那一代從零開始，是艱苦的，但萬事可能。那是這個城市第一個黃金時代的開始。

似乎今天所說的香港主體意識，就是源於那段日子了。除了電視台三台鼎立的高光時刻，香港電影新浪潮的原始誕生，也應提前至 1976 年，梁普智執導的《跳灰》早就預告了三年後香港年輕導演的破格勢頭。

香港也有了足以自豪的足球會。球迷對本地球會特別是南華會的支持當然已持續了一段日子，但有了電視直播之後，才會出現觀眾在電視機旁全情投入的盛況，每一個進球掀動全城。1976 年，擁南躉們從電視轉播中看了一生留有印象的本地甲組足球大賽：南精大戰。那時代，如果足夠年輕有力不怕人潮，還盛行爬上加路連山道的後山，於山上免費遙遠觀看大球場的比賽。那些生動而典型的「攻勢有如水銀瀉地」的旁述，我們到今天還可以根據其時最流行的現場評述員（講波佬）的口吻語氣，自己說一遍出來重組其時盛況：

「上半場初段南華乘精工陣腳未穩，10 分鐘由尹志強先開紀錄。18 分鐘，施建熙射成 2-0，兩分鐘後馮志明錦上添花變成 3-0。雙方大戰至 30 分鐘，精工區永雄禁區內手球被判罰十二碼。馮志明一針見血連下四城南華以 4-0 優勢絕對領先。如夢初醒的精工才急起直追，34 分鐘南韓中鋒金在漢頭槌破門為精工破蛋。39 分鐘胡國雄為精工追成較接近的 2-4 完上半場。下半場換邊再戰，精工大舉反攻，65 分鐘金在漢再以頭槌攻門得手追成 3-4。短短一分鐘後，胡國雄殺入禁區，離門 12 碼勁射地波破網追成 4-4 平手。這時精工氣勢如虹，南華陣腳大亂，68 分鐘胡國雄再右路傳中，張子慧接應頭槌攻門，何容興接球甩手，被伏兵門前的居理『執死雞』射入，反勝 5-4。」

足球是最為突顯地域認同的大型運動，球迷是生命激情的載體，無論是南華還是精工隊，足球偶像們穿起代表香港的球衣，就等如披上一個實實在在的香港身

分。這種積蓄數十年對足球運動的投入，通過運動榮耀作出城市身分的建構，可說埋下了近十年之後，1985 年 5.19 香港隊對戰中國隊及事後爭端的種子（其時世界盃外圍賽分組賽在北京舉行，最後香港隊以 2:1 戰勝中國隊，完場後香港球員遭到現場球迷喝罵）。那是「香港」（作為球隊）當面對「中國」（也是作為球隊）需要對壘時，一種身分認同的直接矛盾。

1976 年除了體育運動方興未艾，由政府參與推廣的文娛康樂設施也越見起色，多項文化活動與建設已在醞釀，市政局正努力策動下一年的第一屆香港國際電影節，藝術中心也差不多要落成。香港也有了一本只會在香港出現的雜誌。

這年創刊的《號外》的確劃時代。它跟曾經風光的《中國學生周報》和正在聚眾的《年青人周報》不一樣。半唐番是一個新的響往風格標準。《中國學生周報》雖有美資的間接參與，亦引介西洋理論思嘲，但在排版到腔調，那都不太具香港新時代特色。

眼光開始闊大的香港，開始以國際都市自居的香港，更需要的是一份至少看來思想進步，間或 cynical 而有態度，又充分把握到這朝氣蓬勃城市那最前衛小圈子趣味的雜誌。選擇中英文夾雜不僅是《號外》特色，更為本質是：那正是當時進步香港人的共通言談和思維特質。

後來《號外》創辦人陳冠中說：自那時始，我們才大大聲叫自己做香港人。而對一個小學生來說，1976 年要看懂《號外》是強人所難，但這不影響小讀者對未知新領域的好奇。大約晚至 1983 年，我才在商業電台聽到《時空穿梭三小時》這節目和後來的《嘉士伯星期日號外》，主持的有陳欣健、岑建勳、丘世文、劉天蘭等，第一次聽到 cliche 這個字，開展了新的一段文化冒險。

香港的 1976 年，還有兩宗不起眼的新聞。在滘西洲發現了古石刻，報導說：石刻上的圖案除一些狀似鳥獸紋仍隱約可見外，其餘的紋飾都因天然侵蝕而不能分辨。而古物古蹟辦事處也在同一年成立。

如果我們要宣布我城的身分確立，我們得尋找過去，似乎從豐厚長遠的歷史流變下，我們才能肯定自己不是白來的。像在說：香港是有自己歷史的，香港人那年頭特別意識到那種對自身歷史的尋溯。向上，再向上：看，香港不是荒蠻之地啊，上古時代已有會雕石刻的文化人居住！

然而，外在世界在 1976 年翻天的改變，個人小歷史中還未感受得到。鄧小平第三次被打倒，是最後一次被打倒了。過一年就復職，推行驚天動地的改革開放，並將於三年後在北京和麥理浩會面時，提出再一次改變香港未來命運的想法。

中國將認真又注重實利地開放，給到香港以致世界無盡的新機會與期望。香港政府尤其要為香港普通市民製造希望，辦法之一，是新設獎券管理局開辦六合彩，讓香港人每周都擁有一個橫財夢。

難得一身好本領的羅文在利舞台舉行了十五場個人演唱會，據說所有門票一日售罄，成為香港首位開大型個人演唱會的藝人。所以這位巨星後來感嘆：太早紅了，如果黃金時期在十年之後，在紅館連開三十場的是他。

然後同一年還有鄧麗君。她到香港開演唱會，但錄有她歌聲的那些卡式帶，早已輾轉流過羅湖橋和所有中國沿岸關卡。她不知道，在另一個國度，她是另一種生活形態的代表聲音。她的嗓子為飽歷風霜與殘酷的國民補救出最後的溫柔，恰似的溫柔，唱著小城故事。她自然也不會預計得到，接近二十年之後，她會在另一個陌生的小島死於非命。

同一個1976年，香港電影票房最好的電影繼續是許氏兄弟作品《半斤八兩》。「我地呢班打工仔，一生一世為錢幣做奴隸。」唱響了追求財富的價值觀。現代化的輕鬆喜劇已取締戲曲粵劇和國語片，成為不可逆轉的新電影風尚。任白主演由吳宇森執導的《帝女花》算是一種謝幕。

無綫在長劇《狂潮》以外，也是多元發展，有名的菲林（膠卷）組拍攝了《CID》、《北斗星》、《七女性》等個性化更強的現實故事劇集，導演有譚家明、許鞍華、嚴浩等。甘國亮也帶來了《少年十五二十時》、《諸事丁》、《甜姐兒》。可說是香港電視年代最百花齊放的時刻。

佳視繼後推出《廣東好漢》，無復《射雕英雄傳》的成功，但主題曲由關正傑主唱，開啟了關正傑往後無數經典主題曲之路。他之後也迅速轉投無綫主唱了無綫開拍，題材類近的《近代豪俠傳》，幕後有編劇新人王晶參與，更和麗的電視同時推出的《十大刺客》大刀王五一集撞題。數年後，兩個電視台會再因楚留香而撞題，兩台的製作與收視競爭去到新階段，同時大幅提高了作品質素。

同年，林良蕙當選香港小姐，最上鏡小姐繆騫人。

黃霑和林燕妮合作開創「黃與林廣告公司」。〈兩個夠晒數〉的著名宣傳歌正是由黃霑包辦曲詞（「生仔也好　生女也好　兩個已經夠晒數」）。

越南長大，美國唸書的徐克回到香港發展。

珍寶海鮮舫開業。

梁詠琪、林一峰、側田剛出生。

1977

　　像有了方向與目標，香港全力前進，文化藝術娛樂新政與場地相繼推出。香港藝術中心成立，一個大型的民間藝術機構，跨過政府主導的局限，提供更為彈性及專業的文化藝術相關活動。位於灣仔新填海土地港灣道的會址，周邊會成為港島區集中的重點藝文開發區與大型活動場地。而政府看來也積極響應了文藝需求，市政局與民間電影發燒友團體第一映室、火鳥電影會和《大特寫》雜誌等合作，開始了第一屆香港國際電影節，極大幅度提升了香港電影觀眾的觀影視野，將來香港國際電影節也會成為 80 年代中國第五代導演電影給世界察看的主要窗口。當時的文青一輩摺起衣袖，紛紛投進新興的文化產業，一種神奇的效率彈性與活力同時出現了。

　　懂轉膊、彈性、活力。也是後來我們讚賞香港電影的理由吧。在那個時勢做英雄的順景，一切都一拍即合。但彈性、機動、隨意、效率、任意能迅速開創，可未必能化作系統去持續，直至那 80 年代的黃金時代過去，空有彈性，生產旺盛，跟紅頂白的風氣，反面卻是沒能留下甚健全系統。正如 80 年代的民生向上，卻未能在社會上留下健全成熟的政治參與制度與強化公民意識。

　　香港人錯失了一個黃金時代那建立持續性健全制度的機會，電影如是，社會如是。

　　電影節的國際大師作品以外，商業電影院正熱放《週末狂熱》，香港也開啟了自己的 disco 歷程。麥德羅成為這股熱潮下的香港舞王。在銅鑼灣的百樂戲院，孩子們在看到《星球大戰》的開場字幕和主題音樂奏出後，就興奮地進入到另一個太空宇宙。港產片方面，喜劇《發錢寒》、《面懵心精》和功夫片《洪熙官》依然票房上受歡迎，但風格已日趨定型，香港電影等待一場更大的革新。

　　電視創作人的創造力卻依然無可抵擋，作品處處泛著對成功武俠類型的熟練掌握和回應新時代的樂觀步伐。王天林監製的《陸小鳳之決戰前後》，葉孤城與西門吹雪決戰紫禁之巔，最後長時間慢動作對打鏡頭，成為香港電視史及那代觀眾不能磨滅的記憶。甘國亮的《瑪麗關 77》，由當時得令的眾女星擔崗：朱玲玲、汪明荃、林建明、高妙思、程可為、苗金鳳、陳嘉儀、黃韻詩、李琳琳、余安安、繆騫人、韓馬利，就連劇名都代表了那種 70 年代的青春朝氣與新派型格。汪明荃也以當家花旦的地位主演了代表作《家變》，劇中角色洛琳定義了女強人的形象。她

和鄭少秋這年也合作出版了《歡樂年年、祝壽祝婚曲》唱片專輯，當中〈歡樂年年〉一直會成為香港數代人的賀年歌曲。不過論唱至街知巷聞，則是由寂寂無名新人薰妮唱出的〈每當變幻時〉，這首盧國沾填的詞，把港式通俗人生哲理歌風推上頂峰。唱片業從而認識到香港本土唱片市場的巨大潛力，開始舉辦金唱片頒獎禮。以第一屆的得獎名單看來，大部分依然是英文唱片為主，當中包括杜麗莎的專輯。因為這次是統計過去兩年的銷售數據，粵語唱片在這關鍵轉折期的銷量增長未能全然反映。

在麗的電視主辦的亞洲業餘歌唱比賽香港區決賽中，張國榮憑演唱一曲"American Pie"得到亞軍，之後簽約麗的電視，正式開展演藝事業。

香港電台製作的《小時候》劇集以小家庭溫馨動人小故事深入民心，故事處境設在新界沙田，當時未有電汽化鐵路，還被視為一個離市區頗遠的郊區。拍攝主要地點為新落成不久的瀝源邨，鏡頭卻把它拍得有如柯布西斯式標準規劃之城的乾淨整潔，建築設計新穎，現代感強烈線條、空間造型，完全一派市民未來美好生活的意象投射，切合其時香港政府對新界衛星城鎮的開發宣傳。其後，為緩解市中心的擠迫和釋出更多居住空間，配合香港的建屋計劃和沙田、大埔、上水、元朗、屯門等衛星城市開發，香港人將更進一步分散住進更大範圍的新界市鎮。

自此之後，到新界再非像過往一樣為著去旅行，而是回家，至使大家差不多忘了新界這塊土地是有它契約上的期限，標明 1997 年到期。孩子卻不管這些，他們假日出遊的目的地，轉為這年剛開幕的海洋公園。

1978

香港新崛起的流行文化市場，殘酷的媒體競爭先出現了首個戰敗者。一新武俠電視劇氣象，由徐克主創的佳視劇集《金刀情俠》於七月首播，一個多月之後，佳藝電視就宣告倒閉。自 1975 年九月啟播開始，維持不到三年。

也許原本領先的兩個電視台已足夠精彩了。這年，麗的電視早已做好五台山大戰準備 (三個電視台兩個電台都位處九龍廣播道區內小山崗上)，兩位監製主力，麥當雄和李兆熊經過多部前作的試練，終於開展了麗的電視的劇集黃金期，推出了麥當雄的《鱷魚淚》和李兆熊的《變色龍》，不僅劇集受歡迎，也令麗的電視的演員知名度大幅提升，其時已成重要配套的劇集主題曲反應同樣熱烈。由袁麗嫦唱出

的《鱷魚淚》主題曲，擠身了 1979 年香港電台首次主辦的年度十大金曲，和無綫同樣得獎的多首劇集歌曲〈明日話今天〉、〈誓要入刀山〉、〈小李飛刀〉、〈願君心記取〉和〈倚天屠龍記〉並駕齊驅。這年也是電視劇主題曲最風行之時。

面對對手強橫的反擊，無綫絕不示弱，繼《強人》之後，推出重份量的另一金庸改編劇《倚天屠龍記》，由鄭少秋飾演張無忌，一小生三花旦，也是鄭少秋作為演員的高光時刻。由這時開始，他的大俠形象更形深化，日後以楚留香一角延續，並輸出劇集和明星影響力至香港以外。如果還不夠的話，之後推出的《小李飛刀》，由羅文主唱的主題曲更是成了劇集曲新經典唱響全球華人地區。

甘國亮卻貫徹他的電視圈前衛異類角色，提供更多另類節目選擇。他的《第三類房客》開創了黃金播出時段內劇集出現靈異角色及橋段的先河，跟日後另一部更受歡迎的《執到寶》一樣，他會聰明地以黑色幽默來表達，並加上演技廣被認可的前輩影人出演（喬宏和劉克宣）。而城市氣質擔當則落在他另兩部主創的劇集《青春熱潮》和《孖生姊妹》之上。前者是其時《周末狂熱》的士高熱潮襲港後的回應之作，後者破天荒以汪明荃分飾性格截然不同的兩姐妹，並用後期合成眾多兩個汪明荃同時出現的畫面，一新觀眾耳目，編劇名單中包括有年少的林奕華。

張國榮簽約麗的電視後，即獲機會主唱集全台資源的重頭劇《追族》的主題曲，到年底，也主演了《浣花洗劍錄》。

尊特拉華達《周末狂熱》餘威未了，和奧妮花紐頓莊合作的新片《油脂》又掀起全球懷舊舞熱潮。而在《油脂》熱潮之下，香港「飛仔」們瞬間又有了一個新名命：油脂仔。中環的 DISCO DICSO 也在此時開業，簡稱為 DD 的夜店，將成為新一代歌手明星和各種多元風格人士的新主場，蘭桂坊的開發史，也自此啟程。

還未趕得及晚上到夜店看花花世界的學生，可在校園內結他彈唱由台灣傳來的校園民歌〈如果〉。徐小鳳在這年出版了《風雨同路》專輯，反映出香港流行曲語種轉變過渡期的特色，唱片中十二首作品，仍有一半用國語唱出，看來還未對粵語歌具全面信心。

逝世五年之後，經過各種替補拍攝和故事調整，李小龍最後遺作《死亡遊戲》終於上映，他片中標誌性的黃色戰衣會影響到未來荷李活的電影創作。雖然全年仍有不少功夫電影票房與口碑不俗，例如《少林三十六房》、《贊先生與找錢華》、《五毒》和《殘缺》，然而一位新武打巨星及其新的演出風格將要革新香港功夫片傳統，開創他自己的時代：成龍這年以諧趣功夫拍出了他的《醉拳》和《蛇形刁手》。

1979

　　當台灣劉文正的〈蘭花草〉在香港校園視作中國文學教材來聽讀，再有〈橄欖樹〉掀起的三毛作品閱讀潮時，新的本地年輕偶像悄然誕生。陳百強出了他的首張個人大碟《眼淚為你流》，當中有一半仍是英文歌，似乎新人在唱片公司的猶豫之下，還在試探著作為年輕新人，音樂上該用的語種。除了過往慣聽的國語、英語歌曲，以及當前的主流粵語歌曲，香港也把文化接收的大門打開，日本音樂文化成為另一股吸引力量，並廣泛作為借用曲調的源頭。日本文化潮流所及，到除夕夜，無綫和麗的電視，還會分別播放日本「紅白歌唱大賽」與「日本唱片大賞」以示對陣。

　　早已轉型唱粵語歌的許冠傑無後顧之憂，與填詞人黎彼得合作無間，寫出一首又一首以通俗香港地道語入詞，反映又諷刺時弊的「鬼馬」歌曲，〈加價熱潮〉是這組合這一年的代表作，社會背景是國際燃油危機引發的物價騰飛，在社會各階層引發共鳴。世界和亞洲區的政局變化，影響著香港和周邊的地緣政治，收容越南船民問題為其時社會一大爭議，甚至激發出影視的創念，出現了無綫反映越南華僑投奔到香港的劇集《抉擇》，許鞍華當然也正受此啟發，日後拍出《胡越的故事》、《投奔怒海》等作品。這種「過埠」劇情，屬於一個更大的香港作為移民城市的圖景。過往，香港接收過基於戰禍、動盪、為尋找更好生活而來的人，同時反映在這年的《過埠新娘》和《網中人》。當中，《網中人》劇情中由廖偉雄飾演的由中國大陸到港和家人團聚的「阿燦」，甚至成為這類似背景群體的代名詞。不過這年無綫的最重頭熱播劇是鄭少秋主演的《楚留香》，甚至惹來麗的電視的競拍搶播，以潘志文主演，人物劇情相若的《俠盜風流》對拼。

　　無綫確實不可能掉以輕心，麗的之新製作來勢洶洶，而且的確搶到不少收視，並揭開了新的電視台爭霸序幕。由麥當雄監製的《奇女子》，以及徐少強主演的《沈勝衣》看來只是一個小小前奏，但已滿注了跟競爭對手無綫電視極為不一樣的風格。《奇女子》沿用麥當雄在《十大奇案》擅長的社會奇聞路線，《沈勝衣》則開始實驗出新派電視武俠劇的方向，最後通過和蕭笙聯合監製的《天蠶變》引向高潮，一種可說為充滿麗的風格的劇作出現了。不依從改編金庸的老路，轉而改編黃鷹作品，更注重劇情的曲折推進，以及更為人津津樂道是由程小東和韓義生負責的武打動作的出奇制勝歎為觀止，一種新派武俠的電視成功轉化。《天蠶變》在七月推出，後段發生主演的徐少強中途易角事件（徐少強未完成全部集數製作前卻不能繼續拍

攝，結果編劇要安排主角雲飛揚繭中練功，修畢出來因而變容的補救劇情，以便替換上另一演員顧冠忠），卻全沒有影響評價和追看欲，結果不但《天蠶變》大受歡迎成為了麗的電視史上的代表作，還立即開拍同類型的《天龍訣》乘勝追擊，麗的電視上下無不人心振奮。反映在盧國沾為〈天蠶變〉填的歌詞之中，簡直是那段五台山爭霸史的縮影：

獨自在山坡高處未算高，命運在冷笑，暗示前無路，浮雲由身邊發出警告，我高視闊步。
雖知這山頭猛虎滿布，膽小非英雄，決不讓停步。冷眼對血路，寂寞是命途，讓我攀險峰，再與天比高。

1979 年才是公認的香港新浪潮電影開啟之年，同年大批年輕導演拍出了自己最重要的首作：徐克《蝶變》、許鞍華《瘋劫》、章國明《點指兵兵》、于仁泰《牆內牆外》。比起三年前梁普智的《跳灰》，更是成熟自信，但那種實景拍攝，對場景的關注，更跳脫的拍攝和剪接可謂一脈相承。而且是真正看見一整代新導演的熱情與創意，對電影工業產生根本性的轉向影響。

電影和電視的這陣創意騷動，只不過反映了外在世界同樣的蠢動，政治和社會大環境之逆轉。中國為展示改革開放的決心，首先破天荒在農曆新年，聯同香港無綫電視台在廣州現場作史無前例的直播賀歲節目《羊城賀歲萬家春》，這盛事的記憶長留老一輩的廣州人腦海。廣州人第一次在香港明星身上，看到解放裝或工服以外的「外面世界」的流行時尚。透過無綫的轉播，全球各地的觀眾第一次看到文革之後的中國社會民生。

鄧小平也抓緊機會，這一年不僅訪問美國，是第一位這樣做的中國最高領導人，並促成了中美建交。同年的三月，時任港督麥理浩也飛到北京和鄧小平會面，本來想討論的，是 1997 年之後，九龍及新界租借地未來的土地年期合約問題，因為根據條約，香港政府已不能批出超過 1997 年以後的年期。他從鄧小平口中得到的訊息是：中國擁有香港的主權，1997 年之後，香港繼續奉行資本主義，雖並沒有直接指出將回收香港，但聽到訊息的英國官員已有所領悟。隨後，一連串在港英資企業展開了新的全球部署，並醞釀新國籍法。直到 1980 年，英國都沒有把這訊息公布讓香港人知悉。

1980

　　當年香港的初中生很多沒踏足過香港以外的地方，對於「故鄉」和「籍貫」，更多只能出於文化想像。聽過的歌，看過的影視。台灣傳來的〈龍的傳人〉首先成為那代香港學生想像中國的切入點。我們甚至會主動選擇在學校禮堂上演唱此曲，大抵詞中「雖不曾看見長江美，夢裡常神游長江水。雖不曾聽見黃河壯，澎湃洶湧在夢裡」對中華文化的想像，和台灣那一代人的遙遠心情有著一點共通。

　　肯定不是巧合，這時香港本土出產的流行文化，同樣廣泛涉及中國主題，或呈現為對舊日中國社會之懷緬，或顯示為一種對家鄉根源的尋找。已成幾代人經典的《上海灘》，雖然故事設在上海租界，但借來的空間時間與冒險家樂園的比喻，難以擺脫作為一種鏡子對照式的想像。儘管對終要「回歸」這回事，香港人到那刻仍是被矇在鼓裡，但珠絲馬跡之下，仍是有種山雨欲來。香港人不能避免，要正式面對及處理跟中國大陸的關係，無論所指的是過去還是未來。這包括了追尋過往香港人的來歷構成，基於甚麼原因彼此在香港相遇？為甚或何時開始才真正把香港視作家？甚麼才是香港人香港價值？香港可有自己的文化？香港，之後要往哪方？

　　這種身分和價值的追尋，竟是反映在兩種正在由電視台拿出來對撼，試圖爭取良好收視的劇集題材之上。一面是無綫電視由甘國亮擔創作旗手的懷舊劇如《山水有相逢》和《輪流傳》，後者有極多場面描述由上海南來香港的大資本家富豪家庭生活。另方面，麗的電視則繼承《浮生六劫》、《人在江湖》的餘威，以更見野心及長篇的《大地恩情》三部曲去講述由廣東省流徙各處的鄉土故事。年輕香港觀眾從劇集故事中，彷彿首次得知父母輩的來歷。

　　流徙、移居、求存、追尋新生活，此等關鍵詞放在 1980 年的香港有著不可分割的社會共鳴。隨著 1979 年的改革開放，中國大陸的人口流動大為增強，經歷了十年的停滯，不少就如百年前的鄉民一樣，渴望通過地理上的遷移達到改善生活之目的。一片去國之大潮下，無論是合法還是非法出境，都像聽到一聲時代的喚召。當中，最鄰近的香港成為出逃的當然目的地。到 1980 年，起碼來自廣東省內的成功偷渡香港個案持續高位至接近四萬人，對香港社會造成重大衝擊，香港政府是時候思考對策，並於同年宣布撤銷奉行多年的「抵壘政策」，轉而實施「即捕即解」。意味著，跟往日不同，以後在此新規下，所有由中國大陸以不同方式抵達香港之非法入境者，將被強行遣返中國內地，而此前，他們只需越過障礙或避開追捕而又能到達香港市中心的相關部門登記的話，就能取得香港身分。

為免雇主以黑工的形式收容偷渡者，新規同時禁止非法入境者在港就業。這是針對中國大陸移民及本地規劃的重大人口政策轉變，也是香港確立一個更具自我身分意識的關鍵時刻。香港一直和特別是來自廣東省的人民一衣帶水，很多家庭還有親人在內地，香港從來都接受這些人到香港並成為一份子，這是香港悠久的傳統。然而面對巨變，香港到底要如何協調這種「接收」和「拒絕」的關係？這直接導向那終極提問：究竟誰是香港人？

那是 1980 年。代表新一代年輕人聲音的商業電台把十三名著名 DJ 包裝作「六 pair 半」並推出了一張清新的唱片。

譚家明拍出了首作《愛殺》，也是林青霞主演的第一部香港電影，她日後亦會成為到港發展的一員。

杜琪峯拍出首作《碧水寒山奪命金》。許鞍華拍出第二部作品《撞到正》。

同是第二部作品，徐克的《第一類危險》卻不獲電檢通過，後經刪剪改名為《第一類型危險》公映。

新進偶像陳百強、張國榮、鍾保羅拍出了《喝采》，三位年輕人後來都英年早逝。

成龍憑《師弟出馬》的成功正式宣告他的時代之到臨。

甘國亮在《輪流傳》停止製作後，立即投入新劇《執到寶》的攝製，有份參與劇本編寫的，是剛離開理工學院美術設計系，投身無綫電視創作部的編劇新人王家衛。

帶著無盡青春精力、抵死諧趣態度和一份對前景的未知，香港茫茫然走進 80 年代。

跋

Postscript

等等不到到還是？

0

　　香港粵語的神髓，常繫於語帶相關，同詞多義，繪形繪聲，字態生猛，甚至只是單單語氣發音的差之毫釐，意思已是謬以千里。於是，一本從個人經歷出發，旨在記錄種種香港流行文化發展的備忘小史，就不可能不保留這種語言上的獨特神采。無論是當中分析香港電影的核心概念「咁都得？！」精神，抑或以「無掩雞籠」來形容其時旺盛的人才流動。當然，這也包括了書名「等到下一代」的多重理解。

　　「等到下一代」其中一個緣起固然來自黃偉文填詞〈囍帖街〉中的一句：「等不到下一代是嗎？」在書中有關流行歌詞的論述中，這曲被界定為香港流行音樂仍能發揮它跨域影響力的最後階段代作。於此，Wyman 終結於一個問號。舊街道與老記憶，香港那黃金時代的印記，是否如歌詞所述的「種過的花」，已等不到為下一代去保留了？

　　「等到下一代」正是這問號的兩個補充備忘，其意思取決於選用哪一種港式發音：「等到（粵音：到達的『到』）

下一代」是指「讓我們等著吧，一直等到下一代來臨」；又或者，它也可以唸成「等到（粵音：睹）下一代」，意思是「已等到下一代的出現了」。一個是具開放性的描述，另一個，是正面的肯定。這種港式粵語文字遊戲的曖昧性，時常構成了我們那共通的語言習慣與身分默契。這就不奇怪，這段小史要從歌詞和語言開始談起。

1

所以是備忘，而不是通史，固然因為這樣一種從個人出發的記述，混雜了香港流行文化各領域不同版本傳說、集體記憶、編年誌、私人愛惡、城市街頭考古以至文青成長私記，無可避免首先是從自己的喜好出發，而且較屬於青少年成長期主要為 20 世紀 70 年代至 80 年代「那一代人」的故事，縱或會勾起同代人的憶記共鳴，但說到底，它本質上更多仍是一連串私人的生命備注，源於多年的親身經歷、文獻珍存、媒體報導、上一輩口述歷史，甚至是同代人的蜚短流長。它更多是一次情感的實踐，毋需過多注釋。當中夾雜著對某些特別感興趣人情時地的勾勒與評價，只是迴響著一個強烈的願望：避免遺忘。

記憶，每個人的小歷史，正是香港當下最需要珍重的私人寶藏。尤其是當大歷史往往會被說成是另一個自己早已認不出來的故事。

這些不同年代的流行文化曾滋養過我們的精神生命，如今亦成了我們的情感慰藉。從李小龍到古惑仔，「千山我獨行不必相送」唱至〈富士山下〉，這些流行符號不僅陪伴幾代人成長，更深刻的變作自己人生的一部分。每個曾經愛過這個城市及其流行文化的人，都理應擁有一頁屬於自己的香港流行備忘。

2

香港，如果過去一直說它欠缺清晰身分的話，那它終為世人所知的身分，就是由其產生的流行文化塑造出來。這個身分故事，無論是從流行音樂還是電影發展層面而言，也可把 1972 年或廣義上的 70 年代初視作一個重要的象徵性開端，這構成了本書內容時間跨度的起點。就在這一年，許冠文、許冠傑推出了粵語歌曲〈就此模樣〉，即後來廣為人知的〈鐵塔凌雲〉。李小龍同年有兩部電影上映，分別是《精武門》和《猛龍過江》。通過這樣具代表性及開創性的作品，他們率先把香港

流行文化創作帶往一個新高度，一種因應獨有文化與成長經歷而來的身分認同。由此引伸，便導出本書首兩章有關流行音樂與影視文化所涉及的身分探討。

　　從廣受歡迎的熱賣作品，深入民心的共鳴話題，到香港明星的服飾髮型，甚至一杯茶餐廳奶茶呷到的港式風味，這一波始於 70 年代的香港流行文化輸出，把香港放進一幅更大的全球華語文化及產業地圖之上，並於 90 年代達至頂峰，締造了「香港大流行」。這是幾代香港人自鳴得意的標籤，進而成為了肯定自我的身分認同密碼，及後不僅激發更多香港新一代投身創作與文化消費，形成天下無雙的成長經驗與特有風格。更是憑藉這些文化輸出，它使世界認識了香港。貫穿其中，其實是一個強大的流動性與國際化進程，香港大規模向外輸出文化商品之同時，也在時尚審美、創意啟發、城市空間和進步精神層面，接軌國際價值，反映在往後兩章有關風格美學塑造與空間「蒲點」的章節之中。城市空間更是晚近彰顯香港城市結構特色那最廣為傳頌的切入點，只有曾經生活在此，每天在這樣的街區肌理內奔走過的人，才會生出一種需通過丈量每寸土地去經歷香港的情懷，從而得出了「香港真係好靚」之感慨。

　　是故，從酒吧、咖啡店、街區到山巒，沒有一段記述香港身分發展的備忘，能繞過對空間體驗的描述。哪怕這些空間體驗，事過境遷，來到今天也許不復存在。然而正是對這些可能已逝去空間及其曾經散發過的風尚之記錄，我們可以更立體的看見這個城市的來路與去向。

3

　　新世紀過後，隨著文化消費市場、文化產業鏈、明星生產方式以至娛樂資訊獲取方法等翻天覆地的大改變，以及發生於 2003 年之後更具長遠影響力的發展：一種更深層次的中港關係正在形成——香港大流行其時那怕還未去到終結，卻必然已翻了新篇。儘管當時流行文化作品對身分的議論或焦慮反映更為熱衷，但無可否認，它的跨域影響力已不復以往。對城市和個人而言，2000 年代實際上都是一段面臨重大轉型改造前的蛻變期，香港得處理伴隨新城市身分而來的個人身分認同逆轉。反映在社會氛圍之上，是多次保育運動和本土論述的興起；於文化產出而言，是難以再出現一如過往那種天馬行空又充滿自信的作品；在跨域市場而言，隨各個華人地區文化消費市場的自我確立，這年頭也再不那麼依賴香港的流行文化輸出

了。於是，這段身分崛起小史的備忘，短暫終結於 2000 年代後期，其緣故並非因為從此以後再沒「香港身分」的探索，而只是因為自 2010 年開始，這探索顯然已進入另一階段：它同時要處理舊身分的存亡，以及更為逼切的新身分的建立。

這股活力澎湃的香港大流行，我們愛惜的文化原鄉，由 70 年代至 2000 年代，難道它就僅存活了不到四十年？這場身分逆轉與重構，經過 2010 年代的模糊與躁動，來到 2020 年代已更見鮮明，所以我們才有了最終章的「流行備忘」，那可說是「有關備忘的備忘」，冀以看到今天乃至未來的一點新可能，使本書並非一本單純寄情於往昔的回首作。

4

感謝二〇四六出版社總編輯鄧小樺及本書編輯余旼憙的高質高效編輯團隊，在短時間中合作完成這本醞釀多年的記述，正如名字的聯想，不用等到 2046 那一代。這不就是此書最初的原意？趁我們還記得。香港莫失，流行莫忘。

還有花心思為本書設計的吳郁嫻，那豐富而多層次的拼貼和色彩就是香港大流行的視覺比喻。更要感激眾位為此書作推薦詞的好友及香港文化創造者：吳俊雄、金成、卓男、卓韻芝、馬世芳、馬欣、陳冠中、陳慧、梁文道、黃宇軒、曾志豪、鄧小宇、鍾雪瑩。相信大家也在不同程度上擁有過書中記述的香港。希望日後無論去往哪裡，這個由流行文化塑造而來的香港，都會跟大家如影隨身。

香港流行文化與
身分認同史備忘
1970s-2000s

作　　　者 ── 李照興
責任編輯 ── 鄧小樺
執行編輯 ── 余旼憙
文字校對 ── 呂穎彤、黎思行
封面設計及內文排版 ── 吳郁嫻

出　　　版 ── 二〇四六出版／一八四一出版有限公司
發　　　行 ── 遠足文化事業股份有限公司 （讀書共和國出版集團）
社　　　長 ── 沈旭暉
總 編 輯 ── 鄧小樺
地　　　址 ── 103 臺北市大同區民生西路 404 號 3 樓
郵撥帳號 ── 19504465 遠足文化事業股份有限公司
電子信箱 ── enquiry@the2046.com
Facebook ── 2046.press
Instagram ── @2046.press

法律顧問 ── 華洋法律事務所　蘇文生律師
印　　　製 ── 博客斯彩藝有限公司
出版日期 ── 2025 年 1 月初版一刷
定　　　價 ── 480 元

等到下一代：香港流行文化與身分認同史備忘 1970s-2000s｜李照興作｜
初版｜臺北市：二〇四六出版，一八四一出版有限公司出版｜遠足文化事
業股份有限公司發行｜2025.01｜368 面｜17×23 公分｜ISBN 978-
626-99238-2-3（平裝）｜ 1.CST: 流行文化 2.CST: 文化研究 3.CST: 社會
發展 4.CST: 香港特別行政區｜ 673.84｜ 113020754

ISBN 978-626-99238-2-3

等到下一代